Rechtliche Vorschriften

Gesetze, Verordnungen, EG-Verordnungen, EG-Richtlinien;
Leitsätze, Richtlinien, Begriffsbestimmungen,
Qualitätsnormen, Prüfbestimmungen

für den Bereich Bäckerei/Konditorei/Café und caféähnliche Betriebe

Eine übersichtliche Zusammenstellung für Betrieb, Schule und Gewerbeaufsicht

Egon Schild, Studiendirektor a.D.

Mitarbeiterin:
Bettina Muermann, Diplom-Trophologin

14., neu bearbeitete Auflage

PFANNEBERG

Bestell-Nr.: 04313

Dieses Werk berücksichtigt die neue deutsche Rechtschreibung.

ISBN 978-3-8057-0626-1

Umschlaggestaltung: BOROS GmbH, 42103 Wuppertal
Satz: Tutte Druckerei GmbH, 94121 Salzweg/Passau
Druck: Konrad Triltsch, Print und digitale Medien GmbH, 97199 Ochsenfurt-Hohestadt

Vorwort zur 14. Auflage

Diese vorliegende Neubearbeitung beinhaltet zahlreiche Änderungen im Bereich der rechtlichen Vorschriften.

Dazu zählen vor allem:
- Änderungen der Vermarktungsnormen für Obst, Gemüse, Streichfette
- Änderungen im Zusatzstoffrecht
- Neues EG-Recht für Aromen, Enzyme, Zusatzstoffe
- Änderungen im Kennzeichnungsrecht
- EG-Hygieneverordnung für tierische Lebensmittel
- Änderungen des Gesetzes zum Schutz der erwerbstätigen Mutter
- Änderungen des Gesetzes zu Elterngeld und Elternzeit
- Änderungen der Bestimmungen über die Arbeitszeit in Bäckereien und Konditoreien
- Änderungen der Bestimmungen über den Ladenschluss in Bäckereien und Konditoreien

Die Darstellungen geben den aktuellen Stand der Rechtslage wieder.

Das Buch ist nach folgenden Sachbereichen gegliedert:
- Vorschriften, die die Herstellung und den Verkauf der Erzeugnisse betreffen,
  dabei handelt es sich vorwiegend um lebensmittelrechtliche Bestimmungen.
- Vorschriften, die die Bedingungen am Arbeitsplatz betreffen,
  dazu zählen die Vorschriften über die Einrichtung und den Betrieb von Bäckereien/Konditoreien, speziell sicherheitsrechtliche und hygienische Bestimmungen.
- Vorschriften über die Arbeitszeit,
  dazu zählen allgemeine und spezielle Arbeitszeitbestimmungen, ferner Bestimmungen, die den Jugendschutz und den Mutterschutz betreffen.
- Vorschriften, die die kaufmännische Organisation betreffen,
  diese beziehen sich auf Rechtsfolgen aus dem Kauf- bzw. Bewirtungsvorgang sowie auf rechtliche Fragen, die sich aus der Erweiterung des klassischen Cafés zu einem der Gastronomie verwandten Unternehmen ergeben.

Besondere Bedeutung kommt dem Abschnitt „Überwachung der Betriebe“ zu, in dem genau aufgezeigt wird, welche Kontrollen durch die staatlichen Aufsichtsorgane der Betrieb zu erwarten hat und wie diese durchgeführt werden.

Bonn, 2009

Egon Schild

Inhaltsverzeichnis

Zusammenstellung der zitierten Gesetze, Verordnungen, Leitsätze, Richtlinien und sonstigen rechtlichen Grundlagen

Nationale Gesetze und Verordnungen, EG-Verordnungen, EG-Richtlinien

Allgemeine Gesetze und Verordnungen

1. Lebensmittel-, Bedarfsgegenstände- und Futtermittelgesetzbuch (Lebensmittel- und Futtermittelgesetzbuch – LFGB) vom 24.7.2009 (BGBl. I S. 2205)

1.a Gesetz über den Verkehr mit Lebensmitteln, Tabakerzeugnissen, kosmetischen Mitteln und sonstigen Bedarfsgegenständen (Lebensmittel- und Bedarfsgegenständegesetz – LMBG) vom 9.9.1997 (BGBl. I S. 2296); letzte Änderung vom 1.9.2005 (BGBl. I S. 2618); nur noch teilweise weiter anzuwenden

2. Verordnung (EG) Nr. 178/2002 des Europäischen Parlaments und des Rates vom 28.1.2002 zur Festlegung der allgemeinen Grundsätze und Anforderungen des Lebensmittelrechts, zur Errichtung der Europäischen Behörde für Lebensmittelsicherheit und zur Festlegung von Verfahren zur Lebensmittelsicherheit (ABl. Nr. L 31/1); letzte Änderung vom 4.3.2008 (ABl. Nr. L 60/17)

3. Verordnung über die Zulassung von Zusatzstoffen zu Lebensmitteln zu technologischen Zwecken (Zusatzstoff-Zulassungsverordnung – ZZulV) vom 29.1.1998 (BGBl. I S. 230); letzte Änderung vom 30.9.2008 (BGBl. I S. 1911)

4. Verordnung über die Verwendung von Extraktionslösungsmitteln und anderen technischen Hilfsstoffen bei der Herstellung von Lebensmitteln (Technische Hilfsstoff-Verordnung (THV) vom 8.11.1991 (BGBl. I S. 2100); letzte Änderung vom 30.1.2008 (BGBl. I S. 132)

5. Aromenverordnung vom 2.5.2006 (BGBl. I S. 1127); letzte Änderung vom 30.9.2008 (BGBl. I S. 1911)

6. Verordnung über die Kennzeichnung von Lebensmitteln (Lebensmittelkennzeichnungsverordnung – LMKV) vom 15.12.1999 (BGBl. I S. 2464); letzte Änderung vom 18.12.2007 (BGBl. I S. 3011)

7. Bekanntmachung über die mengenmäßige Angabe von Zutaten bei Lebensmitteln vom 29.10.1999 (BAnz. Nr. 221 vom 23.11.1999)

8. Verordnung zur Regelung der Preisangaben (Preisangabenverordnung – PAngV) vom 18.10.2002 (BGBl. I S. 4197); letzte Änderung vom 3.7.2004 (BGBl. I S. 1414)

9. Gesetz über das Mess- und Eichwesen (Eichgesetz) vom 23.3.1992 (BGBl. I S. 711); letzte Änderung vom 3.7.2008 (BGBl. I S. 1185)

10. Eichordnung vom 12.8.1988 (BGBl. I S. 1657); letzte Änderung vom 8.2.2007 (BGBl. I S. 70)

11. Verordnung über Fertigpackungen (Fertigpackungsverordnung) vom 8.3.1994 (BGBl. I S. 451); letzte Änderung vom 11.6.2008 (BGBl. I S. 1079)

12. Gesetz zur Verhütung und Bekämpfung von Infektionskrankheiten beim Menschen (Infektionsschutzgesetz – IfSG) vom 20.7.2000 (BGBl I S. 1045); letzte Änderung vom 17.12.2008 (BGBl. I S. 2586)

13. Verordnung (EG) Nr. 852/2004 über Lebensmittelhygiene vom 29.4.2004 (ABl. Nr. L 226/3); letzte Änderung vom 17.10.2008 (ABl. Nr. L 277/7)
14. Verordnung über nährwertbezogene Angaben bei Lebensmitteln und die Nährwertkennzeichnung von Lebensmitteln (Nährwert-Kennzeichnungs-Verordnung – NKV) vom 25.11.1994 (BGBl. I S. 3526); letzte Änderung vom 22.2.2006 (BGBl. I S. 444)
15. Verordnung über Höchstmengen an Rückständen von Pflanzenschutz- und Schädlingsbekämpfungsmitteln, Düngemitteln und sonstigen Mitteln in oder auf Lebensmitteln (Rückstands-Höchstmengen-Verordnung – RHmV) vom 21.10.1999 (BGBl I S. 2082); letzte Änderung vom 20.8.2008 (eBAnz Nr. 99, S. 1)
16. Verordnung über Höchstmengen an Mykotoxinen in Lebensmitteln (Mykotoxin-Höchstmengenverordnung – MHmV) vom 2.6.1999 (BGBl. I S. 1248); letzte Änderung vom 22.2.2006 (BGBl. I S. 444)
17. Verordnung (EG) Nr. 1881/2006 der Kommission zur Festsetzung der Höchstgehalte für bestimmte Kontaminanten in Lebensmitteln vom 19.12.2006 (ABl. Nr. L 364/5); letzte Änderung vom 2.7.2008 (ABl. Nr. L 173/6)
18. Verordnung (EG) Nr. 396/2005 über Höchstgehalte an Pestizidrückständen in oder auf Lebens- und Futtermitteln pflanzlichen und tierischen Ursprungs vom 23.2.2005 (ABl. Nr. L 70/1); letzte Änderung vom 31.7.2008 (ABl. Nr. L 234/1)
19. Gesetz über die Haftung für fehlerhafte Produkte (Produkthaftungsgesetz) vom 15.12.1989 (BGBl. I S. 2198); letzte Änderung vom 19.7.2002 (BGBl. I S. 2674)
20. Verordnung (EG) Nr. 258/97 des Europäischen Parlaments und des Rates über neuartige Lebensmittel und neuartige Lebensmittelzutaten (Novel Food-Verordnung) vom 27.1.1997 (ABl. Nr. L 43/1); letzte Änderung vom 16.12.2008 (ABl. Nr. L 354/7)
21. Verordnung (EG) Nr. 1829/2003 des Europäischen Parlaments und des Rates vom 22.9.2003 über genetisch veränderte Lebensmittel und Futtermittel (ABl. Nr. L 268/1 vom 18.10.2003); letzte Änderung vom 11.3.2008 (ABl. Nr. L 97/64)
22. Verordnung (EG) Nr. 1830/2003 des Europäischen Parlaments und des Rates vom 22.9.2003 über die Rückverfolgbarkeit und Kennzeichnung von genetisch veränderten Organismen und über die Rückverfolgbarkeit von aus genetisch veränderten Organismen hergestellten Lebensmitteln und Futtermitteln sowie zur Änderung der Richtlinie 2001/18/EG (ABl. Nr. L 268/24 vom 18.10.2003); letzte Änderung vom 22.10.2008 (ABl. Nr. L 311/1)
23. Neuartige Lebensmittel- und Lebensmittelzutaten-Verordnung vom 14.2.2000 (BGBl. I S. 123); letzte Änderung vom 1.4.2008 (BGBl. I S. 499, S. 919)
24. Verordnung (EG) Nr. 834/2007 über die ökologische/biologische Produktion und die Kennzeichnung von ökologischen/biologischen Erzeugnissen und zur Aufhebung der Verordnung (EWG) Nr. 2092/91 vom 28.6.2007 (ABl. Nr. L 189/1; letzte Änderung vom 29.9.2008 (ABl. Nr. L 264/1)
25. Gesetz zur Einführung und Verwendung eines Kennzeichens für Erzeugnisse des ökologischen Landbaus (Öko-Kennzeichengesetz – ÖkoKennzG) vom 10.12.2001 (BGBl. I S. 3441)
26. Verordnung zur Gestaltung und Verwendung des Öko-Kennzeichens (Öko-Kennzeichenverordnung – ÖkoKennzV) vom 6.2.2002 (BGBl. I S. 589); letzte Änderung vom 30.11.2005 (BGBl. I S. 3384)
27. Verordnung über die Zulassung von Zusatzstoffen zu Lebensmitteln (Zusatzstoff-Zulassungs-Verordnung – ZZulV) vom 22.12.1981 (BGBl. I S. 1625); letzte Änderung vom 26.9.1997 (BGBl. I S. 2366) noch anwendbar auf ernährungsphysiologische Stoffe, z.B. Jodat als Zusatz in Speisesalz.
28. Verordnung über diätetische Lebensmittel (Diätverordnung) vom 28.4.2005 (BGBl. I S. 1161); letzte Änderung vom 30.1.2008 (BGBl. I S. 132)
29. Verordnung zum Schutz vor Gefahrstoffen (Gefahrstoffverordnung – GefStoffV) vom

23.12.2004 (BGBl. I S. 3758); letzte Änderung vom 18.12.2008 (BGBl. I S. 2768)

30. Gaststättengesetz vom 20.11.1998 (BGBl. I S. 3418); letzte Änderung vom 7.9.2007 (BGBl. I S. 2246)
31. Verordnung über vitaminisierte Lebensmittel vom 1.9.1942 (RGBl. I S. 538); letzte Änderung vom 24.5.2004 (BGBl. I S. 1135)
32. Verordnung (EG) Nr. 1924/2006 über nährwert- und gesundheitsbezogene Angaben über Lebensmittel vom 20.12.2006 (ABl. Nr. L 404/9); letzte Änderung vom 15.1.2008 (ABl. Nr. L 39/14)

Ferner werden folgende Gesetze und Verordnungen zugrunde gelegt:

Grundgesetz, Bürgerliches Gesetzbuch, Handelsgesetzbuch, Gewerbeordnung, Gesetz zur Regelung der allgemeinen Geschäftsbedingungen, Gesetz gegen den unlauteren Wettbewerb, Warenzeichengesetz, Rabattgesetz.

Gesetzliche Vorschriften für einzelne Lebensmittel

40. Butter-Verordnung vom 3.2.1997 (BGBl. I S. 144); letzte Änderung vom 8.8.2007 (BGBl. I S. 1816)
42. Verordnung über Milcherzeugnisse vom 15.7.1970 (BGBl. I S. 1150); letzte Änderung vom 21.12.2007 (BGBl. I S. 3282)
44. Verordnung (EG) Nr. 589/2008 mit Durchführungsbestimmungen zur Verordnung (EG) Nr. 1234/2007 hinsichtlich der Vermarktungsnormen für Eier vom 23.6.2008 (ABl. Nr. L 163/6); letzte Änderung vom 24.6.2008 (ABl. Nr. L 164/14)
45. Verordnung über die hygienischen Anforderungen an Eier, Eiprodukte und roheihaltige Lebensmittel (Eier- und Eiprodukteverordnung) vom 17.12.1993 (BGBl. I S. 2288); letzte Änderung vom 8.8.2007 (BGBl. I S. 1816)
46. Verordnung über bestimmte alkoholhaltige Getränke (Alkoholhaltige Getränke-Verordnung – AGeV) vom 30.6.2003 (BGBl. I S. 1255), letzte Änderung vom 8.5.2008 (BGBl. I S. 797)
47. Verordnung (EG) Nr. 853/2004 mit spezifischen Hygienevorschriften für Lebensmittel tierischen Ursprungs vom 29.4.2004 (ABl. Nr. L 139/55); letzte Änderung vom 17.10.2008 (ABl. Nr. L 277/8)
48. Verordnung über Honig vom 16.1.2004 (BGBl. I S. 92); letzte Änderung vom 8.8.2007 (BGBl. I S. 1816)
49. Verordnung über Kakao und Schokoladenerzeugnisse (Kakao-Verordnung) vom 15.12.2003 (BGBl. I S. 2738); letzte Änderung vom 30.9.2008 (BGBl. I S. 1911)
50. Margarine- und Mischfettverordnung vom 31.8.1990 (BGBl. I S. 1989); letzte Änderung vom 8.5.2008 (BGBl. I S. 797)
51. Milch- und Margarinegesetz vom 25.7. 1990 (BGBl. I S. 1471); letzte Änderung vom 31.10.2006 (BGBl. I S. 2407)
52. Verordnung (EWG) Nr. 2597/97 des Rates zur Festlegung ergänzender Vorschriften für die gemeinsame Marktorganisation für Milch und Milcherzeugnisse hinsichtlich Konsummilch vom 18.12.1997 (ABl. Nr. L 351/13); zuletzt geändert durch VO (EG) Nr. 1602/1999 vom 19.7.1999 (ABl. Nr. L 189/43)
53. Verordnung (EG) Nr. 1234/2007 über die gemeinsame Organisation der Agrarmärkte und mit Sondervorschriften für bestimmte landschaftliche Erzeugnisse vom 22.10.2007 (ABl. Nr. L 299/1); letzte Änderung vom 6.3.2009 (ABl. Nr. L 63/9)
54. Verordnung über die Kennzeichnung wärmebehandelter Konsummilch (Konsummilch-Kennzeichnungs-Verordnung) vom 19.6.1974 (BGBl. I S. 1301); letzte Änderung vom 8.8.2007 (BGBl. I S. 1816)
55. Gesetz über den Verkehr mit Milch, Milcherzeugnissen und Fetten (Milch- und Fettgesetz) vom 10.12.1952 (BGBl. I S. 811); letzte Änderung vom 31.10.2006 (BGBl. I S. 2407)
56. Verordnung (EG) Nr. 1580/2007 mit Durchführungsbestimmungen zu den Verordnungen (EG) Nr. 2200/96, (EG) Nr. 2201/96 und (EG) Nr. 1182/2007 im

Sektor Obst und Gemüse vom 21.12.2007 (ABl. Nr. L 350/1); letzte Änderung vom 19.12.2008 (ABl. Nr. L 345/24)

57. Verordnung (EG) Nr. 2200/96 über eine gemeinsame Marktorganisation für Obst und Gemüse vom 28.10.1996 (ABl. Nr. L 297/1); zuletzt geändert durch VO (EG) Nr. 1234/2007 vom 22.10.2007 (ABl. Nr. L 299/1)

58. Verordnung über EG-Normen für Obst und Gemüse vom 9.10.1971 (BGBl. I S. 1637); letzte Änderung vom 20.5.2008 (BGBl. I S. 908)

59. Verordnung über Konfitüren und einige ähnliche Erzeugnisse (Konfitürenverordnung) vom 23.10.2003 (BGBl. I S. 2151); letzte Änderung vom 30.9.2008 (BGBl. I S. 1911)

60. Verordnung über einige zur menschlichen Ernährung bestimmte Zuckerarten (Zuckerarten-Verordnung) vom 23.10.2003 (BGBl. I S. 2098); letzte Änderung vom 22.2.2006 (BGBl. I S. 444)

61. Verordnung (EG) Nr. 1260/2001 über die gemeinsame Marktorganisation für Zucker vom 19.6.2001 (ABl. Nr. L 178/1); letzte Änderung durch VO (EG) Nr. 39/2004) vom 9.1.2004 (ABl. Nr. L 6/16)

63. Kaffee-Verordnung vom 15.11.2001 (BGBl. I S. 3107); letzte Änderung vom 22.2. 2006 (BGBl. I S. 444)

64. Mineral- und Tafelwasser-Verordnung vom 1.8.1984 (BGBl. I S. 1036); letzte Änderung vom 1.12.2006 (BGBl. I S. 2762)

65. Fruchtsaftverordnung vom 24.5.2004 (BGBl. I S. 1016); letzte Änderung vom 9.10.2006 (BGBl. I S. 2260)

67. Verordnung über koffeinhaltige Erfrischungsgetränke vom 24.6.1938 (RGBl. I S. 691); letzte Änderung vom 8.5.2008 (BGBl. I S. 797)

68. Vorläufiges Biergesetz vom 29.7.1993 (BGBl. I S. 1399); letzte Änderung vom 1.9.2005 (BGBl. I S. 2618)

69. Bier-Verordnung vom 2.7.1990 (BGBl. I S. 1332); letzte Änderung vom 8.5.2008 (BGBl. I S. 797)

70. Verordnung zur Durchführung des vorläufigen Biergesetzes vom 29.7.1993 (BGBl. I S. 1422); letzte Änderung vom 8.12.2000 (BGBl. I S. 1686)

71. Weingesetz vom 16.5.2001 (BGBl. I S. 985); letzte Änderung vom 5.11.2007 (BGBl. I S. 2558)

72. Wein-Verordnung vom 14.5.2002 (BGBl. I S. 1583); letzte Änderung vom 7.11.2008 (BGBl. I S. 2166)

73. Wein-Überwachungsverordnung vom 14.5.2002 (BGBl. I S. 1624); letzte Änderung vom 7.11.2008 (BGBl. I S. 2166)

74. Verordnung (EG) Nr. 479/2008 über die gemeinsame Marktorganisation für Wein vom 29.4.2008 (ABl. Nr. L 148/1)

75. Verordnung (EG) Nr. 555/2008 mit Durchführungsbestimmungen zur Verordnung (EG) Nr. 479/2008 vom 27.6.2008 (ABl. Nr. L 170/1)

76. Verordnung (EG) Nr. 110/2008 zur Begriffsbestimmung, Bezeichnung, Aufmachung und Etikettierung von Spirituosen sowie zum Schutz geografischer Angaben für Spirituosen vom 15.1.2008 (ABl. Nr. L 39/16)

77. Käse-Verordnung vom 14.4.1986 (BGBl. I S. 412); letzte Änderung vom 13.12.2007 (BGBl. I S. 2930)

78. Fleisch-Verordnung vom 21.1.1982 (BGBl. I S. 89); letzte Änderung vom 8.8.2007 (BGBl. I S. 1816)

80. Fleischhygieneverordnung vom 29.6.2001 (BGBl. I S. 1366); letzte Änderung vom 8.8.2007 (BGBl. I S. 1816)

81. Verordnung (EG) Nr. 1601/91 zur Festlegung der allgemeinen Regeln für die Begriffsbestimmung, Bezeichnung und Aufmachung aromatisierten Weines, aromatisierter weinhaltiger Getränke und aromatisierter weinhaltiger Cocktails vom 10.6.1991 (ABl. Nr. L 149/1); letzte Änderung durch VO (EG) Nr. 1882/2003 vom 29.9.2003 (ABl. Nr. L 284/1)

Leitsätze, Richtlinien, Qualitätsnormen, Prüf-, Begriffsbestimmungen, Beurteilungskriterien für Rohstoffe und Erzeugnisse

Es handelt sich hierbei um gutachtliche Äußerungen zur Ausfüllung der Rahmenvorschriften des § 11 LFGB; sie haben keine bindende Rechtswirkung, gelten aber als wesentliche Beurteilungsgrundlage für den Verkehr mit Lebensmitteln[1].

100. Richtlinien für Backtriebmittel: Backpulver, Hirschhornsalz, Pottasche (BLL Heft 41, 1962)

101. Richtlinien für Backmittel (BLL Heft 79, 1974)

102. Leitsätze für Feine Backwaren im DLMB vom 17./18.9.1991 (BAnz. Nr. 86b vom 8.5.1992, Beilage); letzte Änderung vom 27.11.2002 (GMBl. Nr. 2003, S. 150)

103. Leitsätze für Honig im DLMB (Neufassung BAnz. Nr. 82a vom 29.4.1978, Beilage), geändert am 29./30.11.1983 (Beilage zum BAnz. Nr. 100 vom 26.5.1984)

104. Richtlinien für Invertzuckercreme (BLL Heft 91, 1979)

105. Richtlinien für Stärke und bestimmte Stärkeerzeugnisse (BLL Heft 84, 1976)

106. Leitsätze für Ölsamen und daraus hergestellte Massen und Süßwaren im DLMB (Beilage zum BAnz. Nr. 101a vom 2.7.1975); letzte Änderung vom 10.10.1997 (BAnz. Nr. 239a vom 20.12.1997, S. 15)

107. Leitsätze für Obst im DLMB vom 8.1.2008 (BAnz. Nr. 89a, S. 8)

108. Leitsätze für Puddinge, andere süße Desserts und verwandte Erzeugnisse im DLMB vom 26.1. 1999 (BAnz. Nr. 66a vom 9.4.1999, S. 4)

109. Leitsätze für Speisefette und Speiseöle im DLMB vom 10.10.1997 (BAnz. Nr. 239a vom 20.12.1997, S. 11); letzte Änderung vom 18.10.2001 (GMBl. 2003, S. 755)

110. Richtlinie für Vanillezucker und Vanillinzucker (BLL 2007)

111. Richtlinien für Brot und Kleingebäck (BLL Heft 105, 1984)

112. Leitsätze für Brot und Kleingebäck vom 31.1.1994 (GMBl. 1994 S. 346); letzte Änderung vom 19.9.2005 (BAnz. S. 14405)

113. Leitsätze für Speiseeis und Speiseeishalberzeugnisse im DLMB vom 27.4.1995 (BAnz. Nr. 101 vom 31.5.1995); letzte Änderung vom 27.11.2002 (GMBl. 2003, S. 150)

114. Leitsätze für Tee, teeähnliche Erzeugnisse, deren Extrakte + Zubereitungen im DLMB vom 26.1.1999 (BAnz. Nr. 66a vom 9.4.1999)

115. Leitsätze für Fruchtsäfte im DLMB vom 27.11.2002 (GMBl. 2003, S. 150)

116. Leitsätze für Erfrischungsgetränke vom 18.3.2003 (GMBl. Nr. 18, S. 383)

117. Leitsätze für Gemüsesaft und Gemüsetrunk im DLMB (BAnz. Nr. 117 vom 1.7.1982, Beilage); letzte Änderung vom 10.10.1997 (BAnz. Nr. 239a vom 20.12.1997, S. 18)

118. Leitsätze für weinähnliche und schaumweinähnliche Getränke vom 27.11.2002 (GMBl. 2003, S. 150)

119. Leitsätze für Gemüse vom 8.1.2008 (BAnz. Nr. 89a, S. 36)

[1] Näheres s. S. 60f.

120. Leitsätze für Mayonnaise, Salatmayonnaise und Remouladen des Bundesverbandes der deutschen Feinkostindustrie (1968)

121. Richtlinien zur Beurteilung von Suppen und Soßen (BLL Heft 93, 1980)

122. Leitsätze für Feinkostsalate im DLMB vom 26.1.1999 (BAnz. Nr. 66a vom 9.4.1999)

123. Richtlinien für die Herstellung und das Inverkehrbringen von Reis, Naturreis und Bruchreis (BLL Heft 117, 1991)

124. Leitsätze für Teigwaren im DLMB vom 26.1.1999 (BAnz. Nr. 66a vom 9.4.1999)

125. Leitsätze für Fleisch und Fleischerzeugnisse im DLMB vom 27./28.11.1974 (BAnz. Nr. 134 vom 25.7.1975); letzte Änderung vom 14.4.2008 (BAnz. Nr. 89a, S. 5)

126. Richtlinien für Fleischerzeugnisse (BLL Heft 60, 1967)

128. Begriffsbestimmungen für Spirituosen (BLL Heft 69, 1971)

Gesetze, Verordnungen, Richtlinien und Vorschriften betreffend den Betrieb von Bäckereien und Konditoreien

Vorschriften über Einrichtung und Betrieb von Bäckereien und Konditoreien

Gesetze:

Arbeitsschutzgesetz (ArbSchG) vom 7.8.1996, BGBl. I S. 1246; letzte Änderung vom 5.2.2009 (BGBl. I S. 160)

Arbeitssicherheitsgesetz (ASiG) vom 12.12.1973 (BGBl. I. S. 1885); letzte Änderung vom 31.10.2006 (BGBl. I S. 2407)

Bundes-Immissionsschutzgesetz (BImSchG) vom 26.9.2002 (BGBl. I S. 3831); letzte Änderung vom 23.10.2007 (BGBl. I S. 2470)

Geräte- und Produktsicherheitsgesetz vom 6.1.2004 (BGBl. I. S. 2, 219); letzte Änderung vom 7.7.2005 (BGBl. I S. 1970)

Verordnungen

Arbeitsstättenverordnung (Arb.Stätt.V) vom 12.8.2004 (BGBl. I S. 2179); letzte Änderung vom 18.12.2008 (BGBl. I S. 2768)

Betriebssicherheitsverordnung (Betr.Sich.V) vom 27.9.2002 (BGBl. I S. 3777); letzte Änderung vom 18.12.2008 (BGBl. I S. 2768)

Gefahrstoffverordnung (GefStoffV) vom 23.12.2004 (BGBl. I S. 3758); letzte Änderung vom 18.12.2008 (BGBl. I S. 2768)

Verordnung (EG) Nr. 852/2004 über Lebensmittelhygiene vom 29.4.2004 (ABl. Nr. L 226/3); letzte Änderung vom 17.10.2008 (Abl. Nr. L 277/7)

Richtlinien:

Arbeitsstättenrichtlinien (AStR) zur Arbeitsstättenverordnung vom 27.9.2002

Vorschriften:

Unfallverhütungsvorschriften der Berufsgenossenschaft Nahrungsmittel und Gaststätten (BGN) (Berufsgenossenschaftliche Vorschriften für Sicherheit und Gesundheit bei der Arbeit; Grundsätze der Prävention, BGV A1) vom 1.1.2004

Gesetze und Verordnungen über Arbeitszeit in Bäckereien und Konditoreien

Arbeitszeitgesetz vom 6.6.1994 (BGBl. I S. 1170); letzte Änderung vom 31.10.2006 (BGBl. I S. 2407)

Gesetz über den Ladenschluss vom 2.6.2003 (BGBl. I S. 744); letzte Änderung vom 31.10.2006 (BGBl. I S. 2407)

Gesetz zum Schutz der erwerbstätigen Mutter (Mutterschutzgesetz – MuSchG) vom 20.6.2002; letzte Änderung vom 17.3.2009 (BGBl. I S. 550)

Gesetz zum Elterngeld und zur Elternzeit (Bundeseltern- und Elternzeitgesetz – BEEG) vom 5.12.2006 (BGBl. I S. 2748); letzte Änderung vom 28.3.2009 (BGBl. I S. 634)

Gesetz zum Schutze der arbeitenden Jugend (Jugendarbeitsschutzgesetz – JArbSchG) vom 12.4.1976 (BGBl. I S. 965); letzte Änderung vom 31.10.2008 (BGBl. I S. 2149)

Jugendschutzgesetz (JuSchG) vom 23.7.2002 (BGBl. I S. 2730); letzte Änderung vom 31.10.2008 (BGBl. I S. 2149)

Verordnung über die Berufsausbildung zum Bäcker/Bäckerin (Bäcker-Ausbildungs-Verordnung – BaAusbV) vom 21.4.2004 (BGBl. I S. 632)

Verordnung über die Berufsausbildung zum Konditor/Konditorin (Konditor-Ausbildungs-Verordnung – KondAusbV) vom 3.2.2003 (BGBl. I S. 790)

Allgemeiner Überblick

Die berufliche Tätigkeit des Bäckers und Konditors wird durch eine Reihe von Gesetzen, Verordnungen und anderen Vorschriften geregelt, die folgende Sachbereiche betreffen:

1. *lebensmittelrechtliche Bestimmungen* über die Rohstoffe und die Erzeugnisse der Bäckerei und Konditorei,
2. Vorschriften über die *Einrichtung und den Betrieb* von Bäckereien und Konditoreien,
3. *Arbeitszeitbestimmungen.*

Für Laden und Café gelten ferner:

4. Vorschriften betreffend den *Verkauf* der Erzeugnisse.

Während über die Sachbereiche zu 2. und 3. ganz spezielle Sondervorschriften für Bäcker und Konditoren existieren, sind die die beiden Berufe betreffenden lebensmittelrechtlichen Bestimmungen in die allgemeinen Gesetze und Verordnungen des Lebensmittelrechts eingebettet.

Viele dieser sehr zahlreichen Bestimmungen betreffen gar nicht den Beruf des Bäckers/Konditors, sondern andere nahrungsgewerbliche oder dem Nahrungsgewerbe verwandte Berufe. Dazu zählen z. B. die Bestimmungen über Fleisch, Fisch, Gemüse, Speisekartoffeln und alkoholische Getränke. Sofern jedoch in einem Café oder caféähnlichen Betrieb Getränke oder kleine Speisen angeboten werden, sind auch die diesbezüglichen Vorschriften zu beachten. Diese werden im Teil 7 dieses Buches ausführlich dargestellt.

Die Bestimmungen über Rohstoffe und Erzeugnisse der Bäckerei/Konditorei lassen sich jedoch aus den Gesetzen und Verordnungen des Lebensmittelrechts nicht einfach herauslesen. Das liegt daran, dass im Lebensmittelrecht zunächst eine Reihe von allgemeinen, grundsätzlichen Bestimmungen erlassen wird, z. B. die über den Zusatz von Zusatzstoffen zu Lebensmitteln, über grundlegende hygienische Anforderungen, über die Kennzeichnung von Lebensmitteln und andere. Diese allgemeinen Bestimmungen kommen bei den einzelnen Rohstoffen und Erzeugnissen sehr unterschiedlich zur Anwendung.

Es liegt ferner daran, dass die meisten Lebensmittel, auch die den Bäcker/Konditor betreffenden, nicht ausschließlich Bäckerei-/Konditoreirohstoffe sind (z. B. Obst, Butter, Eier) und dass die betreffenden Verordnungen viele Bestimmungen enthalten, die weniger den Bäcker/Konditor als vielmehr andere Berufsgruppen angehen (z. B. Obstanbauer und -händler, Landwirte und Molkereien, Hühnerhalter, Einzel- und Großhändler, Importeure, Produzenten u. a.). Daher müssen aus den Verordnungen über diese den Bäcker/Konditor betreffenden Lebensmittel nur die Bestimmungen herausgestellt werden, die für die Verwendung der Rohstoffe in der Bäckerei/Konditorei von Bedeutung sind.

Bei ganz speziellen Rohstoffen, wie z. B. Backmitteln, Marzipan- und Persipanrohmasse, Krempulver, Backtriebmitteln, Spezialfetten u. a., vor allem aber bei vielen Erzeugnissen der Bäckerei/Konditorei sind die im Lebensmittelrecht enthaltenen Bestimmungen viel zu allgemein gehalten. Oft liefert das Lebensmittelrecht nur die allgemeinen Grundlagen bzw. die Voraussetzungen, aufgrund derer dann speziellere Bestimmungen erst geschaffen werden mussten.

Das ist erfolgt in Form von *Leitsätzen und Richtlinien* über die Herstellung, Verwendung und den Vertrieb bestimmter Rohstoffe und Erzeugnisse. Solche Bestimmungen (z. B. Richtlinien für Backmittel, Leitsätze für Feine Backwaren u. a.) werden von Fachleuten der Lebensmittelwirtschaft, Leitsätze auch in Zusammenarbeit mit den zuständigen Ministerien (Verbraucherschutz, Ernährung und Landwirtschaft, Wirtschaft, Justiz) und mit Vertretern aus Lebensmittelüberwachung, Wissenschaft und Verbraucherschaft erarbeitet und herausgegeben. Sie schreiben insbesondere bestimmte *Qualitätsnormen* für die einzelnen Erzeugnisse vor. Als Maßstab dienen dazu die „reellen Verkehrsanschauungen der Lebensmittelwirtschaft“ bzw. der Handelsbrauch und die „berechtigte Verbrauchererwartung“.

Für den *Verkauf* der Erzeugnisse gelten darüber hinaus die Bestimmungen des Bürgerlichen Rechts, des Wettbewerbsrechts sowie des Gewerberechts.

Jeder, der sich mit der Herstellung oder dem Vertrieb von Lebensmitteln beschäftigt, muss sich an diese Gesetze, Verordnungen, Richtlinien und Verkehrsregeln halten. Dadurch soll gewährleistet werden, dass der Verbraucher vor Irreführung, Täuschung und vor allem vor gesundheitlichen Schäden geschützt wird. Das ist aber erst möglich, wenn nur einwandfreie, unverfälschte und ehrlich gekennzeichnete Waren auf den Markt kommen.

Damit dies sichergestellt ist, werden alle einschlägigen Betriebe durch die amtliche Lebensmittelkontrolle überwacht: Die Lebensmittelpolizei (städtische Bezirksinspektionen) entnimmt Warenproben, die in chemischen Untersuchungsämtern überprüft werden. Die Gewerbepolizei überwacht die Einrichtung und den Betrieb – auch in hygienischer Hinsicht – der Bäckereien und Konditoreien, insbesondere auch die Einhaltung der vorgeschriebenen Auszeichnungen (Deklarationen, Bezeichnungen, Preis- und Gewichtsangaben).

Zuwiderhandlungen gegen die gesetzlichen Bestimmungen werden in jedem Einzelfall mit Strafe oder Geldbuße bedroht. Im Lebensmittelgesetz und bei den einzelnen Verordnungen werden jeweils die Strafbarkeit und das Strafmaß näher bezeichnet. Dieses reicht von Geldstrafen bis zu mehrjährigen Freiheitsstrafen. Es ist unbedingt notwendig, dass der Bäcker/Konditor über die Grundbegriffe des Lebensmittelrechts und über die ihn betreffenden Verordnungen und Richtlinien Bescheid weiß, damit er sich bei der Herstellung seiner Erzeugnisse und bei deren Verkauf im Laden danach richten kann.

Landratsamt

Teil 1: Lebensmittelrechtliche Bestimmungen

Um die verwirrend zahlreichen Einzelbestimmungen der Gesetze, Verordnungen und Richtlinien überblicken und praktisch berücksichtigen zu können, soll zunächst die Frage gestellt werden, wann, d. h. bei welcher Gelegenheit die gesetzlichen Bestimmungen in der Bäckerei/Konditorei zur praktischen Anwendung kommen; das betrifft in erster Linie die

Kennzeichnung der Erzeugnisse beim Verkauf

Dabei muss auf Folgendes besonders geachtet werden:

- Die Erzeugnisse müssen *richtig,* d. h. den Verkehrsregeln entsprechend, auf keinen Fall aber irreführend *bezeichnet* werden (z. B. Butterkrem/Fettkrem, Marzipan/Persipan, Kuvertüre/Fettglasur, Sahne/Sahnekrem u. a.).
- Soweit erforderlich sind die vorgeschriebenen *Gewichtsangaben* zu machen, z. B. bei Broten und Schnittbrotpackungen.
- Die vorgeschriebene *Preisauszeichnung* muss erfolgen.
- Da, wo besondere *Deklarationen* erforderlich sind, müssen diese den Vorschriften entsprechend vorgenommen werden. Solche Deklarationen sind meist dann vorgeschrieben, wenn die Erzeugnisse bestimmte Zusatzstoffe enthalten (Farbstoffe, Konservierungsstoffe, Süßungsmittel).

Der Bäcker/Konditor setzt diese deklarationspflichtigen Zusatzstoffe häufig nicht selber zu, sie können aber in den von ihm verwendeten Rohstoffen enthalten sein. Die Erzeugnisse müssen dann ebenfalls entsprechend deklariert werden. Aus diesem Grunde muss der Bäcker und der Konditor wissen, welche Rohstoffe deklarationspflichtige Zusatzstoffe enthalten können. Der Gehalt an solchen Zusatzstoffen ist von den Herstellern der Rohstoffe durch entsprechende Hinweise anzugeben. Die Rohstoffe müssen je nachdem auch noch auf andere Weise gekennzeichnet werden, z. B. nach Handels- oder Güteklasse, mit Angaben über bestimmte stoffliche Zusammensetzungen (z. B. Fettgehalt, Trockenbestandteile u. a.) sowie durch Angabe des Mindesthaltbarkeitsdatums oder eines anderen Datums. Ferner kann die Angabe des Gewichts vorgeschrieben sein oder es muss (z. B. bei Trockenei) angegeben sein, welcher Anzahl von Eiern der Packungsinhalt entspricht oder es ist die zulässige Verwendbarkeit (z. B. bei Backtriebmitteln) anzugeben und anderes mehr.

Aus solchen rechtlich vorgeschriebenen Angaben ist es dem Bäcker/Konditor möglich, Rückschlüsse auf die unmittelbare Qualität (Güteklasse), die mittelbare Qualität (Alter, Lagerfähigkeit) und die rezeptmäßige Verwendung nach Menge und Gebäckart zu ziehen.

Bevor nun hier die genauen Einzelvorschriften über die Bäckerei-/Konditoreierzeugnisse und -rohstoffe dargestellt werden, sollen zunächst die diese betreffenden allgemeinen und grundlegenden Bestimmungen aufgezeigt werden.

Diese sind z.B. enthalten in folgenden Gesetzen und Verordnungen:

- Lebensmittel- und Futtermittelgesetzbuch,
- Verordnung über die Zulassung von Zusatzstoffen zu Lebensmitteln,
- Lebensmittelkennzeichnungsverordnung,
- Nährwertkennzeichnungsverordnung,
- Diätverordnung,
- Rückstandshöchstmengenverordnung,
- Preisangabenverordnung,
- Eichgesetz und Fertigpackungsverordnung,
- Infektionsschutzgesetz,
- Produkthaftungsgesetz.

1 Das Lebensmittel- und Futtermittelgesetzbuch (Nr. 1)

(Das Lebensmittel-, Bedarfsgegenstände- und Futtermittelgesetzbuch vom 24.7.2009)

Mit dem am **7. September 2005** in Kraft getretenen **Gesetz zur Neuordnung des Lebensmittel- und des Futtermittelrechts vom 1. September 2005** ist das Lebensmittel- und Futtermittelrecht auf nationaler Ebene neu geordnet worden. Zentraler Punkt des Neuordnungsgesetzes ist das in Artikel 1 enthaltene „Lebensmittel-, Bedarfsgegenstände- und Futtermittelgesetzbuch (Lebensmittel- und Futtermittelgesetzbuch – LFGB)", das das bisher geltende „Lebensmittel- und Bedarfsgegenständegesetz – LMBG" ablöst.

Künftig werden danach für den Rechtsunterworfenen die Verordnung (EG) Nr. 178/2002 (Basis-Verordnung; Nr. 2) und das Lebensmittel- und Futtermittelgesetzbuch (LFGB) als zwei parallel geltende Dachregelungen von Bedeutung sein, die ineinander greifen und sich ergänzen. Es müssen danach beide Regelungswerke (Basis-Verordnung; dort für Lebensmittel vor allem Art. 10, 14, 17, 18 und 19 und das LFGB) nebeneinander berücksichtigt werden, um den vollen Geltungsumfang der lebensmittel- und futtermittelrechtlichen Grundanforderungen zu erfassen.

Das LFGB passt das nationale Lebensmittel- und Futtermittelrecht an die Vorgaben der unmittelbar geltenden Basis-Verordnung an, die in all ihren Teilen seit dem 1. Januar 2005 in Kraft ist und ergänzt diese. Damit wird erstmals ein gemeinsames Dachgesetz für Lebensmittel und Futtermittel auf nationaler Ebene geschaffen.

Unabhängig von der Tatsache, dass mit dem Inkrafttreten des LFGB am 7. September 2005 auch das LMBG in seiner bisherigen Form aufgehoben worden ist (vgl. Artikel 5 des Neuordnungsgesetzes), muss von den Rechtsanwendern das **in Artikel 2** des Neuordnungsgesetzes enthaltene **„Gesetz über den Übergang auf das neue Lebensmittel- und Futtermittelrecht"** beachtet werden. Nach § 1 Abs. 1 dieses Übergangsgesetzes wird eine Vielzahl von Vorschriften der eigentlich nach Artikel 7 aufgehobenen Gesetze so lange aufrechterhalten, bis der Gesetzgeber von den Verordnungsermächtigungen des LFGB Gebrauch gemacht hat. Es ist daher zu empfehlen, die Rechtstexte der aufgehobenen Gesetze noch so lange aufzubewahren, bis deren Inhalt durch Erlass der entsprechenden, auf das LFGB gestützten Rechtsverordnungen tatsächlich nicht mehr relevant ist.

Der materielle Inhalt des LFGB ist in weiten Teilen am Regelungsinhalt des LMBG orientiert, so dass dem Rechtsanwender eine Vielzahl von Formulierungen, beispielsweise bei den Definitionen (§§ 2 und 3 LFGB) bekannt vorkommen werden. Bekannte Texte des LMBG finden sich durchaus im LFGB, nur unter einem anderen Paragraphen wieder.

Das LFGB ist ein Rahmengesetz, in dem die Grundbegriffe und Grundmaßstäbe für das gesamte Lebensmittelrecht festgelegt sind. Alle anderen Bestimmungen sind Folgegesetze oder Folgeverordnungen und fußen auf den Grundbegriffen des Lebensmittelgesetzes. In ihnen wird dann in vielen Einzelbestimmungen genauer festgelegt, was im Lebensmittelgesetz nur allgemeiner zum Ausdruck gebracht ist.

Die wichtigsten Bestimmungen des Lebensmittelgesetzes sollen hier auszugsweise wiedergegeben und nur mit einem kurzen Kommentar versehen werden.

Im Gesetzestext wird zunächst festgelegt, was man unter Lebensmitteln versteht:

§ 2 (2) **Lebensmittel** sind Lebensmittel im Sinne des Artikels 2 der Verordnung (EG) Nr. 178/2002.

Artikel 2 Definition von „Lebensmittel"

Im Sinne dieser Verordnung sind „Lebensmittel" alle Stoffe oder Erzeugnisse, die dazu bestimmt sind oder von denen nach vernünftigem Ermessen erwartet werden kann, dass sie in verarbeitetem, teilweise verarbeitetem oder unverarbeitetem Zustand von Menschen aufgenommen werden.

Zu „Lebensmitteln“ zählen auch Getränke, Kaugummi sowie alle Stoffe – einschließlich Wasser –, die dem Lebensmittel bei seiner Herstellung oder Ver- oder Bearbeitung absichtlich zugesetzt werden.

Nicht zu „Lebensmitteln“ gehören:

a) Futtermittel,
b) lebende Tiere, soweit sie nicht für das Inverkehrbringen zum menschlichen Verzehr hergerichtet worden sind,
c) Pflanzen vor dem Ernten,
d) Arzneimittel,
e) kosmetische Mittel,
f) Tabak und Tabakerzeugnisse,
g) Betäubungsmittel und psychotrope Stoffe,
h) Rückstände und Kontaminanten.

Bedarfsgegenstände

Da Lebensmittel bei der Herstellung und weiteren Bearbeitung mit bestimmten Gegenständen in Berührung kommen, die die Beschaffenheit der Lebensmittel beeinflussen können, hat der Gesetzgeber auch für diese Stoffe Vorschriften erlassen (im Gesetz als Bedarfsgegenstände bezeichnet).

§ 2 (6) **Bedarfsgegenstände** sind

1. Materialien und Gegenstände im Sinne des Artikels 1 Abs. 2 der Verordnung (EG) Nr. 1935/2004 über Materialien und Gegenstände, die dazu bestimmt sind, mit Lebensmitteln in Berührung zu kommen,
2. Packungen, Behältnisse oder sonstige Umhüllungen, die dazu bestimmt sind, mit kosmetischen Mitteln in Berührung zu kommen,
3. Gegenstände, die dazu bestimmt sind, mit den Schleimhäuten des Mundes in Berührung zu kommen,
4. Gegenstände, die zur Körperpflege bestimmt sind,
5. Spielwaren und Scherzartikel,
6. Gegenstände, die dazu bestimmt sind, nicht nur vorübergehend mit dem menschlichen Körper in Berührung zu kommen, wie Bekleidungsgegenstände, Bettwäsche, Masken, Perücken, Haarteile, künstliche Wimpern, Armbänder,
7. Reinigungs- und Pflegemittel, die für den häuslichen Bedarf oder für Bedarfsgegenstände im Sinne der Nummer 1 bestimmt sind,
8. Imprägnierungsmittel und sonstige Ausrüstungsmittel für Bedarfsgegenstände im Sinne der Nummer 6, die für den häuslichen Bedarf bestimmt sind,
9. Mittel und Gegenstände zur Geruchsverbesserung in Räumen, die zum Aufenthalt von Menschen bestimmt sind.

Schutz der Gesundheit

Das Grundanliegen des Lebensmittelgesetzes besteht darin, die Gesundheit der Bevölkerung zu schützen und den Kunden vor Übervorteilung zu bewahren. Deshalb wird eine Reihe von Verboten ausgesprochen. Das erste Verbot soll grundsätzlich ausschließen, dass Lebensmittel, Gegenstände oder Bedarfsgegenstände in einer Art hergestellt und in den Handel gebracht werden, die die menschliche Gesundheit schädigen könnte.

§ 5

(1) Es ist verboten, Lebensmittel für andere derart herzustellen oder zu behandeln, dass ihr Verzehr gesundheitsschädlich im Sinne des Artikels 14 Abs. 2 Buchstabe a der Verordnung (EG) Nr. 178/2002 ist. Das Verbot des Artikels 14 Abs. 1 in Verbindung mit Abs. 2 Buchstabe a der Verordnung (EG) Nr. 178/2002 über das Inverkehrbringen gesundheitsschädlicher Lebensmittel bleibt unberührt.

(2) Es ist ferner verboten,

1. Stoffe, die keine Lebensmittel sind und deren Verzehr gesundheitsschädlich im Sinne des Artikels 14 Abs. 2 Buchstabe a der Verordnung (EG) Nr. 178/2002 ist, als Lebensmittel in den Verkehr zu bringen,
2. mit Lebensmitteln verwechselbare Produkte für andere herzustellen, zu behandeln oder in den Verkehr zu bringen.

Artikel 14 Abs. 1 und 2

(1) Lebensmittel, die nicht sicher sind, dürfen nicht in Verkehr gebracht werden.

(2) Lebensmittel gelten als nicht sicher, wenn davon auszugehen ist, dass sie

a) gesundheitsschädlich sind,

b) für den Verzehr durch den Menschen ungeeignet sind.

§ 30

1. Es ist verboten, Bedarfsgegenstände derart herzustellen oder zu behandeln, dass sie bei bestimmungsgemäßem oder vorauszusehendem Gebrauch geeignet sind, die Gesundheit durch ihre stoffliche Zusammensetzung, insbesondere durch toxikologisch wirksame Stoffe oder durch Verunreinigungen, zu schädigen,
2. Gegenstände oder Mittel, die bei bestimmungsgemäßem oder vorauszusehendem Gebrauch geeignet sind, die Gesundheit durch ihre stoffliche Zusammensetzung, insbesondere durch toxikologisch wirksame Stoffe oder durch Verunreinigungen, zu schädigen, als Bedarfsgegenstände in den Verkehr zu bringen,
3. Bedarfsgegenstände im Sinne des § 2 Abs. 6 Satz 1 Nr. 1 bei dem gewerbsmäßigen Herstellen oder Behandeln von Lebensmitteln so zu verwenden, dass die Bedarfsgegenstände geeignet sind, bei der Aufnahme der Lebensmittel die Gesundheit zu schädigen.

§ 31

(1) Es ist verboten, Materialien oder Gegenstände im Sinne des § 2 Abs. 6 Satz 1 Nr. 1, die den in Artikel 3 Abs. 1 der Verordnung (EG) Nr. 1935/2004 festgesetzten Anforderungen an ihre Herstellung nicht entsprechen, als Bedarfsgegenstände zu verwenden oder in den Verkehr zu bringen.

(2) Das Bundesministerium wird ermächtigt, durch Rechtsverordnung mit Zustimmung des Bundesrates, soweit es zur Erfüllung der in § 1 Abs. 1 Nr. 1, auch in Verbindung mit Abs. 2, genannten Zwecke erforderlich ist, vorzuschreiben, dass Materialien oder Gegenstände als Bedarfsgegenstände im Sinne des § 2 Abs. 6 Satz 1 Nr. 1 nur so hergestellt werden dürfen, dass sie unter den üblichen oder vorhersehbaren Bedingungen ihrer Verwendung keine Stoffe auf Lebensmittel oder deren Oberfläche in Mengen abgeben, die geeignet sind,

1. die menschliche Gesundheit zu gefährden,
2. die Zusammensetzung oder Geruch, Geschmack oder Aussehen der Lebensmittel zu beeinträchtigen.

(3) Es ist verboten, Lebensmittel, die unter Verwendung eines in Absatz 1 genannten Bedarfsgegenstandes hergestellt oder behandelt worden sind, als Lebensmittel gewerbsmäßig in den Verkehr zu bringen.

Schutz vor Täuschung und Übervorteilung

Das nächste Verbot soll verhindern, dass der Kunde durch Nachahmung oder Verfälschung von Lebensmitteln und durch irreführende Bezeichnungen getäuscht und damit übervorteilt werden kann:

§ 11

(1) Es ist verboten, Lebensmittel unter irreführender Bezeichnung, Angabe oder Aufmachung gewerbsmäßig in den Verkehr zu bringen oder für Lebensmittel allgemein oder im Einzelfall mit irreführenden Darstellungen oder sonstigen Aussagen zu werben. Eine Irreführung liegt insbesondere dann vor, wenn

1. bei einem Lebensmittel zur Täuschung geeignete Bezeichnungen, Angaben, Aufmachungen, Darstellungen oder sonstige Aussagen über Eigenschaften, insbesondere über Art, Beschaffenheit, Zusammensetzung, Menge, Haltbarkeit, Ursprung, Herkunft oder Art der Herstellung oder Gewinnung verwendet werden,
2. einem Lebensmittel Wirkungen beigelegt werden, die ihm nach den Erkenntnissen der Wissenschaft nicht zukommen oder die wissenschaftlich nicht hinreichend gesichert sind,
3. zu verstehen gegeben wird, dass ein Lebensmittel besondere Eigenschaften hat, obwohl alle vergleichbaren Lebensmittel dieselben Eigenschaften haben,

[1] Es wird etwas prinzipiell verboten, jedoch werden unter bestimmten, im Gesetz genannten Voraussetzungen Ausnahmen gestattet.

4. einem Lebensmittel der Anschein eines Arzneimittels gegeben wird.

(2) Es ist ferner verboten,

1. andere als dem Verbot des Artikels 14 Abs. 1 in Verbindung mit Abs. 2 Buchstabe b der Verordnung (EG) Nr. 178/2002 unterliegende Lebensmittel, die für den Verzehr durch den Menschen ungeeignet sind, gewerbsmäßig in den Verkehr zu bringen,
2. a) nachgemachte Lebensmittel,
   b) Lebensmittel, die hinsichtlich ihrer Beschaffenheit von der Verkehrsauffassung abweichen und dadurch in ihrem Wert, insbesondere in ihrem Nähr- oder Genusswert oder in ihrer Brauchbarkeit nicht unerheblich gemindert sind oder
   c) Lebensmittel, die geeignet sind, den Anschein einer besseren als der tatsächlichen Beschaffenheit zu erwecken, ohne ausreichende Kenntlichmachung gewerbsmäßig in den Verkehr zu bringen.

Zusatzstoffe

Durch ein Verbot soll ausgeschlossen werden, dass Lebensmitteln bei der Herstellung oder auch zu einem späteren Zeitpunkt nicht zugelassene Zusatzstoffe zugesetzt werden. Nur wenn gewährleistet ist, dass ein solcher Zusatz gesundheitlich unbedenklich ist, dürfen Zusatzstoffe Lebensmitteln zugesetzt werden; dann aber auch nur unter der Voraussetzung, dass sie ausdrücklich zugelassen sind.

Falls Lebensmittel Zusatzstoffe enthalten – auch wenn diese zugelassen sind – , muss das in vielen Fällen ausdrücklich angegeben (deklariert) werden. In solchen Fällen, aber auch selbst dann, wenn keine Deklarationspflicht besteht, darf bei der Werbung für solche Lebensmittel kein falscher, irreführender Eindruck erweckt werden.

Wie schon die fremden Stoffe, unterliegen Zusatzstoffe dem Verbotsprinzip mit Zulassungsvorbehalt:

Was ausdrücklich erlaubt ist, ist verboten.

§ 6

(1) Es ist verboten,

1. bei dem gewerbsmäßigen Herstellen oder Behandeln von Lebensmitteln, die dazu bestimmt sind, in den Verkehr gebracht zu werden,
   a) nicht zugelassene Lebensmittel-Zusatzstoffe unvermischt oder in Mischungen mit anderen Stoffen zu verwenden,
   b) Ionenaustauscher zu benutzen, soweit dadurch nicht zugelassene Lebensmittel- Zusatzstoffe in die Lebensmittel gelangen,
   c) Verfahren zu dem Zweck anzuwenden, nicht zugelassene Lebensmittel-Zusatzstoffe in den Lebensmitteln zu erzeugen,
2. Lebensmittel gewerbsmäßig in den Verkehr zu bringen, die entgegen dem Verbot der Nummer 1 hergestellt oder behandelt sind oder einer nach § 7 Abs. 1 oder 2 Nr. 1 oder 5 erlassenen Rechtsverordnung nicht entsprechen,
3. Lebensmittel-Zusatzstoffe oder Ionenaustauscher, die bei dem gewerbsmäßigen Herstellen oder Behandeln von Lebensmitteln nicht verwendet werden dürfen, für eine solche Verwendung oder zur Verwendung bei dem Herstellen oder Behandeln von Lebensmitteln durch die Verbraucherin oder den Verbraucher gewerbsmäßig in den Verkehr zu bringen.

(2) Absatz 1 Nr. 1 Buchstabe a findet keine Anwendung auf Enzyme und Mikroorganismenkulturen. Absatz 1 Nr. 1 Buchstabe c findet keine Anwendung auf Stoffe, die bei einer allgemein üblichen küchenmäßigen Zubereitung von Lebensmitteln entstehen.

§ 2 Absatz 3 enthält die **Begriffsbestimmung für Zusatzstoffe** und ihnen gleichgestellte Stoffe:

(3) Lebensmittel-Zusatzstoffe sind Stoffe mit oder ohne Nährwert, die in der Regel weder selbst als Lebensmittel verzehrt noch als charakteristische Zutat eines Lebensmittels verwendet werden und die einem Lebensmittel aus technologischen Gründen beim Herstellen oder Behandeln zugesetzt werden, wodurch sie selbst oder ihre Abbau- oder Reaktionsprodukte mittelbar oder unmittelbar zu einem Bestandteil des Lebensmittels werden oder werden können. Den Lebensmittel-Zusatzstoffen stehen gleich

1. Stoffe mit oder ohne Nährwert, die üblicherweise weder selbst als Lebensmittel verzehrt noch als charakteristische Zutat eines Lebensmittels verwendet werden und die einem Lebensmittel aus anderen als technologischen Gründen beim Herstellen oder Behandeln zugesetzt werden, wodurch sie selbst oder ihre Abbau- oder Reaktionsprodukte mittelbar oder unmittelbar zu einem Bestandteil des Lebensmittels werden oder werden können; ausgenommen sind Stoffe, die natürlicher Herkunft oder den natürlichen chemisch gleich sind und nach allgemeiner Verkehrsauffassung überwiegend wegen ihres Nähr-, Geruchs- oder Geschmackswertes oder als Genussmittel verwendet werden,
2. Mineralstoffe und Spurenelemente sowie deren Verbindungen außer Kochsalz,
3. Aminosäuren und deren Derivate,
4. Vitamine A und D sowie deren Derivate.

Als Lebensmittel-Zusatzstoffe gelten nicht

1. Stoffe, die nicht selbst als Zutat eines Lebensmittels verzehrt werden, jedoch aus technologischen Gründen während der Be- oder Verarbeitung von Lebensmitteln verwendet werden und unbeabsichtigte, technisch unvermeidbare Rückstände oder Abbau- oder Reaktionsprodukte von Rückständen in gesundheitlich unbedenklichen Anteilen im für die Verbraucherin oder den Verbraucher bestimmten Lebensmittel hinterlassen können, die sich technologisch nicht auf dieses Lebensmittel auswirken (Verarbeitungshilfsstoffe),
2. zur Verwendung in Lebensmitteln bestimmte Aromen, ausgenommen künstliche Aromastoffe im Sinne des Artikels 1 Abs. 2 Buchstabe b Unterbuchstabe iii der Richtlinie 88/388/EWG der Rates vom 22. Juni 1988 zur Angleichung der Rechtsvorschriften der Mitgliedstaaten über Aromen zur Verwendung in Lebensmitteln und über Ausgangsstoffe für ihre Herstellung (ABl. EG Nr. L 184 S. 61),
3. Pflanzenschutzmittel im Sinne des Pflanzenschutzgesetzes.

Diese Definition der Zusatzstoffe

- stellt ab auf die **technologische** Zweckbestimmung der Zusatzstoffe im Lebensmittel
- schließt auch Zusätze mit ein, die mehr **physiologischen** Zwecken dienen
- schließt alle **natürlich** vorkommenden Stoffe und die den **natürlichen chemischen gleichen (naturidentische)** Stoffe wieder aus, soweit diese nach allgemeiner Verkehrsauffassung überwiegend wegen ihres Nährwertes oder ihres Geruchs- oder Geschmackswertes verwendet werden
- grenzt auch **Genussmittel** aus
- stellt einzelne Stoffe wie **Mineralstoffe und Spurenelemente** (außer Kochsalz), **Aminosäuren, Vitamine A und D**, die bei diesen Ausschlüssen „versehentlich" aus dem Zusatzstoffbegriff herausgefallen sind, nachträglich den Zusatzstoffen gleich
- schließt **Verarbeitungshilfsstoffe, Aromen und Pflanzenschutzmittel** aus
- stellt jedoch **künstliche Aromastoffe** den Zusatzstoffen gleich
- ermächtigt das Bundesministerium, unter bestimmten Umständen **weitere Stoffe** den Zusatzstoffen gleichzustellen.

Besondere Regelungen

§§ 7, 13, 32 und 35 des Lebensmittel- und Futtermittelgesetzbuches geben den zuständigen Ministerien die gesetzliche Handhabe dafür, Durchführungsverordnungen zu erlassen.

In solchen Verordnungen kann z. B. bestimmt werden:

- dass die Herstellung und der Vertrieb von Lebensmitteln von einer Genehmigung abhängig gemacht wird,
- dass bestimmte Lebensmittel nur in besonderen Packungen (z. B. Aromen) oder bestimmten Einheiten (z. B. Schokolade) abgegeben werden dürfen,
- dass der Inhalt am Behältnis anzugeben ist
- dass Angaben über Herkunft, Haltbarkeitsdauer, Hersteller und Händler gemacht werden müssen,
- welche Handelsbezeichnungen (Güteklas-

sen) für die einzelnen Lebensmittel verbindlich sind,

- wie diese Lebensmittel hergestellt, zubereitet, zusammengesetzt und bezeichnet werden müssen,
- wann bestimmte Lebensmittel als verdorben, nachgemacht oder verfälscht gelten,
- welche Bezeichnungen, Angaben oder Aufmachungen als irreführend verboten sind.

Sofern Verordnungen die Rohstoffe und Erzeugnisse der Bäckerei/Konditorei betreffen, werden sie in diesem Buch auch unter obigen Gesichtspunkten erfasst und dargestellt.

Die Verordnungen über den Zusatz zu Zusatzstoffen zu Lebensmitteln stützen sich auf § 7 LFGB. Sie werden in den folgenden Kapiteln dargestellt.

Die §§ 38 bis 52 des LFGB (Lebensmittel- und Futtermittelgesetzbuch) befassen sich mit den Vorschriften über die Durchführung der Überwachung (s. S. 147).

Bestrafung von Verstößen gegen die Vorschriften

Die §§ 58 bis 62 LFGB umfassen die Hinweise auf die Strafbarkeit von Verstößen gegen die Bestimmungen des LFGB.

Das Recht unterscheidet drei Tatbestandsgruppen, die entsprechend ihres Unrechtsgehalts als Straftaten oder als Ordnungswidrigkeiten gelten und mit unterschiedlichen Sanktionen bzw. Bestrafungsandrohungen versehen sind.

Die erste Gruppe (§ 58) regelt die Verstöße gegen grundlegende Gesundheitsvorschriften. Wenn z. B. jemand Lebensmittel herstellt, deren Verzehr geeignet ist, die menschliche Gesundheit zu schädigen, dann begeht er eine Straftat, und zwar sowohl bei vorsätzlicher als auch bei fahrlässiger Handlung. Sogar der Versuch ist bereits strafbar.

Ob das hergestellte Lebensmittel „gesundheitsschädlich" ist, muss in jedem Einzelfall geprüft werden.

Bei vorsätzlicher Handlung wird dies mit bis zu drei Jahren Freiheitsstrafe oder mit einer Geldbuße bestraft. Die Höhe der Geldstrafe richtet sich nach den Verhältnissen des Täters.

Die Geldbuße kann in mindestens 5 und höchstens 360 Tagessätzen bemessen werden. Die Höhe der Tagessätze kann zwischen 1,00 und 50.000,00 Euro liegen. Der Höchstbetrag einer Geldstrafe liegt bei 1,8 Millionen Euro.

Bei fahrlässiger Handlung wird mit Freiheitsentzug bis zu einem Jahr oder Geldbuße bestraft. In besonders schweren Fällen kann die Freiheitsstrafe bis zu 5 Jahre betragen.

Die zweite Gruppe (§ 59) befasst sich mit Verstößen gegen die Vorschriften über Zusatzstoffe, Pflanzenschutzmittel, pharmakologisch wirksame Stoffe und Bestrahlungen. Ferner enthält sie Schutzvorschriften gegen Täuschungsversuche. Z. B. werden Verstöße gegen die Kenntlichmachungsvorschriften mit Strafe bedroht: wenn etwa geschönte Lebensmittel in den Verkehr gebracht werden, ohne dass dies ausreichend kenntlich gemacht wird (z. B. Verdecken einer Überalterung durch Auffärbung).

Verstöße wurden mit Freiheitsentzug bis zu einem Jahr oder mit Geldbuße bestraft.

Die dritte Gruppe (§ 60) umfasst alle übrigen Verstöße, die sowohl bei vorsätzlicher als auch bei fahrlässiger Begehung als Ordnungswidrigkeiten eingestuft werden.

Hier sind folgende Fälle denkbar:

Verstoß gegen Hygienevorschriften. Geldbuße beträgt bei vorsätzlicher wie bei fahrlässiger Handlung bis zu 25.000 Euro.

Einfuhr von Lebensmitteln, die nicht den deutschen Bestimmungen entsprechen. Geldbuße bei Vorsatz und bei Fahrlässigkeit bis zu 15.000 Euro. Falsche Auskunft gegenüber einem Ordnungsbeamten: Geldbuße bis zu 5.000 Euro.

Gemeinschaftliches Lebensmittelrecht

In den Bereichen, in denen es noch keine EG-weiten gemeinschaftlichen Regelungen gibt, kommt grundsätzlich das Prinzip der gegenseitigen Anerkennung zum Tragen. Danach ist jedes in einem Mitgliedstaat der Europäischen Gemeinschaft rechtmäßig hergestellte und in den Verkehr gebrachte Erzeugnis in einem anderen Mitgliedstaat verkehrsfähig, es sei denn, es werden gesundheitliche Bedenken geltend gemacht.

Der Grundsatz der gegenseitigen Anerkennung hat sich heute allgemein durchgesetzt und ist ein wesentlicher Eckpfeiler bei der Verwirklichung des Binnenmarktes, insbesondere auch im Lebensmittelbereich. Auf dieses Prinzip kann sich jeder berufen, der Lebensmittel in einem anderen Mitgliedstaat der Europäischen Gemeinschaft vermarkten will. Es gilt ebenso für deutsche Produkte, die in anderen Mitgliedstaaten angeboten werden, wie für deren Erzeugnisse, die in der Bundesrepublik in den Verkehr gebracht werden.

Der deutsche Gesetz- und Verordnungsgeber hat dem Grundsatz der gegenseitigen Anerkennung Rechnung getragen, indem er das Inverkehrbringen zusammengesetzter Erzeugnisse aus Mitgliedstaaten der Europäischen Gemeinschaft abweichend von deutschen Regelungen zulässt, und zwar durch einen neuen § 54 LFGB (sog. Allgemeinverfügung). Dieser Paragraf regelt auch die formalen Anforderungen an das Zulassungsverfahren. Abweichungen in der Zusammensetzung und Aufmachung vom nationalen Recht sind angemessen kenntlich zu machen, soweit dies zum Schutz des Verbrauchers erforderlich ist.

Das bedeutet, dass z. B. eine Backware aus Frankreich einen künstlichen Aromastoff enthalten kann, der in Deutschland nicht erlaubt ist. Trotzdem darf diese Backware auf den deutschen Markt kommen, nachdem dies angemeldet wurde. Wurden keine gesundheitlichen Bedenken geltend gemacht und wurde der Antrag positiv beschieden, darf das Erzeugnis eingeführt werden, ggf. mit einer besonderen Kenntlichmachung. Deutsche Bäcker/Konditoren müssen sich dagegen nach wie vor an das geltende innerstaatliche, in der Regel strengere Recht halten, es sei denn, es wurde eine Ausnahmegenehmigung nach § 68 LFBG beantragt.

2 Europäische Basisverordnung (Nr. 2)

Mit der Verordnung (EG) Nr. 178/2002 des Europäischen Parlaments und des Rates vom 28. Januar 2002 zur Festlegung der allgemeinen Grundsätze und Anforderungen des Lebensmittelrechts, zur Errichtung der Europäischen Behörde für Lebensmittelsicherheit und zur Festlegung von Verfahren der Lebensmittelsicherheit wurde ein neuer Rahmen für das Lebensmittelrecht der EU verabschiedet.

Die Europäische Behörde für Lebensmittelsicherheit

Die wichtigste Aufgabe der Europäischen Behörde für Lebensmittelsicherheit (EBLS), deren Sitz in Parma/Italien ist, besteht in der wissenschaftlichen Beratung und Unterstützung bei der Rechtsetzung und Politikentwicklung der Gemeinschaft in allen Bereichen, die direkte oder indirekte Auswirkungen auf die Sicherheit von Lebensmitteln und Futtermitteln haben. Sie soll unabhängige Informationen zu diesen Fragen liefern und die Öffentlichkeit über Risiken innerhalb der Lebensmittelherstellungskette aufklären.

Die Behörde soll ein maßgeblicher Ansprechpartner für alle Interessenvertreter, politischen Entscheidungsträger und die Öffentlichkeit werden, wodurch sie aufgrund ihrer Unabhängigkeit, der wissenschaftlichen Qualität ihrer Gutachten und ihrer Aufklärung der Öffentlichkeit wie auch der Transparenz ihrer Verfahren qualifiziert ist. Abgesehen von ihren eigenen wissenschaftlichen Ausschüssen soll die Behörde von ähnlichen wissenschaftlichen Gremien und Stellen für Lebensmittelsicherheit in der EU unterstützt werden. In Deutschland ist dies zum Beispiel das Bundesinstitut für Risikobewertung (BfR) in Berlin.

Anpassung des nationalen Rechts an neue Vorgaben

Auf nationaler Ebene ist die Anpassung der Vorgaben der Verordnung im Bereich des Lebensmittelrechts erfolgt, und zwar mit dem Gesetz zur Neuordnung des Lebensmittel- und Futtermittelrechts. Die EU-Verordnung enthält unter anderem Vorschriften zur Definition „Lebensmittel" sowie zu den Definitionen „Lebensmittelunternehmen", „Einzelhandel", „Inverkehrbringen", „Rückverfolgbarkeit" und „Endverbraucher", die entweder ganz neu sind oder an die Stelle der bisherigen Begriffe treten. Weiterhin gibt es Vorschriften für den Lebensmittelhandel, allgemeine Anforderungen an die Lebens- und Futtermittelsicherheit, zur Aufmachung von Lebensmitteln, eine Verpflichtung zur Gewährleistung von Rückverfolgbarkeit in der Lebensmittelkette und schließlich Regelungen über Inhalt und Ausgestaltung der Verantwortung der Lebens- und Futtermittelunternehmen für ihre Produkte. Diese Vorschriften des Lebensmittelrechts sind zum 1. Januar 2005 in Kraft getreten.

Vorschriften zum Krisenmanagement

Die Verordnung enthält schließlich noch Vorschriften zu den Verfahren zur Lebensmittelsicherheit. Es geht um die Verbesserung der bereits bestehenden Systeme für Schnellwarnungen und Sofortmaßnahmen auf Gemeinschaftsebene. Außerdem sollen über einen allgemeinen Plan für das Krisenmanagement und die Einrichtung eines Krisenstabes auch Krisensituationen besser bewältigt werden können.

3 Verordnungen über den Zusatz von Zusatzstoffen zu Lebensmitteln

Als „Zusatzstoffe“ gelten alle Stoffe, die Lebensmitteln zugesetzt werden. Ausnahme: solche Stoffe, die selber zu den gebräuchlichsten Lebensmitteln zählen. Insbesondere zählen zu den Zusatzstoffen:

- Konservierungsstoffe
- Schwefeldioxid
- Antioxidantien
- Farbstoffe
- künstliche Aromastoffe
- Süßungsmittel (Süßstoffe und Zuckeraustauschstoffe)

Für die Verwendung von Zusatzstoffen können ganz bestimmte beschränkende Auflagen erhoben werden, die jedoch von Fall zu Fall verschieden sind.

Solche Einschränkungen können darin bestehen, dass

- bestimmte Zusatzstoffe *nur bestimmten Lebensmitteln* zugesetzt werden dürfen, bzw.
- *nur für bestimmte Zwecke* zugelassen sind,
- *nur bestimmte Höchstmengen* eines Zusatzstoffes zugelassen werden,
- die Zusatzstoffe ganz *bestimmten Reinheitsanforderungen* genügen müssen (festgelegt in der Zusatzstoffverkehrsverordnung),
- die *Verwendung* von Zusatzstoffen beim Verkauf des betreffenden Lebensmittels dem Kunden *angezeigt werden muss* **(Deklaration)**.

3.1 Die neue Zusatzstoff-Zulassungs-Verordnung (ZZulV) (Nr. 3)

Verordnung über die Zulassung von Zusatzstoffen zu Lebensmitteln zu technologischen Zwecken vom 29.1.1998.

3.1.1 Allgemein zugelassene Stoffe

Allgemein ohne Einschränkung zugelassene Stoffe

Die in Anlage 3 zu § 5 Abs. 1 und § 7 ZZulV aufgeführten Stoffe sind allgemein zugelassen. Im Einzelnen handelt es sich um folgende Stoffe:

– Argon	– Kohlendioxid
– Helium	– Stickstoff
– Distickstoffmonoxid	– Luft
– Sauerstoff	– Wasserstoff

Allgemein, aber mit Einschränkungen zugelassene Stoffe

Die in Anlage 4 Teil A zu § 5 Abs. 1 und § 7 ZZulV aufgeführten Zusatzstoffe sind für Lebensmittel allgemein, ausgenommen bestimmte Lebensmittel, ohne Mengenbeschränkung („quantum satis“) zugelassen. „Quantum satis“ bedeutet, dass die Zusatzstoffe nach der guten Herstellungspraxis nur in der Menge verwendet werden dürfen, die erforderlich ist, um die gewünschte Wirkung zu erzielen, und unter der Voraussetzung, dass der Verbraucher dadurch nicht irregeführt wird.

Die Liste umfasst 106 allgemein zugelassene Zusatzstoffe. Dazu zählen u. a.:

- Genusssäuren wie Essig-, Milch- und Weinsäure und deren Salze,
- verschiedene Dickungsmittel wie Agar-Agar, Johannisbrotkernmehl, Pektine sowie modifizierte Stärken.
- Cystein (nur als Mehlbehandlungsmittel)

Vorbehaltlich besonderer Regelungen in Anlage 4 Teil C gelten diese allgemein zugelassenen Zusatzstoffe nicht für:

- unbehandelte Lebensmittel
- Honig
- nichtemulgierte Öle und Fette tierischen oder pflanzlichen Ursprungs
- Butter
- pasteurisierte und (auch durch Ultrahocherhitzung) sterilisierte Milch (auch mit vollem Fettgehalt, entrahmt und teilentrahmt) und pasteurisierte Sahne mit vollem Fettgehalt
- nichtaromatisierte, mit lebenden Bakterien fermentierte Milcherzeugnisse
- natürliches Mineralwasser, Quellwasser
- Kaffee (ausgenommen aromatisierter Instantkaffee) und Kaffee-Extrakte
- nichtaromatisierter Blatt-Tee
- Zuckerarten
- trockene Teigwaren, ausgenommen glutenfreie Teigwaren und/oder Teigwaren, die für eine eiweißarme Ernährung bestimmt sind
- natürliche, nichtaromatisierte Buttermilch (ausgenommen sterilisierte Buttermilch)

„Unbehandelte Lebensmittel" sind solche Lebensmittel, die keiner Herstellung oder Behandlung unterzogen worden sind, die zu einer substanziellen Änderung des Originalzustandes der Lebensmittel führt. Eine substanzielle Änderung liegt insbesondere nicht vor, wenn die Lebensmittel geteilt, ausgelöst, getrennt, ausgebeint, fein zerkleinert, enthäutet, geschält, gemahlen, geschnitten, gesäubert, garniert, tiefgefroren, gefroren, gekühlt, geschliffen oder enthülst, verpackt oder ausgepackt worden sind.

3.1.2 Beschränkt zugelassene Zusatzstoffe

Sie sind in Anlage 4 Teil B enthalten. Den Bäcker/Konditor interessieren aus dieser Gruppe folgende Stoffe (siehe Tabelle unten):

Zusatzstoff	erlaubter Verwendungszweck	Höchstmenge
Fumarsäure	Füllungen, Überzüge für Feine Backwaren	2,5 g/kg
Phosphorsäure, Natrium-, Kalium-, Calcium-, Magnesium-phosphate, Di-, Tri-, Polyphosphate	Pasteurisierte, sterilisierte oder UHT-Sahne	5,0 g/kg
	Schlagsahne oder Analoge aus Pflanzenfett	5,0 g/kg
	Speiseeis	1,0 g/kg
	Feine Backwaren	20 g/kg
	Mehl	2,5 g/kg
	Mehl, backfertig	20 g/kg
	Flüssigei	10 g/kg
	Überzüge	3,0 g/kg
	diätetische Lebensmittel	5,0 g/kg
	Puderzucker	10 g/kg
	Rührteig; Panaden	12,0 g/kg
	Emulsionssprays auf Wasserbasis zum Bestreichen von Backformen	30 g/kg
Adipinsäure, Adipate	Füllungen, Überzüge für Feine Backwaren	2,0 g/kg

Zusatzstoff	erlaubter Verwendungszweck	Höchstmenge
Propylenglycolalginat	Fettemulsionen Feine Backwaren Füllungen, Glasuren, Überzüge für Feine Backwaren Speiseeis auf Wasserbasis	3,0 g/kg 2,0 g/kg 5,0 g/kg 3,0 g/kg
Karayagummi	Überzüge für Nüsse Füllungen, Überzüge für Feine Backwaren	10,0 g/kg 5,0 g/kg
Sorbit, Mannit, Isomalt, Maltit, Lactit, Xylit	nicht als Süßungsmittel, aber z. B. als Feuchthaltemittel für Lebensmittel allgemein, ausgenommen bestimmte Lebensmittel	quantum satis[1] (qs)
Konjak	Lebensmittel allgemein, ausgenommen bestimmte Lebensmittel, z.B. Gelee-Süßwaren	10,0 g/kg
Sojabohnen-Polyose	Abgepackte Feinbackwaren für den Einzelhandel Dehydrierte, konzentrierte, gefrorene und tiefgefrorene Eierzeugnisse	10,0 g/kg 10,0 g/kg
Polysorbate	Feine Backwaren Fettemulsionen für Backzwecke Milch- oder Sahneanaloge Speiseeis	3,0 g/kg 10 g/kg 5,0 g/kg 1,0 g/kg
Ammoniumsalze von Phosphatidsäuren	Kakao- und Schokoladenerzeugnisse	10 g/kg
Zuckerester von Speisefettsäuren, Zuckerglyceride	Fettemulsionen für Backzwecke Feine Backwaren Speiseeis Sahneanaloge sterilisierte Sahne und sterilisierte Sahne mit reduziertem Fettgehalt	10 g/kg 10 g/kg 5,0 g/kg 5,0 g/kg 5,0 g/kg
Polyglycerinester von Speisefettsäuren	Feine Backwaren Eiprodukte Fettemulsionen Milch- und Sahneanaloge	10 g/kg 1,0 g/kg 5,0 g/kg 5,0 g/kg
Polyglycerin-Polyricinoleat	Schokolade	5,0 g/kg
Propylenglycolester von Speisefettsäuren	Feine Backwaren Fettemulsionen für Backzwecke Milch- oder Sahneanaloge Speiseeis Geschlagene Dessertgarnierungen, außer Sahne	5,0 g/kg 10 g/kg 5,0 g/kg 3,0 g/kg 30 g/kg
Thermooxidiertes Sojaöl	Fettemulsionen zum Braten	5,0 g/kg

[1] vgl. S. 32

Zusatzstoff	erlaubter Verwendungszweck	Höchstmenge
Natrium-, Calcium-stearoyl-2-lactylat	Feine Backwaren Fettemulsionen Brot (mit Ausnahmen)	5,0 g/kg 10 g/kg 3,0 g/kg
Stearoyltartrat	Backwaren (mit Ausnahmen)	4,0 g/kg
Sorbitanmonostearat, Sorbitantristearat, Sorbitanmonolaurat, Sorbitanmonooleat, Sorbitanmonopalmitat	Feine Backwaren Glasuren, Überzüge für Feine Backwaren Fettemulsionen Milch- und Sahneanaloge Speiseeis Hefen für Backzwecke	10 g/kg 5,0 g/kg 10 g/kg 5,0 g/kg 0,5 g/kg qs
Sorbitantristearat	Schokolade	10 g/kg
Sorbitanmonolaurat	Fruchtgelee, Marmelade	25 mg/kg
Aluminiumsulfate	Eiklar	30 mg/kg
Saures Aluminiumsulfat	Feine Backwaren (nur scones, Biskuitgebäck)	1,0 g/kg
Siliciumdioxid, Silicate, Talkum	Erzeugnisse zum Einfetten von Backformen	30 g/kg
Glutaminsäure, Glutamate	Lebensmittel allgemein, ausgenommen bestimmte Lebensmittel	10 g/kg
Guanylsäure, Guanylate, Inosinsäure, Inosinate, Ribonukleotide	Lebensmittel allgemein, ausgenommen bestimmte Lebensmittel	500 mg/kg
Dimethylpolysiloxan	Bratöle, Bratfette, Rührteig	10 mg/kg
Wachse, Schellack	Überzugsmittel für Schokolade, mit Schokolade überzogene Feine Backwaren, Nüsse	qs
Hydriertes Poly-1-decen	Überzugsmittel für Zuckerwaren	2,0 g/kg
Butan, Isobutan, Propan	Backsprays auf Pflanzenölbasis (nur gewerbliche Verarbeiter), Emulsionssprays auf Wasserbasis	qs
Neohesperidin DC (nur als Geschmacksverstärker)	Margarine, Halbfettmargarine	5 mg/kg
Triethylcitrat	Eiklarpulver	qs
Cystin (zur Veränderung der Klebereigenschaften)	Weizenmahlerzeugnisse für Brot einschließlich Kleingebäck	100 mg/kg

Anlage 4 Teil C listet Lebensmittel auf, denen nur bestimmte Zusatzstoffe der Anlage 4 Teil A zugesetzt werden dürfen. Den Bäcker/Konditor interessieren aus dieser Aufstellung folgende Lebensmittel:

- Kakao- und Schokoladenerzeugnisse
- Pasteurisierte Sahne mit vollem Fettgehalt
- Nicht emulgierte tierische oder pflanzliche Öle und Fette (ausgenommen natives Öl und Olivenöl)
- Ausschließlich aus Weizenmehl, Wasser, Hefe oder Sauerteig und Salz hergestelltes Brot
- Pain courant français
- Frische Teigwaren

3.1.3 Weitere beschränkt zugelassene Zusatzstoffe

Konservierungsstoffe einschließlich Oberflächenbehandlungsmittel

Zum Schutz vor dem Verderb durch Mikroorganismen (Fäulniserreger, Schimmelpilze) kann man den Lebensmitteln eine Reihe von Stoffen mit konservierender Wirkung zusetzen. Zu diesen Stoffen zählen in der Bäckerei/Konditorei auch Zucker und Alkohol. Das sind aber Lebensmittel, die nicht unter die Zusatzstoff-Zulassungs-Verordnung fallen.

Ferner darf der Hersteller zur Haltbarmachung von Früchten noch eine Reihe von weiteren konservierenden Stoffen verwenden. Diese Stoffe werden außen auf der Schale bestimmten Früchten zugesetzt.

Zusatz der Konservierungsstoffe

Die Zusatzstoff-Zulassungs-Verordnung nennt in Anlage 5 Teil A, Teil B und Teil C 35 Stoffe, die Lebensmitteln zum Zwecke der Konservierung zugesetzt werden dürfen. Allerdings dürfen diese Stoffe nicht allen, sondern nur ganz bestimmten Lebensmitteln in festgesetzten Höchstmengen zugesetzt werden. Der Zusatz ist deklarationspflichtig. Der Bäcker/Konditor erkennt am Zutatenverzeichnis oder an anderen Hinweisen auf der Verpackung, ob Rohstoffe oder Halbfertigprodukte Konservierungsstoffe enthalten. Der Hersteller der Rohstoffe ist verpflichtet, den Zusatz von Konservierungsstoffen anzugeben.

Zulässige Konservierungsstoffe sind:

E 200 Sorbinsäure
E 202 Kaliumsorbat
E 203 Calciumsorbat (Abkürzung: Ss)
E 210 Benzoesäure
E 211 Natriumbenzoat
E 212 Kaliumbenzoat
E 213 Calciumbenzoat (Abkürzung: Bs)
E 214 Ethyl-p-hydroxybenzoat
E 215 Natriumethyl-p-hydroxybenzoat
E 218 Methyl-p-hydroxybenzoat
E 219 Natriummethyl-p-hydroxybenzoat (Abkürzung: PHB)
E 220 Schwefeldioxid (SO_2)
E 221 Natriumsulfit
E 222 Natriumhydrogensulfit
E 223 Natriummetabisulfit
E 224 Kaliummetabisulfit
E 226 Calciumsulfit
E 227 Calciumbisulfit
E 228 Kaliumbisulfit
E 231 Orthophenylphenol
E 232 Natriumorthophenylphenol
E 234 Nisin
E 235 Natamycin
E 239 Hexamethylentetramin
E 249 Kaliumnitrit
E 250 Natriumnitrit
E 251 Natriumnitrat
E 252 Kaliumnitrat
E 280 Propionsäure
E 281 Natriumpropionat
E 282 Calciumpropionat

E 283 Kaliumpropionat
E 284 Borsäure
E 285 Borax
E 1105 Lysozym

Deklarationsvorschriften

Der Zusatz von Konservierungsstoffen ist deklarationspflichtig. Grundsätzlich müssen bei allen fertigverpackten Lebensmitteln außer den sonstigen Zutaten und Zusatzstoffen auch die Konservierungsstoffe in der Zutatenliste aufgeführt werden, und zwar durch den Klassennamen, gefolgt von der Verkehrsbezeichnung oder der E-Nummer, z. B. „Konservierungsstoff Sorbinsäure" oder „Konservierungsstoff E 200".

Werden Lebensmittel unverpackt (lose), in Umhüllungen oder in Fertigpackungen, die zur alsbaldigen Abgabe an den Verbraucher in der Verkaufsstätte hergestellt werden, in den Verkehr gebracht, muss in bestimmter Weise auf den Gehalt an Zusatzstoffen hingewiesen werden, und zwar auf die Verwendung von Konservierungsstoffen durch die Angabe „mit Konservierungsstoff" oder „konserviert". Der verwendete Konservierungsstoff selbst muss nicht mehr, kann aber angegeben werden.

Bei Zusatz von Schwefeldioxid ist bei mehr als 10 mg/kg Lebensmittel der Hinweis "geschwefelt" (anstelle von "konserviert") erforderlich.

Die Angabe ist gut sichtbar, in leicht lesbarer Schrift und unverwischbar auf einem Schild auf oder neben dem Lebensmittel bzw. auf der Umhüllung oder der Fertigpackung anzubringen.

Die Angabe kann entfallen, wenn konservierte Zutaten in der fertigen Backware oder dem Lebensmittel keine technologische Wirkung mehr entfalten. Dies ist z. B. dann der Fall, wenn eine Backmargarine zwar konserviert oder eine Trockenfrucht geschwefelt ist, dieser konservierende Effekt aber nicht mehr für die damit hergestellte Backware gilt.

Die Angabe kann ferner entfallen, wenn ein Zutatenverzeichnis vorhanden ist. Sie ist auch dann nicht erforderlich, wenn in einem Aushang oder in einer schriftlichen Aufzeichnung, die dem Endverbraucher unmittelbar zugänglich sein muss, alle bei der Herstellung des Lebensmittels verwendeten Zusatzstoffe angegeben werden.

Zulässige Konservierungsstoffe	Rohstoffe, denen diese Stoffe zugesetzt werden dürfen	Einschränkungen
Ss	– Trockenfrüchte, – Eiprodukte, getrocknet, konzentriert, gefroren oder tiefgefroren, – Brot, – Roggenbrot, – vorgebackene und abgepackte Backwaren für den Einzelhandel, – Feine Backwaren mit einer Wasseraktivität von mehr als 0,65, – Rührteig; Panaden, – Überzüge, Toppings, – Fettemulsionen, ausgenommen Butter mit einem Fettgehalt von 60 % oder mehr, Fettemulsionen mit einem Fettgehalt von weniger als 60 %, – flüssige Tafelsüßen, – Pektinlösungen zur Behandlung von Trockenobst einschließlich Weinbeeren	 – abgepackt, geschnitten
Ss + Bs (einzeln oder in Kombination)	– zuckerarme Konfitüren, Gelees, Marmeladen sowie ähnliche Erzeugnisse mit reduziertem Brennwert oder zuckerfrei und andere Aufstriche auf Früchtebasis, – kandiertes, kristallisiertes oder glasiertes Obst, – Flüssigei	
Ss + Bs + PHB (einzeln oder in Kombination)	– Süßwaren (außer Schokolade)	– davon 300 PHB max.
E 220 E 221 E 222 E 223 E 224 E 226 E 227 E 228	Hartkekse, Stärke, Trockenfrüchte: Aprikosen, Pfirsiche, Trauben, Pflaumen Feigen, Bananen, Äpfel, Birnen, andere (einschließlich Nüsse mit Schale); getrocknete Kokosnüsse; Obst, Zitrusschalen (kandiert, kristallisiert oder glasiert); Konfitüren, Gelees und Marmeladen (ausgenommen Konfitüre extra oder Gelee extra) oder ähnliche Fruchtaufstriche, einschließlich brennwertverminderte Erzeugnisse; Pastetenfüllungen auf Früchtebasis, Würzmittel Früchtebasis, Würzmittel auf Zitrussaftbasis, weiße Herzkirschen, rehydratisierte Trockenfrüchte und Litschis in Gläsern, Zitronenscheiben in Gläsern, bestimmte Zuckerarten, Speisesirup; Überzüge, Süßwaren auf Glucosesirupbasis	
E 231–232	– Zitrusfrüchte	– nur zur Oberflächenbehandlung
E 280–283	– Brot – Roggenbrot, – Brot mit reduziertem Energiegehalt, – vorgebackenes und abgepacktes Brot, – abgepackte Feine Backwaren mit einer Wasseraktivität von mehr als 0,65, – abgepackte rolls, buns und pitta, – Christmas pudding; abgepacktes Brot	– abgepackt und geschnitten

Antioxidantien

Die Antioxidationsmittel, die für bestimmte Lebensmittel zugelassen sind, finden sich in Anlage 5 Teil D.

Es handelt sich dabei um:

E 310 Propylgallat	E 319 Tert. Butylhydrochinon (TBHQ)
E 311 Octylgallat	E 320 BHA
E 312 Dodecylgallat	E 321 BHT
E 315 Isoascorbinsäure	E 586 4-Hexylresorcin
E 316 Natriumisoascorbat	

Zusatz der Antioxidantien

Für folgende Lebensmittel sind nachstehende Antioxidantien zugelassen:

E 310 bis E 312 und E 319   E 320 und E 321

für Fette und Öle für die gewerbliche Herstellung von hitzebehandelten Lebensmitteln, für Kuchenmischungen und für verarbeitete Nüsse.

Deklarationsvorschriften

Der Zusatz von Antioxidationsmitteln ist deklarationspflichtig. Grundsätzlich müssen bei allen fertigverpackten Lebensmitteln außer den sonstigen Zutaten und Zusatzstoffen auch Antioxidationsmittel in der Zutatenliste aufgeführt werden, und zwar durch den Klassennamen, gefolgt von der Verkehrsbezeichnung oder der E-Nummer.

Werden Lebensmittel unverpackt (lose), in Umhüllungen oder in Fertigpackungen, die zur alsbaldigen Abgabe an den Verbraucher in der Verkaufsstätte hergestellt werden, in den Verkehr gebracht, muss in bestimmter Weise auf den Gehalt an Zusatzstoffen hingewiesen werden, und zwar auf die Verwendung von Antioxidationsmitteln durch die Angabe „mit Antioxidationsmittel". Die Angabe ist gut sichtbar, in leicht lesbarer Schrift und unverwischbar auf einem Schild auf oder neben dem Lebensmittel bzw. auf der Umhüllung oder der Fertigpackung anzubringen.

Die Angabe kann entfallen, wenn Zutaten, die Antioxidationsmittel enthalten, in der fertigen Backware oder dem Lebensmittel keine technologische Wirkung mehr entfalten. Dies ist z. B. dann der Fall, wenn ein Siedefett für Krapfen zwar Antioxidantien enthält, die konservierende Wirkung für die damit hergestellte Backware aber nicht feststellbar ist.

Die Angabe kann ferner entfallen, wenn ein Zutatenverzeichnis vorhanden ist. Sie ist auch dann nicht erforderlich, wenn in einem Aushang oder in einer schriftlichen Aufzeichnung, die dem Endverbraucher unmittelbar zugänglich sein muss, alle bei der Herstellung des Lebensmittels verwendeten Zusatzstoffe angegeben werden.

Farbstoffe

Farbstoffe, die für Lebensmittel allgemein, ausgenommen bestimmte Lebensmittel, zugelassen sind, finden sich in Anlage 1 Teil A. Farbstoffe, die nur für bestimmte Lebensmittel erlaubt sind, sind in Anlage 1 Teil B und C aufgeführt. Insgesamt handelt es sich um 42 Farbstoffe. Diese 42 Farbstoffe dürfen auch zum Färben von Eiern verwendet werden, für das Stempeln von Fleisch dagegen nur drei.

Lebensmittel, die gefärbt werden dürfen

Den Bäcker/Konditor betreffen die folgenden:

Kandierte Früchte, rote Obstkonserven, Süßwaren, Dekorationen oder Überzüge, Feine Backwaren, Speiseeis, Butter (nur Carotine), Margarine, Halbfettmargarine, andere Fettemulsionen und wasserfreie Fette (nur Kurkumin, Carotine, Annatto), Konfitüren, Gelees und Marmeladen (ausgenommen Konfitüre extra und Gelee extra) sowie ähnliche Zubereitungen einschließlich kalorienverminderter Produkte.

Einschränkende Bestimmungen

Eine Reihe von Lebensmitteln darf in der Regel nicht gefärbt werden, es sei denn, in den Anlagen werden Ausnahmen vorgesehen. Hierzu gehören z. B. unbehandelte Lebensmittel und einige Grundnahrungsmittel, z. B. Milch, Brot, Mehl und andere Müllereierzeugnisse sowie Stärkeerzeugnisse, Fleisch und Fisch.

Deklarationsvorschriften

Der Zusatz von Farbstoffen ist deklarationspflichtig. Grundsätzlich müssen bei allen fertigverpackten Lebensmitteln außer den sonstigen Zutaten und Zusatzstoffen auch Farbstoffe in der Zutatenliste aufgeführt werden, und zwar durch den Klassennamen, gefolgt von der Verkehrsbezeichnung oder der E-Nummer.

Werden Lebensmittel unverpackt (lose), in Umhüllungen oder in Fertigpackungen, die zur alsbaldigen Abgabe an den Verbraucher in der Verkaufsstätte hergestellt werden, in den Verkehr gebracht, muss in bestimmter Weise auf den Gehalt an Zusatzstoffen hingewiesen werden, und zwar auf die Verwendung von Farbstoffen durch die Angabe „mit Farbstoff". Die Angabe ist gut sichtbar, in leicht lesbarer Schrift und unverwischbar auf einem Schild auf oder neben dem Lebensmittel bzw. auf der Umhüllung oder der Fertigpackung anzubringen.

Die Angabe kann entfallen, wenn Zutaten, die Farbstoffe enthalten, in der fertigen Backware oder dem Lebensmittel keine technologische Wirkung mehr entfalten. Dies ist z.B. dann der Fall, wenn eine Butter zwar mit Carotinen gefärbt ist, die damit hergestellte Backware aber keine sichtbare Färbung aufweist.

Die Angabe kann ferner entfallen, wenn ein Zutatenverzeichnis vorhanden ist. Sie ist auch dann nicht erforderlich, wenn in einem Aushang oder einer schriftlichen Mitteilung, die dem Endverbraucher unmittelbar zugänglich sein muss, alle bei der Herstellung des Lebensmittels verwendeten Zusatzstoffe angegeben werden.

Bleichmittel

Die Verwendung von Bleichmitteln ist im EG-Recht nicht geregelt. Der Zusatz von
- Kaliumpermanganat
- Natriumhypochlorit
- Wasserstoffperoxit

richtet sich nach der Technischen Hilfsstoff-Verordnung (Nr. 4). Sie dürfen in bestimmten Mengen zur Bleichung von Stärke oder Walnuss-Schalen eingesetzt werden. Die Bleichung von Mehl ist in Deutschland nicht zulässig. Eine Kenntlichmachung der Bleichmittel ist nicht vorgeschrieben.

Süßungsmittel

Dazu zählen: *Süßstoffe* (s. S. 89) sowie *Zuckeraustauschstoffe* (s. S. 91)

3.2 Die Aromenverordnung (Nr. 5)

(Vom 2.5.2006)

Aromen (Essenzen)

sind flüssige, pasten- oder pulverförmige konzentrierte Zubereitungen von Geruchs- und Geschmacksstoffen (Aromastoffen), die zur Aromatisierung von Lebensmitteln bestimmt und in aller Regel nicht zum unmittelbaren Verzehr geeignet sind.

Stoffe, die lediglich einen süßen (z.B. Zucker, Süßstoff), sauren (z.B. Essig, Säuren, Fertigsauer) oder salzigen (z.B. Kochsalz) Geschmack verleihen, sind nicht den Aromen zuzuordnen; ebenfalls fallen alkoholische Getränke (z.B. Rum, Arrak, Maraschino u.a.), die häufig den Feinen Backwaren zur Geschmacksgebung zugesetzt werden, nicht unter den Aromenbegriff.

Die Hauptkomponenten eines Aromas sind die so genannten „aromatisierenden Bestandteile". Sie bewirken einen charakteristischen Geruch und Geschmack. Man unterscheidet in lebensmittelrechtlicher und technologischer Hinsicht Aromaextrakte, natürliche Aromastoffe, naturidentische Aromastoffe, künstliche Aromastoffe, Reaktionsaromen und Raucharomen.

In der Bäckerei/Konditorei sind insbesondere die folgenden Arten aromatisierender Inhaltsstoffe von Interesse:

Aromaextrakte

sind in aller Regel konzentrierte aromatische Zubereitungen, die aus geeigneten Ausgangsmaterialien pflanzlicher oder tierischer Herkunft durch physikalische Verfahren (Destillation, Extraktion) oder durch enzymatische oder mikrobiologische Methoden aus solchen Ausgangsstoffen gewonnen werden. Aromaextrakte sind beispielsweise ätherische Öle (Zitronenöl, Orangenöl).

Natürliche Aromastoffe

sind chemisch definierte Einzelsubstanzen mit Aromaeigenschaften, die durch physikalische Methoden aus pflanzlichen oder tierischen Ausgangsmaterialien isoliert oder auch durch enzymatische oder mikrobiologische Verfahren aus solchen Ausgangsstoffen gewonnen werden.

Naturidentische Aromastoffe

sind den natürlichen Aromastoffen im Aufbau chemisch gleich, sie können jedoch im Unterschied zu ihren natürlichen Ebenbildern durch abweichende Verfahren (z. B. Synthese) aus anderen Ausgangsmaterialien gewonnen werden. Sie werden in der Regel dort verwendet, wo es auf stabile Geschmacksnoten, Hitze- und Säurefestigkeit sowie Lagerfähigkeit der aromatisierten Lebensmittel ankommt.

Künstliche Aromastoffe

sind solche Substanzen mit besonderen Geschmackseigenschaften, die in der Natur noch nicht nachgewiesen werden konnten und daher weder den natürlichen noch den naturidentischen Aromastoffen zuzuordnen sind. Von diesen Stoffen – lebensmittelrechtlich handelt es sich hierbei um Zusatzstoffe – sind durch die Aromenverordnung nur 18 verschiedene Substanzen zur Verwendung in bestimmten Lebensmittelgruppen zugelassen.

Aromen sind anhand ihrer aromatisierenden Inhaltsstoffe zu unterscheiden.

Die besondere Gruppe der natürlichen Aromen setzt voraus, dass diese ausschließlich unter Verwendung von Aromaextrakten und/oder natürlichen Aromastoffen gewonnen worden sind.

Zusatz der Aromen

In der Bäckerei/Konditorei dürfen zur Aromatisierung der Erzeugnisse alle Arten von Aromen eingesetzt und verwendet werden.

Natürliche Aromen (Aromaextrakte, natürliche Aromastoffe), Aromen mit naturidentischen Aromastoffen:
Verwendung ohne Einschränkung in allen Arten von Erzeugnissen des Bäcker- und Konditorenhandwerks.

Aromen mit künstlichen Aromastoffen:

Verwendung nur zur Herstellung bestimmter Lebensmittel. Diese sind in der Aromenverordnung ausdrücklich genannt. Für den Bereich der Bäckerei/Konditorei zählen u. a. dazu: Kremspeisen, Pudding, Geleespeisen, rote Grütze, süße Saucen und Suppen, Speiseeis, Backwaren, Teigmassen und deren Füllungen, Zuckerwaren sowie Füllungen für Schokoladenwaren.

Deklarationsvorschriften

1. Kennzeichnung der Aromen

Aromen, die für die gewerbliche Weiterverarbeitung bestimmt sind, müssen detailliert gekennzeichnet werden. Diese Kennzeichnung erfolgt in der Regel im Wege der Etikettierung der Verpackung. Bestimmte Kennzeichnungselemente können jedoch auch in den Begleitpapieren angegeben werden.

1. „Aroma“ oder „genauere Bezeichnung“ oder „Beschreibung des Aromas“,
   Beispiele: Bananenaroma, Himbeeraroma, Himbeerdestillat, Erdbeerextrakt.
2. Angabe „für Lebensmittel“ oder genauerer Hinweis, für welches Lebensmittel das Aroma bestimmt ist.
3. Liste der Bestandteile.
   In der Liste der Bestandteile müssen die Inhaltsstoffe des Aromas in jeweils absteigender Reihenfolge deklariert werden. Es gibt zwei Unterlisten, nämlich die Liste der „aromatisierenden Bestandteile“ und die der anderen „Bestandteile“.
   - *„aromatisierende Bestandteile“*
     Hier müssen die oben im Rahmen der Begriffsbestimmungen beschriebenen aromatisierenden Bestandteile mit der jeweiligen Bezeichnung angegeben werden.
   - *„andere Bestandteile“*
     An dieser Stelle müssen alle anderen Inhaltsstoffe des Aromas, die neben den aromatisierenden Bestandteilen vorhanden sind, aufgeführt werden.
4. Angaben zum Verwendungszweck und zur Dosierung sowie etwaige Hinweise bezüglich einer mengenmäßigen Beschränkung der vorhandenen Inhaltsstoffe müssen erfolgen.
5. Kennzeichnung der Partie.
6. Firmenname und Anschrift des Herstellers oder Verpackers.
7. Ggf. Hinweise gemäß Gefahrstoffverordnung.

Die unter (3) und (4) dargestellten Angaben können in Begleitpapieren erfolgen.

Durch die hier beschriebenen Kennzeichnungen wird der Abnehmer umfassend informiert, ein wichtiger Sachverhalt, der bezüglich der Weiterverarbeitung der Aromen unerlässlich ist.

2. *Kennzeichnung der aromatisierten Lebensmittel*

Verpackte Erzeugnisse

Es gelten die Bestimmungen der Lebensmittelkennzeichnungsverordnung (LMKV § 6 Absatz 5). Die Kennzeichnung im Zutatenverzeichnis kann lauten: „Aroma"; sie kann auch durch eine genauere Bezeichnung oder eine Beschreibung des Aromas vorgenommen werden. Wenn das verarbeitete Aroma „natürlich" ist, kann ein entsprechender Hinweis erfolgen. Man sollte sich generell eng an der Deklaration orientieren, die für das Aroma selbst gilt.

Die Aromastoffe Koffein und Chinin sind, soweit sie zugesetzt sind, unmittelbar nach dem Hinweis "Aroma" anzugeben.

Ferner sind allergene Zutaten (siehe Kapitel 4) anzugeben, z.B. wenn bei einem Aroma als Trägerstoff Milchzucher eingesetzt wurde.

Unverpackte Erzeugnisse

Eine Aromatisierungskennzeichnung kann unterbleiben. Von Fall zu Fall erscheint es jedoch angeraten, bei der Verwendung künstlicher Aromastoffe einen zweckgerechten Hinweis zu geben, z. B. durch die Angabe „mit ...geschmack".

Im Übrigen gelten die Vorschriften des Lebensmittel- und Bedarfsgegenständegesetzes, wonach eine Irreführung oder Täuschung des Verbrauchers durch falsche Bezeichnung oder durch unterlassene Kennzeichnung bzw. Deklaration auszuschließen ist.

4 EG-Verordnungen für zugesetzte Stoffe

Während es bisher schon Regelungen für Zusatzstoffe und Aromen in Form von EG-Richtlinien gibt, werden nunmehr diese Vorschriften von EG-Verordnungen abgelöst, die unmittelbar in jedem Mitgliedstaat gelten und keiner Umsetzung mehr in nationales Recht bedürfen. Das heißt, dass mit Geltung der neuen Verordnungen (20.01.2011) sowohl die Zusatzstoff-Zulassungsverordnung als auch die Aromenverordnung aufgehoben werden.

Neu ist eine gemeinschaftliche Regelung für Enzyme und eine für ein einheitliches Zulassungsverfahren, das insbesondere die Aktualisierungen der Gemeinschaftslisten für Zusatzstoffe, Enzyme und Aromen betrifft.

Die vier EG-Verordnungen wurden am 31.12.2008 im Amtsblatt der Europäischen Union Nr. L 354 veröffentlicht. Nachfolgend wird das Wichtigste in Kürze dargestellt.

4.1 EG-Verordnung Nr. 1333/2008 über Lebensmittelzusatzstoffe

- Neuordnung des bisherigen Zusatzstoffrechtes in einer Verordnung.
- Beibehaltung der Definitionen für Zusatzstoffe und für Verarbeitungshilfsstoffe.
- Informationspflichten für Hersteller und Anwender von Zusatzstoffen über die tatsächliche Verwendung eines Zusatzstoffes.
- Gemeinschaftsliste der konkreten Zusatzstoffzulassungen. Die Anhänge der „alten" Richtlinien mit Zulassungen für Farbstoffe, Süßungsmittel und andere Zusatzstoffe gelten so lange weiter, bis sie in den Anhang der neuen Verordnung überführt sind.
- Erneute Bewertung aller zugelassenen Zusatzstoffe nach Inkrafttreten der Verordnung.
- Streichung der Zulassung von Zusatzstoffen, die nach Überprüfung nicht mehr verwendet werden.
- Zulassungen von Zusatzstoffen für Zusatzstoffe, Aromen, Enzyme und für ernährungsphysiologische Stoffe.
- Zulassungen und Bewertungen nach einheitlichem Verfahren.
- Berücksichtigung der Nanotechnologie.
- Angabe des Mindesthaltbarkeitsdatums oder Verbrauchsdatums und Hinweis auf Allergene bei der Abgabe von Zusatzstoffen als solchen.
- Warnhinweis bei Verwendung von der Farbstoffe E 102, E 104, E 110. E 122, E 124

und E 129 („kann Aktivität und Aufmerksamkeit bei Kindern beeinträchtigen"); ausgenommen sind Fleischstempel- und Eierfarben. Dieser Warnhinweis muss schon ab 20.07.2010 angebracht werden.

- Offene Aufbrauchfrist für Lebensmittel, die den neuen Anforderungen nicht entsprechen, aber nach derzeit geltendem Recht hergestellt worden sind.

4.2 EG-Verordnung Nr. 1334/2008 über Aromen

- Die Überführung einer Richtlinie in eine in allen Mitgliedstaaten der EU gleichermaßen geltenden und direkt anzuwendenden Verordnung bewirkt Rechtssicherheit.
- Übergang vom Verbotsprinzip zum Zulassungsprinzip, also von Negativlisten der verbotenen Stoffe zu Gemeinschaftslisten. Den Beginn macht die „Liste Aromastoffe", die spätestens Ende 2010 veröffentlicht werden wird. Weitere Zulassungen für z. B. „sonstige Aromen", Aromen aus „Nicht-Lebensmitteln", werden folgen.
- Zulassungsregelungen hinsichtlich Notifizierung und Zulassung in eigenständiger Verordnung, die jedoch noch durch Durchführungsvorschriften ergänzt wird.
- Die Einbeziehung von „Lebensmittelzutaten mit geschmackgebenden Eigenschaften" in den Titel und die Ausführungsvorschriften ist aufgrund der bisher unterschiedlichen Interpretationen notwendig. Die Verordnung gilt somit auch für Kräuter und Gewürze, die zur gewerblichen Herstellung von Lebensmitteln als Zutaten verwendet werden.
- Aromen werden definiert als Stoffe, die der Geschmackgebung dienen oder den Geschmack verändern können.
- Es gibt keine Unterscheidung mehr zwischen naturidentischen und künstlichen Aromastoffen. Sie werden künftig als „Aromastoffe" bezeichnet.
- Raucharomen verbleiben in eigenständiger Regelung.
- Neue Aromakategorien sind „Aromavorstufen" und „Sonstige Aromen". Reaktionsaromen heißen künftig „Thermisch gewonnene Reaktionsaromen".
- Es gelten besondere Verwendungsanforderungen an das Attribut „natürlich": Wenn auf eine namengebende Quelle hingewiesen wird, muss der Aromabestandteil zu 95 % aus dieser Quelle stammen, die restlichen 5 % müssen auch natürlich sein und dienen der Standardisierung oder der Verleihung einer beispielsweise frischeren, schärferen, reiferen oder grüneren Aromanote. Wenn weniger als 95 % des Aromabestandteils aus dem genannten Ausgangsstoff gewonnen werden und die Geschmacksnote leicht erkennbar ist, handelt es sich um ein „natürliches XY-Aroma mit anderen natürlichen Aromen". Wenn die Geschmacksnote nicht zutreffend beschrieben werden kann, handelt es sich um ein „natürliches Aroma". Diese Kennzeichnungsvorgaben gelten auch für die Deklaration von natürlichen Aromen im Zutatenverzeichnis des Endlebensmittels.
- Aromen für den Weiterverarbeiter müssen auf dem Etikett Hinweise zum Mindesthaltbarkeitsdatum oder Verbrauchsdatum und zu allergenen Rohstoffen enthalten.
- Wenn Lebensmitteln Raucharomen zugesetzt werden und diese den Lebensmitteln einen Räuchergeschmack verleihen, müssen diese Zutaten in der Zutatenliste als „Raucharoma" oder als „Raucharoma aus XY", z. B. „Raucharoma aus Buchenholz" gekennzeichnet werden.
- Auf Aufforderung der Kommission müssen Aromen- und Lebensmittelhersteller Hinweise zu Aromenverbrauch und -anwendung in bestimmten Lebensmittelkategorien geben.
- Der Ansatz, nur für einige Lebensmittel die Mengen an „active principles" zu begrenzen, die einen maßgeblichen Beitrag zu deren Aufnahme leisten, ist neu und praxisorientiert (Annex IIIb). Er lehnt sich an das Konzept der in dieser Hinsicht vergleichbaren EG-Kontaminanten-Verordnung an. Die festgelegten Höchstmengen an „active principles" gelten sowohl für den Eintrag aus Aromen als auch aus Lebensmittelzuta-

ten mit Aromaeigenschaften. Jedoch gelten die Grenzwertfestsetzungen für Methyleugenol, Estragol und Safrol dann nicht, wenn bei der Lebensmittelherstellung ausschließlich Kräuter und Gewürze und keine Aromen, die diese „active principles" enthalten, eingesetzt werden.

- Einschränkungen für bestimmte Ausgangsmaterialien sind in Anhang IV festgelegt.

Herstellungsbedingungen für thermisch gewonnen Reaktionsaromen finden sich in Anhang V.

4.3 EG-Verordnung Nr. 1332/ 2008 über Lebensmittelenzyme

- Erstmals umfassende gemeinschaftliche Regelungen für Enzyme formuliert.
- Enzyme werden teils als Zusatzstoffe, teils als Verarbeitungshilfsstoffe geregelt.
- Enzyme zur Herstellung von Zusatzstoffen und Verarbeitungshilfsstoffen, Enzyme zur Verdauungsförderung sowie Mikroorganismenkulturen bleiben ausgenommen.
- Sicherheitsbewertung aller Enzyme und Erstellung einer Gemeinschaftsliste für Enzyme erfolgt nach einheitlichem Zulassungsverfahren.
- Anträge auf Zulassung zur Aufnahme eines Lebensmittelenzyms in die Gemeinschaftsliste können bis spätestens zwei Jahre nach Anwendung der Durchführungsbestimmungen zur Verordnung zu Zulassungsverfahren erfolgen.
- Es werden Spezifikationen für Enzyme festgelegt.
- Kennzeichnung von Enzymen, die als Zutaten gelten, mit Klassennamen und spezifischem Namen des Enzyms; andere bleiben kennzeichnungsfrei. Diese Regelung gilt bereits ab 20.01.2010.
- Informationspflichten für Hersteller und Verwender von Enzymen zu neuen Erkenntnissen, die für die Sicherheitsbewertung wichtig sein könnten und über die tatsächliche Verwendung von Enzymen (nach Aufforderung der Kommission).

4.4 EG-Verordnung Nr. 1331/ 2008 über ein einheitliches Zulassungsverfahren für Lebensmittelzusatzstoffe, -enzyme, -aromen

- Erstmals einheitliches Verfahren für die Bewertung von Zusatzstoffen, Enzymen und Aromen, ausgenommen Raucharomen.
- Anwendung des Ausschussverfahrens bei Aufnahme eines neuen Stoffes, Streichung eines Stoffes, Änderung von Bedingungen und Spezifikationen.
- Verfahren kann durch Initiative der EU-Kommission oder auf Antrag von Einzelpersonen bzw. Vertretungen mehrerer betroffener Personen oder von Mitgliedstaaten eingeleitet werden.
- Die Vertraulichkeit von vorzulegenden Informationen wird begrenzt gewährt.
- Festlegung von Fristen für die einzelnen Stufen des Verfahrens.
- Die Frist für behördliche Gutachten beträgt grundsätzlich neun Monate.
- Entscheidungsfrist der Kommission für Maßnahmen beträgt ebenfalls neun Monate.
- Festlegung von Durchführungsvorschriften binnen zwei Jahren nach Erlass der Einzelverordnungen zu Aromen, Enzymen und Zusatzstoffen, die u. a. Inhalt und Aufmachung der Anträge zur Zulassung beschreiben sollen.

LMKV

5 Die Lebensmittelkennzeichnungsverordnung (Nr. 6)

Verordnung über die Kennzeichnung von Lebensmitteln vom 15.12.1999.

Die Lebensmittelkennzeichnungsverordnung (LMKV) basiert auf der EG-Kennzeichnungs-Richtlinie aus dem Jahre 2000.

Das Kennzeichnungsrecht umfasst fast alle fertigverpackten Lebensmittel, die an den Verbraucher abgegeben werden. „Verbraucher" sind private Endverbraucher, nach dem Lebensmittelgesetz aber auch Gaststätten und Kantinen. Die LMKV gilt nicht für lose abgegebene Lebensmittel, ferner nicht für Lebensmittel in Fertigpackungen, die in der Verkaufsstätte zur alsbaldigen Abgabe an den Verbraucher hergestellt und dort, jedoch nicht zur Selbstbedienung, abgegeben werden (z. B. Gebäck in Klarsichttüten).

Das Kennzeichnungsrecht sieht für nahezu alle Lebensmittel fünf gemeinsame Kennzeichnungselemente vor, die allesamt an gut sichtbarer Stelle angebracht werden müssen:

1. Anschrift
2. Verkehrsbezeichnung
3. Verzeichnis der Zutaten
4. Mindesthaltbarkeitsdatum oder Verbrauchsdatum
5. Mengenkennzeichnung

Darüber hinaus ist bei Getränken mit einem Alkoholgehalt von mehr als 1,2 % vol der vorhandene Alkoholgehalt anzugeben. Ferner ist bei der Hervorhebung von Zutaten deren mengenmäßige Angabe (QUID) erforderlich.

Seit 25.11.2005 gilt auch die Kennzeichnung bestimmter allergener Zutaten.

Damit sich der Käufer rasch über die wichtigsten Eigenschaften des Erzeugnisses informieren kann, müssen sich die Verkehrsbezeichnung, das Mindesthaltbarkeitsdatum, der vorhandene Alkoholgehalt und die Mengenangabe im gleichen Sichtfeld befinden, d. h., sie müssen auf der Packung zugleich sichtbar sein.

Anschrift

Als Anschrift ist anzugeben der Name oder die Firma und die Adresse des Herstellers, des Verpackers oder eines in einem Mitgliedstaat der Europäischen Gemeinschaft oder in einem anderen Vertragsstaat des Abkommens über den Europäischen Wirtschaftsraum niedergelassenen Verkäufers.

Verkehrsbezeichnung

Grundsätzlich muss diejenige Bezeichnung gewählt werden, die durch Rechtsvorschrift für das jeweilige Lebensmittel festgelegt ist, z. B. „Deutsche Markenbutter". Für die meisten Lebensmittel ist der „Name" aber nicht gesetzlich festgelegt, in diesen Fällen hat der Hersteller die Wahl. Entweder kann er die nach allgemeiner Verkehrsauffassung übliche Bezeichnung oder eine charakteristische Beschreibung des Lebensmittels wählen. Nach allgemeiner Verkehrsauffassung üblich ist beispielsweise die Bezeichnung „Russisch Brot", eine Beschreibung wäre etwa die Angabe „Hefeteilchen". Eine nach allgemeiner Verkehrsauffassung übliche Bezeichnung liegt dann vor, wenn sie sich im Verkehr allgemein so eingebürgert hat, dass sie auch für die Verbraucherschaft im Allgemeinen verständlich ist. Solche Bezeichnungen finden sich z. B. in den Leitsätzen des Deutschen Lebensmittelbuches oder in Herstellerrichtlinien.

Phantasiebezeichnungen, z. B. „Bunte Mischung", Hersteller- oder Handelsmarken können die Verkehrsbezeichnung nicht ersetzen, da sie keine Rückschlüsse auf das Lebensmittel zulassen.

Zutatenverzeichnis

Das Verzeichnis der Zutaten besteht aus einer vollständigen Aufzählung aller Zutaten in absteigender Reihenfolge ihres Gewichtsanteils zum Zeitpunkt ihrer Verwendung bei der Herstellung des Lebensmittels.

Der Aufzählung ist ein geeigneter Hinweis voranzustellen, in dem das Wort „Zutaten" erscheint.

Unter „Zutaten" sind alle Stoffe zu verstehen, die bei der Herstellung verwendet werden und in irgendeiner Form noch im Enderzeugnis vorhanden sind.

Die Zutaten sind in der Liste unter ihrer Verkehrsbezeichnung aufzuführen; Sammelbegriffe, sog. „Klassennamen“, sind zulässig, wenn dadurch kein Informationsverlust auftritt. Beispielsweise können im Zutatenverzeichnis Mischungen von Mehl aus zwei oder mehreren Getreidearten als „Mehl“, allerdings ergänzt durch die Aufzählung der Getreidearten, aus denen es hergestellt ist, in absteigender Reihenfolge ihres Gewichtsanteils, bezeichnet werden.

Der Klassenname „Stärke“ oder „modifizierte Stärke“ ist durch die Angabe der spezifischen pflanzlichen Herkunft zu ergänzen, wenn diese Zutaten Gluten enthalten könnten, z. B. „Weizenstärke“ oder „modifizierte Stärke aus Weizen“.

Bei Zusatzstoffen sind die Klassennamen um die Verkehrsbezeichnung oder die E-Nummer der Stoffe zu ergänzen, z.B. „Farbstoff Beta-Carotin“ oder „Farbstoff E 160a“. Bei Verwendung von chemisch modifizierter Stärke genügt die alleinige Nennung des Klassennamens.

Bei Lebensmitteln in Fertigpackungen, bei denen ein Zutatenverzeichnis angegeben ist, reicht in der Regel die Angabe der Zusatzstoffe dort aus. Dies betrifft die in der Tabelle unten aufgeführten Zusatzstoffe und die damit verbundene Kenntlichmachung (siehe dort).

Die zusätzliche Kenntlichmachung der unten genannten Stoffe kann auch dann entfallen, wenn diese Zusatzstoffe nur den Zutaten eines Lebensmittels zugesetzt sind und die Zusatzstoffe in dem Endlebensmittel keine technologische Wirkung mehr ausüben. Wenn z. B. geschwefelte Rosinen in einem Rührkuchen verarbeitet werden, muss die Schwefelung nur dann deklariert werden, wenn die antioxidierende Wirkung des Schwefeldioxids in den Rosinen noch andauert. In der Regel ist auch durch den Backvorgang ein großer Teil des zugesetzten Schwefeldioxids unwirksam geworden.

Ferner kann die zusätzliche Kenntlichmachung der oben aufgeführten Stoffe dann entfallen, wenn in einem Aushang oder in einer schriftlichen Mitteilung, die dem Endverbraucher unmittelbar zugänglich ist, **alle** bei der Herstellung des Lebensmittels verwendeten Zusatzstoffe angegeben werden.

Bei Lebensmitteln, die in zur Abgabe an den Verbraucher bestimmten Fertigpackungen verpackt sind und deren Haltbarkeit durch eine Schutzatmosphäre verlängert wird, ist der Hinweis „unter Schutzatmosphäre verpackt“ anzugeben.

Kenntlichmachung von Süßungsmitteln und Tafelsüßen siehe Kapitel „Zuckeraustauschstoffe“ (S. 91).

Kennzeichnung allergener Zutaten

Seit 25.11.2005 müssen bestimmte Zutaten, die ein allergenes Potenzial haben, in der Zutatenliste von verpackten Lebensmitteln angegeben werden, sofern nicht die Verkehrsbezeichnung (z. B. Walnuss-Plätzchen) bereits Hinweise zu solchen Zutaten gibt. Die Kennzeichnung gilt auch für Aromen und Zusatzstoffe, die solche Zutaten enthalten.

Die EU-Kommission hat eine Liste von 14 Hauptallergenen aufgestellt, die in Anlage 3 der

Zusatzstoffe	Kenntlichmachung
Farbstoffe	„mit Farbstoff“
Konservierungsstoffe	„mit Konservierungsstoff“ oder „konserviert“ oder ggf. „mit Nitritpökelsalz“, „mit Nitrat“, „mit Nitritpökelsalz und Nitrat“
Antioxidationsmittel	„mit Antioxidationsmittel“
Geschmacksverstärker	„mit Geschmacksverstärker“
$> 10\,mg/kg\ SO_2$	„geschwefelt“
E 579 oder E 585	„geschwärzt“ (bei Oliven)
E 901–904, E 912, E 914	„gewachst“ (bei frischen Zitrusfrüchten, Melonen, Äpfeln u. Birnen)
E 338–341, E 450–452	„mit Phosphat“ (bei Fleischerzeugnissen)

Lebensmittel-Kennzeichnungsverordnung aufgenommen wurden:

- Glutenhaltiges Getreide (d.h. Weizen, Roggen, Gerste, Hafer, Dinkel, Kamut oder Hybridstämme davon)
- Krebstiere
- Eier
- Fisch
- Erdnüsse
- Soja
- Milch
- Schalenfrüchte, d.h. Mandel (Amygdalus communis L.), Haselnuss (Corylus avellana), Walnuss (Juglans reglia), Kaschunuss (Anacardium occidentale), Pecannuss (Carya illinoiesis (Wangenh.) K. Koch), Paranuss (Bertholettia excelsa), Pistazie (Pistacia vera), Macadamianuss und Queenslandnuss (Macadamia ternifolia)
- Sellerie
- Senf
- Sesamsamen
- Lupinen
- Weichtiere

jeweils einschließlich der daraus hergestellten Erzeugnisse

sowie

- Schwefeldioxid und Sulfite in einer Konzentration von mehr als 10

mg/kg oder 10 ml/l, als SO_2 angegeben.

Wenn z. B. der Zusatzstoff E 322 Lecithin verwendet wird, muss nunmehr angegeben werden, ob es sich um „Soja-Lecithin" oder „Ei-Lecithin" handelt, da sowohl „Soja" als auch „Ei" Zutaten mit allergenem Potenzial sind. Werden z. B. bei Aromen Lactose oder Weizenstärke als Trägerstoffe eingesetzt, muss auch Hinweis wie z. B. „Aroma (enthält Lactose)" oder „Aroma (mit Weizen)" erfolgen.

Es gibt bei den Verarbeitungserzeugnissen nur wenige Ausnahmen, die von der Kennzeichnungspflicht befreit sind, z. B. Glukosesirup oder Maltodextrine. Bei Verwendung solcher Zutaten muss nicht ausdrücklich auf den Rohstoff (Weizen) hingewiesen werden. Seit November 2007 gibt es eine endgültige Liste der Zutaten, die von der Allergenkennzeichnung befreit sind.

Für lose (unverpackte) Ware gilt die Allergenkennzeichnung bisher nicht.

Mindesthaltbarkeitsdatum und Verbrauchsdatum

Die LMKV sieht grundsätzlich für alle Lebensmittel die Angabe des Mindesthaltbarkeitsdatums vor. Ausgenommen sind u. a. folgende Lebensmittel:

- Backwaren, die ihrer Art nach normalerweise innerhalb von 24 Stunden nach ihrer Herstellung verzehrt werden,
- Speisesalz, ausgenommen jodiertes Speisesalz,
- Zucker in fester Form,
- Speiseeis in Portionspackungen,
- Zuckerwaren, die fast nur aus Zuckerarten mit Aromastoffen oder Farbstoffen oder Aromastoffen und Farbstoffen bestehen.

Bei in mikrobiologischer Hinsicht sehr leicht verderblichen Lebensmitteln, die nach kurzer Zeit eine unmittelbare Gefahr für die menschliche Gesundheit darstellen könnten, ist anstelle des Mindesthaltbarkeitsdatums das **Verbrauchsdatum** anzugeben mit dem Hinweis „verbrauchen bis …" unter Angabe von Tag, Monat und gegebenenfalls Jahr. Nach Ablauf des Verbrauchsdatums dürfen so gekennzeichnete Lebensmittel nicht mehr in den Verkehr gebracht werden.

Das Mindesthaltbarkeitsdatum ist gesetzlich definiert als dasjenige Datum, bis zu dem ein Lebensmittel seine „spezifischen Eigenschaften" unter angemessenen Aufbewahrungsbedingungen behält. Unter den „spezifischen Eigenschaften" sind alle Merkmale zu verstehen, die für die Qualität des Lebensmittels ausschlaggebend sind: Geschmack, Farbe, Aussehen, Konsistenz und Geruch.

Das Mindesthaltbarkeitsdatum darf nicht mit dem Verfalldatum gleichgesetzt werden, demjenigen Zeitpunkt also, nach dem das Lebensmittel nicht mehr verkauft werden darf. Zwischen dem Mindesthaltbarkeitsdatum und dem

Verfalldatum liegen vielmehr noch Sicherheits- und Qualitätsreserven, die sicherstellen, dass das Lebensmittel auch noch eine angemessene Zeit nach Ablauf der Frische verzehrt werden kann. In einem solchen Fall obliegt dem Bäcker/Konditor eine erhöhte Sorgfaltspflicht, sich über die einwandfreie Beschaffenheit der Ware zu vergewissern.

Das Mindesthaltbarkeitsdatum ist unverschlüsselt anzugeben mit den Worten „mindestens haltbar bis ...“ unter Angabe von Tag, Monat und Jahr. Bei Lebensmitteln, deren Haltbarkeit nicht mehr als 3 Monate beträgt, kann die Angabe des Jahres entfallen. Bei Lebensmitteln, deren Mindesthaltbarkeit mehr als 3 Monate beträgt, kann der Tag entfallen, bei Lebensmitteln, deren Mindesthaltbarkeit mehr als 18 Monate beträgt, können Tag und Monat entfallen. Ist die angegebene Haltbarkeit nur bei Einhaltung bestimmter Temperaturen oder sonstiger Bedingungen gewährleistet, so ist ein entsprechender Hinweis zu bringen.

Kennzeichnung der Nennfüllmenge

Für die Art und Weise der Kennzeichnung der Füllmenge gilt der Grundsatz, dass flüssige Lebensmittel nach Volumen, alle anderen nach Gewicht zu kennzeichnen sind, in Ausnahmefällen nach Stück.

Eine entsprechende Regelung stand früher in der alten LMKV, ist jedoch nunmehr in der *Fertigpackungsverordnung* enthalten. Nicht jede Einzelpackung muss das angegebene Füllgewicht aufweisen, sondern die Füllmenge darf im Mittel nicht kleiner sein als die auf der Fertigpackung angegebene Menge. Bei Backpulver und Backhefe ist anstelle der Gewichtsangabe das Gewicht des Mehls, zu dessen Verarbeitung die Füllmenge auch noch nach der im Verkehr vorauszusehenden Lagerzeit ausreicht, anzugeben. Üblicherweise wird auf 500 g Mehl oder ein Vielfaches hiervon bezogen. Bei Puddingpulver und verwandten Erzeugnissen ist anstelle des Gewichts die Menge Flüssigkeit anzugeben, die zur Zubereitung der Füllmenge erforderlich ist.

Mengenkennzeichnung von Zutaten (QUID)

In bestimmten Fällen müssen Hersteller verpackter Lebensmittel bei der Verkehrsbezeichnung oder in der Zutatenliste den prozentualen Anteil einzelner Zutaten oder Zutatenklassen (**QU**antitative **I**ngredient **D**eclaration) angeben.

Die neuen Vorschriften zur Mengenkennzeichnung finden sich in § 8 LMKV (Nr. 6).

In den Anwendungsbereich der Regelung fallen alle verpackten Lebensmittel, die eine Zutatenliste tragen. Aber auch Lebensmittel, die bisher von der Verpflichtung einer Zutatenliste befreit sind (wie z.B. Spirituosen), sind erfasst. Allein Erzeugnisse, auf die die EG-Kennzeichnungs-Richtlinie nicht anwendbar ist, sind nicht betroffen. Die Richtlinie überlässt es den Mitgliedstaaten, die Regelungen auch auf lose Ware anzuwenden. Von dieser Möglichkeit hat die Bundesregierung keinen Gebrauch gemacht.

QUID bezieht sich nur auf Zutaten zusammengesetzter Lebensmittel, also auf Stoffe, die bei der Herstellung verwendet werden und im Endprodukt unverändert oder verändert noch vorhanden sind. Dementsprechend unterliegen sog. Scheinzutaten, die namengebend, aber im Produkt gar nicht vorhanden sind (z.B. *Schinken*brot, *Tee*gebäck) sowie natürlicherweise im Lebensmittel enthaltene Stoffe, wie Vitamine oder Mineralstoffe, Ballaststoffe, Coffein, nicht der neuen Kennzeichnung.

Wann muss eine Mengenkennzeichnung erfolgen?

Die Regelung unterscheidet im Wesentlichen vier **Auslösetatbestände** für die Mengenangabe von Zutaten oder Zutatenklassen. Diese hat für eine Zutat zu erfolgen, wenn:

1. sie in der Verkehrsbezeichnung genannt ist (§ 8 Abs. 1 Nr. 1 LMKV), z.B. *Schokoladen*eis, *Erdbeer*kuchen;
2. die Verkehrsbezeichnung darauf hindeutet, dass die Zutat in dem Lebensmittel enthalten ist (§ 8 Abs. 1 Nr. 2 LMKV), z.B. Jägersoße (Pilze), Chili con Carne (Rinderhackfleisch);

3. sie auf dem Etikett durch Worte, Bilder oder eine grafische Darstellung hervorgehoben ist (§ 8 Abs. 1 Nr. 3 LMKV), z. B. „mit viel Butter";
4. sie von wesentlicher Bedeutung für die Charakterisierung des Lebensmittels und seine Unterscheidung von anderen Lebensmitteln ist, mit denen es aufgrund seiner Bezeichnung oder seines Aussehens verwechselt werden könnte (§ 8 Abs. 1 Nr. 4 LMKV), z. B. Eianteil bei Biskuit.

Wann muss keine Mengenkennzeichnung erfolgen?

Dem gegenüber steht eine Reihe von **Ausnahmetatbeständen**, bei deren Vorliegen eine QUID-Angabe entbehrlich ist. Grundsätzlich gilt, dass keine Mengenkennzeichnung erfolgen muss, wenn bereits aufgrund anderer Vorschriften eine Mengenkennzeichnung vorgeschrieben ist oder wenn davon auszugehen ist, dass die Verbraucher deshalb an einer Mengenkennzeichnung nicht interessiert sind, weil unterschiedliche Mengen in Bezug auf bestimmte Zutaten für die Kaufentscheidung keine Rolle spielen.

Die Menge einer Zutat oder Zutatenklasse ist nicht anzugeben, wenn

1. ihr Abtropfgewicht nach § 11 Fertigpackungs-Verordnung anzugeben ist (§ 8 Abs. 2 Nr. 1a LMKV), z. B. Ananaskonserven, hier wird bereits exakt angegeben, welchen Gewichtsanteil Ananas am Gesamtgewicht hat;
2. ihre Menge bereits nach anderen EG-Vorschriften zu deklarieren ist (§ 8 Abs. 2 Nr. 1b LMKV), z. B. ist bei Streichfetten der Fettgehalt anzugeben, bei Konfitüren der Fruchtgehalt;
3. sie in kleinen Mengen zur Geschmackgebung verwendet wird (§ 8 Abs. 2 Nr. 1c LMKV), z. B. Aromen, Kräuter, aber auch andere Zutaten in kleinen Mengen, z.B. Kakaopulver auf Tiramisu, Puderzucker auf Kuchen;
4. sie zwar in der Verkehrsbezeichnung aufgeführt wird, ihre Menge jedoch für den Verbraucher nicht kaufentscheidend ist (§ 8 Abs. 2 Nr. 1d LMKV), z.B. *Hefe*gebäck, *Roggen*brot, wenn ausschließlich Roggen verwendet wurde;
5. bei Obst- und Gemüse- sowie Kräuter- und Gewürzmischungen mit im Wesentlichen gleichen Gewichtsanteilen (§ 8 Abs. 2 Nr. 3 LMKV).

Ferner gelten folgende Ausnahmen:

- Die durch die Regelungen zur Zusatzstoff-Kennzeichnung eingeführte Pflichtkennzeichnung „mit Süßungsmittel" oder „mit einer Zuckerart und Süßungsmittel" führt nicht zur quantitativen Angabe der Süßungsmittel (§ 8 Abs. 3 Nr. 1 LMKV).
- Die Angabe von Vitaminen oder Mineralstoffen löst keine QUID-Kennzeichnung aus, sofern für das Produkt eine Nährwertkennzeichnung erfolgt und diese Stoffe in der Nährwerttabelle aufgeführt werden (§ 8 Abs. 3 Nr. 2 LMKV).

Gemäß § 8 Abs. 4 LMKV ist die Menge der Zutat oder Zutatenklasse in Prozent anzugeben, bezogen auf den Zeitpunkt ihrer Verwendung bei der Herstellung des Lebensmittels.

Hinsichtlich des Ortes der Mengenangabe hat der Hersteller die Wahl zwischen Zutatenliste (unmittelbar vor oder hinter der Angabe der betroffenen Zutat) und der Verkehrsbezeichnung oder in ihrer unmittelbaren Nähe.

Wegen der zahlreichen Probleme, die insbesondere die quantitative Zutatenkennzeichnung in der Praxis aufwirft, hat die EU-Kommission „Allgemeine Leitlinien für die Umsetzung des Grundsatzes der mengenmäßigen Angabe der Lebensmittelzutaten" erarbeitet. Sie sind vom Bundesgesundheitsministerium im Bundesanzeiger bekannt gemacht worden (Nr. 7).

6 Bestimmungen zur Regelung der Preisangaben

Rechtliche Grundlage: Verordnung zur Regelung der Preisangaben (Nr. 8)

Der Bäcker/Konditor muss für alle Erzeugnisse, die er dem Kunden anbietet, eine Preisauszeichnung gemäß Preisangabenverordnung vornehmen:

§ 1 (1) Wer Letztverbrauchern gewerbs- oder geschäftsmäßig oder regelmäßig in sonstiger Weise Waren oder Leistungen anbietet ..., hat die Preise anzugeben, ... Soweit es der allgemeinen Verkehrsauffassung entspricht, sind auch die Verkaufs- oder Leistungseinheit und die Gütebezeichnung anzugeben, auf die sich die Preise beziehen ...

Die Preisauszeichnung ist vorzunehmen: bei Waren (Backwaren und sonstige Waren), die der Bäcker/Konditor „in Schaufenstern, Schaukästen, innerhalb oder außerhalb des Verkaufsraumes auf Verkaufsständen oder in sonstiger Weise sichtbar" ausstellt und bei Waren, die „vom Verbraucher unmittelbar entnommen werden können". In diesen Fällen muss man die *Waren beschriften* oder aber daran *Preisschilder* anbringen.

Bei Waren, die nicht unmittelbar im Verkaufsraum oder im Schaufenster zum Verkauf bereitgehalten werden (z. B. im Lagerraum), „können die *Behältnisse oder Regale*, in denen sich die Waren befinden, beschriftet werden" oder es können *„Preisverzeichnisse"* angebracht oder zur Einsichtnahme ausgelegt werden.

Grundpreisauszeichnung

Bei Lebensmitteln in Fertigpackungen (ebenso bei vielen anderen Waren) ist neben dem Endpreis in der Regel auch der *Grundpreis*, d.h. der fiktive Preis für ein Kilo oder einen Liter des Produktes anzugeben. Die Verpflichtung zur Angabe des Grundpreises wird nicht mehr wie bisher in der Fertigpackungs-Verordnung, sondern in der Preisangaben-Verordnung (Nr. 8) geregelt.

Ziel der Neuregelung ist die Erhöhung der Preistransparenz, die es den Verbrauchern ermöglichen soll, Produkte unterschiedlicher Nennfüllmenge (z.B. 125 g, 750 g, 1.250 g) im Hinblick auf den Preis besser vergleichen zu können. Die Verpflichtung zur Grundpreisauszeichnung, die bisher schon bei unverpackten Lebensmitteln (Käse, Wurst) die Regel war, wird nun auch auf fertig verpackte Lebensmittel ausgeweitet. Die Einhaltung bestimmter Größen, die bisher für die Gewährleistung der Preistransparenz als ausreichend angesehen wurde, befreit nicht mehr von der Verpflichtung zur Grundpreisauszeichnung.

Bei welchen Produkten muss die Grundpreisauszeichnung erfolgen?

Die Verpflichtung zur Grundpreisauszeichnung betrifft alle fertig verpackten Waren (Lebensmittel und andere Produkte), die nach Gewicht (g/kg), Volumen (ml/l), Länge (m) oder Fläche (m^2) angeboten oder unter Angabe von Preisen beworben werden. Grundsätzlich gilt, dass freiwillige Füllmengenangaben immer zur Grundpreispflicht führen.

Wie muss die Grundpreisauszeichnung erfolgen?

Werden die Lebensmittel nach Gewicht oder Volumen angeboten, so erfolgt die Grundpreisangabe bezogen auf ein Kilogramm oder einen Liter. Bei Waren, deren Nenngewicht oder Nennvolumen 250 g oder 250 ml nicht übersteigt, kann der Grundpreis pro 100 g oder 100 ml des Erzeugnisses ausgewiesen werden. Bei Waren, bei denen das Abtropfgewicht anzugeben ist, ist der Grundpreis auf das angegebene Abtropfgewicht zu beziehen. Die Grundpreisangabe muss in unmittelbarer Nähe zum Endpreis erfolgen. Sie muss leicht erkennbar und deutlich lesbar sein, darf aber auch kleiner sein als die Angabe des Endpreises.

In der Regel wird deshalb die Grundpreisauszeichnung auf dem Etikett des Lebensmittels oder am Regal erfolgen. Der Grundpreis ist auch in der Werbung, d.h. zum Beispiel in einer Zeitungsanzeige anzugeben.

Wann muss keine Grundpreisangabe erfolgen?

- wenn Verkaufspreis und Grundpreis identisch sind: 1 l Milch / 1 kg Mehl – einmalige Angabe des Preises für ein Kilogramm oder einen Liter der Ware ist ausreichend;
- bei Waren, die nach anderen Mengeneinheiten angeboten werden: Werden Waren üblicherweise z.B. nach Stück (Brötchen), Bund (Petersilie) oder Paar (Würstchen) angeboten, sind Bund, Paar oder Stück die für den Preisvergleich relevanten Bezugsgrößen;
- bei Waren, die verschiedenartige Erzeugnisse enthalten, die nicht miteinander vermischt oder vermengt sind (Sortiments-, Geschenke- und Kombinationspackungen, z. B. eine Flasche Schnaps mit einem Aal);
- bei Getränken, wenn diese üblicherweise nur in einer Nennfüllmenge angeboten werden (Wein/Spirituosen);
- bei Sonderangeboten, wenn bei leicht verderblichen Lebensmitteln der Endpreis wegen der drohenden Gefahr des Verderbs herabgesetzt wird oder Waren ungleichen Nenngewichts oder -volumens mit gleichem Grundpreis, wenn der geforderte Endpreis um einen einheitlichen Betrag herabgesetzt wird;
- bei Waren, die im Rahmen einer Dienstleistung angeboten werden (z. B. im Großverbraucherbereich, Hotels, Restaurants, Kantinen);
- bei Waren, die über ein Nenngewicht oder Nennvolumen von weniger als 10 g oder 10 ml verfügen;
- bei Waren, die von kleinen Direktvermarktern oder kleinen Einzelhandelsgeschäften angeboten werden und bei denen die Warenausgabe überwiegend im Wege der Bedienung erfolgt (z. B. Kioske, Metzgereien, Bäckereien und alle sonstigen Geschäfte, bei denen die Warenabgabe überwiegend im Wege der Bedienung erfolgt). Nicht befreit sind Betriebe, die das Warensortiment im Rahmen eines Vertriebssystems beziehen;
- bei Waren, die in Getränke- und Verpflegungsautomaten angeboten werden.

7 Eichrechtliche Bestimmungen

7.1 Das Eichgesetz sowie die Eichordnung

Rechtliche Grundlagen: Gesetz über das Mess- und Eichwesen (Nr. 9); Eichordnung (Nr. 10)

Messgeräte, die im geschäftlichen Verkehr benutzt werden, müssen zugelassen und geeicht sein. Darunter fallen alle *Waagen,* sowohl in den Arbeits- wie Verkaufsräumen; ferner *Gewichtssteine* und *Hohlmaße* zur Bestimmung des Volumens (z. B. Litergefäße)[1].

Durch die Eichung sollen richtige Messergebnisse gewährleistet werden. Die Messwerte müssen in gesetzlichen Einheiten (Gramm, Kilogramm, Kubikzentimeter) angezeigt werden.

Wenn die Messgeräte den Anforderungen genügen, werden sie mit einem Eichstempel versehen. Die Gültigkeitsdauer der Eichung ist jedoch befristet. In periodischen Abständen (2 bis 3 Jahre) wird die Eichung wiederholt. Dadurch werden Ungenauigkeiten, die später auftreten, erkannt und können behoben werden. Eine erteilte Zulassung kann gegebenenfalls zurückgenommen werden. Nichtgeeichte Messgeräte dürfen nicht verwendet oder bereitgestellt werden[1], ebenfalls nicht solche Messgeräte, bei denen der Eichstempel nicht mehr vorhanden oder unleserlich ist.

> „Messgeräte müssen so aufgestellt, angeschlossen, gehandhabt und unterhalten werden, dass die Richtigkeit der Messung und die zuverlässige Ablesung der Anzeige gewährleistet sind."

Das gilt vor allem auch für die Waage im Verkaufsraum, damit der Kunde den Wiegevor-

[1] Das gilt nicht für einfache Hohlmaße, z. B. Litergefäße, die der Bäcker/Konditor nur für rezeptgerechtes Abmessen von Zutaten gebraucht.

gang überprüfen kann. Zuständig für die Eichung ist eine behördlich anerkannte Prüfstelle (Eichamt).

Der zweite Abschnitt des Eichgesetzes befasst sich mit Regelungen auf dem Gebiet der Fertigpackungen. Hierunter sind Erzeugnisse in Verpackungen beliebiger Art zu verstehen, die in Abwesenheit des Käufers abgepackt und verschlossen werden, wobei die Menge des darin enthaltenen Erzeugnisses ohne Öffnen oder merkliche Manipulation an der Verpackung nicht verändert werden kann (z. B. Knäckebrot, Toastbrot, Zwieback). Für Fertigpackungen gleicher Nennfüllmenge gilt der Grundsatz, dass die Füllmenge zum Zeitpunkt der Herstellung im Mittel die Nennfüllung nicht unterschreiten darf (Mittelwertprinzip).

In Ergänzung dieser Bestimmungen legt die Fertigpackungsverordnung (Nr. 11) Toleranzen fest, die bei der Herstellung nicht unterschritten werden dürfen.

Wer gewerbsmäßig Fertigpackungen mit Füllungen von 5 g bis 10 kg oder 10 ml bis 10 l in den Verkehr bringt, muss auf der Fertigpackung leicht erkennbar und deutlich lesbar die Menge nach Gewicht, Volumen oder Stückzahl, der allgemeinen Verkehrsauffassung entsprechend, angeben. Werden die Fertigpackungen zum alsbaldigen Verkauf überwiegend von Hand hergestellt oder feilgehalten, so kann die Menge auch durch ein Schild auf oder neben der Fertigpackung angegeben werden. Soweit nach der Lebensmittelkennzeichnungsverordnung oder aufgrund anderer lebensmittelrechtlicher Bestimmungen (z. B. Kakaoverordnung) Sonderregelungen über Kennzeichnung nach Gewicht, Volumen oder Stückzahl bestehen, gehen diese vor.

7.2 Die Fertigpackungsverordnung

Rechtliche Grundlage: Verordnung über Fertigpackungen vom 8.3.1994 (Nr. 11)

Die Fertigpackungsverordnung ist eine Ausführungsverordnung zum Eichgesetz. Hier wird beispielsweise festgelegt, dass auf Fertigpackungen der Name oder die Firma und der Ort der gewerblichen Hauptniederlassung dessen, der die Fertigpackung hergestellt hat oder sie unter seinem Namen oder seiner Firma in den Verkehr bringt, angegeben werden muss; dies ist auch in Form einer Abkürzung oder durch ein Zeichen möglich, sofern das Unternehmen aus der Abkürzung oder dem Zeichen leicht erkennbar ist.

Bei Fertigpackungen mit Backwaren, die erstmals gewerbsmäßig in den Verkehr gebracht werden, darf die Minusabweichung der Füllmenge keine größere Abweichung haben als das 2fache der festgelegten Minusabweichung. Fertigpackungen dürfen grundsätzlich folgende Minusabweichungen nicht unterschreiten:

Beispiel: Eine 500-g-Packung Toastbrot darf eine Minusabweichung von höchstens 30 g aufweisen (= das 2fache der laut obiger Tabelle zulässigen Abweichung).

Für unverpackte Backwaren (Brot, Kleingebäck, Fein- und Dauerbackwaren), die erstmals ge-

Nennfüllmenge Q_N in g oder ml	Zulässige Minusabweichungen	
	i. v. H. von Q_N	in g oder ml
5– 50	9	–
50– 100	–	4,5
100– 200	4,5	–
200– 300	–	9
300– 500	3	–
500– 1000	–	15
1000–10000	1,5	–

werbsmäßig in den Verkehr gebracht werden, gilt ebenfalls die Vorschrift, dass das Gewicht keine größere Minusabweichung haben darf als das 2fache der in der Tabelle festgelegten Werte.

Ein Ganzbrot von 1 000 g darf demnach höchstens 30 g weniger wiegen.

Auch für unverpackte Backwaren gilt der Grundsatz, dass ihr Gewicht zum Zeitpunkt der Herstellung (= Herstellungsgewicht) im Mittel nicht kleiner sein darf als die angegebene Menge.

Messgeräte für die Herstellung von unverpackten Backwaren sind von der Eichpflicht ausgenommen.

Bei unverpacktem Brot mit einem Gewicht von mehr als 250 g muss das Gewicht leicht erkennbar und deutlich lesbar auf dem Brot oder auf einem Schild angegeben sein.

8 Das Infektionsschutzgesetz (Nr. 12)

Gesetz zur Verhütung und Bekämpfung von Infektionskrankheiten beim Menschen vom 20.7.2000.

Wegen der besonderen Gefahr der Übertragung ansteckender Krankheiten durch infizierte Lebensmittel dürfen in Bäckereien/Konditoreien keine Personen beschäftigt werden, die entweder an bestimmten Krankheiten selber erkrankt sind oder bei denen der Verdacht besteht, dass sie an diesen Krankheiten leiden bzw. die Ausscheider bestimmter Krankheitskeime sind.

Nicht beschäftigt werden dürfen:

1. Personen, die erkrankt oder verdächtig sind, erkrankt zu sein an:
   - Typhus abdominalis
   - Paratyphus
   - Cholera
   - Shigellenruhr
   - Salmonellose oder einer anderen infektiösen Gastroenteritis
   - Virushepatitis A oder E,
2. Personen, die an infizierten Wunden oder Hautkrankheiten erkrankt sind, bei denen die Möglichkeit besteht, dass deren Krankheitserreger über Lebensmittel übertragen werden können,
3. Ausscheider von:
   - Shigellen
   - Salmonellen
   - Enterohämorrhagischer Escherichia coli
   - Choleravibrionen.

Das Auftreten einer unter 1 genannten Erkrankung ist meldepflichtig (behandelnder Arzt). Die Meldung muss innerhalb von 24 Stunden beim zuständigen Gesundheitsamt erfolgen.

Ausscheider von Krankheitskeimen können als solche erkannt werden, indem sie sich einer entsprechenden Untersuchung unterziehen.

Sofern in Bäckereien/Konditoreien Backwaren mit nicht durchgebackener oder durcherhitzter Füllung oder Auflage, Speiseeis und Speiseeishalberzeugnisse oder Milch und Erzeugnisse auf Milchbasis (z.B. Schlagsahne) hergestellt, behandelt oder in Verkehr gebracht werden, müssen die mit der Herstellung oder dem Verkauf beschäftigten Personen durch eine nicht mehr als drei Monate alte „Bescheinigung des Gesundheitsamtes" nachweisen, dass sie über die Tätigkeitsverbote sowie die ihnen obliegenden Pflichten durch das Gesundheitsamt oder einen vom Gesundheitsamt beauftragten Arzt belehrt wurden (§ 43 Abs. 1 Nr. 1) und dass keine gesundheitlichen Hinderungsgründe bestehen (§ 43 Abs. 1 Nr. 2).

Insofern wird das bisher nach Bundesseuchengesetz notwendige amtliche Gesundheitszeugnis durch eine „Belehrungsbescheinigung" ersetzt. Die Verpflichtung, einmalig das Gesundheitsamt aufzusuchen, bleibt unverändert. Auch die Aufbewahrungspflichten der Arbeitgeber für diese Bescheinigungen sowie die Pflichten, sie an der Betriebsstätte verfügbar zu halten und der zuständigen Behörde auf Verlangen vorzulegen, entsprechen den Regelungen des alten Bundesseuchengesetzes.

Bei Verdachtsmomenten kann das Gesundheitsamt – über die Belehrung hinaus – eine Untersuchung vor der Erteilung der Bescheinigung durchführen (§ 43 Abs. 1).

Übergangsweise ist geregelt, dass bestehende Gesundheitszeugnisse nach § 18 Bundesseuchengesetz als Belehrungsbescheinigung im Sinne des Infektionsschutzgesetzes gelten (§ 77 Abs. 2).

Neu ist im Infektionsschutzgesetz, dass Arbeitgeber diejenigen Personen, die die im Gesetz bezeichneten Tätigkeiten mit bestimmten Lebensmitteln ausüben, einmal jährlich eigenverantwortlich und betriebsseitig über die Tätigkeitsverbote und Verpflichtungen zu belehren haben. Die „Teilnahme an der Belehrung ist zu dokumentieren" (§ 43 Abs. 4). Das Robert-Koch-Institut, Berlin, hat „Belehrungsmaterialien" ausgearbeitet, die auch interessierten Unternehmen zur Verfügung stehen.

Weitere Bestimmungen, die speziell für Bäckereien und Konditoreien zutreffen, sind in der Lebensmittelhygiene-Verordnung (Nr. 13) enthalten. Darüber hinaus gibt es zur Erleichterung der Einhaltung der von den Betrieben verlangten „Guten Hygienepraxis" zahlreiche standardisierte „Leitlinien für gute Hygienepraxis", die an die einzelnen Branchen wie Bäckereien, Metzgereien, Einzelhändler usw. gerichtet sind. Diese Normen werden von den Behörden geprüft und stellen für alle Beteiligten – Betriebe und Lebensmittelkontrolle – eine Orientierungshilfe dar. Ergänzend dazu gibt es DIN-Normen zu verschiedenen Hygienefragen, z. B. zur Beschaffenheit von Kühlmöbeln, Sahneaufschlagmaschinen oder zur Frage der richtigen Lagertemperaturen für Lebensmittel.

9 Die Nährwert-Kennzeichnungs-Verordnung (Nr. 14)

Verordnung über nährwertbezogene Angaben bei Lebensmitteln und die Nährwertkennzeichnung vom 25.11.1994.

Dem Bäcker/Konditor ist es freigestellt, über den Nährwert seiner Erzeugnisse Aussagen zu treffen. Falls er jedoch solche Nährwertangaben macht, darf er dies nur im Rahmen der von der Nährwert-Kennzeichnungs-Verordnung vorgesehenen Form tun. Danach sind je nach den Gegebenheiten ganz bestimmte Deklarationen vorgeschrieben.

Nährwertbezogene Angabe ist jede im Verkehr mit Lebensmitteln oder in der Werbung für Lebensmittel erscheinende Darstellung oder Aussage, mit der erklärt, suggeriert oder unmittelbar zum Ausdruck gebracht wird, dass ein Lebensmittel aufgrund seines Energie- oder Nährstoffgehaltes besondere Nährwerteigenschaften besitzt. Die durch Rechtsvorschriften vorgeschriebene Art und Menge eines Nährstoffes sowie Angaben oder Hinweise auf den Alkoholgehalt eines Lebensmittels gelten nicht als nährwertbezogene Angaben.

Falls Lebensmittel mit nährwertbezogenen Angaben in den Verkehr gebracht werden, ist grundsätzlich anzugeben:

- der durchschnittliche Brennwert in Kilojoule (kJ) und Kilokalorien (kcal),
- der durchschnittliche Gehalt an Eiweiß, Kohlenhydraten und Fett in Gramm (g).

Bezieht sich die nährwertbezogene Angabe auf Zucker (z. B. „mit Traubenzucker"), auf gesättigte Fettsäuren, Ballaststoffe, Natrium oder Kochsalz, so sind folgende Angaben erforderlich:

- der durchschnittliche Brennwert in Kilojoule (kJ) und Kilokalorien (kcal),
- der durchschnittliche Gehalt an Eiweiß, Kohlenhydraten, Zucker, Fett, gesättigten Fettsäuren, Ballaststoffen und Natrium in Gramm (g).

Darüber hinaus sind Angaben zulässig über den durchschnittlichen Gehalt an

- Stärke (g)
- mehrwertigen Alkoholen (= Zuckeraustauschstoffe) (g)
- einfach ungesättigten Fettsäuren (g)

– mehrfach ungesättigten Fettsäuren (g)
– Cholesterin (mg).

Auf die Vitamine A, B_1, B_2, B_6, Pantothensäure, Folsäure, Niacin, B_{12}, C, D, E und Biotin sowie die Mineralstoffe Calcium, Phosphor, Eisen, Magnesium, Zink und Jod kann hingewiesen werden, wenn diese mind. 15 % der empfohlenen Tagesdosis in 100 g oder 100 ml aufweisen.

Die nährwertbezogenen Angaben sind grundsätzlich auf 100 g oder 100 ml des Lebensmittels zu beziehen. Zusätzlich können die Angaben je Portion erfolgen, die mengenmäßig auf dem Etikett festgelegt ist.

Nicht zu verwechseln mit Nährstoffangaben ist die Nennung von Rohstoffen wie Butter, Sahne, Milch, Rum u. a. im Zusammenhang mit Erzeugnissen wie z. B. Buttergebäck, Sahnekrem, Milchbrötchen, Rumkugeln u. a.; es handelt sich dabei nicht um nährstoffbezogene Angaben im Sinne der Nährwert-Kennzeichnungs-Verordnung.

Der Bäcker/Konditor wird den Verbraucher in der Regel darauf aufmerksam machen wollen, wenn bestimmte Erzeugnisse aus diätetischen Gründen einen verminderten Brennwert haben bzw. einen verminderten Gehalt an bestimmten brennbaren Nährstoffen aufweisen.

Falls brennwert- oder nährstoffverminderte Lebensmittel mit Angaben über diesen verminderten oder geringeren Brennwert bzw. Nährstoffgehalt in den Verkehr gebracht werden, muss zusätzlich zu den oben erwähnten Angaben auf Folgendes hingewiesen werden:

– auf die Art der Nährstoffveränderung (z. B. „kalorienvermindert“, „kalorienarm“ bzw. „energievermindert“, „energiearm“),
– auf die verminderten Nährstoffe nach Art und Menge, (z. B. „kohlenhydratvermindert“).

Hinweise auf einen verminderten Brennwertgehalt eines Lebensmittels (z. B. kalorienvermindert bzw. energievermindert) sind nur dann erlaubt, wenn der Energiegehalt den durchschnittlichen Brennwert vergleichbarer herkömmlicher Lebensmittel um mindestens 30 % unterschreitet.

Die Bezeichnung „kalorienarm“ bzw. „energiearm“ oder Angaben gleicher Bedeutung sind bei Lebensmitteln nur möglich, wenn der Energiegehalt einen bestimmten Grenzwert nicht überschreitet. Für solche Lebensmittel wurde der Grenzwert auf 210 kJ oder 50 kcal je 100 g festgesetzt.

Falls auf einen verminderten Nährstoffgehalt hingewiesen werden soll (z. B. „kohlenhydratvermindert“), genügt es, wenn der Gehalt der Nährstoffe den durchschnittlichen Gehalt vergleichbarer herkömmlicher Lebensmittel um weniger als 30 % unterschreitet.

Auf eine Kochsalz- oder Natriumverminderung darf bei Brot, Kleingebäck und sonstigen Backwaren nur hingewiesen werden, wenn der Natriumgehalt in diesen Lebensmitteln höchstens 250 mg/100 g beträgt. Auf einen geringen Natrium- oder Kochsalzgehalt darf hingewiesen werden, wenn der Natriumgehalt höchstens 120 mg/100 g beträgt.

10 Rückstände und Kontaminanten

Die Rückstands-Höchstmengenverordnung – RHmV – (Nr. 15) regelt noch zulässige Höchstmengen an Pflanzenschutzmitteln in Lebensmitteln pflanzlicher und tierischer Herkunft. Grundlage dafür sind europäische Richtlinien, die nunmehr zu einer europäischen Pestizidverordnung zusammengefasst sind (18). Inzwischen ist auch eine Harmonisierung der Rückstandshöchstmengen auf europäischer Ebene erfolgt. Eine Anpassung bzw. Aufhebung der nationalen RHmV ist zu erwarten.

Die dem Bäcker oder Konditor gelieferten Rohstoffe und weiterverarbeiteten Erzeugnisse müssen den Vorschriften entsprechen, d. h. die in der RHmV festgelegten Höchstwerte für das einzelne Lebensmittel (z. B. Weizen) bzw. die Lebensmittelgruppe (z. B. Getreide) dürfen nicht überschritten werden. Für weiterverarbeitete Lebensmittel (z. B. Getreidemahlerzeugnisse) gelten, sofern keine speziellen Höchstmengen für sie festgesetzt sind, die Höchstmengenregelungen derjenigen Lebensmittel, aus denen sie hergestellt wurden. Für nicht zugelassene oder nicht aufgeführte Pflanzenschutzmittel gilt die „allgemeine Höchstmenge" von 0,01 mg/kg Lebensmittel.

Während Pflanzenschutzmittel bei der Erzeugung der Lebensmittel absichtlich verwendet werden, handelt es sich bei Kontaminanten um nicht absichtlich zugefügte Stoffe, die jedoch als Rückstand der Gewinnung einschließlich der Behandlungsmethoden in Ackerbau, Viehzucht und Veterinärmedizin, Fertigung, Verarbeitung, Zubereitung, Behandlung, Aufmachung, Verpackung, Beförderung oder Lagerung in dem Lebensmittel vorhanden sein können. Zu den Kontaminanten zählen z. B. die Mykotoxine. Es handelt sich hierbei um natürliche Stoffwechselprodukte von Schimmelpilzen, die bei Menschen und Tieren toxische Wirkung zeigen. Beispiele für Mykotoxine sind Aflatoxine, Patulin, Ochratoxine und Fusarientoxine, z. B. Desoxynivalenol (DON), Zearalenon und Fumonisine. In der Praxis haben besondere Bedeutung verschimmelte Schalenfrüchte (Nüsse), ölhaltige Samen und Getreide sowie daraus hergestellte Produkte. Die Gefährlichkeit der Mykotoxine besteht vor allem darin, dass ihr toxisches Potenzial durch Behandlung oder Bearbeitung kaum verringert oder beseitigt werden kann.

Die Mykotoxinverordnung (Nr. 16) bestimmt Höchstmengen an Mykotoxinen für diejenigen Lebensmittel, die durch entsprechende EG-Regelungen (Nr. 17) noch nicht erfasst sind. Die EG-Kontaminantenverordnung regelt Höchstgehalte an Aflatoxinen in Erdnüssen, Schalenfrüchten, getrockneten Früchten, Getreide und Getreideerzeugnissen, Milch und bestimmten Gewürzen sowie Höchstgehalte an Ochratoxin A in Getreide, Getreideerzeugnissen, Korinthen, Rosinen und Sultaninen. Darüber hinaus werden auch Höchstgehalte an Blei, Cadmium und Quecksilber, Dioxinen, Zinn sowie polyzyklischen aromatischen Kohlenwasserstoffen (z. B. Benzpyren) in bestimmten tierischen und pflanzlichen Lebensmitteln festgelegt.

Im Rahmen der Sorgfaltspflicht muss bei der Rohstoffeingangskontrolle auf einwandfreie Zutaten geachtet werden. Für die Kontrolle der Schimmelpilzgifte gibt es inzwischen EG-weit einheitliche Methoden der Probenahme- und Analyseverfahren.

11 Das Produkthaftungsgesetz (Nr. 19)

Gesetz über die Haftung für fehlerhafte Produkte vom 15.12.1989.

Unter Produkthaftung wird im Allgemeinen die Haftung für Folgeschäden verstanden, die als Folge von Produktfehlern bzw. -mängeln außerhalb des Produktes selbst an sonstigen Rechtsgütern des Geschädigten eingetreten sind. Sämtliche in die Warenherstellung eingeschaltete Unternehmen, somit auch die Bäckereien und Konditoreien, unterliegen dieser Haftung.

§ 1 des Gesetzes im Wortlaut:

(1) Wird durch den Fehler eines Produkts jemand getötet, sein Körper oder seine Gesundheit verletzt oder eine Sache beschädigt, so ist der Hersteller des Produkts verpflichtet, dem Geschädigten den daraus entstehenden Schaden zu ersetzen. Im Falle der Sachbeschädigung gilt dies nur, wenn eine andere Sache als das fehlerhafte Produkt beschädigt wird und diese andere Sache ihrer Art nach gewöhnlich für den privaten Ge- oder Verbrauch bestimmt und hierzu von dem Geschädigten hauptsächlich verwendet worden ist.

(2) Die Ersatzpflicht des Herstellers ist ausgeschlossen, wenn

1. er das Produkt nicht in den Verkehr gebracht hat,

2. nach den Umständen davon auszugehen ist, dass das Produkt den Fehler, der den Schaden verursacht hat, noch nicht hatte, als der Hersteller es in den Verkehr brachte,

3. er das Produkt weder für den Verkauf oder eine andere Form des Vertriebs mit wirtschaftlichem Zweck hergestellt noch im Rahmen seiner beruflichen Tätigkeit hergestellt oder vertrieben hat,

4. der Fehler darauf beruht, dass das Produkt in dem Zeitpunkt, in dem der Hersteller es in den Verkehr brachte, dazu zwingenden Rechtsvorschriften entsprochen hat oder

5. der Fehler nach dem Stand der Wissenschaft und Technik in dem Zeitpunkt, in dem der Hersteller das Produkt in den Verkehr brachte, nicht erkannt werden konnte.

(3) Die Ersatzpflicht des Herstellers eines Teilproduktes ist ferner ausgeschlossen, wenn der Fehler durch die Konstruktion des Produkts, in welches das Teilprodukt eingearbeitet wurde, oder durch die Anleitungen des Herstellers des Produkts verursacht worden ist. Satz 1 ist auf den Hersteller eines Grundstoffs entsprechend anzuwenden.

(4) Für den Fehler, den Schaden und den ursächlichen Zusammenhang zwischen Fehler und Schaden trägt der Geschädigte die Beweislast. Ist streitig, ob die Ersatzpflicht gemäß Absatz 2 oder 3 ausgeschlossen ist, so trägt der Hersteller die Beweislast.

Derjenige, der nach diesem Gesetz einen Anspruch geltend macht, muss den Fehler, den Schaden und den ursächlichen Zusammenhang zwischen Fehler und Schaden beweisen, auf Verschulden kommt es dann nicht mehr an. Es werden nur Personen- und Sachschäden erfasst, wobei für einen Sachschaden der Anspruchsteller 500 Euro selbst zu tragen hat. Bei Personenschäden gibt es keine Selbstbeteiligung. Die Höchstsumme liegt hier bei 85 Millionen Euro.

Ob nun tatsächlich Schadensersatz geleistet werden muss, ist im jeweiligen Einzelfall zu entscheiden. So wurde z. B. die Schadensersatzklage einer Verbraucherin abgewiesen, die auf einen erbsengroßen Stein in einem Schrotbrot gebissen hatte, wodurch zahnärztliche Behandlung notwendig wurde. In einem anderen Fall, in dem sich ein Kind eine Limonadenflasche gekauft hatte, die kurz darauf in der Hand zerplatzte und das Kind schwer verletzte, wurde eine Herstellerhaftung bejaht. Der Abfüller wurde zum Schadensersatz verurteilt.

12 Novel Food – GVO-Lebensmittel

Bei der Novel Food-Verordnung (Nr. 20) handelt es sich um eine europäische Verordnung (Nr. 258/97), die unmittelbar in den Mitgliedstaaten gilt. Ziel der Verordnung ist es, neuartige Lebensmittel oder Lebensmittelzutaten eigenen Regelungen für das Inverkehrbringen zu unterwerfen.

Lebensmittel oder Lebensmittelzutaten unterliegen dem Anwendungsbereich dieser Verordnung, wenn sie bisher noch nicht in nennenswertem Umfang für den menschlichen Verzehr in der Gemeinschaft verwendet werden und einer der im Einzelnen in der Verordnung aufgeführten Gruppen von Erzeugnissen zuzuordnen sind. Erfasst sind Produkte mit neuartiger Molekülstruktur, Produkte aus Mikroorganismen, Pilzen und Algen sowie aus Pflanzen und Tieren isolierte Erzeugnisse, die bisher nicht für den menschlichen Verzehr bestimmt waren. Ebenfalls erfasst sind neuartige Verarbeitungsverfahren, die bisher nicht eingesetzt wurden und zur wesentlichen Änderung des Endproduktes führen. Ein neuartiges Lebensmittel ist zum Beispiel eine mit Phytosterinen angereicherte Diätmargarine, die nachweislich den Cholesterinspiegel senken soll.

Genetisch veränderte Lebensmittel (GVO-Lebensmittel) unterliegen nicht mehr der Novel Food-Verordnung, sondern zwei neuen EG-Verordnungen über GVO-Lebensmittel und Futtermittel sowie über Rückverfolgbarkeit und Kennzeichnung von GVO-Lebensmitteln und Futtermitteln (Nr. 21 und Nr. 22).

Die Kennzeichnungspflicht hinsichtlich genetisch veränderter Zutaten in Lebensmitteln wurde erheblich ausgeweitet: Zukünftig entscheidet nicht mehr alleine das Vorhandensein von GVO-Bestandteilen in einem Lebensmittel über die Pflicht zur Kennzeichnung „genetisch verändert“, sondern die Abstammung der einzelnen Zutaten von transgenen Ausgangsmaterialien („hergestellt aus GVO“).

Wenn Zutaten nicht „aus GVO hergestellt“ wurden, können diese trotzdem – beispielsweise durch Vermischungen auf den Umschlagplätzen der Rohstoffe – GVO-Bestandteile enthalten. Dies ist bis zu einem Schwellenwert von 0,9 % pro Zutat möglich, ohne dass eine Kennzeichnungspflicht ausgelöst wird. Voraussetzung dafür ist, dass diese Verunreinigung mit transgenem Material „zufällig“ oder „technisch nicht vermeidbar“ gewesen ist.

Im Zusammenhang mit der Einführung des Begriffes „hergestellt aus“ ist die Abgrenzung zu dem Begriff „hergestellt mit“ von Bedeutung. Denn es ist davon auszugehen, dass z. B. Vitamine, Aminosäuren, Zusatzstoffe und Enzyme, die mit Hilfe der Gentechnik (z. B. Mikroorganismen oder Fermentation) hergestellt wurden, nicht in den Geltungsbereich der Verordnungen fallen.

Verarbeitungshilfsstoffe (Trägerstoffe, Lösungsmittel, technische Hilfsstoffe) fallen nicht in den Anwendungsbereich der Verordnungen, da diese auf den Zutatenbegriff der europäischen Kennzeichnungsrichtlinie abstellen. Ebenfalls nicht betroffen sind Zutaten, die von Tieren stammen, welche mit transgenem Futter gefüttert wurden. Daher ist das Milchpulver in einer Schokolade in der Zutatenliste auch dann nicht als „genetisch verändert“ zu kennzeichnen, wenn die Kuh, aus deren Milch das Milchpulver gewonnen wurde, mit Sojaschrot aus genetisch veränderter Soja gefüttert wurde.

Die Vorbereitung auf das Gentechnikrecht beginnt mit der Überprüfung der sensiblen Rohstoffe (zurzeit insbesondere Mais- und Sojaderivate). Weil Analysen, in denen veränderte DNA nachweisbar ist, alleine nicht mehr ausreichen, sind die Spezifikationen und Verträge der Rohstofflieferanten anzupassen. In die Spezifikationen ist u. a. aufzunehmen, dass die fraglichen Rohstoffe nicht aus GVO hergestellt wurden.

Die neuartige Lebensmittel- und Lebensmittelzutatenverordnung (Nr. 23) legt nationale Vorgaben für Produkte fest, die mit dem Hinweis „ohne Gentechnik“ gekennzeichnet sind. Der Hinweis ist freiwillig, der Wortlaut ist allerdings verbindlich vorgeschrieben. Die Bedingungen, die an derart gekennzeichnete Lebensmittel gestellt werden, sind sehr weit gefasst.

Im Interesse der Nachvollziehbarkeit der Auslobung ist diese nur bei lückenlosem Nachweis der Gentechnikfreiheit aller Zutaten zulässig. Dies scheint nur mittels zertifizierter Kontrollsysteme möglich.

13 Öko-Lebensmittel

Welchen Anforderungen landwirtschaftliche Erzeugnisse und Lebensmittel entsprechen müssen, wenn sie mit Hinweis auf die ökologische Erzeugung vermarktet werden, ist rechtlich klar definiert. Die alte EG-Ökoverordnung Nr. 2092/91 wurde inzwischen abgelöst durch die neue EG-Ökoverordnung Nr. 834/2007 und entsprechende Durchführungsvorschriften (Nr. 24).

Mit den sehr detaillierten und umfassenden Rechtsvorschriften werden nicht nur die Anforderungen und Bedingungen des ökologischen Landbaus einschließlich der ökologischen Tierhaltung formuliert, sondern auch die Einzelheiten der Erzeugung, Weiterverarbeitung, Kennzeichnung, Kontrolle und des Handels mit ökologischen Lebensmitteln in der Gemeinschaft. Auch Bedingungen der Einfuhr von Erzeugnissen aus Drittländern ist geregelt.

Ziele des ökologischen Pflanzenbaus und der ökologischen Tierhaltung sind behutsame Produktionsmethoden unter dem Gesichtspunkt des Umweltschutzes, harmonische Nutzung der ländlichen Räume und artgerechte Tierhaltung. Der Anbau basiert im Wesentlichen auf Nichteinsatz von Pestiziden und leichtlöslichen Mineraldüngern bei gleichzeitiger Hinwendung zu einem ökologischen Kreislaufsystem. Der Verordnungsgeber erließ bei der Erweiterung der Öko-Verordnung 1999 auch noch ein generelles Verbot gentechnisch veränderter Organismen und daraus gewonnener Produkte.

Per Positivliste wird in der Verordnung vorgeschrieben, welche Zusatzstoffe und technischen Hilfsstoffe erlaubt sind. Erlaubt ist auch der Einsatz von natürlichen Aromen, Enzymen und Mikroorganismen, soweit diese nicht gentechnisch verändert sind.

Neben dem EU-Ökosiegel, das Ökoqualität gemäß Öko-Verordnung bescheinigt, gibt es zahlreiche Siegel der Öko-Landbauverbände, z.B. „demeter“, „Bioland“, bei deren Verwendung über die Öko-Verordnung hinaus gehende Anforderungen zu erfüllen sind.

Mit dem nationalen „Bio-Siegel“ dürfen alle Produkte gekennzeichnet werden, die entsprechend der EG-Öko-Verordnung produziert und kontrolliert sind und deren Zutaten landwirtschaftlichen Ursprungs zu mindestens 95 % aus dem ökologischen Landbau stammen.

Das Bio-Siegel ist beim Deutschen Patent- und Markenamt markenrechtlich geschützt. Durch das am 15. Dezember 2001 in Kraft getretene Öko-Kennzeichengesetz (Nr. 25) wird das Bio-Siegel zusätzlich rechtlich abgesichert. Das Gesetz legt u. a. Straf- und Bußgeldvorschriften für den Missbrauch des Bio-Siegels fest. Verstöße bei der Siegel-Verwendung können mit Freiheitsstrafe, Geldstrafe oder Geldbuße bis zu 30.000 Euro geahndet und die Produkte aus dem Verkehr gezogen werden. Eine Verordnung (Nr. 26) zur genauen Gestaltung und Verwendung des Bio-Siegels ist seit dem 16. Februar 2002 in Kraft.

Teil 2: Die Bestimmungen über die Rohstoffe

1 Die Informationsquellen

Die Rechtsgrundlagen dafür sind in den Verordnungen und Richtlinien enthalten, die auf den Seiten 13 bis 18 aufgelistet wurden. Bei den einzelnen Rohstoffen sowie im folgenden Kapitel bei den Erzeugnissen der Bäckerei/Konditorei wird jeweils auf die zutreffende Rechtsgrundlage verwiesen und es sind die Nummern der Verordnungen, Leitsätze, Richtlinien usw. angegeben.

Allerdings besteht in vielen Fällen eine gewisse Unsicherheit, weil die Rechtsgrundlagen noch nicht eindeutig gegeben sind. Das liegt daran, dass häufig keine veröffentlichten Richtlinien existieren. Detaillierte Einzelfragen lassen sich nur über Fachleute der jeweiligen Sachbereiche klären, die sich dann auf rechtsverbindliche Gerichtsurteile oder auf geltende Verkehrsanschauungen stützen. Das gesamte Lebensmittelrecht jedoch und damit auch die Begriffsbestimmungen und Verkehrsregeln sind, insbesondere im Hinblick auf die zu erwartenden EWG-Bestimmungen, für die nächste Zukunft weiterhin im Fluss. Die folgende Darstellung erhebt deshalb weder Anspruch auf Vollständigkeit, viel weniger noch kann sie den Anspruch der Endgültigkeit erheben. Sie beschränkt sich auf die Bestimmungen, die allgemein bekannt sind, und diese werden nur insoweit dargestellt, als der Bäcker und der Konditor unmittelbar oder mittelbar davon betroffen sind.

Unmittelbar interessieren den Bäcker/Konditor dabei solche Bestimmungen, die er selber bei der Herstellung (Bestandteile, Zusätze, Verwendbarkeit der Rohstoffe) oder beim Verkauf der Erzeugnisse (Bezeichnungen, Deklarationen, Gewichtsvorschriften) beachten muss.

Von unmittelbarem Interesse sind aber auch die Bestimmungen, die unmittelbar zwar nur den Hersteller der Rohstoffe angehen, durch die der Bäcker/Konditor aber wichtige Informationen über seine Rohstoffe (Herkunft, Güteklasse, Alter usw.) erhält.

2 Die einzelnen Rohstoffe (in alphabetischer Reihenfolge)

2.1 Ammonium (Hirschhornsalz)

Rechtliche Grundlagen: Zusatzstoff-Zulassungs-Verordnung (Nr. 3); Richtlinien für Backtriebmittel: Backpulver, Hirschhornsalz und Pottasche (Nr. 100)

Ammonium (Ammoniumcarbonat und Ammoniumhydrogencarbonat) kann als Triebmittel für Feine Backwaren und Dauerbackwaren ohne Mengenbegrenzung verwendet werden. Ammonium zerfällt beim Backprozess in Ammoniak, welches in Wasser gelöst wird.

Der Wassergehalt von Dauerbackwaren ist sehr niedrig. Mit dem verdampfenden Wasser entweicht auch der größte Teil des gesundheitlich nicht unbedenklichen Ammoniaks.

Bei wasserhaltigen Backwaren bliebe Ammoniak im Wasser gelöst. Das hätte auch geschmackliche Nachteile zur Folge.

2.2 Aromen (siehe Aromenverordn., S. 40f.)

2.3 Backmittel

Rechtliche Grundlage: Richtlinien für Backmittel (Nr. 101)

2.3.1 Begriffsbestimmung

Unter Backmitteln versteht man pulverförmige, pastenförmige, kremartige oder flüssige Zubereitungen, die zur Verbesserung der Qualität und Herstellung von Brot und anderen Backwaren bestimmt sind. Sie haben mindestens eine der folgenden Wirkungen:

1. Verbesserung der Gebäckeigenschaften, des Genusswertes und der Bekömmlichkeit (u. a. Bräunung, Rösche, Volumen, Porung, Krumenelastizität, Schnittfähigkeit, Abrundung des Geschmacks, Frischhaltung, Schutz vor Schimmel und Fadenziehen),
2. Erleichterung der Herstellung (u. a. Regulierung der Backfähigkeit der Mehle, Verbesserung der Teigentwicklung und der Teigeigenschaften, Verbesserung der Gärung und der Gärstabilität, Regulierung der Enzymaktivität, Beeinflussung der Lockerung, Einstellung der Teigsäuerung, Regulierung von Quelleigenschaften).

Viele Backmittel werden auch in Mischungen miteinander (Mischbackmittel) hergestellt. Sie können auch in Mischung mit anderen Lebensmitteln hergestellt werden. Ferner dürfen sie Stoffe enthalten, die eine zusätzliche back- oder verarbeitungstechnische Wirkung haben oder die die Beschaffenheit der Backmittel beeinflussen: z. B. Ascorbinsäure, Nährstoffe für Hefe, Stoffe zur Beeinflussung der Härte des Trinkwassers und Stoffe, die pulverförmige Backmittel trocken bzw. fließfähig halten.

2.3.2 Einteilung

Backmittel werden eingeteilt in:

1. Backmittel für roggenmehl- und schrothaltige Brote und andere Backwaren,
2. Backmittel für Weizenbrot und Feine Backwaren,
3. Backmittel zur Verbesserung der Haltbarkeit und Frischhaltung aller Backwaren.

2.3.3 Bestandteile und deren Wirkung

Backmittel enthalten je nach Verwendungszweck einen oder mehrere der in der nachfolgenden Tabelle genannten Stoffe.

Bestandteile	Wirkung
1. Kohlenhydrate	
– Mahlerzeugnisse aus Getreide und Getreidemalzen, auch in bearbeiteter Form – Stärken – Quellmehle und Quellstärken	– Regulierung der Wasserbindung im Teig, Verbesserung der Krumenbeschaffenheit, der Frischhaltung und der Bekömmlichkeit der Gebäcke
– Zucker, Stärkeverzuckerungsprodukte	– Beschleunigung der Gärung, Verbesserung der Bräunung, der Frischhaltung von Feinen Backwaren, ansprechendes Gebäckvolumen
– Dextrinierte Erzeugnisse	– Förderung der Teigbindigkeit, des Glanzes der Gebäckoberfläche, Verbesserung der Schnittfestigkeit und der Frischhaltung
– aus Pflanzen gewonnene Dickungs- und Geliermittel	– Beeinflussung der Teigkonsistenz, Unterstützung der Verkleisterung, Verbesserung der Frischhaltung
2. Eiweißstoffe	
– Weizenkleber	– Geschmacksförderung
– Milch und Milcherzeugnisse	Verbesserung der Bräunung, der Porung und der Frischhaltung

Bestandteile	Wirkung
– andere Eiweißstoffe und eiweißreiche Produkte (z. B. Gelatine, Leguminosenmehl) – Eiweißhydrolysat	– Verbesserung der Backfähigkeit von Mehlen und der Stabilisierung von Teigen, Beeinflussung der Bräunung, Geschmacksabrundung – Verbesserung der Gebäckbeschaffenheit, Geschmacksabrundung
3. Fettstoffe – Speisefette und Öle pflanzlicher und tierischer Herkunft – Mono- und Diglyceride der o. g. Fette – veresterte Mono- und Diglyceride – Lecithine (Phosphatide)	– Verbesserung der Beschaffenheit von Teigen und Massen – Erhöhung der Gärstabilität und des Gashaltevermögens der Teige – Verfeinerung der Krumenstruktur und Porung – Verbesserung der Frischhaltung, ansprechendes Gebäckvolumen
4. Enzyme und enzymhaltige Produkte – Enzyme wie Amylasen und Proteasen – Malzmehle – Enzymhaltige Malzextrakte	– Beeinflussung der Teigstruktur, Beschleunigung der Gärung – Verbesserung der Bräunung und Rösche
5. Andere organische Bestandteile – Genusssäuren und ihre Salze (Milch-, Zitronen-, Wein-, Essigsäure sowie ihre Natrium-, Kalium-, Calciumsalze, Äpfelsäure) – Sorbinsäure und ihre Salze – Ascorbinsäure	– Vereinfachung der Teigsäuerung – Regulierung der Krumenbeschaffenheit, Sicherung einwandfreier Brotqualität; Essigsäure und Salz außerdem: Schutz vor Fadenziehen – zur Keimhemmung und Schimmelverhütung – Kleberstärkung – Verbesserung der Teigstruktur und Gärstabilität
6. Mineralstoffe – Natrium-, Kalium-, Calciumsalze der Ortho- und Pyrophosphorsäure – Kochsalz – Calciumcarbonat, -sulfat, -chlorid	– Regulierung der Quellungsvorgänge im Teig, Phosphat außerdem: Beeinflussung des pH-Wertes – Fördern der Gärung – Erhaltung der Rieselfähigkeit – Calciumsalze regulieren die Härte des Wassers zur Verbesserung der Teigbeschaffenheit

Es ist üblich, dass der Hersteller den Verwendungszweck und die erforderliche Menge des jeweiligen Backmittels angibt. Die Verwendung von Backmitteln ist im Allgemeinen nicht deklarationspflichtig. Enthält ein Backmittel jedoch Stoffe, deren Verwendung aufgrund lebensmittelrechtlicher Vorschriften beschränkt ist oder eine Kenntlichmachung des fertigen Gebäcks erfordert, so ist vom Hersteller auf den zulässigen Anwendungsbereich oder auf die Kenntlichmachungsverpflichtung hinzuweisen.

2.4 Backpulver

Rechtliche Grundlage: Richtlinien für Backtriebmittel: Backpulver, Hirschhornsalz, Pottasche (Nr. 100)

2.4.1 Zusammensetzung

Backpulver besteht aus Stoffen, die folgende Wirkungen haben:

einem Bestandteil, der Lockerungsgas (Kohlendioxid) liefert,
Natriumhydrogencarbonat.

Bestandteilen, die das Lockerungsgas freisetzen,
Weinsäure, Zitronensäure, saure Natrium-, Calcium- oder Kaliumsalze dieser Säuren, bestimmte Phosphorsäuren, ferner milch- und schwefelsaures Calcium.

Trennmitteln zur Trockenhaltung
Stärkemehl, Getreidemehl, Calciumcarbonat. (Höchstens aber 20 % des Gesamtgewichts.)

2.4.2 Kennzeichnung

Backpulver unterliegt der Lebensmittelkennzeichnungsverordnung (LMKV). Auf der Packung muss angegeben sein, für welche Mehlmenge der Inhalt ausreicht.

2.4.3 Gütemerkmale

- **Haltbarkeit:** Backpulver muss 3 Monate lagerfähig sein und voll wirksam bleiben.
- **Triebkraft:** Backpulver muss zwischen 2,5 g bis höchstens 3 g wirksames Kohlendioxid enthalten. Das entspricht einer Volumenbildung von 1 200 bis 1 500 Kubikzentimeter durch die Backpulvermenge, die zur Lockerung von Teigen/Massen aus 500 g Mehl bestimmt ist.

2.5 Bindemittel (siehe Zusatzstoff-Zulassungs-Verordnung, S. 32 f.)

2.6 Butter und andere Milchstreichfette

Rechtliche Grundlage: Butterverordnung (Nr. 40), VO (EG) Nr. 1234/2007 (Nr. 53)

2.6.1 Buttersorten (Verkehrsbezeichnungen siehe Tabelle unten)

2.6.2 Erlaubte Zusätze

Den Buttersorten dürfen folgende Stoffe zugesetzt werden:

- Kochsalz oder Jodsalz
- Wasser
- Milchsäurebakterienkulturen und das aus diesen gewonnene Milchsäurekonzentrat
- Farbstoff E 160 a (Carotine)
- Gelatine bei Dreiviertel- und Halbfettbutter sowie bei Milchstreichfett X v. H.
- für Sauerrahmbutter sind zusätzlich Natriumcarbonate (E 500) zugelassen

2.6.3 Handelsklassen

Butter kann in zwei bzw. drei Handelsklassen (= Qualitätsklassen) angeboten werden:

Buttersorte	Zusammensetzung
Butter	mindestens 80 % und weniger als 90 % Milchfett, höchstens 16 % Wasser, höchstens 2 % fettfreie Milchtrockenmasse
Dreiviertelbutter	mindestens 60 % und höchstens 62 % Milchfett
Halbfettbutter	mindestens 39 % und höchstens 41 % Milchfett
Milchstreichfett X v. H.	Erzeugnis mit folgenden Milchfettgehalten: – weniger als 39 % – mehr als 41 % und weniger als 60 % – mehr als 62 % und weniger als 80 %

Deutsche Markenbutter

- hergestellt in der Molkerei aus pasteurisierter Sahne
- Die sensorischen Eigenschaften (Aussehen, Geruch, Geschmack, Textur, Wasserverteilung, Streichfähigkeit) werden mit je 4 Wertpunkten bewertet.

Deutsche Molkereibutter

- hergestellt in der Molkerei aus pasteurisierter Sahne oder Molkensahne.
- Die sensorischen Eigenschaften (s.o.) werden mit je 3 Wertpunkten bewertet.

Landbutter

Hierbei handelt es sich um eine Butter, die im Erzeugerbetrieb als Rohmilcherzeugnis hergestellt wird.

Die einzelnen Buttersorten können in 3 verschiedenen **Geschmacksrichtungen** angeboten werden:

Sauerrahmbutter	pH-Wert höchstens 5,1
Süßrahmbutter	pH-Wert mindestens 6,4
mildgesäuerte Butter	pH-Wert unter 6,4

2.6.4 Kennzeichnung

Bei ausgeformter Butter sind auf der Verpackung anzugeben:

- die Verkehrsbezeichnung
  - z. B. „Butter", „Landbutter", „Dreiviertelfettbutter", „Halbfettbutter", „Milchstreichfett ...% Fettgehalt".
  - Bei Butter darf zusätzlich der Hinweis „traditionell" verwendet werden, wenn das Erzeugnis unmittelbar aus Rahm oder Milch gewonnen wurde.
  - Die Verkehrsbezeichnungen können ferner durch einen Hinweis auf die Qualitätsklasse ergänzt werden (z. B. „Deutsche Markenbutter").
- Ergänzungen zur Fettstufe in den folgenden Fällen:
  - „fettreduziert" bei Dreiviertelfettbutter und Milchstreichfett X v. H. mit Milchfettgehalten von mehr als 41 % und weniger als 60 %. Dreiviertelfettbutter darf auch als „Butter, fettreduziert" bezeichnet werden; der Hinweis „Dreiviertelfett" kann entfallen.
  - „fettarm", „light", „leicht" bei Halbfettbutter und Milchstreichfett X v. H. mit einem Milchfettgehalt von weniger als 39 %. Halbfettbutter darf auch als „Butter, fettarm" bzw. „Butter, leicht" bzw. „Butter, light" bezeichnet werden.
- Name oder Firma und Anschrift des Herstellers, Verpackers oder Verkäufers.
- Zutatenverzeichnis, ausgenommen die für die Herstellung notwendigen Milchinhaltsstoffe, Milchsäurebakterienkulturen und das aus diesen gewonnene Milchsäurekonzentrat.
- Mindesthaltbarkeitsdatum. Bei Hinweis „gekühlt" ist es auf einer Bezugstemperatur von 10 °C zu berechnen.
- Kochsalzanteil in Prozent bei mehr als 0,1 % Salzzusatz.
- Bei Halbfettbutter und Milchstreichfett X v. H. mit einem Fettgehalt von 50 % und weniger ein Hinweis, dass das Erzeugnis nicht zum Braten geeignet ist.
- Für Deutsche Markenbutter dürfen nur Buttereinwickler der Gruppe B und C nach DIN 1082, Ausgabe 1996 verwendet werden.

Bei nicht ausgeformter (loser) Butter muss angegeben werden:

- die Verkehrsbezeichnung,
- das Mindesthaltbarkeitsdatum.

Für ausländische Butter gelten die gleichen Kennzeichnungsanforderungen wie für inländische Butter. Butter aus anderen EU-Mitgliedsstaaten darf unter genau festgelegten Bedingungen als „Markenbutter" angeboten werden.

Besondere Kennzeichnung:

Für „Deutsche Markenbutter" werden zusätzlich gefordert:

- die Worte „Amtliche Qualitätskontrolle des Landes ... Überwachungsstelle ...",
- das Gütezeichen.

Das Gütezeichen kann auch für Butter aus anderen Mitgliedstaaten der EU verwendet werden, wenn diese die im deutschen System der Butterprüfung vorgesehenen Qualitätsanforderungen erfüllen.

2.7 Butterfett, Butterschmalz

Rechtliche Grundlage: Verordnung über Milcherzeugnisse (Nr. 42)

2.7.1 Gewinnung

Butterfett wird durch Abtrennen von Wasser und sonstigen Bestandteilen aus reiner Butter gewonnen.

2.7.2 Handelsarten und Zusammensetzung

Butterschmalz	– mind. 99,8 % Fett
Butterfett	– mind. 96 % Fett
Butterfett, fraktioniert	– mind. 99,8 % Fett

2.7.3 Verwendung

Butterfett kann in Bäckereien/Konditoreien anstelle von Butter verwendet werden. Dabei ersetzen 80 g Butterfett den Fettgehalt von 100 g Butter.

Erzeugnisse, die anstelle von Butter mit Butterschmalz hergestellt wurden, dürfen als Buttererzeugnisse („Butterkuchen", „Butterstreusel") bezeichnet werden, sofern die verwendete Menge den Qualitätsanforderungen entspricht (s. S. 100 f.).

2.8 Eier

Rechtliche Grundlagen: Verordnung (EG) Nr. 589/2008 (Nr. 44); Eier- und Eiprodukteverordnung (Nr. 45)

2.8.1 Güteklassen

Hühnereier werden in zwei Güteklassen eingeteilt:

Klasse A oder „frisch",

Klasse B (nur für Nahrungsmittelindustrie und Nicht-Nahrungsmittelindustrie).

2.8.2 Gütemerkmale

Klasse A „Extra":

- besonders frische Eier,
- Luftkammerhöhe weniger als 4 mm zum Zeitpunkt der Verpackung,
- dürfen nur in Kleinpackungen abgegeben werden, die mit einer Banderole versehen sind,
- Aufdruck des Verpackungsdatums und des Wortes „Extra",
- Höchstalter ab Verpackung: 9 Tage.

Klasse A

- Schale und Häutchen normal, sauber, unverletzt,
- Luftkammerhöhe nicht über 6 mm,
- Eiweiß klar, durchsichtig, gallertartig fest, frei von Fremdeinlagerungen,
- Dotter nur schattenhaft sichtbar (Durchleuchtungsprobe),
- Keim nicht sichtbar,
- Geruch: frei von Fremdgerüchen,
- nicht gewaschen oder gereinigt, weder haltbar gemacht noch künstlich unter +5 °C gekühlt.

Klasse B

Eier der Klasse B sind Eier, die den Anforderungen an Eier der Klasse A nicht entsprechen. Sie dürfen nur an Unternehmen der Lebensmittelindustrie oder an die Non-Food-Industrie abgegeben werden.

„Gewaschene Eier"

- dürfen in besonders zugelassenen Packstellen gewaschen werden,
- müssen die Kriterien für Eier der Klasse A erfüllen.

„Gekühlte Eier"

- werden unter + 5 °C gekühlt,
- müssen die Kriterien für Eier der Klasse A erfüllen.

2.8.3 Gewichtsklassen für Eier der Klasse A und „gewaschene Eier"

XL	– Sehr groß:	73 g und darüber
L	– Groß:	63 g bis unter 73 g
M	– Mittel:	53 g bis unter 63 g
S	– Klein:	unter 53 g.

2.8.4 Kennzeichnung

Eier, die vom Erzeuger direkt an den Letztverbraucher abgegeben werden (z. B. am Hof, auf öffentlichem Markt oder an der Haustür), brauchen nicht nach Güte- und Gewichtsklassen sortiert und gekennzeichnet zu werden, wohl aber Eier, die im Einzelhandel angeboten werden.

Ab 1.1.2004 müssen alle Eier der Güteklassen A mit dem Erzeugercode gestempelt werden. Die erste Ziffer gibt Auskunft über die Haltungsform (0 = ökologische Erzeugung; 1 = Freilandhaltung; 2 = Bodenhaltung; 3 = Käfighaltung). Dann folgt ein Buchstabenkürzel für das Herkunftsland (z. B. DE für Deutschland, NL für Niederlande). Die nachfolgende Nummer kennzeichnet den Betrieb und den Stall.

Bei Eiern der Klasse B besteht das Kennzeichen der Güteklasse aus dem mindestens 5 mm hohen Buchstaben B in einem Kreis von mindestens 12 mm Durchmesser.

Zum Stempeln der Eier muss unverwischbare, kochechte Farbe verwendet werden, die selbstverständlich den Vorschriften der Zusatzstoff-Zulassungs-Verordnung entsprechen muss.

Eier dürfen lose, in *Kleinpackungen* (= bis zu 36 Eiern) und in *Großpackungen* (= mehr als 36 Eier) abgegeben werden.

Bei allen Packungen sind Banderolen oder Etiketten mit folgenden Angaben vorgeschrieben:

- Name oder Firma und Anschrift des Betriebes, der die Eier verpackt oder die Verpackung veranlasst hat,
- Kennnummer der Packstelle,
- Güte- und Gewichtsklasse,
- Zahl der Eier,
- Mindesthaltbarkeitsdatum („mindestens haltbar bis …“, Angabe von Tag und Monat), gefolgt von der Angabe der empfohlenen Lagerbedingungen für A-Eier und, für Eier der Klasse B, das Verpackungsdatum („verpackt am …“, Angabe von Tag und Monat),
- Einzelheiten in unverschlüsselter Form zur Kühlung bzw. zur Art der Haltbarmachung bei Eiern der Klasse B,
- Art der Legehennenhaltung für Eier der Klasse A (Freilandhaltung, Bodenhaltung, Käfighaltung, ökologische Erzeugung).

Zulässig sind weitere freiwillige Angaben:

- empfohlenes Verkaufsdatum,
- Legedatum,
- Art der Ernährung der Legehennen.

Bei Eiern, die aus dem Ausland eingeführt werden, muss zusätzlich zu den o. a. Kennzeichnungs- und Verpackungsvorschriften das Ursprungsland entweder aufgedruckt oder auf der Verpackung deutlich sichtbar und leicht lesbar angegeben werden.

Anstelle der Angabe der Art der Legehennenhaltung ist auch der Hinweis „Haltungsform unbekannt“ zulässig.

2.8.5 Hygienische Anforderungen an Eier und roheihaltige Lebensmittel

Die Eier- und Eiprodukte-Verordnung (Nr. 45) regelt u. a. die hygienischen Anforderungen an Eier und roheihaltige Lebensmittel in Gaststätten und Einrichtungen zur Gemeinschaftsverpflegung. Dort gelten folgende Bestimmungen:

In Gaststätten und Einrichtungen zur Gemeinschaftsverpflegung müssen Lebensmittel unter Verwendung von Rohei, die nicht durcherhitzt werden, zwei Stunden nach der Herstellung abgegeben werden bzw. innerhalb von zwei Stunden auf +7 °C abgekühlt und bei dieser oder einer niedrigeren Temperatur gehalten und innerhalb von 24 Stunden nach der Herstellung abgegeben werden oder tiefgefroren und bei dieser Temperatur gehalten und innerhalb von 24 Stunden nach dem Auftauen abgegeben werden, wobei die Temperatur von +7 °C nicht überschritten werden darf. Bei Abgabe solcher Lebensmittel außer Haus ist zusätzlich der schriftliche Hinweis „sofort verbrauchen“ erforderlich.

2.9 Eiprodukte

Rechtliche Grundlage: VO (E6) Nr. 853/2004 (Nr. 47)

Eiprodukte können aus Hühner-, Perlhühner-, Puten-, Enten-, Gänse- oder Wachteleiern hergestellt werden, und zwar in folgender Form:

2.9.1 Arten

flüssiges Vollei *(Flüssigei)*

flüssiges Eigelb

flüssiges Eiweiß (Eiklar) *(flüssiges Ei-Albumin)*

tiefgefrorenes Vollei *(Gefriervollei)*

tiefgefrorenes Eigelb *(Gefriereigelb)*

tiefgefrorenes Eiweiß *(Gefriereiklar, gefrorenes Ei-Albumin)*

getrocknetes Vollei *(Trockenvollei, Eipulver, Volleipulver)*

getrocknetes Eigelb *(Trockeneigelb)*

getrocknetes Eiweiß *(kristallisiertes Eiweiß, Trockeneiweiß, getrocknetes Ei-Albumin, Sprüheiweiß)*

konzentrierte Eiprodukte

fermentierte Eiprodukte

Diese Eiprodukte müssen so vorbehandelt worden sein, dass die Erreger der Salmonella-Gruppe und die Keime der Gruppe Enterobakteriaceen abgetötet werden.

2.9.2 Zusätze

Eiprodukte dürfen folgende Zusätze enthalten:

Speisesalz, Zucker, Gewürze, Getreideerzeugnisse oder andere Zusätze, soweit der Anteil dieser Zusätze nicht überwiegt. Die Verwendung von Zusatzstoffen richtet sich nach den Vorgaben der Zusatzstoff-Zulassungsverordnung, z.B. dürfen Flüssigei und Flüssigeigelb mit Sorbinsäure und Benzoesäure konserviert werden.

2.9.3 Kennzeichnung

Eiprodukte in Fertigpackungen sind nach der Lebensmittelkennzeichnungsverordnung zu kennzeichnen.

Zusätzlich sind anzugeben:

- in Großbuchstaben die Anfangsbuchstaben des Herkunftslandes,
- die Zulassungsnummer des Betriebes,
- die Temperatur, bei der die Eiprodukte gelagert oder befördert werden müssen,
- Partiennummer,
- bei Eiprodukten mit Zusätzen der Anteil an Eiprodukten in Prozent,
- die Geflügelart, wenn andere Eier als Hühnerei verwendet worden sind.

2.10 Fettglasur

Rechtliche Grundlagen: Verordnung über Kakao und Kakaoerzeugnisse (Nr. 49), Leitsätze für Feine Backwaren (Nr. 102)

Fettglasur ist ein Kakaoerzeugnis, welches der Schokoladenkuvertüre in Aussehen, Geruch und Geschmack sehr ähnlich ist. Jedoch sind bei der Herstellung von Fettglasur andere Fremdfette mitverarbeitet worden, z.B. Erdnussfett, Kokosfett u.a.

Kakaohaltige Fettglasuren für sich allein sind durch den Hinweis „kakaohaltige Fettglasur" kenntlich zu machen; Dauerbackwaren, Feinbackwaren und Speiseeis bei Überzug mit Fettglasur z.B. durch den Hinweis „mit kakaohaltiger Fettglasur". Die Angabe des verwendeten Fettes ist nicht erforderlich.

Bei Erzeugnissen, die hervorhebende Qualitätshinweise führen (z.B. „extrafein", „feinste" u.Ä.), dürfen kakaohaltige Fettglasuren nicht verwendet werden. Das gilt insbesondere für Erzeugnisse wie Baumkuchen, Florentiner, Zimtsterne und Biskuit.

2.11 Gelatine

Rechtliche Grundlage: VO (EG) Nr. 853/2004 (Nr. 47)

Speisegelatine ist ein natürliches, lösliches Protein, gelierend oder nicht gelierend, das durch die teilweise Hydrolyse von Kollagen aus Knochen, ungegerbten Häuten und Fellen, Sehnen und Bändern von schlachtbaren Haustieren, ungegerbten Häuten und Fellen von Jagdwild, Fischhäuten und Gräten hergestellt wird und zum menschlichen Verzehr bestimmt ist. Speisegelatine darf nur in zugelassenen, registrierten und kontrollierten Betrieben hergestellt, behandelt und in den Verkehr gebracht werden. Sie muss besonderen mikrobiologischen Kriterien genügen und darf bestimmte Rückstandshöchstmengen nicht überschreiten.

Speisegelatine ist als Pulver, in dünnen Tafeln oder in Blätterform im Handel.

Eine 3- bis 4-prozentige Lösung muss nach dem Erkalten richtig steif sein.

2.12 Gelee

(s. Obsterzeugnisse, S. 83 f.)

2.13 Geliermittel

(s. Zusatzstoff-Zulassungs-VO, S. 32 f.)

2.14 Hirschhornsalz

(s. Ammonium, S. 60)

2.15 Honig

Rechtliche Grundlagen: Verordnung über Honig (Nr. 48); Leitsätze für Honig im Deutschen Lebensmittelbuch (Nr. 103)

Die Bezeichnung „Honig" darf nur dann verwendet werden, wenn der „süße Stoff" ausschließlich aus bestimmten Pflanzenteilen (vor allem Blüten) von Bienen erzeugt worden ist.

2.15.1 Honigarten

Backhonig
Nicht vollwertiger Honig, der aber als Zusatz zu Backwaren Verwendung finden kann.

Die einzelnen Qualitäten unterscheiden sich noch einmal nach der pflanzlichen Herkunft:

Blütenhonig, Nektarhonig
Überwiegend aus Blütennektar stammender Honig, ist heller und besonders aromatisch, ferner reich an Frucht- und Traubenzucker.

Honigtauhonig
stammt nicht von Blüten, sondern vorwiegend von anderen Pflanzenteilen (Blatt-, Tannen-, Fichtenhonig). Er ist dunkler, von harzigem Geruch und Geschmack, enthält weniger Frucht- und Traubenzucker, aber mehr Rohr- oder Rübenzucker.

Ferner wird unterschieden nach der Art *der Gewinnung* **(Scheiben-, Waben-, Schleuder-, Tropf-, Presshonig, Honig mit Wabenteilen, gefilterter Honig).**

2.15.2 Gütemerkmale

Honig darf keinerlei Zusätze enthalten, er darf nicht gärig oder schimmelig sein und keinen fremden Geruch oder Geschmack aufweisen.

2.15.3 Kennzeichnung

Honig in Packungen und Behältnissen muss gemäß den Vorschriften der Lebensmittelkennzeichnungsverordnung (s. S. 45 f.) gekennzeichnet sein. Zusätzlich sind das Ursprungsland oder die Ursprungsländer anzugeben, bei Backhonig der Hinweis „nur zum Kochen und Backen".

2.16 Invertzuckerkrem

Rechtlichte Grundlage: Richtlinie für Invertzuckerkrem (Nr. 104)

2.16.1 Begriffsbestimmung

Unter Invertzuckerkrem versteht man ein Erzeugnis, das überwiegend aus invertierter Saccharose mit oder ohne Verwendung von Glukosesirup und anderen Stärkeverzuckerungserzeugnissen sowie mit oder ohne Honig hergestellt, ferner aromatisiert und auch gefärbt wurde und das von seiner Herstellung her organische Nichtzuckerstoffe und anorganische Stoffe enthalten kann.

2.16.2 Zusammensetzung

Invertzuckerkrem entspricht in der Zusammensetzung den folgenden Anforderungen:

Invertzucker	mindestens	50	v. H. i. T.
Saccharose	höchstens	38,5	v. H. i. T.
Stärkeverzuckerungserzeugnisse	höchstens	38,5	v. H. i. T.
Asche	höchstens	0,5	v. H. i. T.
Wasser	höchstens	22	v. H. i. T.
pH-Wert	nicht unter	2,5	

(bei Verdünnung auf das doppelte Gewicht)

Zur Herstellung von Invertzuckerkrem werden insbesondere farbgebende Lebensmittel, organische Genusssäuren und andere geschmacksgebende Stoffe verwendet.

2.16.3 Kennzeichnung

Das Erzeugnis unterliegt der Lebensmittel-Kennzeichnungs-Verordnung. Wird Invertzuckerkrem unter Verwendung eines Zusatzes von Honig hergestellt, so darf auf den Honiggehalt hingewiesen werden. Allerdings muss das Fertigerzeugnis in diesem Falle mindestens 10 v. H. an Honig enthalten. Der Hinweis erfolgt nur in unmittelbarem Zusammenhang mit der Produktbezeichnung durch Angabe des Honiganteils in Prozent.

2.17 Kakao- und Schokoladenerzeugnisse

Rechtliche Grundlage: Kakaoverordnung (Nr. 49)

2.17.1 Arten und Zusammensetzung

Kakaopulver (siehe folgende Tabelle)

Sorten und deren Bezeichnung	Gesetzlich vorgeschriebene Bestandteile		
	Gesamtkakaotrockenmasse mindestens	Kakaobutter mindestens	Wasser höchstens
Kakao, Kakaopulver	–	20 %	9 %
Kakao, Kakaopulver: fettarm/mager/stark entölt	–	< 20 %	–
Schokoladenpulver	32 % Kakaopulver und Zuckerarten	–	–
Trinkschokoladenpulver, gezuckerter Kakao, gezuckertes Kakaopulver	25 % Kakaopulver und Zuckerarten	–	–

Schokolade

Sorten und deren Bezeichnung	Gesetzlich vorgeschriebene Bestandteile			
	Gesamtkakaotrockenmasse mindestens	Kakaobutter mind.	Fettfreie Kakaotrockenmasse	Weitere mengenmäßig begrenzte Zusätze
Schokolade	35 %	18 %	14 %	–
Schokoladenstreusel, Schokoladenflocken	32 %	12 %	14 %	–
Schokoladenkuvertüre	35 %	31 %	2,5 %	–
Gianduja-Haselnuss-Schokolade	32 %	–	8 %	Mind. 20 % und höchstens 40 % fein gemahlene Haselnüsse bzw. bis zu 60 % unter Verwendung von ganzen oder stückigen Mandeln, Haselnüssen, oder anderen Nüssen oder Zusatz von Milch oder aus eingedickter Milch stammende Milchtrockenmasse (höchstens 5 % Milchtrockenmasse)
Chocolate à la taza/Chocolate familiar à la taza	35 %/30 %	18 %	14 %/12 %	Höchstens 8 %/18 % Mehl oder Stärke

Milchschokolade, Sahneschokolade

Bezeichnung	Gesetzlich vorgeschriebene Bestandteile					
	Gesamtkakao-Trockenmasse mindestens	Fettfreie Kakao-Trockenmasse mindestens	Gesamtmilch-Trockenmasse mindestens	Milchfett mindestens	Gesamtfett mindestens	Weitere mengenmäßig begrenzte Zusätze
Milchschokolade	25 %	2,5 %	14 %	3,5 %	25 %	–
Milchschokoladenstreusel, -flocken	20 %	–	12 %	–	12 %	–
Milchschokoladenkuvertüre	25 %	2,5 %	14 %	3,5 %	31 %	–
Gianduja-Haselnuss-Milchschokolade	25 %	2,5 %	10 %	3,5 %	–	Mindestens 15 % und höchstens 40 % fein gemahlene Haselnüsse bzw. bis zu 60 % unter Verwendung von ganzen oder stückigen Mandeln, Haselnüssen oder anderen Nüssen
Sahnemilchschokolade	25 %	–	14 %	5,5 %	–	–
Magermilchschokolade	25 %	–	14 %	1 %	–	–
Haushaltsmilchschokolade	20 %	2,5 %	20 %	5 %	25 %	–
Weiße Schokolade	–	20 %	14 %	3,5 %	–	–

Gefüllte Schokolade, Schokolade mit ...füllung

Gefülltes Erzeugnis, dessen Außenschicht aus Schokolade, Schokoladenstreusel, Schokoladenkuvertüre, Gianduja-Haselnuss-Schokolade, Milchschokolade, Milchschokoladenstreusel, Milchschokoladenkuvertüre, Gianduja-Haselnuss-Milchschokolade, Haushaltsmilchschokolade oder weißer Schokolade besteht. Die Bezeichnung gilt nicht für Erzeugnisse, deren Inneres aus Backwaren, Feinen Backwaren oder Speiseeis besteht. Der Anteil der Außenschicht beträgt mindestens 25 % des Gesamtgewichts des Erzeugnisses einschließlich Füllung.

Pralinen

Pralinen sind Erzeugnisse in mundgerechter Größe, die aus Folgendem bestehen:

- aus gefüllter Schokolade oder
- aus einer einzigen Schokoladenart oder aus zusammengesetzten Schichten oder einer Mischung von Schokoladenarten (Schokolade, Schokoladenstreusel, Schokoladenkuvertüre, Gianduja-Haselnuss-Schokolade, Milchschokolade, Milchschokoladenstreusel, Milchschokoladenkuvertüre, Gianduja-Haselnuss-Milchschokolade, Haushaltsmilchschokolade, weiße Schokolade) und anderen Lebensmitteln, sofern der Schokoladenanteil mindestens 25 % des Gesamtgewichts des Erzeugnisses entspricht.

2.17.2 Erlaubte Zusätze

Den in den Tabellen aufgeführten Kakao- und Schokoladenerzeugnissen dürfen Zusatzstoffe gemäß Zusatzstoff-Zulassungsverordnung zugesetzt werden, z. B. Citronensäure, Lecithine, Weinsäure.

Neben Kakaobutter dürfen Schokolade, Schokoladenstreusel, Schokoladenkuvertüre, Gianduja-Haselnuss-Schokolade, Milchschokolade, Milchschokoladenstreusel, Milchschokoladenkuvertüre, Gianduja-Haselnuss-Milchschokolade, Haushaltsmilchschokolade, Chocolata à la taza und Chocolate familiar à la taza folgende pflanzliche Fette bis zu 5 % unter Beibehaltung der Mindestgehalte an Kakaobutter oder Gesamtkakaotrockenmasse zugesetzt werden:

- Illipe, Borneo-Talg oder Tengkawang
- Palmöl
- Sal
- She
- Kokum gurgi
- Mangokern.

Die Verwendung von Kokosnussöl ist auf Schokoladearten beschränkt, die für die Herstellung von Eiskrem und ähnlichen gefrorenen Erzeugnissen verwendet wird.

Ferner dürfen den genannten Schokoladearten Lebensmittel und Fette, die ausschließlich der Milch entstammen, bis zu 40 %, bezogen auf das Gesamtgewicht des Erzeugnisses, zugesetzt werden. Getreidemahlerzeugnisse und Stärken dürfen nur Chocolate à la taza und Chocolate familiar à la taza zugesetzt werden.

Bei der Herstellung von Kakaopulver, Schokolade, Schokoladenstreusel, Schokoladenkuvertüre, Gianduja-Haselnuss-Schokolade, Milchschokolade, Milchschokoladenstreusel, Milchschokoladenkuvertüre, Gianduja-Haselnuss-Milchschokolade, Haushaltsmilchschokolade, Chocolate à la taza und Chocolate familiar à la taza dürfen Aromen (s. S. 40 f.) zugesetzt werden. Die Aromen dürfen den Geschmack von Schokolade oder Milchfett nicht nachahmen.

Zulässig sind Zuckerarten gemäß Zuckerartenverordnung, aber auch der Zusatz anderer nicht in der Zuckerartenverordnung aufgeführter Zuckerarten.

2.17.3 Kennzeichnung

Die Kennzeichnung von Kakao- und Schokoladenerzeugnissen richtet sich nach der Lebensmittelkennzeichnungs-Verordnung. Darüber hinaus ist Folgendes zu beachten:

- Verkehrsbezeichnungen sind die in Anlage 1 der Kakao-Verordnung aufgeführten Bezeichnungen.
- Bei Mischungen von Schokoladenerzeugnissen, ausgenommen Chocolate à la taza und Chocolate familiar à la taza, sind als Verkehrsbezeichnungen auch „Schokolademischung", „Pralinenmischung", „Mischung von gefüllter Schokolade", „Mischung ge-

füllter Pralinen“ oder gleichsinnige Bezeichnungen möglich, sofern die Mischung jeweils die von der verwendeten Bezeichnung erfassten Kakaoerzeugnisse enthält. In diesem Fall kann die Kennzeichnung eine einzige Zutatenliste für alle Erzeugnisse der Mischung enthalten.

- Qualitätshinweise sind zulässig bei Schokolade mit mindestens 43 % Gesamtkakaotrockenmasse, davon mindestens 26 % Kakaobutter, bei Milchschokolade mit mindestens 30 % Gesamtkakaotrockenmasse und mindestens 18 % Milchtrockenmasse, davon mindestens 4,5 % Milchfett und bei Schokoladenkuvertüre mit mindestens 16 % fettfreie Kakaotrockenmasse.
- Angabe des Gesamtgehalts an Kakaotrockenmasse mit dem Hinweis „Kakao: ... % mindestens“ bei Schokoladenpulver, Trinkschokoladenpulver, Schokolade, Schokoladenstreusel, Schokoladenkuvertüre, Gianduja-Haselnuss-Schokolade, Milchschokolade, Milchschokoladenstreusel, Milchschokoladenkuvertüre, Gianduja-Haselnuss-Milchschokolade, Haushaltsmilchschokolade, Chocolate à la taza und Chocolate familiar à la taza.
- Angabe „fettarm“, „mager“ oder „stark entölt“ bei Schokoladenpulver bzw. Trinkschokoladenpulver, wenn diese Erzeugnisse fettarmes Kakaopulver enthalten.
- Angabe des Kakaobuttergehaltes bei fettarmem Kakaopulver, fettarmem Schokoladen- und Trinkschokoladenpulver.
- Bei Erzeugnissen, die außer Kakaobutter andere pflanzliche Fette enthalten, ist der Hinweis „enthält neben Kakaobutter auch andere pflanzliche Fette“ in demselben Sichtfeld wie die Zutatenliste, in mindestens genauso großer Schrift, in Fettdruck sowie deutlich abgesetzt von dieser Liste und in der Nähe der Verkehrsbezeichnung anzugeben.

2.18 Kartoffelstärke

Rechtliche Grundlage: Richtlinien für Stärke und bestimmte Stärkeerzeugnisse (Nr. 105)

Kartoffelstärke
ist aus Kartoffeln gewonnene Stärke, die weitgehend von Eiweiß, Fett und Fasern befreit ist.

Kartoffel-Speisestärke
ist ein aus Kartoffelstärke durch besondere Behandlung gewonnenes Erzeugnis. Der Wassergehalt darf höchstens 17 % betragen.

2.19 Kochsalz (siehe Speisesalz, S. 89)

2.20 Kochsalzersatz

Rechtliche Grundlagen: Verordnung über diätetische Lebensmittel (Nr. 28), Nährwertkennzeichnungsverordnung (Nr. 14), VO (EG) Nr. 1924/2006 (Nr. 32)

2.20.1 Begriffsbestimmung

Kochsalzersatz zählt zu den diätetischen Lebensmitteln, die für Natriumempfindliche geeignet sind.

An die Stelle von Natrium (Na) in der Kochsalzverbindung (NaCl) treten andere Elemente bzw. deren Verbindungen mit anderen Stoffen.

2.20.2 Erlaubte Zusätze bzw. „Austauschstoffe“

Dazu zählen:

- Die Verbindungen des Kaliums, Calciums und Magnesiums mit Adipinsäure, Bernsteinsäure, Glutaminsäure, Kohlensäure, Milchsäure, Salzsäure, Weinsäure und Zitronensäure;
- Kaliumsulfat, Monokaliumsulfat; Adipinsäure; Glutaminsäure;
- die Cholinsalze der Essigsäure, Kohlensäure, Milchsäure, Salzsäure, Weinsäure und Zitronensäure;
- Kaliumguanylat und Kaliuminosinat.

2.20.3 Erlaubte Hinweise

Bei Lebensmitteln, die für Natriumempfindliche bestimmt sind, darf unter bestimmten Voraussetzungen auf die Verminderung des Natriumgehalts hingewiesen werden.

Folgende Hinweise sind zulässig:

„natriumarm“, „kochsalzarm“
Das für Natriumempfindliche bestimmte Le-

bensmittel darf nicht mehr als 120 Milligramm Natrium auf 100 g des Lebensmittels enthalten.

„streng natriumarm", „streng kochsalzarm"
Der Natriumgehalt muss unter 40 Milligramm Natrium je 100 g des Lebensmittels liegen.

„natriumreduziert", „kochsalzvermindert"
Der Hinweis ist dann zulässig, wenn der Natriumgehalt in Broten, Kleingebäcken oder sonstigen Backwaren 250 Milligramm je 100 g Erzeugnis nicht übersteigt.

2.21 Konfitüre
(Obsterzeugnisse, S. 83 f.)

2.22 Korinthen
(Rosinen, S. 87)

2.23 Krempulver
(Puddingpulver, S. 87 f.)

2.24 Kuvertüre
(Kakaoerzeugnisse, S. 69 f.)

2.25 Margarine und Mischfetterzeugnisse

Rechtliche Grundlagen: Margarine- und Mischfettverordnung (Nr. 50); VO (EG) Nr. 1934/2007 (Nr. 53)

2.25.1 Begriffsbestimmung

Die Bezeichnungen können lauten: Margarine, Streichfett X %, Margarineschmalz, Mischfett, Mischstreichfett X %

Margarinen sowie Streichfett X %
sind durch Emulgieren aus genusstauglichen Fetten hergestellte Zubereitungen; der Milchfettanteil darf nicht höher sein als 3 %.

Margarineschmalz (Schmelzmargarine)
ist ein nicht durch Emulgieren, sondern durch Schmelzen von genusstauglichen Fetten hergestelltes, aromatisiertes, kräftig gelbes Margarineerzeugnis.

Mischfette
sind Margarinen mit unterschiedlichen Fettanteilen, wobei der Milchfettanteil zwischen 10 % und 80 % des Gesamtfettanteils liegen darf.

Mischstreichfette X %
sind durch Emulgieren streichfähig gemachte Zubereitungen, deren Fettgehalt zwischen den definierten Werten der Mischfette liegt.

2.25.2 Bestandteile
(siehe Tabelle Seite 74)

2.25.3 Zusatzstoffe

Die Verwendung von Zusatzstoffen richtet sich nach den Vorgaben der Zusatzstoff-Zulassungsverordnung. Zulässig sind z.B. bestimmte Farb- und Konservierungsstoffe. Darüber dürfen die Vitamine A und D zugesetzt werden.

2.25.4 Kennzeichnung

Die Packungen, Behältnisse oder Umhüllungen von Margarineerzeugnissen müssen folgende Angaben deutlich sichtbar und lesbar tragen:

- Verkehrsbezeichnung, z. B. „Margarine" oder „Halbfettmargarine"; Halbfettmargarine kann auch als „Minarine" oder „Halvarine" bezeichnet werden,
- Zusatz „pflanzlich", sofern das Erzeugnis nur Fett pflanzlichen Ursprungs enthält, wobei für Fett tierischen Ursprungs eine Toleranz von 2 % des Fettgehalts eingeräumt wird,
- der Hinweis „fettreduziert" für Erzeugnisse mit einem Fettgehalt von mehr als 41 % und höchstens 62 %; dieser Hinweis kann den Begriff „dreiviertelfett" ersetzen,
- die Hinweise „fettarm", „light" und „leicht" für Erzeugnisse mit einem Fettgehalt von höchstens 41 %; dieser Hinweis kann den Begriff „halbfett" ersetzen,
- Name oder Firma und Ort des Herstellers oder sonstigen Inverkehrbringers,
- Menge nach Gewicht zur Zeit der Füllung,
- Zutatenverzeichnis,
- Gesamtfettgehalt in Prozent zum Zeitpunkt der Herstellung,
- bei Mischfetterzeugnissen der Milchfettanteil im Anschluss an das Zutatenverzeichnis,
- Salzanteil in Prozent,
- bei Erzeugnissen mit einem Gesamtfettgehalt von 50 % und weniger einen Hinweis, dass das Erzeugnis zum Braten nicht geeignet ist.

Bei ausländischen Erzeugnissen müssen Ab-

Margarineerzeugnis	Fettanteil	Gesamtmilchfettanteil (auf Gesamtfett bezogen)
Margarine	80 bis 89 %	bis 3 %
Halbfettmargarine	39 bis 41 %	bis 3 %
Dreiviertelfettmargarine	60 bis 62 %	bis 3 %
Streichfett X %	weniger als 39 % 41 bis 60 % 62 bis 80 %	bis 3 %
Margarineschmalz (Schmelzmargarine)	mind. 99 %	bis 3 %
Mischfettschmalz (Schmelzmischfett)	mind. 99 %	10 bis 80 %
Mischfett	80 bis 90 %	10 bis 80 %
Dreiviertelmischfett	60 bis 62 %	10 bis 80 %
Halbmischfett	39 bis 41 %	10 bis 80 %
Mischstreichfett	weniger als 39 % 41 bis 60 % 62 bis 80 %	10 bis 80 %

weichungen gegenüber inländischen Erzeugnissen in Verbindung mit der Verkehrsbezeichnung deutlich angegeben werden, sofern nicht durch eine Angabe im Zutatenverzeichnis eine Irreführung des Verbrauchers ausgeschlossen werden kann. Zusätzlich darf auch die Verkehrsbezeichnung des Herstellungslandes verwendet werden.

2.26 Marmelade

(siehe Obsterzeugnisse, S. 83 f.)

2.27 Marzipan-Rohmasse

Rechtliche Grundlage: Leitsätze des DLMB für Ölsamen und daraus hergestellte Massen und Süßwaren (Nr. 106)

Marzipan-Rohmasse wird aus geriebenen Mandeln und Zucker hergestellt. Außer süßen Mandeln darf keine andere Frucht verwendet werden.

Marzipan-Rohmasse muss bzw. darf folgende Bestandteile enthalten:

Fett (Mandelöl) mind.	28 %
Wasser höchstens	17 %
Zucker höchstens	35 %
Konservierungsstoffe	gemäß Zusatzstoff-Zulassungsverordnung

Der Konservierungsstoffgehalt muss auf der Packung deklariert sein. Ob der Bäcker/Konditor die mit konservierter Marzipanrohmasse hergestellten Erzeugnisse ebenfalls deklarieren muss, hängt von der verwendeten Marzipanmenge ab (vgl. S. 36 f.).

(Weiterverarbeitung der Rohmasse zu Marzipan s. S. 113)

2.28 Mehl

Rechtliche Grundlagen: Zusatzstoff-Zulassungsverordnung (Nr. 3); Lebensmittelkennzeichnungsverordnung (Nr. 6); DIN 10 355; 1991 (Normenausschuss Lebensmittel und landwirtschaftliche Produkte (NAL) im DIN Deutsches Institut für Normung e.V.)

2.28.1 Begriffsbestimmungen

Brotgetreide

- Roggen, Weizen, Spelz (Dinkel, Fesen), Emmer, Einkorn,
- darüber hinaus können aus Gründen der Versorgung durch ministeriellen Beschluss vorübergehend auch folgende Getreidearten als Brotgetreide gelten: Gerste, Hafer, Mais,

Buchweizen, Hirse, Reis.

Mahlerzeugnisse

Mehl, Backschrot, Grieß und Dunst aus Roggen, Weizen, Roggengemenge und Weizengemenge, Vollkornmehl, Vollkornschrot.

Roggen

Getreide, das zu mindestens 90 % aus Roggen besteht.

Weizen

Mahlerzeugnis-Gruppe	Mahlerzeugnis		Type	Mineralstoffgehalt in g je 100 g Trockenmasse[1]	
	Benennung	Kurzzeichen		Mindestwert	Höchstwert
Mehl	Weizenmehl	WM	405	–	0,50
			550	0,51	0,63
			812	0,64	0,90
			1050	0,91	1,20
			1600	1,21	1,80
	Durum-Weizenmehl	DWM	1600	1,55	1,85
	Dinkelmehl	DM	630	–	0,70
			812	0,71	0,90
			1050	0,91	1,20
	Roggenmehl	RM	815	–	0,90
			997	0,91	1,10
			1150	1,11	1,30
			1370	1,31	1,60
			1740	1,61	1,80
Backschrot	Weizenbackschrot	WBS	1700	–	2,10
	Roggenbackschrot	RBS	1800	–	2,20
Vollkornmehl[2]	Weizenvollkornmehl	WVM	–	–	–
	Dinkelvollkornmehl	DVM	–	–	–
	Roggenvollkornmehl	RVM	–	–	–
Vollkornschrot[2]	Weizenvollkornschrot	WVS	–	–	–
	Dinkelvollkornschrot	DVS	–	–	–
	Roggenvollkornschrot	RVS	–	–	–
Grieß	Weizengrieß	WG	–	–	–
Dunst	Weizendunst	WD	–	–	–

[1] Bei den Grenzwerten handelt es sich um gemessene Werte unter Einschluss der methodisch bedingten Fehlertoleranzen.

[2] Vollkornmehl und Vollkornschrot müssen die gesamten Bestandteile der gereinigten Körner, einschließlich des Keimlings, enthalten. Die Körner dürfen vor der Verarbeitung von der äußeren Fruchtschale befreit sein.

Getreide, das zu mindestens 90 % aus Weizen besteht.

Roggen- und Weizengemenge
Getreide, das aus gemischter Saat von Roggen und Weizen gewachsen ist.

Roggengemengemehl
muss zu 60 % aus Roggen- und zu 40 % aus Weizenanteilen bestehen.

Weizengemengemehl
muss zu 60 % aus Weizen- und zu 40 % aus Roggenanteilen bestehen; sofern das auf dem Feld gewachsene Gemenge nicht diesen Anteilverhältnissen entspricht, dürfen die fehlenden Anteile zugesetzt werden.

Vollkornmehl, Vollkornschrot
müssen die gesamten Bestandteile der gereinigten Körner einschließlich des Keimlings enthalten.

2.28.2 Einteilung nach Typen

Mehle und *Backschrote* müssen folgenden Mineralstoffgehalt, berechnet auf Trockensubstanz, aufweisen; siehe Tabelle Seite 73.

2.28.3 Kennzeichnung

Mehl oder Schrot in Fertigpackungen ist nach den Vorgaben der Lebensmittel-Kennzeichnungsverordnung zu kennzeichnen.

2.28.4 Zusätze zum Mehl

Getreidemahlerzeugnissen dürfen zum Zweck der Stabilisierung der Backeigenschaften folgende Stoffe zugesetzt werden:

- Ascorbinsäure (= Vitamin C)
- die Aminosäuren Cystin und Cystein
- Cysteinhydrochlorid
- Malzmehl (aus Roggen und Weizen)
- Emulgatoren (Lecithine, Mono-, Diglyceride)

Der Zusatz dieser Stoffe muss bei Endverbraucherpackungen im Zutatenverzeichnis gekennzeichnet werden, z. B.: Weizen, Mehlbehandlungsmittel Ascorbinsäure usw.

2.29 Milch

Rechtliche Grundlagen: VO (EG) Nr. 853/2004 (Nr. 47) Milch- und Margarinegesetz (Nr. 51); Verordnung (EWG) Nr. 2597/97 (Nr. 52); VO (EG) Nr. 1234/2007 (Nr. 53); Verordnung über Milcherzeugnisse (Nr. 42); Verordnung über die Kennzeichnung wärmebehandelter Konsummilch (Nr. 54); Milch- und Fettgesetz (Nr. 55)

2.29.1 Handelsarten

Milch im Sinne des Gesetzes ist ausschließlich Kuhmilch. Der Qualität nach unterscheidet man:

Vollmilch:
muss mindestens einer Wärmebehandlung oder einer zulässigen Behandlung gleicher Wirkung unterzogen worden sein. Fettgehalt mindestens 3,5 %.

teilentrahmte (fettarme) Milch:
Herstellung wie Vollmilch. Fettgehalt mindestens 1,5 % und höchstens 1,8 %.

entrahmte Milch (Magermilch):
Herstellung wie Vollmilch. Fettgehalt höchstens 0,5 %.

Vorzugsmilch:
muss besonders hoch bemessenen Anforderungen hinsichtlich der Hygiene bei der Gewinnung (Sauberkeit, tierärztliche Überwachung, Tbc-freie Bestände) und Verarbeitung in der Molkerei genügen. Sie darf nur in verkaufsfertigen Packungen angeboten werden.

Rohmilch:
Milch, die nicht über 40 °C erhitzt und keiner Behandlung gleicher Wirkung unterworfen wurde.

2.29.2 Zubereitungsarten

homogenisieren:
mechanische Zerkleinerung der Fett-Tröpfchen, sodass während der angegebenen Mindesthaltbarkeit keine sichtbare Aufrahmung stattfindet.

pasteurisieren:
Üblich sind drei verschiedene Verfahrensweisen der Erhitzung:

- *Kurzzeiterhitzung* mindestens 72 °C für 15 Sekunden;
- *Dauererhitzung* mindestens 63 °C für 30 Minuten;

- jede andere Zeit-Temperatur-Kombination mit gleicher Wirkung.

sterilisieren:
Erhitzung bei mindestens 110 °C in luftdicht verschlossenen Packungen. In ungeöffneter Packung 1/2 bis 1 Jahr haltbar.

ultrahocherhitzen:
Momenterhitzung auf mindestens 135 °C. Dabei darf der Wasseranteil der Milch nicht geringer werden. Ultrahocherhitzte Milch muss homogenisiert und unter sterilen Bedingungen in sterile, mit Lichtschutz versehene Packungen abgefüllt und keimdicht verschlossen werden. Sie muss so haltbar sein, dass sie während einer 15-tägigen Lagerung bei +30 °C, erforderlichenfalls während einer 7-tägigen Lagerung bei +55 °C in der ungeöffneten Packung keine feststellbaren nachteiligen Veränderungen aufweist.

2.29.3 Kennzeichnung

Konsummilch in Fertigpackungen ist wie folgt zu kennzeichnen:

- die Sorte der Milch (z. B. „Vollmilch“),
- Name oder Firma und Anschrift des Herstellers, Einfüllers oder Verkäufers,
- Verfahren der Wärmebehandlung, z. B. „pasteurisiert“, „sterilisiert“, „ultrahocherhitzt“, bei ultrahocherhitzter Milch zusätzlich der Buchstabe „H“,
- Angabe, wenn Milch homogenisiert wurde („homogenisiert“),
- Zutatenverzeichnis bei fettarmer und entrahmter Milch, wenn diese mit Milcheiweißerzeugnissen angereichert sind,
- Menge in Volumeneinheiten,
- Mindesthaltbarkeitsdatum, bei pasteurisierter und hocherhitzter Konsummilch zusätzlich der Hinweis „bei +8 °C“,
- Angabe „mindestens ... % Fett“ bei Vollmilch mit natürlichem Fettgehalt,
- Angabe „... % Fett“ bei im Fettgehalt eingestellter Vollmilch und teilentrahmter Milch,
- Angabe „höchstens ... % Fett“ bei entrahmter Milch.

Bei loser Milch genügen Angabe der Milchsorte, und des Fettgehaltes und der Wärmebehandlung.

2.30 Milcherzeugnisse

Rechtliche Grundlage: Verordnung über Milcherzeugnisse (Nr. 42) (siehe folgende Tabelle)

Handelsarten	Gewinnungsverfahren	Besonderes
Sauermilch	durch Selbstsäuerung (Milchsäurebakterien) sauer oder dick gewordene Vollmilch	Fettgehalt mind. 3,5 %
fettarme Sauermilch	gesäuerte fettarme Milch	Fettgehalt 1,5 bis 1,8 %
Magermilch sauer	gesäuerte Magermilch oder entrahmte Sauermilch	Fettgehalt höchstens 0,3 %
saure Sahne	in vorgeschrittener milchsaurer Gärung befindliche Sahne	Fettgehalt mind. 10 %
Crème fraîche	aus pasteurisierter Milch oder Sahne	Fettgehalt mind. 30 %
Joghurt, Kefir	durch besondere Gärungserreger aus erhitzter Vollmilch gewonnene Erzeugnisse	Fettgehalt mind. 3,5 %
fettarmer Joghurt, fettarmer Kefir	durch besondere Gärungserreger aus erhitzter fettarmer Milch gewonnene Erzeugnisse	Fettgehalt 1,5 bis 1,8 %
Magermilch-Joghurt Magermilch-Kefir	durch besondere Gärungserreger aus erhitzter Magermilch gewonnene Erzeugnisse	Fettgehalt höchstens 0,3 %
Sahnejoghurt, Sahnekefir	durch besondere Gärungserreger aus erhitzter Sahne gewonnene Erzeugnisse	Fettgehalt mind. 10 %
Buttermilch	Erzeugnis, das bei der Verbutterung von Milch oder Sahne nach Abscheiden der Butter anfällt	bei der Herstellung dürfen dem Butterungsgut 10 % Wasser oder 15 % Magermilch zugesetzt werden; reine Buttermilch enthält keinen Zusatz von Magermilch oder Wasser, Fettgehalt höchstens 1 %
Sahne (Rahm, Kaffee-, Trinksahne)	aus Milch gewonnenes Erzeugnis, nachdem die Magermilch abgeschieden wurde	Fettgehalt mind. 10 %
Schlagsahne	(wie Sahne)	Fettgehalt mind. 30 %
Süßmolke, Sauermolke	Flüssigkeit, die bei der Herstellung von Käse anfällt, nachdem der Käsestoff und das Fett beim Dickwerden der Milch abgeschieden wurden	–

2.31 Milch- und Sahnedauerwaren

Rechtliche Grundlage: Verordnung über Milcherzeugnisse (Nr. 42)

Handelsarten	Gewinnungsverfahren	vorgeschriebene Bestandteile Fett mindest.	Trockenbestandt. mindest.	Wasser höchstens
sterilisierte Milch	Vollmilch } die spätestens 22 Std. nach dem Melken durch Hitze sterilisiert (= keimfrei gemacht) wurde	3,5 %	–	–
sterilisierte fettarme Milch	fettarme Milch } die spätestens 22 Std. nach dem Melken durch Hitze sterilisiert (= keimfrei gemacht) wurde	1,5 %	–	–
sterilisierte Schlagsahne	Schlagsahne } die spätestens 22 Std. nach dem Melken durch Hitze sterilisiert (= keimfrei gemacht) wurde	30 %	–	–
Kondensmilcherzeugnisse ungezuckert	Milch, der ein Teil des Wassers entzogen worden ist: K.M. m. hohem Fettgehalt	15 %	26,5 %	–
	Kondensmilch	7,5 %	25 %	–
	teilentrahmte K.M.	1–7,5 %	20 %	–
	Kondensmagermilch	höchst. 1 %	20 %	–
Kondensmilcherzeugnisse gezuckert	gezuckerte Kondensmilch	8 %	28 %	–
	gezuckerte teilentrahmte Kondensmilch	1–8 %	24 %	–
	gezuckerte Kondensmagermilch	höchst. 1 %	24 %	–
Milchpulver (Vollmilchpulver)	Erzeugnis aus Milch, der weitgehend das Wasser entzogen wurde (Sprüh-, Walzenmilchpulver)	26 %	–	5 %
Sahne- (Rahm-) pulver	aus Sahne (wie oben beschrieben gewonnen)	42 %	–	5 %
Sahne- (Rahm-) joghurtpulver	aus Sahnejoghurt "	42 %	–	5 %
Sahne- (Rahm-) kefirpulver	aus Sahnekefir "	42 %	–	5 %
Joghurtpulver	aus Joghurt "	26 %	–	5 %
Kefirpulver	aus Kefir "	26 %	–	5 %
teilentrahmtes Milch-, Joghurt- und Kefirpulver	aus teilentrahmten Erzeugnissen "	1,5 % bis 26 %	–	5 %
Magermilch-, Magermilchjoghurt-, Magermilchkefirpulver	aus Magermilcherzeugnissen "	höchst. 1 %	–	5 %
Buttermilchpulver	aus Buttermilch "	höchst. 15 %	–	7 %
Molkenpulver	als Süß- oder Sauermolkenpulver, z. T. teilentzuckert, entsalzt oder mit Eiweiß angereichert	–	–	5–8 %

Bei der Herstellung von sterilisierten Sahneerzeugnissen, ungezuckerten und gezuckerten Kondensmilcherzeugnissen sowie bei Trockenmilcherzeugnissen dürfen bestimmte Zusatzstoffe ohne Kenntlichmachung verwendet werden.

Die Kennzeichnung von Milch- und Sahnedauerwaren muss enthalten:

- *Verkehrsbezeichnung* (entsprechend der Anlage der Verordnung über Milcherzeugnisse, s. S. 79),
- *Name oder Firma* und Anschrift des Herstellers, Verpackers oder Verkäufers,
- *Zutatenverzeichnis,* ausgenommen bei Kondensmilch- und Trockenmilcherzeugnissen; bei Sauermilch-, Joghurt-, Kefir-, Buttermilch- und Sahne-Erzeugnissen ist das Zutatenverzeichnis nur für andere Zutaten als die für die Herstellung notwendigen Milchinhaltsstoffe, Enzyme und Mikroorganismenkulturen erforderlich mit dem Hinweis, dass es sich nur um weitere Zutaten handelt,
- *Art der Wärmebehandlung* („ultrahocherhitzt", „sterilisiert" oder „wärmebehandelt"),
- *Fettgehalt* „... % Fett" (mit bestimmten Ausnahmen und Sonderregelungen),
- bei *ungezuckerten* und *gezuckerten* Kondensmilcherzeugnissen die *Angabe des Gehaltes an fettfreier Milchtrockenmasse in %,*
- bei *Trockenmilcherzeugnissen* Gebrauchsanweisung, ggf. der Hinweis „milchzuckerangereichert", ggf. Fettgehalt des Endproduktes, ggf. Hinweis „sofort löslich", Hinweis „nicht als Nahrung für Säuglinge unter 12 Monaten bestimmt",
- *Mindesthaltbarkeitsdatum,* bei Hinweis „gekühlt" ist das MHD auf der Grundlage einer Bezugstemperatur von 10 °C zu berechnen,
- *Füllmenge* nach Gewicht; Kondensmilcherzeugnisse in Flaschen nach Gewicht und Volumen, Buttermilcherzeugnisse nach Gewicht oder Volumen,
- ggf. Hinweis „leicht" oder „light/lite".

2.32 Obst

Rechtliche Grundlagen: VO (EG) Nr. 1580/2007 (Nr. 56); Verordnung (EG) Nr. 2200/96 (Nr. 57); Verordnung über EG-Normen für Obst und Gemüse (Nr. 58)

Weitere Grundlagen: Leitsätze für Obst (Nr. 107)

2.32.1 Allgemeine Gütemerkmale

Frisches Obst wird überwiegend nach Handels- oder Güteklassen eingeteilt. Für jede Güteklasse und jede Obstart werden besondere Eigenschaften bzw. Gütemerkmale vorgeschrieben. Nach Handelsklassen eingeteiltes Obst muss allgemein zumindest folgende Merkmale aufweisen:

- gesund und frei von Schädlingsbefall,
- ganz, sauber, trocken,
- unvermischt in Arten und Sorten,
- frei von Fremdkörpern, insbesondere von Rückständen an Düngemitteln und Schädlingsbekämpfungsmitteln sowie von fremdem Geruch und Geschmack,
- frisch bzw. reif.

2.32.2 Einteilung nach Handelsklassen

Obstart	Handelsklasse	geforderte Gütemerkmale
Äpfel und Birnen	Extra	auserlesene Früchte nach Größe, Form und Farbe, einheitlich in der Reife, frei von Fehlern und Mängeln jeder Art, besonders keine wurmstichigen Früchte; zulässig: 5 % abweichende Früchte
	I	sortentypische Größe, Form und Farbe, fast einheitlich in der Reife, Fruchtfleisch ohne Mängel, Schale mit leichten Fehlern zulässig; keine wurmstichigen Früchte; zulässig: 10 % abweichende Früchte
	II	wie I, aber größere Fehler; zulässig: 10 % abweichende Früchte
Kirschen	Extra	sortentypisch in Größe, Form und Farbe, einheitlich in der Reife, vollkommen ausgewachsen, mit Stiel, frei von Fehlern, frisch, kein Schorfbefall, 5 % beschädigte Früchte zulässig, davon 2 % geplatzte oder madige Früchte
	I	gute Qualität; zulässig: leichte Fehler in Form oder Entwicklung, leichte Fehler in der Färbung, 10 % fehlerhafte Früchte zulässig; davon 4 % geplatzte oder madige Früchte
	II	wie Klasse I; zulässig: leichte Schalenfehler, Form-, Entwicklungs- und Färbefehler bis zu 10 % der Früchte, davon höchstens 4 % matschige oder madige oder geplatzte Früchte, davon höchstens 2 % matschige Früchte
Pflaumen, Zwetschgen, Reineclauden	Extra	typische Form, Entwicklung und Färbung, frei von allen Fehlern, festes Fleisch, von Hand gepflückt; zulässig: 5 % abweichende Früchte
	I	gute Qualität; zulässig: leichte Abweichung in Form, Entwicklung, Färbung, Stiel leicht beschädigt oder fehlend, von Hand gepflückt, 10 % abweichende Früchte, davon höchstens 2 % geplatzte und/oder madige Früchte
	II	wie Klasse I, zulässig 10 % abweichende Früchte, davon höchstens 4 % geplatzte und/oder madige Früchte
Pfirsiche, Nektarinen, Tafeltrauben	Extra	typisch in Form, Entwicklung und Färbung, vollkommen fehlerfrei; zulässig: 5 % abweichende Früchte
	I	leichte Fehler in Form, Entwicklung oder Färbung; zulässig: 10 % abweichende Früchte
	II	wie I, aber größere Fehler; zulässig: 10 % abweichende Früchte
Zitrusfrüchte	Extra	typisch in Form, Entwicklung und Färbung, vollkommen fehlerfrei; zulässig: 5 % abweichende Früchte
	I	leichte Fehler in Form, Entwicklung oder Färbung; zulässig: 10 % abweichende Früchte
	II	wie I, aber größere Fehler; zulässig: 10 % abweichende Früchte, davon höchstens 5 % mit leichten oberflächlichen, nicht vernarbten oder trockenen Beschädigungen oder weiche oder welke Früchte
Aprikosen und Kiwis	Extra	typisch in Form, Entwicklung und Färbung, vollkommen fehlerfrei; zulässig: 5 % abweichende Früchte
	I	wie Extra, aber leichte Fehler in Form und Entwicklung; zulässig: 10 % abweichende Früchte
	II	wie I, aber größere Fehler; zulässig: 10 % abweichende Früchte

Obstart	Handelsklasse	geforderte Gütemerkmale
Melonen	I	typisch in Form, Entwicklung und Färbung, vollkommen fehlerfrei; zulässig: 10 % abweichende Früchte
	II	wie I, aber größere Fehler; zulässig: 10 % abweichende Früchte
Wassermelonen	I	typisch in Form, Entwicklung und Färbung, vollkommen fehlerfrei; zulässig: 10% abweichende Früchte
	II	wie I, aber größere Fehler; zulässig: 10 % abweichende Früchte
Erdbeeren	Extra	typische Farbe und Form, gleichmäßig und regelmäßig in Bezug auf Reifegrad, Färbung, Größe, frei von Erde; zulässig: 5 % abweichende Früchte, davon höchstens 2 % verdorbene Früchte
	I	wie Extra, aber weniger einheitlich in Farbe und Form, praktisch frei von Erde; zulässig: 10 % abweichende Früchte
	II	zulässig: Form- und Entwicklungsfehler, leichte Quetschungen, weißliche oder grünliche Stellen, ohne Kelch; zulässig: 10 % abweichende Früchte
Johannisbeeren **Stachelbeeren** **Himbeeren, Brombeeren** **Heidelbeeren,** **Preiselbeeren**		Für die genannten Obstarten gelten keine deutschen Handelsklassen mehr, sondern nur noch die Einhaltung der Mindesteigenschaften: – ganz, – gesund (ohne Fäulnis), – sauber, – frisch bzw. reif, – frei von Schädlingen, – frei von Schäden durch Schädlinge.

Obst, welches den für die Handelsklasse geforderten Gütemerkmalen nicht entspricht, gilt als *Ausfall.*

Falls Obst direkt vom Erzeugerbetrieb an den Verbraucher (auch an den Bäcker zur Weiterverarbeitung) abgegeben wird, ist eine Einteilung nach Handelsklassen nicht verbindlich vorgeschrieben.

2.32.3 Kennzeichnung

Nach Handelsklassen eingeteiltes Obst muss je Verpackungseinheit mit einem Etikett oder festem Aufdruck versehen sein, der folgende Angaben enthält:

- Identifizierung des Packers oder Absenders (Name und Anschrift oder Geschäftssymbol, das durch eine amtliche Stelle gegeben oder registriert wurde),
- Art des Erzeugnisses bei Verpackungen, die den Inhalt nicht von außen erkennen lassen,
- Ursprung des Erzeugnisses,
- ggf. Klasse (EG-Norm bzw. Handelsklasse),
- Mengenangabe nach Gewicht, ggf. Stückzahl,

- ggf. Hinweis auf Schimmelverhütungsmittel oder Wachse („konserviert“ oder „mit Konservierungsstoff“ oder „gewachst“, bei Verwendung von Thiabendazol bei Zitrusfrüchten: „konserviert mit Thiabendazol“).

2.32.4 Erlaubte Zusätze

Zum Schutz vor *Schimmelbefall* beim Transport wird die Oberfläche von Zitrusfrüchten häufig mit Schimmelverhütungsmitteln (Orthophenylphenol, Thiabendazol) behandelt. Gegen das Austrocknen ist ein „Wachsen“ der Oberfläche zugelassen. Die Verwendung von Schimmelverhütungs- oder Wachsmitteln ist besonders kenntlich zu machen.

2.33 Obsterzeugnisse

Rechtliche Grundlagen: Zusatzstoff-Zulassungs-VO (Nr. 3); VO über Konfitüren und einige ähnliche Erzeugnisse; „Konfitüren-VO“ (Nr. 59); Leitsätze für Obst (Nr. 107)

Zu den Obsterzeugnissen zählen:

Konfitüre extra und Konfitüre,
Gelee extra und Gelee,
Marmelade;
Gelee-Marmelade und Maronenkrem

2.33.1 Ausgangsprodukte

Zur Herstellung von Obsterzeugnissen dürfen verwendet werden:

Früchte

- nur frische, einwandfreie Früchte, denen keine wesentlichen Bestandteile entzogen wurden;
- neben Obstfrüchten dürfen auch Rhabarberstengel, frische, getrocknete oder in Sirup haltbargemachte Ingwerwurzeln verwendet werden, ferner Tomaten, Gurken, Karotten, Süßkartoffeln, Melonen, Wassermelonen und Kürbisse;

Fruchtpülpe

ganze, geschälte oder entkernte Früchte, ungeteilt, in Stücke geschnitten oder grob zerkleinert;

Fruchtmark

Früchte, die durch Passieren oder ein ähnliches Verfahren zerkleinert wurden;

Wässrige Auszüge

aus Früchten, die alle wasserlöslichen Bestandteile der Früchte enthalten;

Zuckerarten

Zuckerarten gemäß Zuckerartenverordnung, Fructosesirup, aus Früchten gewonnene Zuckerarten, brauner Zucker.

2.33.2 Erlaubte Zusätze

Den streichfähigen Zubereitungen dürfen eine Reihe von Lebensmitteln sowie einige Zusatzstoffe zugesetzt werden:

Lebensmittel

Honig, flüssiges Pektin, Speiseöle und -fette zur Verhütung der Schaumbildung, Spirituosen, Wein und Likörwein, Nüsse, Kräuter, Gewürze, Vanille, Vanilleauszüge und Vanillin in allen Erzeugnissen; Fruchtsaft nur in Konfitüre, Saft von Zitrusfrüchten bei aus anderen Früchten hergestellten Erzeugnissen nur in Konfitüre, Konfitüre extra, Gelee und Gelee extra; Saft aus roten Rüben nur in Konfitüre und Gelee aus Erdbeeren, Himbeeren, Stachelbeeren, roten Johannisbeeren mit Pflaumen; ätherische Zitrusöle nur in Marmelade und Gelee-Marmelade; Zitrusschalen nur in Konfitüre, Konfitüre extra, Gelee und Gelee extra; Blätter von Pelargonium odoratissimum nur in Konfitüre, Konfitüre extra, Gelee und Gelee extra aus Quitten.

Zusatzstoffe für Konfitüre extra und Gelee extra:

- Milch-, Äpfel-, Citronen- und Weinsäure
- Ascorbinsäure
- Calciumlactat, Natrium- und Calciumcitrate, Natriumtartrate, Natriummalate
- Pektine
- Mono- und Diglyceride von Speisefettsäuren.

Zusatzstoffe für Konfitüren, Gelees und Marmeladen, andere ähnliche Fruchtaufstriche einschließlich brennwertverminderter Erzeugnisse, zusätzlich zu den oben genannten:

- Calciumchlorid, Natriumhydroxid
- Alginsäure und Natrium-, Kalium-, Ammonium- und Calciumsalze, Agar Agar, Carrageen, Johannisbrotkernmehl, Guarkernmehl, Xanthan, Gellan (höchstens 10 g/kg)

- bestimmte Farbstoffe, teilweise mengenbegrenzt
- Dimethylpolysiloxan (max. 10 mg/kg)
- Schwefeldioxid (max. 50 mg/kg).

Süßungsmittel für brennwertverminderte Konfitüren, Gelees und Marmeladen:

- Acesulfam K, Aspartam, Aspartam-Acesulfam-Salz, Cyclamat (max. 1 000 mg/kg)
- Saccharin (max. 200 mg/kg)
- Sucralose (max. 400 mg/kg)
- Neohesperidin DC (max. 50 mg/kg)
- Sorbit, Mannit, Isomalt, Maltit, Lactit und Xylit (auch für Erzeugnisse ohne Zuckerzusatz).

Konservierungsstoffe für zuckerarme Konfitüren, Gelees, Marmeladen sowie ähnliche Erzeugnisse mit reduziertem Brennwert oder zuckerfrei und andere Aufstriche auf Früchtebasis:

- Benzoesäure (max. 500 mg/kg)
- Sorbin- und Benzoesäure (einzeln oder in Kombination: 1000 mg/kg).
- für Marmelade Sorbin- und Benzoesäure (einzeln oder in Kombination: 1500 mg/kg)

2.33.3 Arten und gesetzlich vorgeschriebene Bestandteile

Obst-erzeugnis	Arten	Zusammensetzung	Besonderheiten
Konfitüre extra	– Einfrucht-konfitüre – Mehrfrucht-konfitüre	– *Pülpe* oder *Mark;* (nur bei Konfitüre extra von Hagebutten sowie kernlose Konfitüre extra von Himbeeren, Brombeeren, roten und schwarzen Johannisbeeren, Heidelbeeren; mind. 450 g je 1 000 g Erzeugnis; bei folgenden Früchten auch weniger: 350 g bei roten und schwarzen Johannisbeeren, Vogelbeeren, Sanddorn, Hagebutten und Quitten, 250 g bei Ingwer, 230 g bei Kaschuäpfeln, 80 g bei Passionsfrüchten – *Zuckerarten*	nicht erlaubt ist die Verwendung von Äpfeln, Birnen, steinhaftenden Pflaumen, Melonen, Wassermelonen, Kürbissen, Weintrauben, Gurken, Tomaten Konfitüre extra von Zitrusfrüchten darf aus der in Streifen oder in Stücke geschnittenen ganzen Frucht hergestellt werden.
Konfitüre	– Einfrucht-konfitüre – Mehrfrucht-konfitüre	– *Pülpe* oder *Mark;* mind. 350 g je 1 000 g Erzeugnis; bei den o. g. Früchten entsprechend weniger (siehe „Gelee“) – *Zuckerarten*	Konfitüre von Zitrusfrüchten darf aus der in Streifen oder in Stücke geschnittenen ganzen Frucht hergestellt werden.
Gelee extra	– Einfrucht-gelee – Mehrfrucht-gelee	– *Saft* oder *wässrige Auszüge;* mind. 450 g je 1 000 g Erzeugnis; bei den o. g. Früchten weniger (wie Konfitüre extra) – *Zuckerarten*	nicht erlaubt sind die bei „Konfitüre extra“ aufgezählten Früchte
Gelee	– Einfrucht-gelee – Mehrfrucht-gelee	– *Saft* oder *wässrige Auszüge;* mind. 350 g je 1000 g Erzeugnis; bei folgenden Früchten weniger: 250 g bei roten und schwarzen Johannisbeeren, Vogelbeeren, Sanddorn, Hagebutten und Quitten 150 g bei Ingwer, 160 g bei Kaschuäpfeln, 60 g bei Passionsfrüchten	

Obst-erzeugnis	Arten	Zusammensetzung	Besonderheiten
Marmelade		*Pülpe, Mark, Saft, wässrige Auszüge, Schalen von Zitrusfrüchten;* mind. 200 g je 1 000 g Erzeugnis, davon mindestens 75 g aus dem Endokarp	
Gelee-Marmelade		Marmelade, aus der sämtliche unlöslichen Bestandteile mit Ausnahme etwaiger kleiner Anteile feingeschnittener Schale entfernt worden sind.	

Obsterzeugnis	Zusammensetzung
Maronenkrem	– *Maronenmark;* mindestens 380 g je 1 000 g Erzeugnis – *Zuckerarten*
Die folgenden Erzeugnisse (Apfelkraut, Birnenkraut, gemischtes Kraut, Pflaumenmus) sind nicht mehr in der Konfitürenverordnung geregelt. Da sich aber eine Verkehrsauffassung hinsichtlich ihrer Zusammensetzung gebildet hat, gelten die bisherigen Bestimmungen weiter.	
Apfelkraut	– durch Erhitzungsverfahren gewonnene Auszüge aus *Äpfeln* und einer geringeren Menge an *Birnen* – zur Herstellung von 1 000 g Apfelkraut müssen mindestens 2 100 g Äpfel und höchstens 600 g Birnen eingekocht sowie höchstens 400 g Zuckerarten zugesetzt werden
Birnenkraut	– Gewinnung wie Apfelkraut – zur Herstellung von 1000 g Birnenkraut müssen mindestens 3 500 g *Birnen* und höchstens 700 g Äpfel und 300 g Zuckerarten zugesetzt werden
gemischtes Kraut	– Mischung aus mindestens 500 g *Apfelkraut* und höchstens 500 g *Rübenkraut*
Pflaumenmus (Zwetschgenmus)	– aus *Pflaumenpülpe* oder *-mark;* z. T. auch aus *getrockneten Pflaumen* – zur Herstellung von 1000 g Pflaumenmus müssen mindestens 1 400 g Pülpe oder Mark verwendet werden; davon dürfen höchstens 350 g aus getrockneten Pflaumen stammen – höchstens 300 g *Zuckerarten* sind zulässig

2.33.4 Kennzeichnung

Bei Packungen von Obsterzeugnissen ist anzugeben:

- der Name oder die Firma und Anschrift des Herstellers, Verpackers oder Verkäufers,
- die Verkehrsbezeichnung, z. B. „Konfitüre extra“, an Stelle von “Konfitüre” kann auch die Bezeichnung “Marmelade” und an Stelle von “Marmelade” die Bezeichnung “Marmelade aus Zitrusfrüchten” verwendet werden, wenn die Erzeugnisse auf örtlichen Märkten, insbesondere Bauern- oder Wochenmärkten, abgegeben werden,
- das Verzeichnis der Zutaten,
- das Mindesthaltbarkeitsdatum,
- die Mengenkennzeichnung (= Nettogewichtsangabe).

In Verbindung mit der Verkehrsbezeichnung sind anzugeben:

- die verwendeten Früchte in absteigender Reihenfolge; bei Mehrfruchtkonfitüren oder -gelees genügt der Hinweis „Mehrfrucht“ oder die Angabe der Zahl der verwendeten Früchte, z. B. „Dreifruchtgelee“,

Im gleichen Sichtfeld wie die Verkehrsbezeichnung sind anzugeben:

- die Worte „hergestellt aus … g Früchten je 100 g“,
- die Worte „Gesamtzuckergehalt … g je 100 g“.

Die Angabe des Gesamtzuckergehaltes ist nicht erforderlich, wenn eine nährwertbezogene Angabe für Zucker nach Maßgabe der Nährwert-Kennzeichnungsverordnung gemacht wird.

2.34 Obstkonserven (Obstdauerwaren)

Rechtliche Grundlagen: Zusatzstoff-Zulassungs-Verordnung (Nr. 3); Leitsätze für Obst (Nr. 107)

Die Haltbarmachung geschieht durch folgende Verfahren:

- Pasteurisieren,
- Trocknen einschließlich Gefriertrocknen,
- Konzentrieren durch Wasserentzug,
- Tiefgefrieren,
- Kühlen,
- Kandieren,
- chemisches Konservieren,
- Einlegen in Alkohol.

Bei der Verarbeitung werden neben den Früchten als weitere Zutaten für die einzelnen Erzeugnisse verwendet: Zuckerarten, Fruchtzucker, Fruchtsäfte, Fruchtsaftkonzentrate, Zuckerkonzentrate aus Früchten, Essig, Zitronen-, Wein-, Milch- und Äpfelsäure sowie ihre Salze, l-Ascorbinsäure und ihre Salze, Calciumsalze der Salz- und Kohlensäure, Speisesalz, Gewürze und Gewürzauszüge, Pektine, Gelatine und andere Geliermittel, Verdickungsmittel, Spirituosen, Weine, Farbstoffe, färbende Gemüse- und Obstsäfte, Konservierungsstoffe, Schwefeldioxid, modifizierte Stärken, Stärke, Sorbit und andere Zuckeraustauschstoffe, Süßstoffe, Trinkwasser, Calciumchlorid, Glucono-delta-lacton.

Bei Obstkonserven ist die Verkehrsbezeichnung anzugeben, in Verbindung damit die Verarbeitungsform, z.B. halbe Frucht, Stücke, ferner die Zuckerkonzentration (soweit zutreffend) und die Sortierung (soweit üblich). Andere als oben aufgeführte Zutaten werden ausreichend kenntlich gemacht.

Verkehrsüblich sind folgende Zuckerkonzentrationsstufen:

– sehr leicht gezuckert	(9–14 %)
– leicht gezuckert	(14–17 %)
– gezuckert	(17–20 %)
– stark gezuckert	(über 20 %)

Dunst-Obsterzeugnisse werden ohne Zuckerzusatz hergestellt und enthalten als Aufgussflüssigkeit nur Wasser.

Die Leitsätze für Obst enthalten Hinweise für maximale pflanzliche Fremdbestandteile für eine Reihe von Obstarten.

Alle Obstkonserven (Obstdauerwaren) unterliegen der Lebensmittelkennzeichnungsverordnung (s. dort).

2.35 Obstpektine und Pektine

Rechtliche Grundlage: Konfitürenverordnung (Nr. 59)

„Obstpektine“ sind aus Obstrückständen hergestellte flüssige oder pulverförmige Zubereitungen, meist mit einem geringen Zusatz von Weinsäure oder Milchsäure. Flüssiges Obstpektin ist in 3 cm hoher Schicht durchscheinend und enthält mindestens 2,5 % Pektinstoff. Obstpektin wird mit dem Namen der verwendeten Obstart bezeichnet. Flüssiges Pektin kann geschwefelt sein.

Pektine zählen zu den Zusatzstoffen (s. dort).

2.36 Persipan-Rohmasse (Backmasse)

Rechtliche Grundlage: Leitsätze für Ölsamen und daraus hergestellte Massen und Süßwaren (Nr. 106)

Persipan-Rohmasse wird nicht aus Mandeln, sondern aus anderen fetthaltigen Früchten

(Aprikosenkernen, Pfirsichkernen oder entbitterten Bittermandeln) und Zucker hergestellt.

2.36.1 Bestandteile

Höchstens 35 % Zucker und 20 % Wasser.

Zur chemischen Unterscheidung von Marzipan ist ein Zusatz von 0,5 % Stärke vorgeschrieben (Jod-Probe).

2.36.2 Erlaubte Zusätze

Je kg Rohmasse dürfen bis zu 1,5 g Konservierungsstoffe (Sorbinsäure, Benzoesäure und PHB-Ester, davon 0,3 g PHB-Ester max.) zugesetzt werden. Der Konservierungsstoffgehalt muss auf der Packung deklariert sein. Ob der Bäcker die mit konservierter Persipanrohmasse hergestellten Erzeugnisse ebenfalls kennzeichnen muss, hängt von der Menge der verwendeten Persipanrohmasse ab (vgl. S. 114).

2.37 Pottasche

Rechtliche Grundlage: Richtlinien für Backtriebmittel (Nr. 100)

Pottasche (= Kaliumsalz der Kohlensäure) zählt zu den Backtriebmitteln.

Es unterliegt der Lebensmittelkennzeichnungsverordnung (s. dort). Auf der Packung muss angegeben werden, für welche Gebäckarten die Pottasche bestimmt bzw. geeignet ist.

2.38 Puddingpulver

Rechtliche Grundlagen: Zusatzstoff-Zulassungs-Verordnung (Nr. 3); Aromenverordnung (Nr. 5); Lebensmittelkennzeichnungsverordnung (Nr. 6); Leitsätze für Puddinge, andere süße Desserts und verwandte Erzeugnisse (Nr. 108).

2.38.1 Zusammensetzung

Puddinge, andere süße Desserts und verwandte Erzeugnisse bestehen aus folgenden Stoffen:

- Konsistenzgebenden Zutaten, wie Stärken, modifizierte Stärken, Gelatine, pflanzlichen oder tierischen Eiweißerzeugnissen, Getreideerzeugnissen, Speisefetten und Speiseölen, Verdickungs- und Geliermitteln, Emulgatoren und Stabilisatoren.
- Weiteren Zutaten, wie Zuckerarten, Früchten, Schokolade, Kaffee, Eiern, Aromen.

Die Verwendung von Zusatzstoffen richtet sich nach den Vorgaben der Zusatzstoff-Zulassungsverordnung.

Puddingpulver und Flammeripulver enthalten für 500 ml Flüssigkeit mindestens 35 g konsistenzgebende Zutaten, Schokoladenpuddingpulver und Schokoladenflammeripulver mindestens 30 g.

2.38.2 Besondere Qualitätsanforderungen

Die in der Tabelle auf Seite 88 aufgeführten Mengenangaben beziehen sich auf 500 g bzw. 500 ml des verzehrfertigen Erzeugnisses.

Werden die genannten Mengen nicht erreicht, wird dies durch den Zusatz „...mit Geschmack" kenntlich gemacht. Werden bei Mousse Vanille und bei Vanille-Pudding zusätzlich Aromen mit naturidentischen und/oder künstlichen Aromastoffen zugesetzt, werden diese Erzeugnisse z.B. als „Mousse Vanille-Geschmack" oder „Pudding Vanille-Geschmack" kenntlich gemacht.

2.39 Puder (siehe Weizenstärke, S. 90)

2.40 Pülpe (Fruchtpülpe)

Rechtliche Grundlage: Konfitürenverordnung (Nr. 59)

„Fruchtpülpe (Pülpe); der genießbare Teil der ganzen, soweit erforderlich geschälten oder entkernten Frucht, auch in Stücke geteilt oder zerdrückt, nicht jedoch zu Mark verarbeitet."

Fruchtpülpen dürfen zum Zweck der Haltbarmachung die Konservierungsstoffe Sorbinsäure und Schwefeldioxid zugesetzt werden. Vor der Weiterverarbeitung der Fruchtpülpe zu Obsterzeugnissen (Konfitüre, Marmelade, Gelee) wird der Schwefelgehalt zum größten Teil wieder ausgetrieben. Die fertigen Obsterzeugnisse enthalten aber meist noch einen kleinen Anteil an Schwefeldioxid, der wegen seiner geringen Menge aber nicht deklarationspflichtig ist.

2.41 Rosinen

Rechtliche Grundlage: Leitsätze für Obst (Nr. 107)

Erzeugnis	Anforderungen
Mousse au chocolat	30 g Kakaoerzeugnisse oder 20 g ausschließlich Kakaopulver
Weiße Mousse au chocolat	20 g weiße Schokolade
Schokoladenpudding, Schokoladendessert, Schokoladenflan, Schokoladensoße	5 g Kakaopulver
Schokoladenspeise	10 g Kakaopulver
Mousse Vanille	0,4 g Vanille-Schoten oder eine geschmackliche entsprechende Menge natürliches Vanillearoma
Vanille-Pudding, Vanille-Dessert, Vanille-Soße	0,4 g Vanille-Schoten oder eine geschmackliche entsprechende Menge natürliches Vanillearoma
Mokka-Pudding, Mokka-Dessert, Kaffee-Pudding, Kaffee-Dessert	4 g gemahlener Röstkaffee oder eine geschmacklich entsprechende Menge Kaffee-Extrakt
Karamell-Pudding, Karamell-Dessert	karamellisierte Erzeugnisse aus verkehrsüblichen Zuckerarten
Frucht-Pudding, Frucht-Dessert	12 g Frucht oder 8 g Zitrusfrucht, 8 g Rosinen, Korinthen; 2,5 g Mandeln/Nüsse und/oder andere Ölsamenkerne 2 g Orangeat/Zitronat

Getrocknete Weinbeeren, auch als Rosinen bezeichnet, sind Erzeugnisse aus den gesunden Trauben verschiedener kernloser Sorten der Art Vitis vinifera L.

Getrocknete Weinbeeren werden mit der Verkehrsbezeichnung *Weinbeeren, getrocknet, Rosinen, Sultaninen/Sultanas* oder *Korinthen* in Verkehr gebracht.

Verkehrsbezeichnung	Eigenschaften und Verarbeitung
Weinbeeren, getrocknet, Rosinen	schwarzblau bis blaubraun, großbeerig, vollfleischig, dünnschalig, süß, saftig, aromatisch, abgestreift
Sultaninen, Sultanas	rundlich, schwarzblau bis blaubraun oder goldgelb bis rötlichbraun, dünnschalig, fleischig, saftig, honigsüß, aromatisch, abgestreift
Korinthen	klein, rötlichblau oder schwarzviolett bis braunschwarz, matt, zarthäutig, süßsäuerlich, aromatisch, abgestreift

Die reifen Trauben werden sorgfältig geerntet, gegebenenfalls zur Beschleunigung des Trocknungsvorgangs in Natron- oder Kalilauge getaucht, an der Luft getrocknet, von Rappen und Fremdmaterial befreit, gewaschen und gegebenenfalls geölt.

2.42 Sahne

(siehe Milcherzeugnisse, S. 78)

2.43 Schokolade

(siehe Kakao- und Schokoladenerzeugnisse, S. 69)

2.44 Speisefette, Speiseöle

Rechtliche Grundlage: Leitsätze für Speisefette und Speiseöle (Nr. 109)

Sie stammen von Pflanzen (z. B. Kokosfett, Olivenöl, Sojaöl), Schlachttieren (z. B. Rindertalg,

Schweineschmalz), Geflügel (z. B. Gänse-, Entenschmalz) oder Seetieren (z. B. Fischöl).

Sie kommen als nichtraffinierte Fette (meist Schlachttierfette) und als raffinierte = gereinigte Fette vor (die meisten Pflanzenfette).

Speiseöle sind bei +20 °C flüssig, Speisefette sind bei +20 °C fest (erstarrt, z. B. Plattenfett) oder halbfest (geschmeidig).

Die Festigkeit von Fetten/Ölen kann erhöht werden durch:

- Härten (Hydrieren); ergibt veränderte Fettsäurezusammensetzung,
- Umestern; die Fettsäuren bleiben unverändert,
- Fraktionieren = Trennen der flüssigen von den festen Fettfraktionen.

Durch Härten, Umestern und Fraktionieren erhalten die Speisefette einen höheren Schmelzpunkt und meist auch einen höheren Rauchpunkt. Sie werden verwendet als Koch-, Back- und Siedefette sowie zur Herstellung von Margarinen und Fettglasuren.

Erlaubte Zusätze:

- bestimmte Farbstoffe und geringe Anteile Palmöl,
- Tocopherole, Palmitinsäureester der Ascorbinsäure, Zitronensäure und ihre Salze,
- Mono- und Diglyceride von Speisefettsäuren, Lecithine.

Als nativ (= naturbelassen) oder nicht raffiniert bezeichnete Speisefette enthalten keine Zusätze.

2.45 Speisesalz

Rechtliche Grundlage: Zusatzstoff-Zulassungs-VO (Nr. 3)

Zur Erhaltung der Streufähigkeit darf Speisesalz *kolloide Kieselsäure* und deren Salze zugesetzt werden, und zwar je kg Speisesalz bis zu 10 g.

Zur Verhinderung des Verhärtens darf Speisesalz *gelbes Blutlaugensalz* (Calcium-, Kalium- oder Natriumferrocyanid) zugesetzt werden, und zwar je kg Speisesalz bis zu 20 mg.

Weitere Zusätze sind zulässig. Zusätze zum Speisesalz sind im Zutatenverzeichnis anzugeben.

2.46 Jodiertes Speisesalz

Rechtliche Grundlage: Zusatzstoff-Zulassungs-VO alt (Nr. 27)

Jodiertes Speisesalz darf auch für die Herstellung von Lebensmitteln des allgemeinen Verzehrs, d. h. sowohl bei der gewerblichen Herstellung von Lebensmitteln als auch bei der Herstellung von Mahlzeiten in Gaststätten und Einrichtungen zur Gemeinschaftsverpflegung verwendet werden. Zulässig sind folgende Jodverbindungen: Natrium- und Kaliumjodat. Ein Kilogramm jodiertes Speisesalz darf höchstens 25 Milligramm Jod enthalten, einschließlich des natürlichen Gehaltes.

Bei Lebensmitteln in Fertigpackungen kann von einem zusätzlichen Hinweis auf die Verwendung von Jodsalz in Verbindung mit der Verkehrsbezeichnung abgesehen werden, wenn auf der Fertigpackung dieser Hinweis im Zutatenverzeichnis enthalten ist. Bei loser Abgabe von mit Jodsalz hergestellten Lebensmitteln wird ein Hinweis empfohlen, in dem der Verbraucher darüber informiert wird, dass das Angebot mit Jodsalz hergestellte Lebensmittel enthält. Der Hinweis im Verkaufsraum einer Bäckerei oder Konditorei könnte z. B. dahingehend lauten, dass in diesem Betrieb Jodsalz verwendet wird. Bei Mahlzeiten, die in Gaststätten oder Einrichtungen zur Gemeinschaftsverpflegung abgegeben werden, gelten entsprechende Erleichterungen in der Kennzeichnung von mit Jodsalz hergestellten Speisen.

2.47 Süßstoffe

Rechtliche Grundlagen: Zusatzstoff-Zulassungs-VO (Nr. 3)

Süßstoff ist ein auf künstlichem Wege gewonnenes Erzeugnis, das als Süßungsmittel dienen kann und eine höhere Süßkraft als Saccharose (Rohr- oder Rübenzucker), aber nicht den entsprechenden Nährwert besitzt.

In der Zusatzstoff-Zulassungs-Verordnung (Anlage 2) sind 8 Süßstoffe aufgeführt. Es sind dies:

- Saccharin
- Cyclamat
- Aspartam
- Acesulfam
- Aspartam-Acesulfam-Salz
- Sucralose
- Thaumatin
- Neohesperidin DC

2.47.1 Lebensmittel, denen Süßstoffe zugesetzt werden dürfen

In Anlage 2 der Zusatzstoff-Zulassungs-Verordnung (Nr. 3) sind eine Reihe von Lebensmittelgruppen aufgeführt, denen bestimmte Süßstoffe in festgelegten Höchstmengen zugesetzt werden dürfen. In der Regel handelt es sich um brennwertverminderte Erzeugnisse oder um solche, denen kein Zucker zugesetzt wurde. Ferner ist der Zusatz zu Essoblaten und Feinen Backwaren für besondere Ernährungszwecke (Diätlebensmittel) zulässig.

Darüber hinaus sind diese acht Süßstoffe in Tafelsüßen zugelassen.

2.47.2 Deklarationsvorschriften

Der Gehalt bestimmter Süßstoffe in Lebensmitteln muss bei deren Abgabe an den Verbraucher immer (es gibt keine Ausnahmen) durch die Angabe „mit Süßungsmittel“, bei Verwendung mehrerer Süßstoffe „mit Süßungsmitteln“ in Verbindung mit der Verkehrsbezeichnung kenntlich gemacht werden. Die Angabe der jeweils verwendeten Stoffe kann dabei unterbleiben. Dies gilt auch für diätetische Lebensmittel. Enthalten Lebensmittel zusätzlich zu den genannten Süßstoffen auch noch Zuckerzusätze, z.B. Fruchtzucker oder Haushaltszucker, ist der Hinweis „mit einer Zuckerart oder Süßungsmittel“ bzw. „mit Zuckerarten und Süßungsmittel“ erforderlich. Bei Tafelsüßen lautet die Angabe „Tafelsüße auf der Grundlage von …“, ergänzt durch den oder die Namen der jeweils verwendeten Süßstoffe.

Tafelsüßen und andere Lebensmittel, die Aspartam enthalten, müssen den Hinweis tragen, „enthält eine Phenylalaninquelle“.

Bei Lebensmitteln, die ein Zutatenverzeichnis tragen, sind die Süßstoffe wie folgt zu kennzeichnen: „Süßstoff …“, ergänzt durch den spezifischen Namen oder seine E-Nummer. Auch wenn die Angaben im Zutatenverzeichnis zu finden sind, ist die zusätzliche Deklaration „mit Süßungsmittel(n)“ bzw. „mit einer Zuckerart(en) und Süßmittel(n)“ obligatorisch.

2.48 Sultaninen

(siehe Rosinen, S. 87)

2.49 Vanillezucker

Rechtliche Grundlage: Richtlinie für Vanillezucker und Vanillinzucker (Nr. 110)

Vanille-Zucker ist

a) eine Gewürzzubereitung aus Saccharose und nicht extrahierten, fein zerkleinerten Vanille-Schoten oder

b) ein natürliches Vanille-Aroma aus Saccharose und Vanille-Extrakt als ausschließlichem aromatisierenden Bestandteil oder

c) eine Mischung aus Erzeugnissen gemäß a) und b).

Bei Hinweisen auf eine geografische Herkunft wird ausschließlich Vanille aus der genannten Region verwendet. Bei dem Hinweis „Bourbon“ stammt das Ausgangsmaterial Vanille (Vanilla planifolia Andrews) aus der Region der „Vanille-Inseln“ (Madagaskar, Komoren, Réunion, Seychellen, Mauritius).

2.50 Vanillinzucker

Rechtliche Grundlage: Richtlinie für Vanillezucker und Vanillinzucker (Nr. 110)

Vanillinzucker ist eine Mischung aus Saccharose (Rohr- oder Rübenzucker) und Vanillin (naturidentisches Vanille-Aroma).

Vanillinzucker unterliegt hinsichtlich der Kennzeichnung der Aromen-Verordnung. Die Packung muss als „Vanillinzucker“ kenntlich gemacht werden.

(Über Verwendung und Deklaration durch den Bäcker siehe „Aromenverordnung“.)

2.51 Weizenstärke

Rechtliche Grundlage: Richtlinien für Stärke und bestimmte Stärkeerzeugnisse (Nr. 105)

Weizenstärke ist aus Weizenmehl gewonnene Stärke, die weitgehend von Eiweiß, Fett und Fasern befreit ist.

Weizenstärkepuder wird durch Mahlen und Sieben von Weizenstärke gewonnen. Wassergehalt höchstens 14 %.

2.52 Zitronat

(siehe Feine Backwaren, S. 100 f.)

2.53 Zitrusschalen

(siehe Obsterzeugnisse, S. 83)

2.54 Zucker

Rechtliche Grundlagen: Zuckerartenverordnung (Nr. 60); Verordnung (EG) Nr. 2038/1999 über die gemeinsame Marktorganisation für Zucker (Nr. 61)

Packungen von Zuckerarten unterliegen den Bestimmungen der Lebensmittel-Kennzeichnungsverordnung. Anzugeben sind:

- Name oder Firma und Anschrift des Herstellers, Verpackers oder Verkäufers,
- Bezeichnung des Erzeugnisses,
- bei Flüssigzucker, Invertflüssigzucker und Invertzuckersirup der Gehalt an Trockenmasse und Invertzucker in Prozent,
- bei Invertzuckersirup das Wort „kristallisiert“, wenn das Erzeugnis Kristalle enthält,
- Zutatenverzeichnis bei Erzeugnissen, die nicht der Zuckerartenverordnung unterliegen, z. B. bei Gelierzucker,
- Füllmenge.

Für die einzelnen Kategorien sind besondere Qualitätsanforderungen (besonderes Punktebewertungssystem, vor allem im Hinblick auf Farbe und Reinheit) festgelegt.

2.55 Zuckeraustauschstoffe

Rechtliche Grundlagen: Zusatzstoff-Zulassungs-VO (Nr. 3)

Zuckeraustauschstoffe haben einen im Vergleich zu Zucker um 40 % verringerten Energiegehalt. Ihre Süßkraft ist nur geringfügig niedriger als die des Zuckers, sodass Zuckeraustauschstoffe in vergleichbaren Mengen wie Zucker eingesetzt werden.

Folgende Zusatzstoffe sind als Zuckeraustauschstoffe zugelassen:

– Sorbit	– Isomalt	– Lactit
– Mannit	– Maltit	– Xylit

Darüber hinaus wird Fruktose als süßendes Lebensmittel insbesondere Diabetiker-Lebensmitteln zugesetzt.

Der Gehalt von Zuckeraustauschstoffen in Lebensmitteln muss bei deren Abgabe an den Verbraucher immer (es gibt keine Ausnahmen) durch die Angabe „mit Süßungsmittel“, bei Verwendung mehrerer Süßstoffe „mit Süßungsmitteln“ in Verbindung mit der Verkehrsbezeichnung kenntlich gemacht werden. Die Angabe der jeweils verwendeten Stoffe kann, muss aber nicht gemacht werden. Dies gilt auch für diätetische Lebensmittel. Enthalten Lebensmittel zusätzlich zu den genannten Süßstoffen auch noch Zuckerzusätze, z. B. Fruchtzucker oder Haushaltszucker, ist der Hinweis „mit einer Zuckerart und Süßungsmittel“ bzw. „mit Zuckerarten und Süßungsmitteln“ erforderlich. Bei Tafelsüßen lautet die Angabe „Tafelsüße auf der Grundlage von …“, ergänzt durch den oder die Namen der jeweils verwendeten Zuckeraustauschstoffe.

Tafelsüßen mit einem Gehalt an Zuckeraustauschstoffen und andere Lebensmittel mit mehr als 10 % Zuckeraustauschstoffen müssen den Hinweis tragen „kann bei übermäßigem Verzehr abführend wirken“.

Bei Lebensmitteln, die ein Zutatenverzeichnis tragen, sind Zuckeraustauschstoffe mit ihrem spezifischen Namen anzugeben; einen Klassennamen „Zuckeraustauschstoff“ gibt es nicht. Auch wenn die Angaben im Zutatenverzeichnis zu finden sind, ist die zusätzliche Deklaration „mit Süßungsmittel(n)“ bzw. „mit einer Zuckerart(en) und Süßungsmittel(n)“ obligatorisch.

Teil 3: Die Bestimmungen über die Erzeugnisse

1 Brot und Kleingebäck

Rechtliche Grundlagen: Richtlinien für Brot und Kleingebäck (Nr. 111); Leitsätze für Brot und Kleingebäck (Nr. 112)

1.1 Begriffsbestimmungen

1.1.1 Brot

Brot im Sinne der Leitsätze wird ganz oder teilweise aus Getreide und/oder Getreideerzeugnissen, meist nach Zugabe von Flüssigkeit sowie von anderen Lebensmitteln, in der Regel durch Kneten, Formen, Lockern, Backen oder Heißextrudieren des Brotteiges hergestellt.

Brot enthält weniger als 10 Gewichtsteile Fett und/oder Zuckerarten auf 90 Gewichtsteile Getreide oder Getreideerzeugnisse.

1.1.2 Kleingebäck

Kleingebäck entspricht im Allgemeinen den Anforderungen an Brot. Das Gewicht des Einzelstücks liegt nicht über 250 g.

1.2 Zusätze zum Teig

1.2.1 Zusatz von Restbrot

Die Verwendung von verkehrsfähigem, hygienisch einwandfreiem Brot ist üblich, bei Brot mit überwiegendem Weizenanteil bis zu 6 %, bei überwiegendem Roggenanteil bis zu 20 %, jeweils berechnet als Frischbrot. Das mitverwendete Brot ist im Enderzeugnis mit bloßem Auge nicht sichtbar.

1.2.2 Zusatz von anderen Lebensmitteln

Broten können andere Lebensmittel zugesetzt werden:

- Nicht-Brotgetreidearten, z. B. Hafer, Gerste, Reis, Mais, Hirse, Buchweizen,
- andere wertbestimmende Zutaten, z. B. Butter, Milch, Milcherzeugnisse, Leinsamen, Sesam und andere Ölsamen, Rosinen/Korinthen, Weizenkeime, Speisenkleie und Ballaststoffe,
- Sauerteig.

Sofern Brote nach diesen wertbestimmenden Zutaten bezeichnet werden, müssen sie bestimmte Mindestanteile dieser Stoffe enthalten (s. S. 94 f.).

1.3 Gewichtsvorschriften

Rechtliche Grundlagen: Eichgesetz (Nr. 9); Fertigpackungsverordnung (Nr. 11); Verordnung zur Regelung der Preisangaben (Nr. 8)

Es gibt für Brote und Kleingebäck keine festgelegten Gewichtsgrößen. Grundsätzlich ist der Grundpreis (= Kilopreis) zum Preis des jeweiligen Brotes bzw. der Brotpackung anzugeben, bei Brötchen ist der Preis pro Stück anzugeben.

Kleingebäcke dürfen höchstens 250 g wiegen. Im Übrigen besteht für ein Mindestgewicht bzw. für das Volumen keinerlei Vorschrift, auch keine „allgemeine Verkehrsauffassung".

Gewichtsabweichungen:
Nach der Fertigpackungsverordnung dürfen verpackte, aber auch unverpackte Backwaren eine geringe Minusabweichung vom angegebenen Gewicht aufweisen; diese Abweichungen liegen für Brote bei etwa 3 % (vgl. S. 52).

1.4 Gewichtsangabe

Rechtliche Grundlage: Lebensmittelkennzeichnungsverordnung (Nr. 6)

Die Brotgewichte müssen angegeben werden. Dabei gelten unterschiedliche Bestimmungen, und zwar je nachdem:

- ob es sich um verpacktes oder unverpacktes Brot handelt,
- ob das Brot in der Bäckerei selbst hergestellt und im Laden bzw. in einer eigenen Filiale verkauft wird oder ob es für einen fremden Betrieb, z.B. Lebensmittelgeschäft, hergestellt und dort verkauft wird.

(siehe Tabelle unten)

1.5 Bezeichnungen für Brot (Verkehrsbezeichnungen)

Brote können bezeichnet werden z. B.:

- nach den verwendeten Brot-Getreidearten (z. B. Weizenbrot),
- nach Zusätzen von anderen Getreidearten (z. B. Haferbrot),
- nach Zusätzen anderer wertbestimmender Zugaben (z. B. Buttermilchbrot),
- nach dem Nährwert (z. B. diätetische Brote),
- nach dem Backverfahren (z. B. Steinofenbrot),
- nach typischen geografischen Merkmalen (z. B. Eifler Brot).

Solche Bezeichnungen sind nur dann zulässig, wenn die in der Brotbezeichnung zum Ausdruck kommende Brotqualität auch gegeben ist. Z. B. müssen vorgeschriebene Mindestanteile der namengebenden Rohstoffe oder Zutaten im Brot enthalten sein, bzw. das Brot muss die infolge besonderer Backverfahren erwartbare Beschaffenheit besitzen. Auch bei geografischen Hinweisen ist die dafür typische Beschaffenheit zu fordern. Andernfalls läge „Etikettenschwindel“ vor, also der strafbare Tatbestand der Täuschung oder Irreführung.

Üblich sind auch Bezeichnungen mit Phantasienamen (z. B. Kosakenbrot, Holzlukenbrot u. v. a.). Solche Benennungen sind zulässig; es ist damit allerdings keinerlei Qualitätshinweis verbunden.

Brotform	Verkaufsort	Gewichtsangabe muss erfolgen
Ganzbrot sowie in Stücke geteiltes Brot (unverpackt)	– Bäckerei/Filiale – Lebensmittelgeschäft	– nur auf dem Schild, z. B. am Regal[1] – oder auf dem Brot selbst, z. B. durch Aufkleber oder Stempel – nur auf dem Brot
Ganzbrot sowie in Stücke geteiltes Brot (verpackt)	– Bäckerei/Filiale – Lebensmittelgeschäft	– auf der Packung – oder auf einem Schild, z. B. am Regal – nur auf der Packung
Schnittbrot (verpackt)	– Bäckerei/Filiale – Lebensmittelgeschäft	– auf einem Schild, z. B. am Regal – oder auf der Packung – nur auf der Packung

[1] Gewichtsangaben am Regal sind nur dann zulässig, wenn das Brot durch den Betrieb des Bäckers selbst hergestellt wurde und zur alsbaldigen Abgabe an den Verbraucher bestimmt ist. Falls Brot jedoch in Selbstbedienung abgegeben wird, müssen auf der Packung sowohl die Gewichtsangabe wie alle anderen, nach der Lebensmittel-Kennzeichnungsverordnung vorgeschriebenen Kennzeichnungen angebracht werden (s. S. 45 f.).

1.6 Brotsorten

1.6.1 Die Brotgrundsorten

Sie werden bezeichnet nach den Brotgetreidearten bzw. Brotgetreideerzeugnissen.

Weizenbrot (Weißbrot)
wird aus mindestens 90 % Weizenmehl hergestellt.

Weizenmischbrot
wird aus mehr als 50, jedoch weniger als 90 % Weizenmehl hergestellt.

Roggenbrot
wird aus mindestens 90 % Roggenmehl hergestellt.

Roggenmischbrot
wird aus mehr als 50, jedoch weniger als 90 % Roggenmehl hergestellt.

Dinkelbrot, Triticalebrot
werden aus mindestens 90 % Dinkel- bzw. Triticaleerzeugnissen hergestellt.

Weizenvollkornbrot
wird aus mindestens 90 % Weizenvollkornerzeugnissen hergestellt.

Roggenvollkornbrot
wird aus mindestens 90 % Roggenvollkornerzeugnissen hergestellt. Die zugesetzte Säuremenge stammt zu mindestens zwei Dritteln aus Sauerteig.

Vollkornbrot
wird aus mindestens 90 % Roggen- und Weizenvollkornerzeugnissen in beliebigem Verhältnis zueinander hergestellt. Die zugesetzte Säuremenge stammt zu mindestens zwei Dritteln aus Sauerteig.

Roggenmischbrot
wird aus mehr als 50, jedoch weniger als 90 % Roggenmehl hergestellt.

Weizenroggenvollkornbrot
wird aus mehr als 50 % Weizenvollkornerzeugnissen hergestellt.

Roggenweizenvollkornbrot
wird aus mehr als 50 % Roggenvollkornerzeugnissen hergestellt.

Weizenschrotbrot
wird aus mindestens 90 % Weizenbackschrot hergestellt.

Roggenschrotbrot
wird aus mindestens 90 % Roggenbackschrot hergestellt.

Schrotbrot
wird aus mindestens 90 % Roggen- und Weizenbackschrot in beliebigem Verhältnis zueinander hergestellt.

Weizenroggenschrotbrot
wird aus mehr als 50 % Weizenbackschrot hergestellt.

Roggenweizenschrotbrot
wird aus mehr als 50 % Roggenbackschrot hergestellt.

Wird in Verbindung mit der Verkehrsbezeichnung auf Schrotanteile durch Zusätze wie „mit Schrotanteil" hingewiesen, so werden mindestens 10 % Getreideschrot, bezogen auf Gesamtgetreideerzeugnisse, verwendet.

1.6.2 Andere Brotsorten

Toastbrote

Toastbrote eignen sich aufgrund technologischer Maßnahmen besonders zum Toasten. Insbesondere werden hergestellt:

Toastbrot
aus mindestens 90 % Weizenmehl.

Weizenvollkorntoastbrot
aus mindestens 90 % Weizenvollkornerzeugnissen. Wird Säure zugesetzt, so stammt sie zu mindestens zwei Dritteln aus Sauerteig.

Weizenmischtoastbrot
aus mehr als 50 %, jedoch weniger als 90 % Weizenmehl.

Roggenmischtoastbrot
aus mehr als 50 %, jedoch weniger als 90 % Roggenmehl.

Vollkorntoastbrot
aus mindestens 90 % Weizen-/Roggenvollkornerzeugnissen in beliebigem Verhältnis zueinander. Wird Säure zugesetzt, so stammt sie zumindestens zwei Dritteln aus Sauerteig.

Brote mit namengebenden Nicht-Brotgetreidearten

Haferbrot, Reisbrot, Maisbrot, Hirsebrot, Gerstenbrot, Buchweizenbrot
Der Anteil der namengebenden Nicht-Brotge-

treidearten in diesen Brotsorten beträgt mindestens 20 %.

Hafervollkornbrot
wird aus mindestens 20 % Hafervollkornerzeugnissen, insgesamt aus 90 % Vollkornerzeugnissen hergestellt Die zugesetzte Säuremenge stammt zu mindestens zwei Dritteln aus Sauerteig. Gleiches gilt für Vollkornbrote, die Bezeichnungen von anderen Nicht-Brotgetreidearten (z. B. Gerstenvollkornbrot) tragen.

Brote mit Zusätzen von wertbestimmenden Zutaten

Die Zutatenmenge ist jeweils auf 100 kg Getreideerzeugnisse bezogen.

Sauerteigbrote
Die gesamte zugesetzte Säuremenge stammt aus Sauerteig. Bei Hinweisen auf die Mitverwendung von Sauerteig beträgt die Sauerteigmenge mehr als zwei Drittel, bei Bauern/Landbrot mehr als 20 % bis zu mindestens zwei Drittel.

Butterbrot
enthält mindestens 5 kg Butter oder entsprechende Mengen Butterreinfett und/oder Butterfett. Andere Fette – außer als Trennfett – werden nicht verwendet.

Milchbrot
enthält mindestens 50 l standardisierte Vollmilch oder entsprechende Mengen Kondensmilch – und/oder entsprechende Mengen Trockenmilcherzeugnisse – auch ergänzt durch Butterfett.

Milcheiweißbrot
enthält mindestens 2 kg Milcheiweiß.

Buttermilchbrot, Joghurtbrot, Kefirbrot, Molkenbrot
enthalten mindestens jeweils 15 l oder eine entsprechende Menge Trockenerzeugnisse.

Quarkbrot
enthält mindestens 10 kg Speisequark oder eine entsprechende Menge Trockenerzeugnisse.

Weizenkeimbrot
enthält mindestens 10 kg Weizenkeime mit einem Mindestfettgehalt von 8 % in der Trockenmasse.

Leinsamenbrot, Sesambrot, Sonnenblumenkernbrot, Nussbrot
enthalten mindestens 8 kg nicht entfettete Ölsamen.

Mohnbrot
es genügt eine deutlich sichtbare Krustenauflage.

Rosinenbrot, Korinthenbrot, Sultaninenbrot
enthalten mindestens 15 kg luftgetrocknete Rosinen/Korinthen/Sultaninen.

Kleiebrot, Ballaststoffbrot
enthalten mindestens 10 kg Weizenspeisekleie mit mindestens 50 % Gesamtballaststoffen in der Trockenmasse. Die Dosierung anderer Speisekleien richtet sich nach ihrem Gesamtballaststoffgehalt im Verhältnis zur Weizenspeisekleie.

Besonderheit:

Schinkenbrot
Schinkenbrot ist Roggenvollkornbrot oder Roggenschrotbrot, in halb runder Form freigeschoben, angeschoben oder im Kasten gebacken. Es weist einen herzhaft aromatischen Geschmack auf. Ein Zusatz von Schinken ist nicht üblich. Schinken wird nur in wenigen Gegenden und nur bei Mehlbroten zugesetzt.

Trockenflachbrote

Knäckebrot
wird als Trockenflachbrot – unter Verwendung von Vollkornschrot, Vollkornmehl oder Mehl aus Roggen, Weizen, anderen Getreidearten oder Mischungen derselben sowie anderer Lebensmittel – mit Hefelockerung oder Sauerteiggärung oder Lufteinschlag auf physikalische Weise oder mit sonstigen Lockerungsverfahren hergestellt.

Knäckebrot wird nicht durch Heißextrusion hergestellt. Der Feuchtigkeitsgehalt des Fertigerzeugnisses beträgt höchstens 10 %.

Andere Trockenflachbrote
können durch Heißextrusion hergestellt werden. Sie entsprechen im Übrigen den Anforderungen, die an Knäckebrot gestellt werden.

Brote aus Brotgetreide(n) und einer oder mehreren Nicht-Brotgetreidearten

Mehrkornbrot, Dreikornbrot, Vierkornbrot usw.
Mehrkornbrote werden aus mindestens einer Brotgetreideart sowie aus mindestens einer

Nicht-Brotgetreideart, insgesamt aus drei oder entsprechend mehr verschiedenen Getreidearten, hergestellt. Jede Getreideart ist mindestens zu 5 % enthalten (Entsprechendes gilt für Mehrkorntoast- und Knäckebrot).

Brote, hergestellt unter Anwendung besonderer Backverfahren

Steinofenbrot
wird nur auf Backgutträgern gebacken, die aus Natur- und/oder Kunststein, Schamott oder sonstigen geeigneten nichtmetallischen Materialien bestehen.

Holzofenbrot
wird in direkt befeuerten Öfen hergestellt, deren Backräume aus steinernem oder steinartigem Material bestehen. Das Heizmaterial befindet sich dabei im Backraum. Es wird nur naturbelassenes Holz als Heizmaterial verwendet.

Gersterbrot (Gerstelbrot)
Die Teigstücke werden im offenen Feuer geflammt (= gegerstert). Das Brot weist hierdurch eine charakteristische Sprenkelung auf.

Pumpernickel
wird aus mindestens 90 % Roggenbackschrot und/oder Roggenvollkornschrot mit Backzeiten von wenigstens 16 Stunden hergestellt.

Wird Pumpernickel aus Vollkornschrot hergestellt, so stammt die zugesetzte Säuremenge zu mindestens zwei Dritteln aus Sauerteig.

Brote mit verändertem Nährwert

Kohlenhydratvermindertes Brot
weist mindestens 30 % weniger Kohlenhydrate auf als vergleichbares Brot.

Brennwertvermindertes Brot
weist mindestens 30 % weniger an Energie auf als vergleichbares Brot.

Diätetische Brote

Sie müssen der Verordnung über diätetische Lebensmittel entsprechen. Danach sind sie dazu bestimmt, einem besonderen Ernährungszweck zu dienen, z. B. indem sie die Zufuhr bestimmter Nährstoffe oder anderer ernährungsphysiologisch wirkender Stoffe entweder steigern oder verringern bzw. indem sie die Zufuhr solcher Stoffe in einem bestimmten Mischungsverhältnis oder in bestimmter Beschaffenheit bewirken.

Dazu zählen z. B.:

eiweißarmes Brot (Stärkebrot)
Die Teige werden aus eiweißarmen Stärken (z. B. Maisstärke) hergestellt unter Zusatz bestimmter Quellstoffe, z. B. Johannisbrotkernmehl, Quellstärke u. a.

glutenfreies Brot (gliadinfreies Brot)
Es dürfen keine Erzeugnisse aus Weizen, Roggen, Gerste oder Hafer verwendet werden.

Zulässig sind Erzeugnisse aus Reis, Hirse, Buchweizen, Mais, ferner Stärke aus Weizen, Kartoffeln, Soja und Maniok; des Weiteren Milch- und Eiprodukte sowie pflanzliche Quellstoffe.

Diabetikerbrot
100 g verzehrfertiges Brot darf einen Brennwert von höchstens 840 kJ (200 kcal) aufweisen.

natriumarmes Brot (kochsalzarmes Brot)
100 g verzehrfertiges Brot darf höchstens 120 mg Natrium enthalten.

streng natriumarmes Brot
100 g verzehrfertiges Brot darf höchstens 40 mg Natrium enthalten.

Zu den Spezialbroten mit verändertem Nährwert zählen auch die vitaminisierten Brote; sie müssen der Verordnung über vitaminisierte Lebensmittel entsprechen.

1.6.3 Brote mit geografischen Hinweisen in der Bezeichnung

Die geografischen Hinweise in den Brotbezeichnungen sind keine Herkunfts-, sondern Gattungsbezeichnungen. So bezeichnete Brote müssen jedoch hinsichtlich ihrer Beschaffenheit oder Zusammensetzung bestimmten Anforderungen entsprechen. Dies ist in den „Richtlinien für Brot und Kleingebäck" (Nr. 111) näher geregelt.

Altmärkerbrot
ist ein Roggenmischbrot, das ein- oder zweiseitig angeschoben und gemehlt ist.

Bayerisches Hausbrot
ist ein freigeschobenes Roggen- oder Weizenmischbrot, das als Rund- oder Langbrot mit blanker oder gemehlter Oberfläche hergestellt wird.

Berliner Brot (Berliner Landbrot)
ist ein freigeschobenes Roggen- oder Roggenmischbrot, das stark ausgebacken und zumeist als Langbrot hergestellt wird. Seine Oberfläche ist gemehlt und gemasert. Das Brot weist einen kräftigen Geschmack auf.

Böhmerwald-Brot
ist ein dunkles, freigeschobenes Roggenbrot, das als Lang- oder Rundbrot mit leicht gemehlter Oberfläche hergestellt wird. Es wird bisweilen vor dem Einschießen abgestrichen, gemehlt und wieder abgestrichen, stark ausgebacken und weist einen kräftigen Geschmack auf.

Bremer Schwarzbrot
ist ein angeschobenes oder im Kasten gebackenes Roggenmischbrot, das als Langbrot mit leicht gemehlter Oberfläche hergestellt wird.

Eifeler Brot
ist ein freigeschobenes Weizenmisch- oder Roggenmischbrot, das als Langbrot mit leicht gemehlter Oberfläche hergestellt wird.

Fränkisches Brot (Fränkisches Landbrot, Frankenlaib)
ist ein freigeschobenes Roggenmischbrot, das mit gemehlter oder glänzender Oberfläche als Rundbrot stark ausgebacken wird. Der Frankenlaib ist üblicherweise ein Rundbrot, das Fränkische (Land-)Brot ein Rundbrot oder Langbrot.

Hamburger Brot (Hamburger Schwarzbrot)
ist ein angeschobenes oder im Kasten gebackenes Roggenschrotbrot, das als Langbrot mit dunkler, glänzender Oberfläche hergestellt wird.

Heidebrot
ist ein Roggenmischbrot, das als Langbrot mit genarbter und glänzender Oberseite, die bisweilen mit Getreideerzeugnissen und/oder Ölsaaten bestreut ist, hergestellt wird. Es weist einen kräftigen Geschmack auf.

Hunsrücker Brot
ist ein freigeschobenes Roggenmischbrot, das als Langbrot mit dunkler, auch gemehlter Oberfläche hergestellt wird und stark ausgebacken ist.

Es weist einen kräftigen und säuerlichen Geschmack auf.

Kasseler Brot
ist ein freigeschobenes helles Weizen- oder Roggenmischbrot, das als Langbrot mit glatter und glänzender Oberfläche, die meist an den Enden eingeschnitten ist, hergestellt wird.

Es weist einen mild säuerlichen Geschmack auf.

Lüneburger Brot
ist ein helles frei- oder angeschobenes Roggenmischbrot, das eine gegerstelte glatte Oberfläche aufweist.

Münsterländer Bauernstuten (Westfälischer Bauernstuten)
ist ein angeschobenes Weizenmischbrot mit hohem Weizenmehlanteil, das als Langbrot mit matter, leicht gemehlter, heller und längs geschnittener Oberfläche hergestellt wird. Ein Fettzusatz und bisweilen auch ein Zusatz von Milch ist üblich.

Münsterländer Bauernkloben werden freigeschoben hergestellt.

Oberländer Brot
ist ein freigeschobenes, häufig auch angeschobenes Roggen- oder Weizenmischbrot, das als Langbrot mit glänzender oder gemehlter, zumeist mehrfach quer geschnittener Oberfläche stark ausgebacken wird.

Odenwälder Brot
ist ein angeschobenes Roggen- oder Weizenmischbrot, das als Lang- oder Rundbrot mit matter Oberfläche stark ausgebacken hergestellt wird. Es weist einen milden Geschmack auf.

Oldenburger Brot (Oldenburger Schwarzbrot)
ist ein angeschobenes oder im Kasten gebackenes Roggenschrotbrot, das als Langbrot hergestellt wird. Es weist eine durch Wälzen der aufgemachten Teigstücke in Schrot entstandene raue Oberfläche auf, die häufig mit Roggen-

mehlstreiche bestrichen ist. Das Brot zeichnet sich durch eine lange Backzeit aus.

Paderborner Brot
ist ein ganzseitig oder zweiseitig angeschobenes helles Roggenmischbrot, das als Langbrot hergestellt wird und einen kräftigen Geschmack aufweist.

Rheinisches Brot (Rheinisches Schrotbrot, Rheinisches Schwarzbrot)
ist ein frei- oder angeschobenes oder im Kasten gebackenes Roggenschrotbrot, das als Langbrot mit glatter, glänzender Oberfläche hergestellt wird. Es weist einen milden Geschmack auf.

Schlesisches Brot (Schlesisches Landbrot)
ist ein freigeschobenes Roggenbrot, das als Lang- oder Rundbrot mit gemehlter oder blanker und vielfach seitlich eingekerbter Oberfläche stark ausgebacken hergestellt wird. Es weist einen kräftigen Geschmack auf.

Schwarzwälder Brot (Badisches Landbrot)
ist ein freigeschobenes Weizenmischbrot, das als Lang- oder Rundbrot mit gemehlter oder ungemehlter, bei Langbrot mehrmals schräg geschnittener Oberfläche stark ausgebacken wird. Es weist einen milden Geschmack auf.

Westfälischer Pumpernickel
ist ein angeschobenes oder im Kasten gebackenes Roggenmischbrot, das als Langbrot mit sehr dunkler Krume hergestellt wird. Es weist einen würzigen Geschmack auf.

1.7 Kleingebäcke

1.7.1 Begriffsbestimmung

Kleingebäcke sind Backwaren, die sich von Brot in der Regel nicht durch ihre Bestandteile (Zusammensetzung) unterscheiden, sondern durch Größe, Form oder Gewicht.

Das Gewicht beträgt höchstens bis zu 250 g. Es bestehen keine weiteren Gewichtsvorschriften, auch nicht bezüglich einer Gewichtsangabe. Für die Zusammensetzung der Kleingebäcke gelten die Definitionen für Brot (s. S. 92).

Wird in Verbindung mit der Verkehrsbezeichnung auf Schrotanteile durch Zusätze wie „mit Schrotanteil" hingewiesen, so werden mindestens 10 % Getreideschrot, bezogen auf Gesamtgetreideerzeugnisse, verwendet.

1.7.2 Einteilung der Kleingebäcke

Weizenbrötchen
mindestens 90 % Weizenmehl.

Weizenmischbrötchen
aus mehr als 50 %, jedoch weniger als 90 % Weizenmehl.

Weizen-Vollkornbrötchen
mindestens 90 % Weizenvollkornerzeugnisse.

Weizenroggenvollkornbrötchen
enthalten mehr als 50 % Weizenvollkornerzeugnisse.

Weizenroggenschrotbrötchen
enthalten mehr als 50 % Weizenbackschrot.

Dinkelbrötchen, Triticalebrötchen
mindestens 90 % Dinkel- bzw. Triticaleerzeugnisse.

Roggenbrötchen
enthalten mindestens 50 % Roggenmehl.

Vollkornbrötchen
hergestellt aus mindestens 90 % Roggen- und Weizenvollkornerzeugnissen im beliebigen Verhältnis zueinander.

Schrotbrötchen
aus mindestens 90 % Roggen- und Weizenbackschrot im beliebigen Verhältnis.

Toastbrötchen
aus mindestens 90 % Weizenmehl.

Weizenvollkorntoastbrötchen
aus mindestens 90 % Weizenvollkornerzeugnissen.

Weizenmischtoastbrötchen
aus mehr als 50 %, jedoch weniger als 90 % Weizenmehl.

Vollkorntoastbrötchen
aus mindestens 90 % Weizen-/Roggenvollkornerzeugnissen im beliebigem Verhältnis zueinander.

Dreikornbrötchen, Vierkornbrötchen, Mehrkornbrötchen
aus mindestens einer Brotgetreideart sowie aus mindestens einer anderen Getreideart, insgesamt aus drei oder entsprechend mehr verschiedenen Getreidearten hergestellt. Jede Getreideart ist mit mindestens 5 % enthalten.

Mehrkorntoastbrötchen
werden entsprechend hergestellt.

Haferbrötchen, Reisbrötchen, Maisbrötchen, Hirsebrötchen, Buchweizenbrötchen, Gerstenbrötchen
der Anteil der namengebenden Getreideart beträgt mindestens 20 %.

Laugenbrezeln, Laugenbrötchen, Laugenstangen
aus mehr als 50 % Weizenerzeugnissen; die Außenseite wird vor dem Backen mit wässriger Natronlauge behandelt. Ein Zusatz von Zucker ist nicht üblich.

Kleingebäcke mit Zusätzen von wertbestimmenden Zutaten

Sie entsprechen bezüglich der Qualität mind. den Anforderungen vergleichbarer Brote (vgl. S. 94)

Verkehrsbezeichnungen	Besondere Beurteilungsmerkmale[1]
Milchbrötchen	enthalten 50 l Vollmilch oder die entsprechende Menge Trockenmilcherzeugnisse oder Kondensmilch.
Buttermilchbrötchen Joghurtbrötchen Molkebrötchen usw.	enthalten 15 l Buttermilch, Joghurt usw. oder die entsprechende Menge der betreffenden Trockenmilcherzeugnisse.
Quarkbrötchen	enthalten 10 % Quark oder die entsprechende Menge des betreffenden Trockenmilcherzeugnisses.
Kleiebrötchen	enthalten 10 % Speisekleie.
Weizenkeimbrötchen	enthalten 10 % Weizenkeime mit mind. 8 % Fettgehalt.
Gewürzbrötchen	Der Gewürzanteil ist sensorisch deutlich wahrnehmbar. (Das gilt insbesondere für nach einzelnen Gewürzarten bezeichnete Brötchen, z. B. Kümmelbrötchen u. a.)
Leinsamenbrötchen	enthalten 8 % Leinsamen.
Sesambrötchen, Sonnenblumenkernbrötchen, Mohnbrötchen	deutlich sichtbare Krustenauflage
Nussbrötchen	enthalten 8 % Nüsse
Rosinenbrötchen Sultaninenbrötchen Korinthenbrötchen	enthalten mind. 15 % lufttrockene Rosinen und/oder Sultaninen und/oder Korinthen.
Sojabrötchen	enthalten 10 % Sojaerzeugnisse.
„Weichbrötchen“	enthalten 4 % Zucker und/oder Fettarten.

[1] Alle Liter- bzw. Prozentangaben sind bezogen auf 100 Anteile Getreideerzeugnisse.

2 Feine Backwaren

Rechtliche Grundlage: Leitsätze für Feine Backwaren (Nr. 102)

2.1 Begriffsbestimmung

Unter „Feinen Backwaren“ versteht man alle „durch Backen, Rösten, Trocknen, Kochextrusion oder andere Verfahren hergestellten Erzeugnisse, denen auf 90 Teile Getreide und/oder Getreideerzeugnisse und/oder Stärke mindestens 10 Teile Fett und/oder Zuckerarten zugesetzt wurden. Getreide sind die Brotgetreidearten Weizen, Roggen, Dinkel und Triticale sowie die Nicht-Brotgetreidearten Buchweizen, Gerste, Hafer, Hirse, Mais und Reis.

Der Begriff „Feine Backwaren“ schließt die Gebäckkategorie „Dauerbackwaren“ mit ein.

2.2 Allgemeine Beurteilungsmerkmale

2.2.1 Art und Anteil von Rohstoffen und Zutaten

Bei Zutaten, die in der Bezeichnung oder Aufmachung von Feinen Backwaren enthalten sind, z. B. Butterplätzchen, Rosinenstollen, Mandelhörnchen, müssen – abgesehen von besonderen Anforderungen an einzelne Erzeugnisse – bestimmte Mindestanforderungen eingehalten werden. Nach den Leitsätzen für Feine Backwaren gilt das insbesondere für folgende Rohstoffe und Zutaten:

Butter

Auf 100 kg Getreide, Getreideerzeugnisse und/oder Stärke werden mindestens 10 kg Butter oder entsprechende Mengen Milchfetterzeugnisse zugesetzt. Andere Fette – außer als Trennfette – werden nicht verwendet; die Verwendung von Emulgatoren wird davon nicht berührt.

Milch

Auf 100 kg Getreide, Getreideerzeugnisse und/oder Stärke werden für Hefeteige mindestens 40 l, für Nichthefeteige mindestens 20 l standardisierte Vollmilch oder entsprechende Mengen Kondensmilch- oder Trockenmilcherzeugnisse verwendet.

Sahne, Rahm

Zum Anteigen dienen auf 100 kg Getreide, Getreideerzeugnisse und/oder Stärke mindestens 20 l Sahne (Rahm) mit einem Mindestfettgehalt von 10 % Milchfett oder entsprechende Mengen eines konzentrierten Sahneerzeugnisses.

Eier

Auf 100 kg Getreide, Getreideerzeugnisse und/oder Stärke werden mindestens 18 kg Vollei und/oder eine entsprechende Menge an Vollei- und/oder Eiprodukten verwendet.

Quark

Bei Teigen werden auf 100 kg Getreideerzeugnisse und/oder Stärken mindestens 10 kg Speisequark (Frischkäse) oder eine entsprechende Menge Trockenerzeugnisse verwendet. Quarkkuchenmassen in der Art von Sand- oder Rührkuchen enthalten mindestens 15 kg Speisequark (Frischkäse) oder eine entsprechende Menge Trockenerzeugnisse in 100 kg Masse.

Schokolade

Die Verwendung des Wortes „Schokolade“, auch in abgekürzter Form, in zusammengesetzten Bezeichnungen setzt eine Mitverarbeitung von Kakaoerzeugnissen und/oder Kakao in Teigen, Massen, im Überzug oder in der Füllung voraus. Sie sind im fertigen Erzeugnis geschmacklich deutlich wahrnehmbar. Besteht der Anteil nur im Überzug oder in der Füllung, so werden hierfür nur Schokoladenarten verwendet.

Mandeln, Nüsse, Marzipan, Persipan, Nugat

(sowie Hinweise auf andere Ölsamen und daraus hergestellte Massen)

Die genannten Zutaten entsprechen den Leitsätzen für Ölsamen und daraus hergestellte Massen und Süßwaren. Sie sind im fertigen Erzeugnis geschmacklich deutlich wahrnehmbar.

Die Verwendung von Ölsamen, deren Ölgehalt in der Trockenmasse 35 % unterschreitet, und die Verwendung teilweise entölter Samen ist nicht üblich.

Unter „Nüssen" werden nur Haselnuss- und Walnusskerne verstanden.

Erzeugnisse, die nach Mandeln, Haselnuss- oder Walnusskernen benannt sind, enthalten als Ölsamenanteil nur diese Samenarten und überwiegend die namengebende Samenart.

Bei Hinweisen auf „Marzipan" oder „Nugat" sind als Füllung ausschließlich die entsprechenden Rohmassen oder angewirkten Massen enthalten.

Honig

Mindestens 50 % der enthaltenen Zuckerarten stammen aus dem zugesetzten Honig. Der andere Teil kann auch aus Invertzuckerkrem stammen.

Vanille

Als „Vanille …" bezeichnete Feine Backwaren enthalten als Aromastoffe nur Vanille und/oder Vanillearoma mit natürlichen Aromastoffen. Sie weisen einen deutlich wahrnehmbaren Geschmack und Geruch nach Vanille auf.

Pfeffer

Bei Braunen Lebkuchen weist der Wortbestandteil „Pfeffer …" nur auf eine kräftige Würzung hin.

Vollkorn

Der Getreideanteil besteht zu mindestens 90 % aus vollem Korn oder aus Vollkornerzeugnissen.

Mehrkorn

Diese Erzeugnisse werden mit mindestens drei Getreidearten hergestellt. Ihr Anteil beträgt jeweils wenigstens 5 % der Gesamtgetreideerzeugnisse.

Bestimmte Getreidearten

Wird auf bestimmte Getreidearten hingewiesen, so beträgt der Anteil daran, bezogen auf Gesamtgetreideerzeugnisse, für Weizen mindestens 90 %, für Roggen mindestens 50 % und, getreideart- und erzeugnisabhängig, für alle anderen je mindestens 20 %.

Hafer-Dauerbackwaren enthalten üblicherweise ebenso viel Hafermahlerzeugnisse wie andere Getreidemahlerzeugnisse, keinesfalls aber weniger als 25 %, bezogen auf den Getreideanteil. Unterschreitet der Zusatz an Hafermahlerzeugnissen 50 %, bezogen auf den Getreideanteil, so wird sein Prozentanteil angegeben.

Kakaohaltige Fettglasur

Feine Backwaren dürfen mit kakaohaltiger Fettglasur überzogen werden; dies ist jedoch entsprechend kenntlich zu machen (Deklarationspflicht).

Fettglasuren werden bei Feinen Backwaren von besonderer Qualität, z. B. Oblatenlebkuchen, Printen, Spitzkuchen, Schlotfeger, Zimtsternen oder bei Hinweisen hierauf, z. B. „fein", „feinst", auch bei Kenntlichmachung nicht verwendet; dies gilt auch, soweit die Verkehrsbezeichnung Schokolade erwarten lässt. Für solche Erzeugnisse muss ein Überzug aus Schokolade (Kuvertüre) verwendet werden.

Zuckerüberzüge, fetthaltige Füllungen

Diese dürfen gefärbt werden. Die Anwendung ist auf bestimmte Farbstoffe beschränkt.

Dabei sind Höchstmengen zu beachten.

2.2.2 Zusammensetzung und Anteil von Füllungen

Zur Herstellung von Feinen Backwaren werden zahlreiche Arten von Füllungen sowie Garnierungen verwendet.

Sofern die hergestellten Erzeugnisse nach den Füllungen bezeichnet werden, gilt Folgendes:

- Die Füllung muss einen vorgeschriebenen Mindestanteil der Früchte oder wertbestimmenden Zutaten enthalten, nach denen sie benannt ist, z. B. muss eine „Nussfüllung" zu mindestens 15 % aus Hasel- oder Walnüssen bestehen.

- Der Mengenanteil der Füllung im Erzeugnis muss so bemessen sein, dass er „wertbestimmend" ist.

Für Füllungen sind die folgenden Mindestanteile der namengebenden Zutaten (als Gewichtsprozent in der Füllung) oder Mindestanforderungen vorgeschrieben:

Fruchtfüllungen
enthalten einen wesentlichen Anteil an Früchten und/oder Fruchterzeugnissen einschließlich Fruchtmark (auch in eingedickter oder getrockneter Form). Sie werden auch unter Mitverwendung von Aromen mit natürlichen und/oder naturidentischen Aromastoffen hergestellt. Aromen mit künstlichen Aromastoffen werden nicht verwendet.

Fruchtkremfüllungen
enthalten die bei „Fruchtfüllungen" aufgeführten Zutaten und/oder Aromen. Die Verwendung künstlicher Aromastoffe ist zwar möglich, es darf dann jedoch nicht bildlich auf Früchte hingewiesen werden. Bei Verwendung von Vanillin oder Äthylvanillin dürfen Fruchtabbildungen erfolgen, sofern dem Erzeugnis nicht der diesen Aromastoffen eigene Geruch und Geschmack verliehen wird.

Fetthaltige Füllungen
enthalten als Grundstoffe Butter, Milchfetterzeugnisse, Margarine- und Mischfetterzeugnisse, Speisefette und Speiseöle sowie deren Zubereitungen.

Nuss- und Mandelfüllungen
enthalten insgesamt mindestens 15 % Haselnuss-, Walnusskerne oder Mandeln, den namengebenden Ölsamen in überwiegenden Anteilen. Nuss- und/oder Marzipanrohmassen werden – entsprechend ihren Gewichtsanteilen an Ölsamen – auch verarbeitet, dagegen keine Persipanrohmasse oder Rohmasse aus anderen Ölsamen.

Marzipanfüllungen
Marzipanfüllmasse (wird mitgebacken) und Marzipanfüllkrem (wird nicht mitgebacken) enthalten, auch als Auflage, mindestens 20 % Marzipanrohmasse oder entsprechende Mengen Marzipan, dagegen keine anderen Ölsamen oder Rohmassen aus anderen Ölsamen.

Persipanfüllungen
Persipanfüllmasse (wird mitgebacken) und Persipanfüllkrem (wird nicht mitgebacken) enthalten, auch als Auflage, mindestens 15 % Persipanrohmasse oder entsprechende Mengen Persipan, dagegen keine anderen Ölsamen oder Rohmassen aus anderen Ölsamen. Eine Verwendung von Persipan wird kenntlich gemacht, wenn nach der Verkehrsauffassung die Verwendung von Persipan nicht üblich ist.

Nugatfüllungen
Nugatfüllmasse (wird mitgebacken) und Nugatfüllkrem (wird nicht mitgebacken) enthalten, auch als Auflage, mindestens 10 % Nugatmasse oder entsprechende Mengen Nugat.

Mohnfüllungen
enthalten mindestens 20 % Mohnsamen mit handelsüblichem Feuchtigkeitsgehalt.

Füllungen aus anderen Ölsamen
enthalten mindestens 20 % dieser Ölsamen, auch in Mischung. Rohmassen können entsprechend ihren Gewichtsanteilen an Ölsamen verarbeitet werden.

Schaummassen
werden unter Verwendung eiweißhaltiger Schaumbildner wie Eiklar, Milch- oder Sojaeiweiß hergestellt, auch unter Zusatz von Geliermitteln, Stärken, Verdickungsmitteln und Stabilisatoren.

2.2.3 Zusammensetzung von Krems

Sofern Erzeugnisse nach den verwendeten Krems bezeichnet werden, z. B. „Butterkremtorte", muss ein „wertbestimmender Anteil" dieser Krems enthalten sein.

Für die Krems selber gelten folgende Mindestanforderungen an namengebenden Zutaten (als Gewichtsanteil in der Krem zu verstehen):

Canache
Sahnekrem aus zwei Teilen dunkler Schokoladeüberzugsmasse und einem Teil Schlagsahne. Zur Geschmacksgebung Zusatz von Mokka, Rum, Weinbrand, Kirschwasser oder Vanille.

Eierkrem
enthält mindestens 15 % Vollei oder die entsprechenden Mengen an Eiprodukten.

Schokoladenkrem
enthält mindestens 5 % Schokolade; weiße Schokolade wird nicht verwendet.

Kakaokrem
enthält mindestens 2,5 % stark entöltes Kakaopulver.

Weinkrem
enthält mindestens 50 % der verwendeten Flüssigkeit als Wein.

Weinkrems aus Weintrockenerzeugnissen weisen einen deutlich wahrnehmbaren Weingeschmack auf.

Für Waffel- oder Keksfüllungen können auch verwendet werden:

Milchkrems
enthalten mindestens 2,5 % Milchfett,

Sahnekrems
enthalten mindestens 4 % Milchfett.

2.3 Beurteilungsmerkmale für bestimmte Feine Backwaren

In den Leitsätzen für Feine Backwaren ist festgelegt, welche Anforderungen an bestimmte Erzeugnisse zu stellen sind, falls diese unter der angegebenen Bezeichnung angeboten werden sollen.

Die Regeln schreiben insbesondere vor:
- welche Rohstoffe oder Zutaten in welchen Anteilen enthalten sein müssen,
- welche Zusätze nicht erlaubt sind.

Ferner kann auch die spezielle Herstellungsart oder die besondere Beschaffenheit von Erzeugnissen verpflichtend geregelt sein.

Solche Regelungen treffen nach den o. a. Leitsätzen für folgende Erzeugnisse zu, die hier in alphabetischer Reihenfolge wiedergegeben werden:

Albertkeks
enthält mindestens 9,9 kg praktisch wasserfreie Fette oder eine entsprechende Menge anderer Fette auf 100 kg Getreideerzeugnisse und/oder Stärken.

Backoblaten
siehe Oblaten (s. S. 106)

Baiser
hergestellt durch Trocknen ausschließlich aus Saccharose und/oder anderen Zuckerarten und mindestens 20 % Hühnereiklar.

Baumkuchen, Baumkuchenspitzen, Baumkuchentorte
- Baumkuchenmassen enthalten mindestens 100 kg Butter oder die entsprechende Menge Butterreinfett und/oder Butterfett und mindestens 200 kg Vollei oder entsprechende Mengen Volleierzeugnisse auf 100 kg Getreideerzeugnisse und/oder Stärken.
- Vielfach werden auch Mandeln, Marzipanrohmasse, Nüsse und/oder Nugat zugesetzt.
- Backpulver wird nicht verwendet.
- Baumkuchen wird in dünnen Schichten gebacken.
- Der Überzug besteht aus Schokoladenüberzugsmasse oder Zuckerglasur. Mit Schokoladenarten verwechselbare Überzüge werden nicht verwendet.

Bienenstich
- ist ein gefüllter oder ungefüllter Hefekuchen, versehen mit einem Belag, dessen Masse Zuckerarten, Fett, Milch und Ölsamen enthält.
- Der Anteil der Ölsamen in der Masse des Belages beträgt mindestens 30 % und der Anteil des Belages mindestens 20 %.
- Die Verarbeitung von anderen Ölsamen, außer Walnüssen, Haselnüssen und Mandeln, wird kenntlich gemacht, z. B. „Erdnussbienenstich".
- Mandel-Bienenstich enthält als Ölsamen nur Mandeln

Biskuit
- wird unter Verwendung von Getreideerzeugnissen und/oder Stärken, Zuckerarten und Vollei oder entsprechenden Mengen an Volleiprodukten hergestellt.
- Der Volleianteil beträgt mindestens 66,7 % des Gewichts an Getreideerzeugnissen und/oder Stärken. Eiaustauschstoffe werden nicht verwendet.
- Der Masse wird kein Fett zugesetzt.
- Mit Schokoladenarten verwechselbare Überzüge werden bei Feinen Backwaren, die mit

der Bezeichnung „Biskuit“ in den Verkehr gebracht werden, nicht verwendet.

Blätterteiggebäcke

- Blätterteige sind Teige ohne Triebmittel.
- Bei der Herstellung werden mindestens 62 kg Butter oder die entsprechende Menge Milchfetterzeugnisse oder Margarine oder praktisch wasserfreier Fette, bezogen auf 100 kg Getreideerzeugnisse, verwendet.

Braune Lebkuchen s. S. 110

ebenfalls Feine Braune Lebkuchen
Feinste Braune Lebkuchen

Butterkeks

enthält mind. 10 kg Butter oder entsprechende Mengen Butterreinfett oder Butterfett auf 100 kg Getreideerzeugnisse und/oder Stärken.

Butterkuchen

Hefekuchen, der im Teig und in der Auflage als Fett nur Butter enthält. Der Butteranteil (Teig einschließlich Auflage) beträgt mindestens 30 kg oder entsprechende Mengen Butterreinfett und/oder Butterfett, bezogen auf 100 kg Getreideerzeugnisse und/oder Stärken.

Butterstollen

- enthält mindestens 40 kg Butter oder die entsprechenden Mengen Butterreinfett oder Butterfett sowie mindestens 70 kg Trockenfrüchte, auch Zitronat und Orangeat, bezogen auf 100 kg Getreideerzeugnisse und/oder Stärken.
- Bis 10 kg Trockenfrüchte können durch Mandeln und/oder eine entsprechende Menge Marzipanrohmasse ersetzt werden.
- Eine Zugabe von Persipan ist nicht üblich.

Butterstreuselkuchen

- Hefekuchen mit einem Streuselbelag. Der Teig und die Streusel enthalten als Fett nur Butter.
- Der Butteranteil (Teig einschließlich Streusel) beträgt mindestens 30 kg oder entsprechende Mengen Butterreinfett und/oder Butterfett, bezogen auf 100 kg Getreideerzeugnisse und/oder Stärken.

Dänischer Plunder, Kopenhagener

wird aus einem gezogenen Hefeteig hergestellt, bei dem mindestens 60 kg Butter oder die entsprechende Menge Milchfetterzeugnisse oder Margarine oder praktisch wasserfreier Fette, bezogen auf 100 kg Getreideerzeugnisse und/oder Stärken, verwendet werden.

Dominosteine s. S. 110

ebenfalls Feine Dominosteine
Feinste Dominosteine
Dessertdominosteine

Dresdner Stollen

Diese Bezeichnung steht ausschließlich den im Raum Dresden ansässigen Backwarenbetrieben zur Benutzung offen und ist durch Ausschließungsrechte geschützt.

Eibiskuit

erfordert mindestens das Doppelte an Ei eines normalen Biskuits (vgl. S. 103).

Elisenlebkuchen

siehe unter „Feinste Oblatenlebkuchen“ (S. 109).

Englischer Kuchen

- ist ein Erzeugnis aus Sandmasse (s. S. 107).
- Auf 100 kg Masse werden mindestens 30 kg Rosinen/Sultaninen, Korinthen und kandierte Früchte zugesetzt. Neben kandierten Kirschen wird mindestens noch eine weitere Art kandierter Früchte verwendet. Geleefrüchte werden nicht verwendet.

Florentiner

- knuspriges, flaches Mandel- oder Nussgebäck mit meist braunem Rand und hellerem Innern.
- Es können auch Früchte oder Fruchtbestandteile oder Honig zugesetzt werden.
- Bei der Herstellung werden außer feingehackten oder gehobelten Mandeln und/oder Nusskernen Zuckerarten, Fette, auch Milch (auch als Milchpulver oder in Form von anderen Milcherzeugnissen) verwendet.
- Der Mehlanteil beträgt nicht mehr als 5 %, bezogen auf die Masse außer der Schokoladenüberzugsmasse.
- Zum Überziehen dienen nur Schokoladenarten. Mit Schokoladenarten verwechselbare Überzüge werden nicht verwendet.

Frankfurter Kranz

kranzförmige Torte aus Sand-, Wiener oder Biskuitmasse; in Lagen quer geschnitten, mit Butterkrem gefüllt und damit auf der Ober- und den Seitenflächen bestrichen, außerdem mit Mandel- oder Nusskrokant bestreut.

Früchtebrot

- enthält auf 100 kg Getreideerzeugnisse und/ oder Stärken mindestens 100 kg Trockenfrüchte (z. B. Birnen, Äpfel, Feigen, Sultaninen) einschließlich kandierte Früchte, auch Mandeln oder Nüsse.
- Bei Früchtebrot, das nach einer Fruchtart benannt ist (z. B. „Birnenbrot"), genügt die Verwendung nur dieser Fruchtart.

Gewürzprinten s. S. 110

Haselnusslebkuchen s. S. 109

Honiglebkuchen s. S. 110

Käsekuchen, Käsetorte

- können in offener, gedeckter oder gefüllter Form hergestellt werden.
- Auf 100 kg Teig werden mindestens 150 kg Käsemasse verwendet. Zur Herstellung der Käsemasse werden mindestens 30 % Quark (Frischkäse) oder die entsprechenden Mengen Quarktrockenprodukte verwendet.

Kekse

aus kleinen oder mäßig großen Stücken bestehende, nichtsüße oder mehr oder minder süße Gebäcke aus meist fetthaltigem Teig, der ausgewalzt, ausgeformt, gespritzt („Dressiergebäck") oder geschnitten („Schnittgebäck") wird.

Kokosmakronen s. S. 111

Königskuchen

- hergestellt aus Sandmasse, die in 100 kg Masse mindestens 20 kg Vollei oder entsprechende Mengen Volleierzeugnisse sowie mindestens 20 kg Butter oder entsprechende Mengen Milchfetterzeugnisse oder Margarine oder praktisch wasserfreier Fette enthält.
- Je 100 kg Masse werden mindestens 20 kg Rosinen, Sultaninen, Korinthen und auch Zitronat und Orangeat zugesetzt. Geleefrüchte werden nicht verwendet.

Königskuchen rheinischer Art

wird in einer mit Blätterteig ausgelegten Form gebacken. Der Blätterteigboden wird mit Konfitüre bestrichen. Die nach dem Zusatz des im Mehl gehackten Fettes eingefüllte Königskuchenmasse wird vor dem Backen mit einem Blätterteiggitter überdeckt. Eine Mitverwendung von kandierten Kirschen ist üblich.

Kräcker

flaches, kleinstückiges oder mäßig großes, fetthaltiges, infolge von Walz- und Falzvorgängen meist blättriges Gebäck, das zuweilen gesalzen oder mit Salz bestreut wird.

Kremtorten

- Butterkrem für Kremtorten enthält mindestens 20 % Butter oder entsprechende Mengen Butterreinfett und/oder Butterfett; anderes Fett wird nicht verwendet.
- Fettkrem für Kremtorten enthält mindestens 20,5 % Margarine oder entsprechende Mengen praktisch wasserfreier Fette.

Laugendauergebäck

- knusprige Backwaren mit einem Feuchtigkeitsgehalt von bis zu 12 %.
- Die Außenseite des geformten Teiges wird vor dem Backen mit wässriger Natronlauge behandelt.
- Die meist brezel- oder stangenförmigen Gebäcke werden im Allgemeinen mit Salz und/ oder Gewürzen und/oder Ölsamen bestreut.

Lebkuchen s. S. 108 f.

Makronen s. S. 111

ebenfalls Mandelmakronen

Mandelbienenstich

enthält als Ölsamen nur Mandeln (Weiteres siehe unter „Bienenstich").

Mandellebkuchen s. S. 109

ebenfalls Makronenlebkuchen
Marzipanlebkuchen

Mandelstollen

- enthält mindestens 20 kg Mandeln auf 100 kg Getreideerzeugnisse und/oder Stärken.
- Trockenfrüchte, auch Zitronat und Orangeat, können zugesetzt werden. Eine Zugabe von Persipan ist nicht üblich.

Marmorkuchen

hergestellt aus heller und zu mindestens 33,3 % aus dunkler Sand- oder Rührmasse. Die dunkle Masse enthält mindestens 3 % Kakao oder stark entölten Kakao.

Marzipan-/Persipanstollen

Der Anteil der entsprechenden Rohmasse beträgt mindestens 5 % des Stollenteiggewichts.

Eine Verwendung von Persipan ist kenntlich zu machen, wenn die Verwendung von Marzipan üblich oder die verwendete Masse als Belag oder Füllung in der angebotenen Form sichtbar oder nach Aussehen, Geruch oder Geschmack mit Marzipan verwechselbar ist.

Mohnstollen

- enthält mindestens 20 kg Mohn mit handelsüblichem Feuchtigkeitsgehalt auf 100 kg Getreideerzeugnisse und/oder Stärken. Üblicherweise wird der Mohn zu einer Füllung verarbeitet.
- Trockenfrüchte, auch Zitronat und Orangeat, können zugegeben werden.

Mürbekeks

enthält mindestens 16,5 kg praktisch wasserfreie Fette oder eine entsprechende Menge anderer Fette auf 100 kg Getreideerzeugnisse und/oder Stärken.

Nährzwieback

enthält auf 100 kg Getreidemehl 10 kg Butter und 10 kg Vollei oder die entsprechende Menge Eigelb und als Anteigflüssigkeit nur Vollmilch. Anstelle von Vollmilch können Milcherzeugnisse mit den Mengen an Milchtrockenmasse, die der Vollmilchtrockenmasse entsprechen, verwendet werden.

Nussknacker

- flaches Nussgebäck mit ganzen oder auch sehr grob gehackten Nusskernen mit meist braunem Rand und hellerem Innern, die auch auf Mürbeteigböden mit Rand gebacken werden.
- Bei der Herstellung werden außer Nusskernen Zuckerarten, Fette, auch Milch (auch als Milchpulver oder in Form von anderen Milcherzeugnissen) verwendet. Der Mehlanteil beträgt nicht mehr als 5 %, bezogen auf die Masse außer Schokoladenüberzugsmasse.
- Zum Überziehen dienen nur Schokoladenarten. Mit Schokoladenarten verwechselbare Überzüge werden auch bei Kenntlichmachung nicht verwendet.

Nusslebkuchen s. S. 109

Nussmakronen s. S. 111

Nussstollen

enthält mindestens 20 kg Nusskerne, auch zerkleinert, auf 100 kg Getreideerzeugnisse und/oder Stärken, die üblicherweise zu einer Füllung verarbeitet werden.

Oblaten, Backoblaten

dünne, blattartige, meist weiß aussehende Erzeugnisse, die aus einer flüssigen Masse aus Weizenmehl und/oder Stärken und Wasser zwischen erhitzten Flächen gebacken werden.

Oblatenlebkuchen s. S. 109

ebenfalls Feine Oblatenlebkuchen
Feinste Oblatenlebkuchen

Persipanmakronen s. S. 111

Pfefferkuchen

entsprechen den Anforderungen für Braune Lebkuchen (s. S.110 f.).

Plunder

wird aus einem gezogenen Hefeteig hergestellt, bei dem mindestens 30 kg Butter oder die entsprechende Menge Milchfetterzeugnisse oder Margarine oder praktisch wasserfreier Fette, bezogen auf 100 kg Getreideerzeugnisse und/oder Stärken, verwendet werden.

Printen s. S. 110 f.

ebenfalls Feine Printen
Feinste Printen

Quarkstollen

- enthält mindestens 40 kg Speisequark (Frischkäse) oder die entsprechende Menge Quarktrockenprodukte und mindestens 20 kg Butter oder die entsprechende Menge Milchfetterzeugnisse oder Margarine oder entsprechende Mengen praktisch wasserfreier Fette auf 100 kg Getreideerzeugnisse und/oder Stärken.
- Trockenfrüchte, auch Zitronat und Orangeat, können zugesetzt sein.

Russisch Brot, Patience-Gebäck

- ein zu Buchstaben, Zahlen oder ähnlichen Gebilden geformtes, knuspriges Gebäck.
- Es wird aus einer schaumigen, dickflüssigen Masse mit Eiweiß und Zuckerarten ohne Zusatz von Fett hergestellt. Ein Zusatz von Getreide, Getreideerzeugnissen und/oder Stärke ist üblich.

Sachertorte

- Schokoladentorte aus Sachermasse, gefüllt mit einer Fruchtfüllung mit einem mindestens 45 % betragenden Aprikosenanteil, überzogen mit Kuvertüre oder Kakao-Zuckerglasur, zuweilen auch unterlegt mit dieser Fruchtfüllung.

- Unter **„Sachermasse"** wird eine schwere Schokoladenmasse verstanden, die auf 100 kg Weizenmehl, dessen teilweiser Ersatz durch Stärke möglich ist, mindestens 100 kg Schokolade und/oder eine entsprechende Menge Kakao, mindestens 100 kg Butter oder entsprechende Mengen Butterreinfett und/oder Butterfett sowie mindestens 200 kg Vollei enthält.
- Mit Schokoladenarten verwechselbare Überzüge werden nicht verwendet.

Sahnetorte, Sahnekremtorte

- Die bei der Herstellung von Sahne- und Fruchtsahnetorten verwendeten Sahnefüllungen oder -garnierungen enthalten mindestens 60 % Schlagsahne.
- Füllungen oder Garnierungen mit einem geringeren Anteil an Schlagsahne werden als Sahnekrem (Sahnekremtorte) bezeichnet. Ihr Gehalt an Schlagsahne beträgt mindestens 20 %. Als eventuell zugesetztes Fett wird nur Milchfett verwendet.
- Bei Quark-Sahnetorte (Käse-Sahnetorte), Frischkäse-Sahnetorte, Buttermilch-Sahnetorte, Kefir-Sahnetorte, Wein- oder Joghurt-Sahnetorte beträgt der Schlagsahneanteil in der Füllung und/oder Garnierung mindestens 20 %.

Sandkuchen

- hergestellt aus Sandmasse unter Verwendung von Getreideerzeugnissen und/oder Stärken, Butter, Margarine und/oder anderen Fetten, Vollei und Zucker.
- In 100 kg **Sandmasse** sind mindestens 20 kg Butter oder die entsprechende Menge Milchfetterzeugnisse oder Margarine oder praktisch wasserfreier Fette sowie 20 kg Vollei oder die entsprechende Menge eines Volleierzeugnisses enthalten.

Schwarzwälder Kirschtorte

- ist entweder eine Kirschwasser-Sahnetorte oder eine Kirschwasser-Butterkremtorte, auch in Kombination.
- Die Füllung besteht aus Butterkrem und/oder Sahne, teilweise Canache sowie Kirschen, auch als Stücke in gebundener Zubereitung. Der zugesetzte Anteil an Kirschwasser ist geschmacklich deutlich wahrnehmbar.
- Für die Krume werden dunkle und/oder helle Wiener oder Biskuitböden verwendet. Die Masse für dunkle Böden enthält mindestens 3 % Kakaopulver oder stark entölten Kakao. Für den Unterboden wird auch Mürbeteig verwendet.
- Die Torte wird mit Butterkrem oder Sahne eingestrichen, mit Schokoladespänen bestreut.

Spekulatius

gewürzte oder nicht gewürzte Gebildbackware.

Spitzkuchen

s. S. 111

ebenfalls Feine Spitzkuchen
Feinste Spitzkuchen

Stollen

- enthalten mindestens 30 kg Butter oder die entsprechende Menge Milchfetterzeugnisse oder Margarine oder praktisch wasserfreier Fette sowie 60 kg Trockenfrüchte – vornehmlich Rosinen, Sultaninen oder Korinthen –, auch Zitronat und Orangeat, bezogen auf 100 kg Getreideerzeugnisse und/oder Stärke.
- In einigen Gebieten Süddeutschlands werden traditionell auch Erzeugnisse unter der Bezeichnung Stollen (z. B. Kaffeestollen) in den Verkehr gebracht, die nur 45 kg Trockenfrüchte, auch Zitronat und Orangeat, auf 100 kg Getreideerzeugnisse und/oder Stärken enthalten.
- Für bestimmte Stollen (z.B. Dresdner Stollen, Butterstollen u.a.) gelten andere Bestimmungen (s. jeweils dort).
- Erdnüsse und andere Leguminosen-Samen werden nicht verwendet.

Waffeln

- Die Waffelblätter werden aus einer meist flüssigen, dünnen Masse zwischen erhitzten Flächen gebacken. Für die Weiterverarbeitung werden sie meist geschnitten oder ausgestanzt. Sie können aber auch in noch heißem Zustand verformt werden. Man unterscheidet Flach- und Formwaffeln, auch in Gebildform. Sie gelangen gefüllt oder ungefüllt in den Verkehr.

- Für besondere Arten gefüllter Waffeln ist auch die Verkehrsbezeichnung „Oblaten“, jedoch nur in Verbindung mit einer Ortsangabe, üblich.

Walnusslebkuchen s. S. 109

Weiße Lebkuchen s. S. 109

Wiener Böden

- hergestellt aus **Wiener Masse** unter Verwendung von Getreideerzeugnissen und/oder Stärken sowie Zuckerarten, Fett und Vollei oder entsprechenden Volleierzeugnissen.
- Auf 100 kg Getreideerzeugnisse und/oder Stärken werden mindestens 66,7 % Vollei oder entsprechende Mengen Volleierzeugnisse und mindestens 6 kg Butter oder entsprechende Mengen Milchfetterzeugnisse oder Margarine oder praktisch wasserfreier Fette verwendet.

Zwieback

ein durch zweimaliges Erhitzen meist unter Verwendung von Hefe hergestelltes knuspriges Gebäck.

3 Dauerbackwaren

Rechtliche Grundlage: Leitsätze für Feine Backwaren (Nr. 102)

3.1 Begriffsbestimmung

Dauerbackwaren sind Feine Backwaren, deren Genießbarkeit durch eine längere, sachgemäße Lagerung nicht beeinträchtigt wird.

3.2 Spezielle Begriffsbestimmungen und Vorschriften

Zu den Dauerbackwaren zählen folgende Gebäckgruppen:

Kekse und Kräcker, Laugendauergebäcke, Lebkuchen und Lebkuchenarten, Oblaten, Waffeldauergebäck, Zwieback, Dauerbackwaren besonderer Art wie Russisch Brot und Baiser, ferner Biskuit, Makronengebäcke, Florentiner und Nussknacker.

Die Beschreibung der meisten Dauerbackwaren erfolgt im Kapitel Feine Backwaren (s. S. 96 f.). Lediglich die beiden Produktgruppen „Lebkuchen“ und „Makronen“ sollen aus Gründen besserer Systematik hier beschrieben werden.

3.2.1 Lebkuchen, Lebkuchenarten

Darunter versteht man süße, gewürzte Erzeugnisse mit oder ohne Oblatenunterlage, die aus Massen oder Teigen gebacken werden. Sie kommen in vielen Formen vor und können überzogen, belegt, bestreut, verziert, glasiert oder gefüllt sein.

Hauptrohstoffe sind:

- Getreideerzeugnisse und/oder Stärken,
- Zuckerarten und/oder Honig, Invertzuckerkrem,
- Gewürze und/oder Aromen, die ausschließlich natürliche Aromastoffe enthalten. Vanillin kann zur Geschmacksabrundung verwendet werden.

Einschränkungen:
Rübensirup – außer bei Gewürzprinten – und Melasse wird nicht verwendet.

Als weitere Zutaten können verwendet werden:
- Mandeln, Haselnüsse, Walnüsse und andere Ölsamen sowie daraus hergestellte Massen und Süßwaren und deren Rohmassen,
- Hühnerei-, Milcherzeugnisse,
- Zubereitungen aus Früchten oder Fruchterzeugnissen,
- Malzextrakt.

Einschränkungen:
Erdnusskerne sowie Erzeugnisse aus Erdnüssen und Kokosnüssen finden keine Verwendung. Speisefette und Speiseöle werden nicht verwendet, ausgenommen bei Braunen Lebkuchen in geringen Mengen.

Zum Überziehen und/oder Glasieren dienen Schokoladenarten und Zuckerglasuren (als Eiweiß- oder Wasserglasuren).

Zum Verzieren oder Belegen werden ganze oder zerkleinerte Ölsamen oder verarbeitete Obsterzeugnisse sowie Zuckerarten und Zuckerwaren verwendet.

Bei Verwendung von naturidentischen Aromastoffen in Zuckerglasuren und Zuckerwaren wird auf natürliche Rohstoffe und traditionelle Herstellung nicht hingewiesen.

Auf Oblaten gebackene Lebkuchen

Darunter versteht man Lebkuchen aus Massen, die auf Oblaten aufgetragen (gestrichen oder dressiert) und nach leichter Oberflächentrocknung gebacken werden.

Für Oblatenlebkuchen werden keine mit Schokoladenarten verwechselbaren Überzüge verwendet, auch nicht bei Kenntlichmachung.

Oblaten-Lebkuchen

enthalten in der Masse mindestens 7 % Ölsamen, von denen mindestens die Hälfte aus Mandeln und/oder Haselnuss- und/oder Walnusskernen besteht.

Einschränkungen:
Ölsamen, die der Verzierung dienen, werden dem Ölsamenanteil der Masse nicht zugerechnet.

Feine Oblaten-Lebkuchen

enthalten in der Masse mindestens 12,5 % Mandeln und/oder Haselnuss- und/oder Walnusskerne. Es können auch Mischungen mit anderen Ölsamen verarbeitet werden. Der Ölsamenanteil beträgt dann mindestens 14 %; ein Anteil von 7 % Mandeln und/oder Haselnuss- und/oder Walnusskernen wird nicht unterschritten.

Haselnuss-, Walnuss-, Nuss-Lebkuchen

- enthalten mindestens 20 % Haselnuss- oder Walnusskerne oder Mandeln in der Masse. Dabei überwiegt der namengebende Nussanteil. Andere Ölsamen werden nicht verwendet.
- Die Masse enthält höchstens 10 % Getreideerzeugnisse oder 7,5 % Stärke oder eine entsprechende Mischung.

Feinste Oblaten-Lebkuchen

- werden mit Qualitätsangaben wie „extra fein", „edel", „Spitzenqualität" oder unter der Bezeichnung **Elisenlebkuchen** in den Verkehr gebracht.
- Sie enthalten in der Masse mindestens 25 % Mandeln und/oder Haselnuss- und/oder Walnusskerne. Andere Ölsamen werden nicht verwendet.
- Die Masse enthält höchstens 10 % Getreideerzeugnisse oder 7,5 % Stärke oder eine entsprechende Mischung.

Mandel-, Marzipan-, Makronen-Lebkuchen

erfordern eine Zusammensetzung wie für „Feinste Oblaten-Lebkuchen", wobei der Mandelanteil gegenüber dem Nussanteil überwiegt.

Weiße Lebkuchen

- enthalten in der Masse mindestens 15 % Vollei und/oder eine entsprechende Menge Eiprodukte oder Milcheiweißerzeugnisse und nicht mehr als 40 % Getreideerzeugnisse und/oder Stärken.
- Die Verwendung von Ölsamen ist möglich.
- Weiße Lebkuchen werden nur in rechteckiger Form hergestellt und sind weder glasiert, überzogen noch gefüllt. Zum Verzieren (Belegen) werden Mandeln und/oder Zitronat und/oder Orangeat verwendet.

Braune Lebkuchen

Darunter versteht man Lebkuchen aus Teigen, die ausgeformt, ausgestochen oder geschnitten und nicht auf Oblatenunterlage gebacken werden. Sie enthalten auf 100 Teile Getreideerzeugnisse und/oder Stärke mindestens 50 Teile Zuckerarten. Sie werden ohne oder mit Ölsamen hergestellt.

Einschränkungen:

Bei Braunen Lebkuchen mit qualitätshervorhebenden Angaben werden keine mit Schokoladenüberzugsmassen verwechselbare Überzüge verwendet.

Braune Lebkuchen

ohne qualitätshervorhebende oder ohne auf Ölsamen deutende Hinweise können bis zu 3 Teile zugesetztes Fett enthalten, bezogen auf 100 Teile Getreideerzeugnisse und/oder Stärken.

Feine Braune Lebkuchen

- enthalten mindestens 10 % Mandeln und/oder Haselnuss- und/oder Walnusskerne und/oder andere Ölsamen im Teig und/oder als Auflage.
- können bis zu 1,5 % Teile zugesetztes Fett enthalten.

Feinste Braune Lebkuchen

- enthalten im Teig und/oder als Auflage mindestens 20 % Mandeln und/oder Haselnuss- und/oder Walnusskerne.

Einschränkungen:
Sie enthalten keine anderen Ölsamen und kein zusätzliches Fett.

- werden auch mit qualitätshervorhebenden Hinweisen wie „extrafein", „edel" oder „Spitzenqualität" angeboten.

Braune Mandellebkuchen, Braune Nusslebkuchen

erfüllen die Anforderungen für „feinste" Braune Lebkuchen. Es überwiegt der namengebende Ölsamenanteil.

Honiglebkuchen, Honigkuchen

Darunter versteht man Braune Lebkuchen, bei denen mindestens die Hälfte des Anteils an Zuckerarten aus Honig stammt. Der andere Teil kann auch aus Invertzuckerkrem (früher: Kunsthonig) stammen.

Lebkuchenarten

Dominosteine

sind etwa bissengroße Würfel aus einer oder mehreren Schichten Braunen Lebkuchens und einer Lage oder mehrerer Lagen von Zubereitungen, z. B. aus Fruchtmark, Marzipan oder Persipan, nicht aber aus Fondantmasse oder Fondantkrem. Sie sind mit Schokoladenarten überzogen.

Feine Dominosteine, Dessert-Dominosteine

enthalten außer einer oder mehreren Schichten Braunen Lebkuchens mindestens eine Lage aus Zubereitungen von Früchten oder Fruchterzeugnissen und mindestens eine Lage aus Marzipan oder Persipan.

Feinste Dominosteine

Die Lagen bestehen ausschließlich aus Zubereitungen von Früchten oder Fruchterzeugnissen und Marzipan.

Printen

- sind knusprig harte oder auch saftig weiche Braune Lebkuchen.
- Es sind meist rechteckige Stücke, jedoch sind auch platten- oder gebildeartige Formen üblich.
- Als typisch gilt ein ungelöst gebliebener Anteil an braunem Kandiszucker sowie eine spezielle Würzung.
- Auf 100 Teile Getreideerzeugnisse werden mindestens 80 Teile Zuckerarten verwendet, dabei jedoch kein Rohzucker.
- Als Ölsamen werden dem Teig und/oder als Auflage nur Mandeln und/oder Haselnuss- und/oder Walnusskerne zugesetzt, für Auflagen vorwiegend in ganzer oder zerkleinerter Form, eingebettet in Überzügen.
- Mit Schokoladenarten verwechselbare Überzüge werden nicht verwendet.

Gewürzprinten

wie Printen, jedoch wird ein Teil des Zuckers zuweilen durch Rübensirup ersetzt.

Feine Printen

haben einen vollständigen und gut deckenden Überzug ausschließlich aus Schokoladenarten. Der Anteil des Überzugs beträgt mindestens 25 %, bezogen auf das Gesamtgewicht des fertigen Gebäckstückes.

Feinste Printen

- haben darüber hinaus einen Ölsamenanteil von mindestens 15 % bezogen auf den Gebäckkörper eingearbeitet und/oder als Auflage.
- können mit einer Marzipan- oder Nugatschnitte belegt sein; der Schokoladenüberzug muss dann nicht vollständig deckend sein.

Spitzkuchen

sind etwa bissengroße, mit Schokoladenarten überzogene, gefüllte oder ungefüllte Stücke aus Braunem Lebkuchen mit dreieckiger oder trapezförmiger Grundfläche. Mit Schokoladenarten verwechselbare Überzüge werden auch bei Kenntlichmachung nicht verwendet.

Feine Spitzkuchen

enthalten zerkleinerte Früchte oder Zubereitungen aus Früchten oder Fruchterzeugnissen im Teig oder als Füllung. Sie sind vollständig mit Schokoladenarten überzogen.

Feinste Spitzkuchen

haben darüber hinaus eine gut deckende Auflage aus zerkleinerten Mandeln und/oder Haselnuss- und/oder Walnusskernen. Die Auflage ist in Schokoladenarten eingebettet und damit vollständig überzogen.

Lebkuchen-Herzen

Sie sind figürliche Formen aus Braunen Lebkuchen.

Lebkuchen-Brezeln, Lebkuchen-Sterne (und andere Figuren)

Sie müssen bei entsprechender Bezeichnung (z. B. „Feine Lebkuchenherzen") den an die einzelnen Lebkuchenarten gestellten Anforderungen entsprechen.

Pfeffernüsse, Pfefferkuchen, Pflastersteine, Magenbrot, Alpenbrot u. a.

Dies sind traditionelle Lebkuchenarten, die den Anforderungen für Braune Lebkuchen entsprechen.

Dicke Lebkuchen, Hohe Lebkuchen

Es handelt sich um saftig weiche Erzeugnisse. Sie sind meist höher als 4 cm und entsprechen den Anforderungen für Braune Lebkuchen.

3.2.2 Makronen

Darunter versteht man Gebäcke, die aus zerkleinerten Mandeln oder anderen eiweißreichen Ölsamen – ausgenommen Erdnusskernen – oder den entsprechenden Rohmassen sowie Zuckerarten und Eiklar, auch Eigelb, hergestellt werden.

Ein Zusatz von Getreideerzeugnissen und/oder Stärke ist außer bei Kokosmakronen nicht üblich.

Makronen, Mandelmakronen, Marzipanmakronen

- Zur Herstellung dienen zerkleinerte süße Mandeln, Marzipanmasse oder Marzipanmakronenmasse. Die einfache Bezeichnung „Makronen" ist nur für diese mandelhaltigen Erzeugnisse zulässig; alle anderen Makronenarten werden entsprechend der Art der verwendeten Ölsamen oder Rohmassen bezeichnet.
- Als schokoladenartige Überzüge sind nur Schokolade und ihre Zubereitungen üblich; das gilt auch für Nussmakronen.

Nussmakronen, Haselnussmakronen, Walnussmakronen

Zur Herstellung dienen zerkleinerte Hasel- oder Walnüsse oder Nussmakronenmasse.

Persipanmakronen

Zur Herstellung dienen Persipanrohmasse, Persipan und/oder Persipanmakronenmasse, geschälte Aprikosenkerne, geschälte Pfirsichkerne, geschälte entbitterte, bittere Mandeln, jeweils zerkleinert.

Kokosmakronen

- Zur Herstellung dienen Kokosraspel.
- Eine etwaige Zugabe von Mehlen und/oder Stärke beträgt höchstens 3 % der Gesamtmasse.

4 Diabetikergebäcke

Rechtliche Grundlage: Verordnung über diätetische Lebensmittel (Nr. 28), Zusatzstoff-Zulassungsverordnung (Nr. 3)

Diabetiker leiden an einer Funktionsstörung (Diabetes) bestimmter Organe, die den Zuckerhaushalt im Körper regeln. Die Hormondrüsen der Bauchspeicheldrüse (Langerhans'sche Inseln) sondern ein Hormon (Insulin) ab, welches die Leberfunktion steuert. Beim Diabetiker ist die Insulin-Produktion gestört. Dadurch wird die Leber in ihrer Fähigkeit beeinträchtigt, die aus dem Verdauungstrakt aufgenommenen Einfachzucker zum großen Teil zu Glykogen aufzubauen und in dafür bestimmten Zellschichten zu speichern. Es gelangen daher zu viele Zuckerstoffe in den Blutkreislauf, sodass der Zuckerspiegel krankhaft hoch ist (Zuckerkrankheit).

Durch Verringerung der Zuckerzufuhr bei der Ernährung, z. B. in der Form von kohlenhydratarmen Diabetikergebäcken, kann der Diabetiker seine Krankheit erträglicher gestalten.

4.1 Begriffsbestimmung

Diabetikergebäcke sind Lebensmittel, die dazu bestimmt sind, einem diätetischen Zweck zu dienen, indem sie die Zufuhr von Kohlenhydraten (Zuckerstoffen) verringern. Sie müssen sich daher von anderen Gebäcken in ihrer Zusammensetzung maßgeblich unterscheiden.

4.2 Zusammensetzung

Der Bäcker/Konditor bezieht zur Herstellung von Diabetikergebäcken *backfertige Mischungen von Getreidemahlerzeugnissen* und stellt daraus Brot und andere Backwaren für Diabetiker her.

Zuckerstoffe (d-Glukose, Invertzucker, Disaccharide, Maltodextrine und Glukosesirup) dürfen nicht zugesetzt werden. Der Gehalt an Fett oder Alkohol darf gegenüber vergleichbaren Lebensmitteln des allgemeinen Verzehrs nicht erhöht sein.

Anstelle der Zuckerstoffe dürfen den für Diabetiker bestimmten Backwaren (= diätetische Lebensmittel) die *Zuckeraustauschstoffe* Sorbit, Xylit, Mannit, Isomalt, Lactit, Maltit, ferner Fruktose sowie bestimmte *Süßstoffe* (s. S. 87) zugesetzt werden.

4.3 Bestimmungen über die Abgabe

Sofern Diabetikergebäcke *frische Backwaren* sind, dürfen sie „auch im Anschnitt", d. h. lose bzw. nicht in Packungen, abgegeben werden. Für alle anderen Diabetikergebäcke gilt die allgemeine Vorschrift für diätetische Lebensmittel, wonach diese „gewerbsmäßig nur in Packungen oder Behältnissen abgegeben werden" dürfen.

4.4 Deklarationsvorschriften

Diabetikergebäcke müssen als solche kenntlich gemacht werden. Die Deklaration auf Packungen muss folgende Angaben enthalten:

- *Name oder Firma und Anschrift* des Herstellers, Verpackers oder Verkäufers;
- *Verkehrsbezeichnung* – die zu der Bezeichnung gehörenden ernährungsbezogenen *Eigenschaften* oder der besondere *Ernährungszweck*, die *Besonderheit* in der qualitativen und quantitativen Zusammensetzung oder der besondere *Herstellungsprozess*, durch die das Erzeugnis seine spezifischen ernährungsphysiologischen Eigenschaften erhält, z. B. Angaben über Art und Menge der verwendeten Zuckeraustauschstoffe;
- *Zutatenverzeichnis* nach Art, z. T. auch nach Menge;
- das *Mindesthaltbarkeitsdatum;* damit wird kenntlich gemacht, bis zu welchem Zeitpunkt das Lebensmittel bei sachgemäßer Lagerung mindestens haltbar ist;
- den durchschnittlichen *Gehalt an verwertbaren Kohlenhydraten, Fetten und Eiweiß-*

stoffen in g, bezogen auf 100 g oder in Hundertteilen des Gewichts; der Angabe bedarf es nicht bei einem Gehalt von weniger als je einem Hundertteil;

- den durchschnittlichen, *physiologischen Brennwert* auf 100 g des Lebensmittels in Kilojoule oder Kilokalorien mit den Worten „... Kilojoule (... Kilokalorien)“ oder „... kJ (... kcal)“;
- Hinweis „mit Süßungsmittel(n)“ oder ggf. „mit einer Zuckerart (Zuckerarten) und Süßungsmittel(n)“ in Verbindung mit der Verkehrsbezeichnung (s. S. 87 f.);
- zusätzlich ggf. diejenige Menge des Lebensmittels, die einer *Broteinheit* entspricht. Als Broteinheit gilt eine Menge von insgesamt 12 g an Monosacchariden, verdaulichen Oligo- und Polysacchariden sowie Sorbit und Xylit, wobei verdauliche Oligo- und Polysaccharide als Monosaccharide zu berechnen sind;
- bei mehr als 10 % Mannit, Sorbit, Maltit, Isomalt, Lactit und Xylit im Fertiggebäck der Hinweis „kann bei übermäßigem Verzehr abführend wirken“;
- *Füllmenge* nach Gewicht.

Bei loser Abgabe von Diabetikergebäcken muss die Deklaration auf Schildern erfolgen, die auf oder neben der Ware für den Verbraucher deutlich sichtbar anzubringen oder aufzustellen sind.

Die Angabe des Mindesthaltbarkeitsdatums ist hier nicht erforderlich.

5 Marzipan

Rechtliche Grundlage: Leitsätze für Ölsamen und daraus hergestellte Massen und Süßwaren (Nr. 106)

5.1 Begriffsbestimmung

Marzipan ist ein Erzeugnis, welches nahezu ausschließlich aus Mandeln und Zucker bestehen muss.

Die Mandeln müssen „süße Mandeln“ sein. Von Natur aus können bis zu 5 % bittere Mandeln darunter sein. Nach den Leitsätzen (siehe oben) dürfen sogar für bestimmte Marzipansorten aus geschmacklichen Gründen bis zu 12 % bittere Mandeln enthalten sein. Jedoch bestehen dagegen starke gesundheitliche Bedenken.

5.2 Zusammensetzung

Ausgangspunkt für angewirkten Marzipan ist die Marzipanrohmasse (s. S. 70). Zum Anwirken darf dieser höchstens die gleiche Gewichtsmenge Zucker (Puderzucker) beigemischt werden.

Im Gesamtzuckergehalt dürfen enthalten sein:
- bis zu 3,5 % Stärkesirup,
- bis zu 5 % Sorbit oder Sorbitsirup.

5.3 Deklarationsvorschriften

Falls Marzipan aus konservierungsstoffhaltiger Rohmasse hergestellt wurde, muss dies deklariert werden (vgl. S. 70, 34 f.).

5.4 Besondere Bezeichnungen

Bestimmte Bezeichnungen sollen eine besondere Güte oder Beschaffenheit von Marzipan zum Ausdruck bringen.

Gütemarzipan (Konditormarzipan)
ist Marzipan mit besonders hohem Anteil an Mandelbestandteilen. Den Verkehrsregeln nach rechnet man auf 5 Teile Marzipanrohmasse nicht mehr als 3 Teile Zuckerzusatz.

Lübecker Marzipan
ist Gütemarzipan von besonders heller, kremweißer Farbe.

Die Bezeichnung „Lübecker Marzipan“ ist eine geschützte Herkunftsbezeichnung für Hersteller aus dem Lübecker Raum.

Königsberger Marzipan
ist Gütemarzipan, das durch Abflämmen mehr oder weniger verfärbt und häufig mit Früchten belegt ist.

6 Nugat

Rechtliche Grundlage: wie Marzipan

6.1 Begriffsbestimmung

Nugat ist ein Erzeugnis aus *Zucker* und aus trockenen, geschälten, gerösteten, zerkleinerten *Haselnüssen* oder *süßen Mandeln.* Nugat kann zusätzlich auch Kakaoerzeugnisse enthalten.

Ausgangsprodukt zum Anwirken von Nugat ist die Nugatmasse.

6.2 Arten und Zusammensetzung (siehe Tabelle unten)

Zum Anwirken der Nugatmasse darf höchstens die halbe Gewichtsmenge an Zucker verwendet werden.

Arten von Rohmassen	Zusammensetzung
Nuss-Nugat	höchstens 50 % Zucker, mindestens 30 % Gesamtfett, Haselnusskerne, evtl. Kakaoerzeugnisse
Mandel-Nugat	süße Mandeln, evtl. Kakaoerzeugnisse, höchstens 50 % Zucker, mindestens 28 % Gesamtfett
Mandel-Nuss-Nugat	Haselnusskerne und süße Mandeln etwa im gleichen Mengenverhältnis, evtl. Kakaoerzeugnisse, höchstens 50 % Zucker, mindestens 28 % Gesamtfett
Gesüßtes Nussmark	ausschließlich aus Haselnusskernen und Zucker; höchstens 50 % Zucker und mindestens 32 % Gesamtfett

7 Persipan

Rechtliche Grundlage: wie Marzipan

7.1 Begriffsbestimmung

Persipan gilt als Marzipanersatz. Es ist ein Erzeugnis, welches aus süßen oder entbitterten bitteren Aprikosen- oder Pfirsichkernen oder entbitterten bitteren Mandeln und Zucker besteht.

7.2 Zusammensetzung

Der Persipan-Rohmasse (s. S. 83) darf zum Anwirken höchstens die anderthalbfache Menge an Zucker beigemischt werden.

Im Gesamtzuckeranteil dürfen enthalten sein:
- bis zu 5 % Stärkesirup,
- bis zu 5 % Sorbit oder Sorbitsirup.

7.3 Deklarationsvorschriften

Falls Persipan aus konservierungsstoffhaltiger Rohmasse hergestellt wurde, muss dies deklariert werden (s. S. 85, 36 f.).

7.4 Bezeichnungen

Erzeugnisse, zu deren Herstellung Persipan verarbeitet wurde, müssen so benannt werden, dass es nicht zu Verwechslungen mit Marzipan oder Mandeln kommen kann. Andernfalls gelten die Bezeichnungen als irreführend und sind strafbar.

8 Schlagsahne

Schlagsahne zählt zu den Milcherzeugnissen (s. S. 76). Sie wird gewonnen durch mechanische Trennung (zentrifugieren) der Fettbestandteile von der Restflüssigkeit (= Magermilch). Der Fettgehalt beträgt mindestens 30 %.

Durch weitere mechanische Behandlung („schlagen", „blasen") bei kühler Temperatur und unter Zusatz von Zucker entsteht aus der Schlagsahne eine kremig-formbare Masse: die geschlagene Sahne.

Zur Stabilisierung, z. B. bei Zugabe von geschmacksgebenden Zusätzen, wird Gelatine oder Carragean zugesetzt.

Für die Verarbeitung von Schlagsahne gelten besondere hygienische Vorschriften (vgl. „Speiseeis"; unten).

9 Speiseeis

Rechtliche Grundlagen: Leitsätze für Speiseeis (Nr. 113); Infektionsschutzgesetz (Nr. 12); Eier- und Eiprodukteverordnung (Nr. 45)

9.1 Besondere hygienische Vorschriften

Wegen der großen Gefahr, dass beim Genuss von Speiseeis ansteckende Krankheiten auf den Verbraucher übertragen werden, sind für die Herstellung von Speiseeis besonders strenge hygienische Vorschriften erlassen worden. Sie beziehen sich:

- auf alle *Personen,* die mit der Herstellung und dem Vertrieb von Speiseeis beschäftigt sind. Nach dem Infektionsschutzgesetz müssen sie sich einer regelmäßigen Vorbeugeuntersuchung unterziehen (vgl. S. 53);
- auf die *Rohstoffe* zur Speiseeisherstellung. Enteneier sind wegen der Gefahr eines Gehalts an Salmonellen grundsätzlich verboten. Hühnereier müssen frische Eier sein. Eierzeugnisse (Gefrierei, Eidotter, Eiklar, Trockenei) müssen aus frischen Eiern hergestellt sein. Milch oder Sahne muss pasteurisiert, sterilisiert oder abgekocht sein;
- auf die *Betriebskontrolle.* Die Lebensmittelpolizei entnimmt Stichproben, die in den Lebensmitteluntersuchungsämtern auf ihren Gehalt an Kleinlebewesen untersucht werden. In den meisten Bundesländern gilt ein Eis mit einem Gehalt von mehr als 100 000 Keimen oder mehr als 10 Kolibakterien je Kubikzentimeter als gesundheitsgefährdend. Speiseeishersteller, deren Eis beanstandet wird, haben im Regelfall mit einem Strafverfahren zu rechnen;
- auf den *Verkauf.*
  Portionierer und Eislöffel müssen in Gefäßen mit durchlaufendem Trinkwasser oder in säurefesten Gefäßen in einer 1,5 %igen Zitronen- oder Weinsäurelösung, die regelmäßig zu erneuern ist, aufbewahrt werden.

  Verkaufsbehälter, Verkaufsgefäße, Waffeln, Vorratsgefäße und Speiseeis in loser Form müssen so aufbewahrt werden, dass eine Berührung durch Verbraucher oder sonstige Verunreinigungen ausgeschlossen sind. Verkaufswagen und Verkaufsstände von losem

Speiseeis müssen in unmittelbarer Nähe einer Trinkwasserzapfanlage stehen. Ist dies nicht der Fall, sollte ein Wasserbehälter mit mindestens 10 l Fassungsvermögen, ein Spülbecken zum Säubern der Geräte und ein Waschbecken mit Seifenspender und Einmalhandtuch im Verkaufswagen vorhanden sein.

Die Lagertemperatur von Speiseeis, das zum alsbaldigen Verzehr bestimmt ist, sollte −5 °C nicht überschreiten. Vorräte sollen bei mindestens −18 °C gelagert werden.

Angetautes oder geschmolzenes Speiseeis darf nicht mehr in den Verkehr gebracht werden.

9.2 Speiseeissorten

Kremeis (Cremeeis), Eierkremeis (Eiercremeeis)
enthält mindestens 270 g Vollei oder 90 g Eidotter auf 1 l Milch.

Fruchteis
enthält mindestens 20 % Frucht (frisch, auch zerkleinert), Fruchtzubereitungen, Fruchtmark, Fruchtsaft, auch in eingedickter oder getrockneter Form.

Fruchteis aus Zitrusfrüchten oder anderen sauren Früchten enthält mind. 10 % Frucht.

Rahmeis, Sahneeis, Fürst-Pückler-Eis
enthält mindestens 18 % Milchfett aus der verwendeten Sahne.

Milcheis
enthält mindestens 70 % Vollmilch bzw. die entsprechende Menge eingedickte Milch oder Milchpulver unter Zusatz von Trinkwasser.

Eiskrem (Eiscreme)
enthält mindestens 10 % Milchfett.

Fruchteiskrem (Fruchteiscreme)
enthält mindestens 8 % Milchfett und einen deutlich wahrnehmbaren Fruchtgeschmack.

Fruchtsorbet
enthält mindestens 25 % Fruchtanteil, bei Zitronenfrüchten oder anderen sauren Früchten beträgt der Fruchtanteil mindestens 15 %.

Wassereis
Speiseeis, das nicht den Anforderungen von Milcheis, Fruchteis oder Fruchtsorbet entspricht; Fettgehalt unter 3 %, Trockenmassegehalt mindestens 12 %, der von süßenden und/oder weiteren geschmackgebundenen Zutaten stammt.

Zur Herstellung von Speiseeis können folgende Lebensmittel (Rohstoffe) verwendet werden:

Milch, Milcherzeugnisse, Vollei, Eigelb, verkehrsübliche Zuckerarten, Honig, Trinkwasser, Früchte, Butter, Pflanzenfette, Aromen, färbende Lebensmittel; weitere Zutaten je nach Speiseeissorte und Geschmack (z. B. Kaffee, Mokka, Schokolade u. a.).

Anstelle von einzelnen Rohstoffen können auch Halberzeugnisse verwendet werden in Form von zähflüssigen Zubereitungen (Speiseeiskonserven), die durch Erhitzen in luftdicht verschlossenen Behältern haltbar gemacht sind; ferner Speiseeispulver, welches neben Zucker, Geschmacksstoffen und zuweilen Eipulver vor allem stark quellende Stoffe (Bindemittel) enthalten kann.

9.3 Zugelassene Zusatzstoffe und Zutaten

Die für Speiseeis zulässigen Zusatzstoffe finden sich in der Zusatzstoff-Zulassungsverordnung (Nr. 3).

Insbesondere zählen dazu:

- Genusssäuren und deren Salze
- Di-, Tri-, Polyphosphate
- Propylenglycolalginat (für Speiseeis auf Wasserbasis)
- Polysorbate
- Zuckerglyceride
- Propylenglycolester von Speisefettsäuren
- Sorbitanmonopalmitat

Es können auch bestimmte Emulgatoren, Stabilisatoren oder Dickungsmittel größtenteils ohne Mengenbegrenzung eingesetzt werden (z. B. Traganth, Johannisbrotkernmehl, Guarmehl, Obstpektine, Agar-Agar u. a.).

Darüber hinaus werden Stärke und Gelatine verwendet.

Bestimmte zugelassene Lebensmittelfarbstoffe dürfen Speiseeis unter Kenntlichmachung „mit Farbstoff" zugesetzt werden.

Sofern Speiseeis in tiefgefrorenen Packungen abgegeben wird, müssen alle Zusatzstoffe im Zutatenverzeichnis aufgeführt werden. Eine zusätzliche Deklaration, z. B. „mit Farbstoff", ist dann nicht erforderlich.

Der Zusatz von Konservierungsstoffen zu Speiseeis ist grundsätzlich verboten.

9.4 Bezeichnung für Speiseeis

Für die richtige Bezeichnung gilt grundsätzlich Folgendes:

- Speiseeis, das den allgemeinen Begriffsbestimmungen entspricht, wird verkehrsüblich auch als „Eis" in Verbindung mit beschreibenden Bezeichnungen hinsichtlich geschmacksgebender Zutaten in den Verkehr gebracht. Dies gilt nicht für Wassereis.
- Bei Fruchteis und Fruchtsorbet können die verwendeten Früchte namengebend sein, z. B. „Erdbeereis", „Erdbeersorbet".
- Bei Milcheis kann bei überwiegender Verwendung von fermentierten Milcherzeugnissen (Joghurt, Kefir, Sauermilch) darauf hingewiesen werden, z. B. „Joghurteis".

Teil 4: Die Bestimmungen über die Einrichtung und den Betrieb von Bäckereien und Konditoreien

Hier sind zu unterscheiden:

- Fragen der **Sicherheit**
  - Sie betreffen die Einrichtung der Betriebe (Arbeitsstätten); dabei geht es vorwiegend um baubehördliche Voraussetzungen und um baupolizeilich kontrollierbare Auflagen hinsichtlich der Beschaffenheit der Arbeits-, Lager-, Umkleide-, Wasch- und Sanitärräume, ferner um die Verantwortung für die Sicherheit im Betrieb.
- Fragen der **Hygiene**
  Sie betreffen:
  - die hygienischen Anforderungen an die Betriebsstätten,
  - die hygienischen Anforderungen beim Umgang mit Lebensmitteln,
  - die hygienischen Anforderungen an die Beschäftigten,
  - die Überwachung und Gewährleistung der Hygiene,
  - den Schutz vor gefährlichen Stoffen.

Rechtliche Grundlagen sind:

- für Fragen der **Sicherheit** die „Verordnung über Arbeitsstätten" (Arbeitsstättenverordnung) vom 18.12.2008. Sie gilt für „Arbeitsstätten im Rahmen eines Gewerbebetriebes, für den die § 120 a und 120 c sowie 139 g der Gewerbeordnung in Verbindung mit § 62 des Handelsgesetzbuches Anwendung finden", also auch für Bäckereien und Konditoreien.

  Die Bestimmungen der Arbeitsstättenverordnung werden ergänzt bzw. näher erläutert durch die „Arbeitsstättenrichtlinien (ARD) zur Arbeitsstättenverordnung":

- für Fragen der **Hygiene** die Verordnung (EG) Nr. 852/2004 über Lebensmittelhygiene vom 17.10.2008 (Nr. 13) (s. S. 122 f.).

1 Die baubehördlichen Bestimmungen

1.1 Begriffsbestimmung „Arbeitsstätten" (§ 2)

(1) Arbeitsstätten sind

1. Arbeitsräume in Gebäuden einschließlich Ausbildungsstätten,
2. Arbeitsplätze auf dem Betriebsgelände im Freien,
3. Baustellen,
4. Verkaufsstände im Freien, die im Zusammenhang mit Ladengeschäften stehen,
5. Wasserfahrzeuge und schwimmende Anlagen auf Binnengewässern.

(2) Zur Arbeitsstätte gehören

1. Verkehrswege,
2. Lager-, Maschinen- und Nebenräume,
3. Pausen-, Bereitschafts-, Liegeräume und Räume für körperliche Ausgleichsübungen,
4. Umkleide-, Wasch- und Toilettenräume (Sanitärräume),
5. Sanitätsräume.

(3) Zu den Arbeitsstätten gehören auch Einrichtungen, soweit für sie in den §§ 5 bis 55 dieser Verordnung besondere Anforderungen gestellt werden.

1.2 Allgemeine Auflagen für den Arbeitgeber

1.2.1 Sicherheit und Ausstattung des Arbeitsplatzes

(1) Der Arbeitgeber hat

1. die Arbeitsstätte nach dieser Verordnung, den sonst geltenden Arbeitsschutz- und Unfallverhütungsvorschriften und nach den allgemein anerkannten sicherheitstechnischen, arbeitsmedizinischen und hygienischen Regeln sowie den sonstigen gesicherten arbeitswissenschaftlichen Erkenntnissen einzurichten und zu betreiben.
2. den in der Arbeitsstätte beschäftigten Arbeitnehmern die Räume und Einrichtungen zur Verfügung zu stellen, die in dieser Verordnung vorgeschrieben sind.

Soweit in anderen Rechtsvorschriften, insbesondere dem Bauordnungsrecht der Länder, Anforderungen gestellt werden, bleiben diese Vorschriften unberührt.

1.2.2 Nichtraucherschutz (§ 3a der VO)

(1) Der Arbeitgeber hat die erforderlichen Maßnahmen zu treffen, damit die nichtrauchenden Beschäftigten in Arbeitsstätten wirksam vor den Gesundheitsgefahren durch Tabakrauch geschützt sind.

(2) In Arbeitsstätten mit Publikumsverkehr hat der Arbeitgeber Schutzmaßnahmen nach Absatz 1 nur insoweit zu treffen, als die Natur des Betriebes und die Art der Beschäftigung es zulassen.

Ausnahmen: Die zuständige Behörde kann auf schriftlichen Antrag des Arbeitgebers Ausnahmen von den Vorschriften dieser Verordnung zulassen, wenn

- der Arbeitgeber eine andere, ebenso wirksame Maßnahme trifft,
- die Durchführung der Vorschrift im Einzelfall zu einer unverhältnismäßigen Härte führen würde und die Abweichung mit dem Schutz der Arbeitnehmer vereinbar ist.

Der Arbeitgeber kann auch von sich aus von den in § 3a genannten Regeln abweichen, wenn er ebenso wirksame Maßnahmen trifft.

Auf Verlangen der zuständigen Behörde jedoch muss er im Einzelfall nachweisen, dass die von ihm getroffene Maßnahme ebenso wirksam ist, wie in § 3a vorgeschrieben.

1.3 Anforderungen an die Arbeitsräume

1.3.1 Allgemeine Anforderungen

Lüftung (§ 5)

In Arbeitsräumen muss unter Berücksichtigung der angewandten Arbeitsverfahren und der körperlichen Beanspruchung der Arbeitnehmer während der Arbeitszeit ausreichend gesundheitlich zuträgliche Atemluft vorhanden sein.

Wird für die nach Satz 1 erforderliche Atemluft durch eine lüftungstechnische Anlage (Lüftungsanlage, Klimaanlage) gesorgt, muss diese jederzeit funktionsfähig sein. Eine Störung an lüftungstechnischen Anlagen muss der für den Betrieb der Anlage zuständigen Person durch eine selbsttätig wirkende Warneinrichtung angezeigt werden können.

Raumtemperatur (§ 6)

(1) In Arbeitsräumen muss während der Arbeitszeit eine unter Berücksichtigung der Arbeitsverfahren und der körperlichen Beanspruchung der Arbeitnehmer gesundheitlich zuträgliche Raumtemperatur vorhanden sein. Satz 1 gilt auch für Bereiche von Arbeitsplätzen in Lager-, Maschinen- und Nebenräumen.

Nach der Arbeitsstättenrichtlinie (ASR) 6/1, Normenheft 100, S. 37, sollen die Temperaturen betragen:

- in Arbeitsräumen nicht über +26 °C (außer bei Hitzearbeitsplätzen),
- bei überwiegend nichtsitzender Tätigkeit mindestens +17 °C,
- in Verkaufsräumen mindestens +19 °C.

Diese Mindesttemperaturen sollen bei Arbeitsbeginn erreicht sein.

(2) Es muss sichergestellt sein, dass die Arbeitnehmer durch Heizeinrichtungen keinen unzuträglichen Temperaturverhältnissen ausgesetzt sind.

ASR 6/1: Die Raumtemperatur soll +26 °C nicht überschreiten. Arbeitsräume mit Hitzearbeitsplätzen sind ausgenommen.

(3) In Pausen-, Bereitschafts-, Liege-, Sanitär- und Sanitätsräumen muss mindestens eine Raumtemperatur von +21 °C erreichbar sein.

ASR 6/1: In Waschräumen mit Duschen oder Badewannen sowie in Umkleideräumen soll die Temperatur +24 °C betragen.

Auch diese Temperatur muss zu Beginn der Benutzung der Räume erreicht sein.

In Fluren und Treppenräumen, die Hitzearbeitsplätze mit Pausen-, Bereitschafts-, Liege- und Sanitätsräumen verbinden, soll die Temperatur mindestens +18 °C betragen.

(4) Bereiche von Arbeitsplätzen, die unter starker Hitzeeinwirkung stehen, müssen im Rahmen des betrieblich Möglichen auf eine zuträgliche Temperatur gekühlt werden.

Beleuchtung (§ 7)

Sichtverbindung

(1) Arbeits-, Pausen-, Bereitschafts-, Liege- und Sanitätsräume müssen eine Sichtverbindung nach außen haben.

ASR 7/1, Normenheft 100, S. 39: Die Sichtverbindung nach außen muss in Augenhöhe durch Fenster, durchsichtige Türen oder Wandflächen aus durchsichtigem Glas oder Werkstoff gewährleistet sein, sodass der Ausblick aus dem jeweiligen Raum ins Freie ermöglicht wird. Dabei soll die Unterkante der Fenster bzw. der durchsichtigen Fläche in Türen zwischen 0,85 m und 1,25 m über dem Raumfußboden liegen.

Dies gilt nicht für

1. Arbeitsräume, bei denen betriebstechnische Gründe eine Sichtverbindung nicht zulassen,
2. Verkaufsräume sowie Schank- und Speiseräume in Gaststätten einschließlich der zugehörigen anderen Arbeitsräume, sofern die Räume vollständig unter Erdgleiche liegen,
3. Arbeitsräume mit einer Grundfläche von mindestens 2000 m^2, sofern Oberlichter vorhanden sind.

Beleuchtung und Sicherheitsbeleuchtung

(2) Lichtschalter müssen leicht zugänglich und selbst leuchtend sein. Sie müssen auch in der Nähe der Zu- und Ausgänge sowie längs der Verkehrswege angebracht sein. Dies gilt nicht, wenn die Beleuchtung zentral geschaltet wird. Selbst leuchtende Lichtschalter sind bei vorhandener Orientierungsbeleuchtung nicht erforderlich.

(3) Beleuchtungseinrichtungen in Arbeitsräumen und Verkehrswegen sind so anzuordnen und auszulegen, dass sich aus der Art der Beleuchtung keine Unfall- oder Gesundheitsgefahren für die Arbeitnehmer ergeben können. Die Beleuchtung muss sich nach der Art der Sehaufgabe richten. Die Stärke der Allge-

meinbeleuchtung muss mindestens 15 Lux betragen.

ASR 7/4 (Normenheft 100, S. 41 f.): Neben der Allgemeinbeleuchtung ist eine Sicherheitsbeleuchtung erforderlich, d. h. „eine künstliche Beleuchtung, die bei Störung der Allgemeinbeleuchtung ... während der Arbeitszeit über einen bestimmten Zeitraum eine Beleuchtung mit der Beleuchtungsstärke nach VDE 108 gewährleistet ..."

Sie soll entweder

- von der allgemeinen Stromversorgung unabhängig sein,
- über einen von der Allgemeinbeleuchtung getrennten Stromkreis erfolgen oder
- mit Hilfe tragbarer oder festinstallierter Einzelbatterieleuchten erfolgen.

Sicherheitsbeleuchtung ist u. a. vorgeschrieben:

- in größeren Arbeitsräumen (über 2 000 m^2),
- in Pausenräumen ab 600 m^2,
- in hoch gelegenen Arbeitsräumen (über 22 m oberhalb der Geländeoberfläche),
- in Rettungswegen (Gängen, Fluren, Treppen).

1.3.2 Raumabmessungen (§ 23)

Fläche und Höhe

(1) Arbeitsräume müssen eine Grundfläche von mindestens 8,00 m^2 haben.

(2) Räume dürfen als Arbeitsräume nur genutzt werden, wenn die lichte Höhe

- bei einer Grundfläche von nicht mehr als 50 m^2 mindestens 2,50 m,
- bei einer Grundfläche von mehr als 50 m^2 mindestens 2,75 m,
- bei einer Grundfläche von mehr als 100 m^2 mindestens 3,00 m,
- bei einer Grundfläche von mehr als 2000 m^2 mindestens 3,25 m

beträgt.

Bei Räumen mit Schrägdecken darf die lichte Höhe im Bereich von Arbeitsplätzen und Verkehrswegen an keiner Stelle 2,50 m unterschreiten.

(3) Die in Absatz 2 genannten Maße können bei Verkaufsräumen, Büroräumen und anderen Arbeitsräumen, in denen überwiegend leichte oder sitzende Tätigkeit ausgeübt wird, oder aus zwingenden baulichen Gründen um 0,25 m herabgesetzt werden, wenn hiergegen keine gesundheitlichen Bedenken bestehen. Die lichte Höhe darf nicht weniger als 2,50 m betragen.

Luftraum

(4) In Arbeitsräumen muss für jeden ständig anwesenden Arbeitnehmer als Mindestluftraum 12 m^3 bei überwiegend sitzender Tätigkeit, 15 m^3 bei überwiegend nichtsitzender Tätigkeit, 18 m^3 bei schwerer körperlicher Arbeit vorhanden sein.

Der Mindestluftraum darf durch Betriebseinrichtungen nicht verringert werden. Wenn sich in Arbeitsräumen mit natürlicher Lüftung neben den ständig anwesenden Arbeitnehmern auch andere Personen nicht nur vorübergehend aufhalten, ist für jede zusätzliche Person ein Mindestluftraum von 10 m^3 vorzusehen. Satz 3 gilt nicht für Verkaufsräume sowie Schank- und Speiseräume in Gaststätten.

Bewegungsfläche am Arbeitsplatz (§ 24)

(1) Die freie, unverstellte Fläche am Arbeitsplatz muss so bemessen sein, dass sich die Arbeitnehmer bei ihrer Tätigkeit unbehindert bewegen können. Für jeden Arbeitnehmer muss an seinem Arbeitsplatz mindestens eine freie Bewegungsfläche von 1,50 m^2 zur Verfügung stehen. Die freie Bewegungsfläche soll an keiner Stelle weniger als 1,00 m breit sein.

(2) Kann aus betrieblichen Gründen an bestimmten Arbeitsplätzen eine freie Bewegungsfläche von 1,50 m^2 nicht eingehalten werden, muss dem Arbeitnehmer in der Nähe des Arbeitsplatzes mindestens eine gleich große Bewegungsfläche zur Verfügung stehen.

1.3.3 Raumausstattung (§ 25)

(1) Kann die Arbeit ganz oder teilweise sitzend verrichtet werden, sind den Arbeitnehmern am Arbeitsplatz Sitzgelegenheiten zur Verfügung

zu stellen. Die Sitzgelegenheiten müssen dem Arbeitsablauf und der Handhabung der Betriebseinrichtungen entsprechen und unfallsicher sein. Können aus betrieblichen Gründen keine Sitzgelegenheiten unmittelbar am Arbeitsplatz aufgestellt werden, obwohl es der Arbeitsablauf zulässt, sich zeitweise zu setzen, sind in der Nähe der Arbeitsplätze Sitzgelegenheiten bereitzustellen.

(2) In Arbeitsräumen müssen Abfallbehälter zur Verfügung stehen. Die Behälter müssen verschließbar sein, wenn die Abfälle leicht entzündlich, unangenehm riechend oder unhygienisch sind. Bei leicht entzündlichen Abfällen müssen die Behälter aus nichtbrennbarem Material bestehen.

1.3.4 Bauliche Beschaffenheit (§§ 8 bis 10)

Fußböden

(1) Fußböden in Räumen dürfen keine Stolperstellen haben; sie müssen eben und rutschhemmend ausgeführt und leicht zu reinigen sein. Für Arbeits-, Lager-, Maschinen- und Nebenräume gilt dies insoweit, als es betrieblich möglich und aus sicherheitstechnischen oder gesundheitlichen Gründen erforderlich ist. Standflächen an Arbeitsplätzen müssen unter Berücksichtigung der Art des Betriebes und der körperlichen Tätigkeit der Arbeitnehmer eine ausreichende Wärmedämmung aufweisen.

Wände und Decken

(3) Die Oberfläche der Wände und Decken in Räumen muss so beschaffen sein, dass sie leicht zu reinigen oder zu erneuern ist. Für Arbeits-, Lager-, Maschinen- und Nebenräume gilt dies insoweit, als es betrieblich möglich und aus sicherheitstechnischen oder gesundheitlichen Gründen erforderlich ist.

(4) Lichtdurchlässige Wände, insbesondere Ganzglaswände, im Bereich von Arbeitsplätzen und Verkehrswegen müssen aus bruchsicherem Werkstoff bestehen oder so gegen die Arbeitsplätze und Verkehrswege abgeschirmt sein, dass Arbeitnehmer nicht mit den Wänden in Berührung kommen und beim Zersplittern der Wände verletzt werden können.

Dächer

(5) Dächer aus nicht durchtrittsicherem Material dürfen nur betreten werden können, wenn Einrichtungen vorhanden sind, die ein Abstürzen verhindern.

Fenster und Oberlichter

(1) Fensterflügel dürfen in geöffnetem Zustand die Arbeitnehmer am Arbeitsplatz in ihrer Bewegungsfreiheit nicht behindern und die erforderliche Mindestbreite der Verkehrswege nicht einengen.

(2) Fenster und Oberlichter müssen so beschaffen oder mit Einrichtungen versehen sein, dass die Räume gegen unmittelbare Sonneneinstrahlung abgeschirmt werden können.

Türen und Tore

(1) Lage, Anzahl, Ausführung und Abmessungen von Türen und Toren müssen sich nach der Art und Nutzung der Räume richten.

(2) Tore, die auch dem Fußgängerverkehr dienen, müssen so ausgeführt sein, dass sie oder Teile von ihnen vom Benutzer leicht geöffnet oder geschlossen werden können.

(3) In unmittelbarer Nähe von Toren, die vorwiegend für den Fahrzeugverkehr bestimmt sind, müssen Türen für den Fußgängerverkehr vorhanden sein.

(4) Pendeltüren und -tore müssen durchsichtig sein oder Sichtfenster haben.

ASR 10+1 (Normenheft 100, S. 44 f.): „Lichtdurchlässige Türflächen" müssen bruchsicher sein.

1.3.5 Sicherheitsvorkehrungen

Schutz gegen Brandgefahr (§ 13)

(1) Für die Räume müssen je nach Brandgefährlichkeit der in den Räumen vorhandenen Betriebseinrichtungen und Arbeitsstoffe die zum Löschen möglicher Entstehungsbrände erforderlichen Feuerlöscheinrichtungen vorhanden sein.

(2) Die Feuerlöscheinrichtungen müssen, sofern sie nicht selbsttätig wirken, gekennzeichnet, leicht zugänglich und leicht zu handhaben sein.

(3) Selbsttätige, ortsfeste Feuerlöscheinrichtungen, bei deren Einsatz Gefahren für die Arbeitnehmer auftreten können, müssen mit selbsttätig wirkenden Warneinrichtungen ausgerüstet sein.

Schutz gegen Gase, Dämpfe, Nebel, Stäube (§ 14)

Soweit in Arbeitsräumen das Auftreten von Gasen, Dämpfen, Nebeln oder Stäuben in unzuträglicher Menge oder Konzentration nicht verhindert werden kann, sind diese an ihrer Entstehungsstelle abzusaugen und zu beseitigen. Sind Störungen an Absaugeeinrichtungen nicht ohne weiteres erkennbar, so müssen die betroffenen Arbeitnehmer durch eine selbsttätig wirkende Warneinrichtung auf die Störung hingewiesen werden. Es müssen ferner Vorkehrungen getroffen sein, durch die die Arbeitnehmer im Falle einer Störung an Absaugeeinrichtungen gegen Gesundheitsgefahren geschützt sind.

Mittel und Einrichtungen zur Ersten Hilfe (§ 39)

(1) In den Arbeitsstätten müssen die zur Ersten Hilfe erforderlichen Mittel vorhanden sein. Sie müssen im Bedarfsfall leicht zugänglich und gegen Verunreinigung, Nässe und hohe Temperaturen geschützt sein. Wenn es die Art des Betriebes erfordert, müssen Krankentragen vorhanden sein.

ASR 39/1.3 (Normenheft 101, S. 29 f.): Mittel zur Ersten Hilfe sind „Medikamente, Verbandstoffe und alle sonstigen Hilfsmittel und medizinischen Geräte“. So muss z. B. mindestens ein Verbandskasten nach DIN 13 169 vorhanden sein.

(2) Bei Arbeitsplätzen mit großer räumlicher Ausdehnung müssen sich Mittel zur Ersten Hilfe und, sofern es die Art des Betriebes erfordert, Krankentragen an mehreren gut erreichbaren Stellen befinden.

(3) Die Aufbewahrungsstellen von Mitteln zur Ersten Hilfe und Krankentragen müssen als solche gekennzeichnet sein.

1.4 Anforderungen an Umkleideräume und Kleiderablagen (§ 34)

(1) Den Arbeitnehmern sind für Frauen und Männer getrennte Umkleideräume zur Verfügung zu stellen, wenn die Arbeitnehmer bei ihrer Tätigkeit besondere Arbeitskleidung tragen müssen und es den Arbeitnehmern aus gesundheitlichen oder sittlichen Gründen nicht zuzumuten ist, sich in einem anderen Raum umzukleiden.

(2) Bei Betrieben, in denen die Arbeitnehmer bei ihrer Tätigkeit starker Hitze ausgesetzt sind, müssen sich die Umkleideräume in der Nähe der Arbeitsplätze befinden.

(3) Umkleideräume müssen eine lichte Höhe von mindestens 2,30 m bei einer Grundfläche bis einschließlich 30 m^2 und mindestens 2,50 m bei einer Grundfläche von mehr als 30 m^2 haben.

(4) In Umkleideräumen muss für die Arbeitnehmer, die den Raum gleichzeitig benutzen sollen, je nach Art der Kleiderablage so viel freie Bodenfläche vorhanden sein, dass sich die Arbeitnehmer unbehindert umkleiden können. Bei jeder Kleiderablage muss eine freie Bodenfläche, einschließlich der Verkehrsfläche, von mindestens 0,50 m^2 zur Verfügung stehen. Die Grundfläche eines Umkleideraumes muss mindestens 6,00 m^2 betragen.

(5) Nach Absatz 1 erforderliche Umkleideräume müssen mit Einrichtungen ausgestattet sein, in denen jeder Arbeitnehmer seine Kleidung unzugänglich für andere während der Arbeitszeit aufbewahren kann.

ASR 34/1–5 (Normenheft 102, S. 22 f.): Danach sind hierzu „abschließbare Schränke, Kleideraufzüge oder Haken oder Bügelgestelle ohne oder mit Ablagetisch …“ zu verwenden. Abschließbare Schränke müssen „so unterteilt sein, dass eine getrennte Unterbringung von Arbeits- oder Straßenbekleidung möglich ist.

Die Schränke müssen mindestens 600 mm breit, 500 mm tief und 1 800 mm hoch sein und ein Ablagefach haben."

Den Arbeitnehmern muss es außerdem möglich sein, die Arbeitskleidung außerhalb der Arbeitszeit zu lüften oder zu trocknen und unzugänglich für andere aufzubewahren. Wenn die Arbeitskleidung bei der Arbeit stark verschmutzt, hat der Arbeitgeber dafür zu sorgen, dass die Arbeitskleidung gereinigt werden kann. Zum Umkleiden müssen Sitzgelegenheiten vorhanden sein.

ASR 34/1–5: „Für je vier Schrankeinheiten ..." soll „mindestens eine Sitzgelegenheit zur Verfügung stehen."

(6) Wenn Umkleideräume nach Absatz 1 nicht erforderlich sind, müssen für jeden Arbeitnehmer eine Kleiderablage und ein abschließbares Fach zur Aufbewahrung persönlicher Wertgegenstände vorhanden sein.

ASR 34/1–5: Umkleideräume sind mit Abfallbehältern und mit Spiegeln auszustatten.

1.5 Anforderungen an Waschräume oder Waschgelegenheiten (§§ 35, 36)

(1) Den Arbeitnehmern sind Waschräume zur Verfügung zu stellen, wenn es die Art der Tätigkeit oder gesundheitliche Gründe erfordern. Die Waschräume müssen für Frauen und Männer getrennt sein.

(2) Waschräume müssen eine lichte Höhe von mindestens 2,30 m bei einer Grundfläche bis einschließlich 30 m^2 und mindestens 2,50 m bei einer Grundfläche von mehr als 30 m^2 haben.

(3) In Waschräumen muss vor jeder Waschgelegenheit so viel freie Bodenfläche zur Verfügung stehen, dass sich die Arbeitnehmer unbehindert waschen können. Die freie Bodenfläche vor einer Waschgelegenheit muss mindestens 0,70 x 0,70 m betragen. Waschräume müssen eine Grundfläche von mindestens 4,00 m^2 haben.

(4) Waschräume müssen mit Einrichtungen ausgestattet sein, die es jedem Arbeitnehmer ermöglichen, sich den hygienischen Erfordernissen entsprechend zu reinigen. Es muss fließendes kaltes und warmes Wasser vorhanden sein. Die hygienisch erforderlichen Mittel zum Reinigen und Desinfizieren sowie zum Abtrocknen der Hände müssen zur Verfügung stehen.

(5) Wenn Waschräume nach Absatz 1 nicht erforderlich sind, müssen Waschgelegenheiten mit fließendem Wasser in der Nähe der Arbeitsplätze vorhanden sein.

ASR 35/1–4 (Normenheft 102, S. 27 f.): Für je vier Arbeitnehmer muss mindestens eine Waschstelle vorhanden sein.

Die hygienisch erforderlichen Mittel zum Reinigen und Abtrocknen der Hände müssen zur Verfügung gestellt werden.

„Als hygienische Reinigungsmittel sind zulässig: Seifenspender, Pulverseifenspender, Seifenmühlen, Kippseifenspender, Seifenstück, sofern es ausschließlich von einer Person benutzt wird. Zusätzlich kann Handwaschpaste erforderlich sein."

ASR 34/1–4: Als „hygienische Mittel zum Trocknen der Hände sind nur Handtücher zulässig, die zur einmaligen Benutzung bestimmt sind (Einmal-Handtücher)."

Dazu zählen: „Papierhandtücher..., Textilhandtuchautomaten ..."

„In jedem Waschraum sollte mindestens ein Abfalleimer ... vorhanden sein."

Wasch- und Umkleideräume müssen einen unmittelbaren Zugang zueinander haben, aber räumlich voneinander getrennt sein.

1.6 Anforderungen an Toilettenräume (§ 37)

(1) Den Arbeitnehmern sind in der Nähe der Arbeitsplätze besondere Räume mit einer ausreichenden Zahl von Toiletten und Handwaschbecken (Toilettenräume) zur Verfügung zu stellen. Wenn mehr als fünf Arbeitnehmer verschiedenen Geschlechts beschäftigt werden, müssen für Frauen und Männer vollständig getrennte Toilettenräume vorhanden sein. Werden mehr als fünf Arbeitnehmer beschäftigt, müssen die Toilettenräume ausschließlich den Betriebsangehörigen zur Verfügung stehen.

ASR 37/1 (Normenheft 102, S. 32 f.): Es müssen vorhanden sein:

männliche Beschäftigte:

bis 5	1 Toilette
5 bis 10	1 Toilette + 1 Bedürfnisstand
10 bis 25	2 Toiletten + 2 Bedürfnisstände

weibliche Beschäftigte:

bis 10	1 Toilette
10 bis 20	2 Toiletten
über 20	3 Toiletten

(2) In unmittelbarer Nähe von Pausen-, Bereitschafts-, Umkleide- und Waschräumen müssen Toilettenräume vorhanden sein.

ASR 37/1: Die Toilettenräume bzw. Toiletten dürfen vom ständigen Arbeitsplatz „höchstens eine Geschosshöhe entfernt sein. Der Weg vom ständigen Arbeitsplatz in Gebäuden zu Toiletten soll nicht durchs Freie führen."

1.7 Anforderungen an Pausenräume (§ 29)

(1) Den Arbeitnehmern ist ein leicht erreichbarer Pausenraum zur Verfügung zu stellen, wenn mehr als zehn Arbeitnehmer beschäftigt sind oder gesundheitliche Gründe oder die Art der ausgeübten Tätigkeit es erfordern. Dies gilt nicht, wenn die Arbeitnehmer in Büroräumen oder vergleichbaren Arbeitsräumen beschäftigt sind und dort die Voraussetzungen für eine gleichwertige Erholung während der Pausen gegeben sind.

(2) Die lichte Höhe von Pausenräumen muss den Anforderungen des § 23 Abs. 2 (Raumabmessung) entsprechen.

(3) In Pausenräumen muss für jeden Arbeitnehmer, der den Raum benutzen soll, eine Grundfläche von mindestens 1,00 m² vorhanden sein. Die Grundfläche eines Pausenraumes muss mindestens 6,00 m² betragen.

(4) Pausenräume müssen entsprechend der Zahl der Arbeitnehmer, die sich gleichzeitig in den Räumen aufhalten sollen, mit Tischen, die leicht zu reinigen sind, Sitzgelegenheiten mit Rückenlehne sowie mit Kleiderhaken, Abfallbehältern und bei Bedarf auch mit Vorrichtungen zum Anwärmen und zum Kühlen von Speisen und Getränken ausgestattet sein. Trinkwasser oder ein anderes alkoholfreies Getränk muss den Arbeitnehmern zur Verfügung gestellt werden.

1.8 Liegeräume für werdende oder stillende Mütter (§ 31)

Werdenden oder stillenden Müttern ist während der Pausen und, wenn es aus gesundheitlichen Gründen erforderlich ist, auch während der Arbeitszeit zu ermöglichen, sich in einem geeigneten Raum auf einer Liege auszuruhen.

Das gilt entsprechend auch für andere Arbeitnehmerinnen, wenn sie mit Arbeiten beschäftigt sind, bei denen es der Arbeitsablauf nicht zulässt, sich zeitweise zu setzen.

1.9 Anforderungen an Verkaufsstände im Freien, die im Zusammenhang mit Ladengeschäften stehen

(1) An Verkaufsständen im Freien, die im Zusammenhang mit Ladengeschäften stehen, dürfen in der Zeit vom 15.10. bis 30.4. Arbeitnehmer nur dann beschäftigt werden, wenn die Außentemperatur am Verkaufsstand mehr als +16 °C beträgt.

(2) Verkaufsstände im Freien sind so einzurichten, dass die Arbeitnehmer gegen Witterungseinflüsse geschützt sind.

(3) An Verkaufsständen im Freien muss für jeden Arbeitnehmer eine freie Bodenfläche von mindestens 1,50 m² vorhanden sein. Sitzgelegenheiten müssen zur Verfügung stehen.

(4) Verkaufsstände im Freien dürfen nur so aufgestellt werden, dass die Arbeitnehmer keinem unzuträglichen Lärm und keinen unzuträglichen mechanischen Schwingungen, Stäuben, Dämpfen, Nebel oder Gasen, insbesondere Abgasen von Verbrennungsmotoren, ausgesetzt sind.

(5) Die Absätze 1 bis 4 gelten nicht für Warenauslagen, wenn sich die Arbeitnehmer im Ladengeschäft befinden und die Waren dort verkauft werden.

2 Die hygienischen Bestimmungen

2.1 Die hygienischen Anforderungen an Betriebsstätten

Rechtliche Grundlage: EU-Lebensmittelhygieneverordnung (Nr. 13)

2.1.1 Begriffsbestimmung „Betriebsstätten"

Betriebsstätten im engeren Sinne sind Einrichtungen, in denen mit Lebensmitteln umgegangen wird. Dazu zählen auch ortsveränderliche und/oder nichtständige Betriebsstätten (wie Verkaufszelte, Marktstände und mobile Verkaufsfahrzeuge), vorrangig als private Wohngebäude genutzte Betriebsstätten, in denen jedoch Lebensmittel regelmäßig für das Inverkehrbringen zubereitet werden, sowie Verkaufsautomaten.

2.1.2 Allgemeine hygienische Anforderungen an Betriebsstätten

Betriebsstatten, in denen mit Lebensmitteln umgegangen wird, müssen

- sauber und stets instand gehalten werden
- eine angemessene Instandhaltung, Reinigung und/oder Desinfektion ermöglichen
- Kontaminationen vermeiden
- ausreichende Arbeitsflächen vorweisen
- Ansammlung von Schmutz, Kontakt mit toxischen Stoffen, Eindringen von Fremdteilchen in Lebensmittel, Bildung von Kondensflüssigkeit oder unerwünschte Schimmelbildung auf Oberflächen vermeiden
- gute Lebensmittelhygiene, einschließlich Schutz gegen Kontaminationen und insbesondere Schädlingsbekämpfung gewährleisten
- geeignete Bearbeitungs- und Lagerräume vorweisen mit ausreichender Kapazität und Temperaturkontrolle.

Dies gilt insbesondere für leicht verderbliche Lebensmittel, die in mikrobieller Hinsicht leicht anfällig und deren Verkehrsfähigkeit nur bei Einhaltung bestimmter Temperaturen und sonstiger Bedingungen eingehalten werden kann. Zu solchen Lebensmitteln zählen insbesondere Speiseeis, Krems und Torten mit feuchter Auflage.

2.1.3 Besondere Einrichtungen zur Gewährleistung der Hygiene

Betriebsstätten müssen mit den erforderlichen sanitären Einrichtungen ausgestattet sein:

Handwaschbecken, Toiletten

Es müssen genügend Toiletten mit Wasserspülung, Kanalanschluss und Vorräume vorhanden sein.

Es müssen an geeigneten Standorten genügend Handwaschbecken mit Warm- und Kaltwasserzufuhr, Flüssigseife, Einmalhandtücher (auch Handtuchrolle) vorhanden sein, ggf. getrennt von Vorrichtungen zum Waschen der Lebensmittel.

Be- und Entlüftung

Es muss eine ausreichende und angemessene natürliche oder künstliche Belüftung gewährleistet sein. Alle sanitären Anlagen müssen über eine angemessene natürliche oder künstliche Belüftung verfügen.

Beleuchtung

Betriebsstätten, in denen mit Lebensmitteln umgegangen wird, müssen über eine angemessene natürliche oder künstliche Beleuchtung verfügen.

Abwasseranlagen

Abwasserableitungssysteme müssen zweckdienlich sein. Sie müssen so konzipiert und gebaut sein, dass jedes Kontaminationsrisiko vermieden wird.

Umkleidemöglichkeiten

Soweit erforderlich, müssen angemessene Umkleideräume für das Personal vorhanden sein.

Reinigungs- und Desinfektionsmittel

Reinigungs- und Desinfektionsmittel dürfen nicht in Bereichen gelagert werden, in denen mit Lebensmitteln umgegangen wird.

2.1.4 Hygienische Anforderungen an Räume, Vorrichtungen und Geräte in Betriebsstätten

Räume

Räume, in denen Lebensmittel zubereitet, behandelt oder verarbeitet werden, müssen so konzipiert und angelegt sein, dass eine gute Lebensmittelhygiene gewährleistet ist und Kontaminationen zwischen und während Arbeitsgängen vermieden werden. Sie müssen insbesondere folgende Anforderungen erfüllen:

Fußböden

sind in einwandfreiem Zustand zu halten und müssen leicht zu reinigen und erforderlichenfalls zu desinfizieren sein. Sie müssen entsprechend wasserundurchlässig, Wasser abstoßend und abriebfest sein sowie aus ungiftigem Material bestehen. Gegebenenfalls müssen die Böden ein angemessenes Abflusssystem aufweisen.

Wandflächen

sind in einwandfreiem Zustand zu halten und müssen leicht zu reinigen und erforderlichenfalls zu desinfizieren sein. Sie müssen entsprechend wasserundurchlässig, Wasser abstoßend und abriebfest sein sowie aus ungiftigem Material bestehen sowie bis zu einer den jeweiligen Arbeitsvorgängen angemessenen Höhe glatte Flachen aufweisen.

Decken und Deckenvorrichtungen

müssen so gebaut und verarbeitet sein, dass Schmutzansammlungen vermieden und Kondensationen, Schimmelbildung sowie Materialablösungen auf ein Mindestmaß beschränkt werden.

Fenster und sonstige Öffnungen

müssen so gebaut sein, dass Schmutzansammlungen, Kondensationen, Schimmelbildung sowie Materialablösungen auf ein Mindestmaß beschränkt werden. Soweit sie nach außen öffnen können, müssen sie erforderlichenfalls mit Insektengittern versehen sein, die zu Reinigungszwecken leicht entfernt werden können. Soweit offene Fenster die Kontamination begünstigen, müssen sie während des Herstellungsprozesses geschlossen und verriegelt bleiben.

Türen

müssen leicht zu reinigen und erforderlichenfalls zu desinfizieren sein. Sie müssen entsprechend glatte und Wasser abstoßende Oberflächen haben.

Oberflächen,

einschließlich Flächen von Ausrüstungen in Bereichen, in denen mit Lebensmitteln umgegangen wird, und insbesondere Flächen, die mit Lebensmitteln in Berührung kommen, sind in einwandfreiem Zustand zu halten und müssen leicht zu reinigen und erforderlichenfalls zu desinfizieren sein. Sie müssen aus glattem, abrieb- und korrosionsfestem, ungiftigem Material bestehen.

Reinigen und Desinfizieren von Arbeitsgeräten und Ausrüstungen

Zum Reinigen, Desinfizieren und Lagern von Arbeitsgeräten und Ausrüstungen müssen erforderlichenfalls geeignete Vorrichtungen vorhanden sein. Diese Vorrichtungen müssen aus korrosionsfesten Materialien hergestellt, leicht zu reinigen sein und über eine angemessene Warm- und Kaltwasserzufuhr verfügen. Hierzu gehören z. B. auch Spül- und Reinigungsvorrichtungen für Gläser, Bauteile von Getränkeschankanlagen, ggf. Reinigungsgeräte für Schankanlagen.

Waschen der Lebensmittel

Geeignete Vorrichtungen zum Waschen der Lebensmittel müssen erforderlichenfalls vorhanden sein. Jedes Waschbecken bzw. jede andere Vorrichtung zum Waschen von Lebensmitteln muss über eine angemessene Zufuhr von warmem und/oder kaltem Trinkwasser verfügen und sauber gehalten sowie erforderlichenfalls desinfiziert werden.

Geräte (Gegenstände und Ausrüstungen)

Gegenstände Armaturen und Ausrüstungen, mit denen Lebensmitteln in Berührung kommen, müssen:

– gründlich gereinigt und erforderlichenfalls desinfiziert werden. Die Reinigung und die Desinfektion muss so häufig erfolgen, dass kein Kontaminationsrisiko besteht,

- so gebaut, beschaffen und instand gehalten sein, dass das Risiko einer Kontamination so gering wie möglich ist, ausgenommen Einwegbehälter oder -verpackungen
- so installiert sein, dass die Ausrüstungen und das unmittelbare Umfeld angemessen gereinigt werden können.

Die Ausrüstungen müssen erforderlichenfalls mit entsprechenden Kontrollvorrichtungen versehen sein.

Chemische Zusatzstoffe müssen, soweit sie erforderlich sind, um eine Korrosion der Ausrüstungen und Behälter zu verhindern, nach guter fachlicher Praxis verwendet werden.

Behälter für Lebensmittelabfälle und andere Abfälle

müssen angemessen gebaut sein, einwandfrei instand gehalten sowie leicht zu reinigen und erforderlichenfalls leicht zu desinfizieren sein.

2.2 Hygienische Anforderungen beim Umgang mit Lebensmitteln

2.2.1 Warenannahme und Prüfung

Ein Lebensmittelunternehmer darf andere Zutaten bzw. Rohstoffe als lebende Tiere oder andere Materialien, die bei der Verarbeitung von Erzeugnissen eingesetzt werden, nicht akzeptieren, wenn sie erwiesenermaßen oder aller Voraussicht nach mit Parasiten, pathogenen Mikroorganismen oder toxischen, verdorbenen oder fremden Stoffen derart kontaminiert sind, dass selbst nach ihrer hygienisch einwandfreien normalen Aussortierung und/oder Vorbehandlung oder Verarbeitung durch den Lebensmittelunternehmer das Endprodukt für den menschlichen Verzehr nicht geeignet wäre.

2.2.2 Einhaltung und Kontrolle der Temperaturen

Rohstoffe, Zutaten, Zwischenerzeugnisse und Enderzeugnisse, die die Vermehrung pathogener Mikroorganismen oder die Bildung von Toxinen fordern können, dürfen nicht bei Temperaturen aufbewahrt werden, die einer Gesundheitsgefährdung Vorschub leisten könnten. Die Kühlkette darf nicht unterbrochen werden. Es darf jedoch für begrenzte Zeit von den Temperaturvorgaben abgewichen werden, sofern dies aus praktischen Gründen bei der Zubereitung, Beförderung und Lagerung sowie beim Feilhalten und beim Servieren von Lebensmitteln erforderlich ist und die Gesundheit des Verbrauchers dadurch nicht gefährdet wird.

Lebensmittelunternehmen, die Verarbeitungserzeugnisse herstellen, bearbeiten und verpacken, müssen über geeignete, ausreichend große Räume zur getrennten Lagerung der Rohstoffe einerseits und der Verarbeitungserzeugnisse andererseits und über ausreichende, separate Kühlraume verfugen.

Soweit Lebensmittel kühl vorrätig gehalten oder serviert werden sollen, müssen sie nach ihrer Erhitzung oder, falls keine Erhitzung stattfindet, nach fertiger Zubereitung so schnell wie möglich auf eine Temperatur abgekühlt werden, die keinem Gesundheitsrisiko Vorschub leistet.

Gefrorene Lebensmittel sind so aufzutauen, dass das Risiko des Wachstums pathogener Mikroorganismen oder der Bildung von Toxinen in den Lebensmitteln auf ein Mindestmaß beschränkt wird. Sie müssen bei einer Temperatur auftauen, die keinem Gesundheitsrisiko Vorschub leistet. Sofern Tauflüssigkeit ein Gesundheitsrisiko darstellt, muss diese abfließen können. Aufgetaute Lebensmittel müssen so bearbeitet werden, dass das Risiko des Wachstums pathogener Mikroorganismen oder der Bildung von Toxinen auf ein Mindestmaß beschränkt wird.

2.2.3 Lebensmittel in Selbstbedienung

„Zum Schutz vor nachteiliger Beeinflussung dürfen leicht verderbliche Lebensmittel im Wege der Selbstbedienung nur umhüllt oder abgepackt an den Verbraucher abgegeben werden. Dies gilt nicht für Lebensmittel, die in Schank- und Speisewirtschaften, in Einrichtungen zur Gemeinschaftsverpflegung und in Essbereichen in Ladengeschäften ohne Sitzgelegenheit zum unmittelbaren Verzehr abgegeben werden, sowie für Konsummilch und Salate aus Salattheken im Einzelhandel, sofern durch Beaufsichtigung oder Schutzvorrichtungen sichergestellt ist, dass die Lebensmittel nicht nachteilig beeinflusst werden können."

2.2.4 Umgang mit Schädlingsbefall

Es sind geeignete Verfahren zur Bekämpfung von Schädlingen vorzusehen.

2.2.5 Umgang mit Lebensmittelabfällen und anderen Abfällen

Lebensmittelabfälle, ungenießbare Nebenerzeugnisse und andere Abfälle müssen so rasch wie möglich aus Räumen, in denen mit Lebensmitteln umgegangen wird, entfernt werden, damit eine Anhäufung dieser Abfalle vermieden wird. Sie sind in verschließbaren Behältern zu lagern.

Es sind geeignete Vorkehrungen für die Lagerung und Entsorgung von Lebensmittelabfällen, ungenießbaren Nebenerzeugnissen und anderen Abfällen zu treffen. Abfallsammelräume müssen so konzipiert und geführt werden, dass sie sauber und erforderlichenfalls frei von Tieren und Schädlingen gehalten werden können.

Alle Abfälle sind hygienisch einwandfrei und umweltfreundlich zu entsorgen und dürfen Lebensmittel weder direkt noch indirekt kontaminieren.

2.2.6 Beförderung von Lebensmitteln

Transportbehälter und/oder Container zur Beförderung von Lebensmitteln müssen sauber und instand gehalten werden, damit die Lebensmittel vor Kontamination geschützt sind, und müssen erforderlichenfalls so konzipiert und gebaut sein, dass eine angemessene Reinigung und/oder Desinfektion möglich ist.

Transportbehälter und/oder Container müssen ausschließlich der Beförderung von Lebensmitteln vorbehalten bleiben, wenn die Gefahr von Kontamination besteht.

Werden in Transportbehaltern und/oder Containern neben Lebensmitteln zusätzlich auch andere Waren befordert oder verschiedene Lebensmittel gleichzeitig befördert, so sind die Erzeugnisse erforderlichenfalls streng voneinander zu trennen.

Lebensmittel, die in flüssigem, granulat- oder pulverförmigem Zustand als Massengut befordert werden, werden in Transportbehaltern und/oder Containern/Tanks befördert, die ausschließlich der Beforderung von Lebensmitteln vorbehalten sind. Die Container sind in einer oder mehreren Sprachen der Gemeinschaft deutlich sichtbar und dauerhaft als Beförderungsmittel für Lebensmittel auszuweisen, oder sie tragen den Aufdruck „Nur fur Lebensmittel".

Wurden Transportbehälter und/oder Container für die Beförderung anderer Waren als Lebensmittel oder die Beförderung verschiedener Lebensmittel verwendet, so sind sie zwischen den einzelnen Ladungsvorgängen sorgfältig zu reinigen, damit kein Kontaminationsrisiko entsteht.

Lebensmittel sind in Transportbehältern und/oder Containern so zu platzieren und zu schützen, dass das Kontaminationsrisiko so gering wie möglich ist.

Transportbehälter und/oder Container, die zur Beförderung von Lebensmitteln verwendet werden, müssen erforderlichenfalls die Lebensmittel auf einer geeigneten Temperatur halten können und eine Überwachung der Beförderungstemperatur ermöglichen.

2.3 Hygienische Anforderungen an die Beschäftigten

2.3.1 Personalhygiene

Personen, die in einem Bereich arbeiten, in dem mit Lebensmitteln umgegangen wird, müssen ein hohes Maß an persönlicher Sauberkeit halten; sie müssen geeignete und saubere Arbeitskleidung und erforderlichenfalls Schutzkleidung tragen.

Personen, die an einer Krankheit leiden, die durch Lebensmittel übertragen werden kann, oder Träger einer solchen Krankheit sind, sowie Personen mit beispielsweise infizierten

Wunden, Hautinfektionen oder -verletzungen oder Diarrhoe, ist der Umgang mit Lebensmitteln und das Betreten von Bereichen, in denen mit Lebensmitteln umgegangen wird, generell verboten, wenn die Möglichkeit einer direkten oder indirekten Kontamination besteht. Betroffene Personen, die in einem Lebensmittelunternehmen beschäftigt sind und mit Lebensmitteln in Berührung kommen können, haben dem Lebensmittelunternehmer Krankheiten und Symptome sowie, wenn möglich, deren Ursachen unverzüglich zu melden.

2.3.2 Schulung

Lebensmittelunternehmer haben zu gewährleisten:

- Schulung/Überwachung von Betriebsangestellten entsprechend ihrer Tätigkeit
- Schulung der für die Entwicklung/Anwendung von HACCP-Verfahren zuständigen Personen
- Einhaltung der Anforderungen der Vorschriften durch die Beschäftigten.

2.3.3 Tätigkeitsvoraussetzungen (nach Infektionsschutzgesetz, § 42)

(1) Beim Behandeln von Back- oder Konditoreiwaren und beim Reinigen von Gegenständen, die mit Back- und Konditoreiwaren in unmittelbare Berührung kommen, dürfen Personen – auch vorübergehend – nicht tätig sein, die

1. an Typhus abdominalis, Paratyphus A und B, Enteritis infectiosa (Salmonellose), bakterieller Ruhr, Diphtherie, Hepatitis infectiosa oder Scharlach erkrankt sind oder bei denen eine solche Erkrankung vermutet wird,
2. an einer ansteckungsfähigen Tuberkulose oder einer ansteckenden oder ekelerregenden Haut- oder Geschlechtskrankheit erkrankt sind,
3. Erreger von Typhus abdominalis, Paratyphus A und B, Enteritis infectiosa (Salmonellose), bakterieller Ruhr oder Diphtherie dauernd oder zeitweilig ausscheiden oder bei denen ein solcher Verdacht besteht,
4. in Wohngemeinschaft mit anderen Personen leben, welche an Typhus abdominalis, Paratyphus A und B, Enteritis infectiosa (Salmonellose), bakterieller Ruhr, Diphtherie oder Scharlach erkrankt sind oder die Erreger dieser Krankheiten ausscheiden oder
5. eine sonstige Tätigkeit ausüben, durch die Krankheitserreger auf Back- und Konditoreiwaren übertragen werden können. Als solche Tätigkeit sind insbesondere anzusehen der Handel mit Knochen, Häuten, Altwaren, Leihbüchern, die Hundeschur, der Tierkörperbeseitigungs-, Leichenbestattungs- und Krankenpflegedienst und ähnliche Betätigungen.

(2) Personen, die innerhalb der letzten 8 Wochen an einer der in Absatz 1 Nr. 1 und Nr. 2 genannten Krankheiten erkrankt waren, dürfen Back- und Konditoreiwaren nur behandeln, wenn sie durch ein Zeugnis des Gesundheitsamtes nachweisen, dass hiergegen keine Bedenken vorliegen. Das gilt auch für diejenigen, welche mit Personen in Wohngemeinschaften leben, die innerhalb der vorgenannten Frist an einer dieser Krankheiten gelitten oder Erreger dieser Krankheiten ausgeschieden haben.

(3) Die Absätze 1 und 2 gelten entsprechend für die bei der Überwachung dieser Betriebe tätigen Personen.

(4) Der Betriebsinhaber darf Personen, die nach seiner Kenntnis unter das Verbot der Absätze 1 und 2 fallen, nicht in seinem Betrieb arbeiten lassen.

2.4 Überwachung und Gewährleistung der Hygiene

2.4.1 Betriebseigene Maßnahmen und Kontrollen[1]

Die diesbezüglichen Bestimmungen des Artikels 5 der EU-Lebensmittelhygiene-Verordnung legen folgendes fest:

„(1) Die Lebensmittelunternehmer haben ein oder mehrere ständige Verfahren, die auf den HACCP-Grundsätzen beruhen, einzurichten, durchzuführen und aufrechtzuerhalten.

(2) Die in Absatz 1 genannten HACCP-Grundsätze sind die Folgenden:

a) Ermittlung von Gefahren, die vermieden, ausgeschaltet oder auf ein akzeptables Maß reduziert werden müssen,

b) Bestimmung der kritischen Kontrollpunkte, auf der (den) Prozessstufe(n), auf der (denen) eine Kontrolle notwendig ist, um eine Gefahr zu vermeiden, auszuschalten oder auf ein akzeptables Maß zu reduzieren,

c) Festlegung von Grenzwerten für diese kritischen Kontrollpunkte, anhand derer im Hinblick auf die Vermeidung, Ausschaltung oder Reduzierung ermittelter Gefahren zwischen akzeptablen und nicht akzeptablen Werten unterschieden wird,

d) Festlegung und Durchführung effizienter Verfahren zur Überwachung der kritischen Kontrollpunkte,

e) Festlegung von Korrekturmaßnahmen fur den Fall, dass die Überwachung zeigt, dass ein kritischer Kontrollpunkt nicht unter Kontrolle ist,

f) Festlegung von regelmäßig durchgeführten Verifizierungsverfahren, um festzustellen, ob den Vorschriften gemäß den Buchstaben a) bis e) entsprochen wird,

g) Erstellung von Dokumenten und Aufzeichnungen, die der Art und Größe des Lebensmittelunternehmens angemessen sind, um nachweisen zu können, dass den Vorschriften gemäß den Buchstaben a) bis f) entsprochen wird. Wenn Veränderungen am Erzeugnis, am Herstellungsprozess oder in den Produktionsstufen vorgenommen werden, so überprüft der Lebensmittelunternehmer das Verfahren und passt es in der erforderlichen Weise an."

„Lebensmittelunternehmer haben zu gewährleisten, dass

1. Betriebsangestellte, die mit Lebensmitteln umgehen, entsprechend ihrer Tätigkeit überwacht und in Fragen der Lebensmittelhygiene unterwiesen und/oder geschult werden,

2. die Personen, die für die Entwicklung und Anwendung des Verfahrens nach Artikel 5 Absatz 1 oder für die Umsetzung einschlägiger Leitfäden zuständig sind, in allen Fragen der Anwendung der HACCP-Grundsätze angemessen geschult werden und

3. alle Anforderungen der einzelstaatlichen Rechtsvorschriften über Schulungsprogramme für die Beschäftigten bestimmter Lebensmittelsektoren eingehalten werden."

2.4.2 Überwachung durch staatliche Aufsichtsorgane

Die Lebensmittelunternehmer arbeiten mit den zuständigen Behörden zusammen.

Insbesondere haben die Lebensmittelunternehmer der entsprechenden zuständigen Behörde in der von dieser verlangten Weise die einzelnen ihrer Kontrolle unterstehenden Betriebe, die auf einer der Stufen der Produktion, der Verarbeitung oder des Vertriebs von Lebensmitteln tätig sind, zwecks Eintragung zu melden. In der Regel ist keine Neueintragung erforderlich, wenn der Betrieb schon registriert ist.

Ferner stellen die Lebensmittelunternehmer sicher, dass die Kenntnisse der zuständigen Behörde über die Betriebe stets auf dem aktuellen Stand sind, indem sie unter anderem alle wichtigen Veränderungen bei den Tätigkeiten und Betriebsschließungen melden."

[1] Der Zentralverband des Deutschen Bäckerhandwerks hat unter Beratung der Deutschen Gesellschaft für Hygiene und Mikrobiologie Hygienemerkblätter erstellt sowie in der Bundesfachschule in Weinheim ein Konzept für „Betriebseigene Maßnahmen und Kontrollen" im Hygienebereich (BMK) für Bäckereien/Konditoreien erarbeitet. Es ist über den Zentralverband des Deutschen Bäckerhandwerks, Postfach 640233, 10048 Berlin zu bestellen.

2.5 Schutz vor gefährlichen Stoffen

Rechtliche Grundlage ist die Gefahrstoffverordnung (Gef.StoffV) vom 23.12.2004 (Nr. 29)

2.5.1 Begriffsbestimmung „gefährliche Stoffe"

Nach § 4 der Gefahrstoffverordnung gelten – den Bäcker/Konditor betreffend – folgende Stoffe als gefährlich:

Nr. (9) ätzende Stoffe,
die „lebende Gewebe bei Berührung zerstören können".

Beispiel: **Natronlauge** zur Herstellung von Laugengebäcken.

Schutzmaßnahmen:
- Natronlauge (Brezellauge) nur in deutlich gekennzeichneten Behältnissen aufbewahren,
- Schutzhandschuhe sowie Schutzbrille tragen,
- beim Einfüllen bzw. Ansetzen oder Mischen (verdünnen) der Lauge Spritzer vermeiden.

Nr. (11) sensibilisierende Stoffe,
die „bei Einatmen oder Aufnahme über die Haut Überempfindlichkeitsreaktionen hervorrufen können, sodass bei künftiger Exposition gegenüber dem Stoff oder der Zubereitung charakteristische Störungen auftreten".

Beispiel: **Mehl**

Schutzmaßnahmen:
- Staubmaske tragen,
- auf Arbeitstischen gefettetes bzw. agglomeriertes Mehl verwenden.

2.5.2 Überwachungspflicht (§ 7)

Ist das Auftreten eines oder verschiedener gefährlicher Stoffe in der Luft am Arbeitsplatz nicht sicher auszuschließen, so ist zu ermitteln, ob die Maximale Arbeitsplatzkonzentration, die Technische Richtkonzentration oder der Biologische Arbeitsplatztoleranzwert unterschritten oder die Auslöseschwelle überschritten sind. Die Gesamtwirkung verschiedener gefährlicher Stoffe in der Luft am Arbeitsplatz ist zu beurteilen.

Wer Messungen durchführt, muss über die notwendige Sachkunde und über die notwendigen Einrichtungen verfügen. Der Arbeitgeber, der eine Messstelle beauftragt, kann davon ausgehen, dass die von einer Messstelle festgestellten Erkenntnisse zutreffend sind, wenn die Messstelle von den Ländern anerkannt ist. Die Länder regeln einvernehmlich das Verfahren der Anerkennung. Das Bundesministerium für Arbeit und Sozialordnung gibt die anerkannten Messstellen im Bundesarbeitsblatt bekannt.

3 Die Sorgepflicht für die Sicherheit am Arbeitsplatz

Zu den Gesetzen und Verordnungen, die Fragen der Sicherheit am Arbeitsplatz regeln sollen, zählen z. B. die Gesetze über Arbeitsschutz, Arbeitssicherheit und Gerätesicherheit, die Verordnungen über Arbeitsstätten, Betriebssicherheit, Gefahrstoffe u. a.

Diese rechtlichen Regelungen werden von sachkundigen Gremien umgesetzt bzw. den betrieblichen Verhältnissen angepasst und durch Richtlinien, Vorschriften und andere verbindliche Auflagen ergänzt. Zu diesen Gremien zählen vor allem die Berufsgenossenschaften.

Für Bäcker und Konditoren ist die Berufsgenossenschaft Nahrung und Gaststätten (BGN) zuständig.

Von den Berufsgenossenschaften werden auf der Grundlage der staatlichen Gesetze und Verordnungen weitere Vorschriften formuliert, z. B. die „Unfallverhütungsvorschriften“.

Darin wird im Einzelnen und speziell für den jeweiligen Beruf verbindlich geregelt, wie die Sicherheit am Arbeitsplatz gewährtleistet werden soll.

So wird u. a. – wie bereits dargestellt – vorgeschrieben, welche Sicherheitsauflagen für die bauliche Beschaffenheit der Betriebsräume zu berücksichtigen sind und welche hygienischen Bedingungen bei der Arbeit eingehalten werden müssen.

Darüber hinaus gibt es Sicherheitsauflagen auch für die Hersteller von Maschinen (z. B. Knetmaschinen, Teigteil-, Teigausrollmaschinen, Brotschneidemaschinen u. a.), Backöfen (z. B. Heizung, Beleuchtung, Steuerung, Wartung, u. a.), Geräten (z. B. Fettbackgeräte) und Anlagen (z. B. Kühl-, Gefrier-, Transportanlagen u. a.).

Die Hersteller solcher Maschinen, Anlagen und Geräte müssen auf Gefahrenquellen hinweisen und über den sachgerechten Umgang informieren.

Die Beschäftigten sind verpflichtet, die Sicherheitsauflagen zu beachten, der Betriebsinhaber muss die Beschäftigten unterweisen und die Einhaltung überwachen.

Zur Gewährleistung der Sicherhit am Arbeitsplatz sind auch bestimmte Ausrüstungen und Schutzmaßnahmen vorgeschrieben, z. B. für den Brandschutz, zur Ersten Hilfe, zur Vermeidung von Bäckerasthma, zum Hautschutz, zum Heben und Tragen in Backbetrieben u. a.

(Die BGN bietet eine Zusammenstellung aller Informationen in Form einer CD-ROM [„Alles aus einer Hand, die BGN 8“] an. Sie ist gegen eine Schutzgebühr von 10,00 € zu beziehen von: BGN, Dynamostraße 7–9, 58163 Mannheim 1.)

Auch das Verhalten von Arbeitgebern und Arbeitnehmern bei ihrer beruflichen Tätigkeit wird durch diese Vorschriften im Sinne des Schutzes vor Unfällen und der Erhaltung der Gesundheit verbindlich geregelt.

Dich wichtigsten Bestimmungen dieser „Berufsgenossenschaftlichen Vorschrift für Sicherheit und Gesundheit bei der Arbeit“ werden hier im Wortlaut der BGV A1 „Grundsätze der Prävention“ zitiert.

3.1 Pflichten des Unternehmers

Für die Betriebssicherheit ist in erster Linie der Unternehmer verantwortlich.

Grundpflichten (§ 2)

(1) Der Unternehmer „hat die erforderlichen Maßnahmen zur Verhütung von Arbeitsunfällen, Berufskrankheiten und arbeitsbedingten Gesundheitsgefahren sowie für eine wirksame Erste Hilfe zu treffen.“

(2) … „hat bei den Maßnahmen nach Absatz 1 von den allgemeinen Grundsätzen nach § 4 Arbeitsschutzgesetz auszugehen.“

(3) … „hat die Maßnahmen … entsprechend den Bestimmungen des Arbeitsschutzgesetzes zu planen, zu organisieren, durchzuführen und erforderlichenfalls an veränderte Gegebenheiten anzupassen.“

(4) ... „darf keine sicherheitswidrigen Weisungen erteilen."

(5) „Kosten für Maßnahmen nach dieser Unfallverhütungsvorschrift ... darf der Unternehmer nicht den Versicherten auferlegen."

Beurteilung der Arbeitsbedingungen (§ 3)

(1) „Der Unternehmer hat durch eine Beurteilung der für die Versicherten mit ihrer Arbeit verbundenen Gefährdungen entsprechend dem Arbeitsschutzgesetz zu ermitteln, welche Maßnahmen erforderlich sind."

(2) Bei Veränderungen der betrieblichen Gegebenheiten hat der Unternehmer die Gefährdungsbeurteilungen zu überprüfen.

(3) Das Ergebnis der Gefährdungsbeurteilung und die festgelegten Maßnahmen sind zu dokumentieren.

(4) „Der Unternehmer hat der Berufsgenossenschaft alle Informationen über die im Betrieb getroffenen Maßnahmen des Arbeitsschutzgesetzes auf Wunsch zur Kenntnis zu bringen."

Unterweisung der Versicherten (§ 4)

(1) Der Unternehmer „hat die Versicherten über Sicherheit und Gesundheitsschutz bei der Arbeit, insbesondere über die mit ihrer Arbeit verbundenen Gefährdungen und die Maßnahmen zu ihrer Verhütung ... zu unterweisen; die Unterweisung muss erforderlichenfalls wiederholt werden, mindestens aber einmal jährlich erfolgen; sie muss dokumentiert werden,"

(2) ... „hat den Versicherten die für ihren Arbeitsbereich oder für ihre Tätigkeit relevanten Inhalte der geltenden Unfallverhütungsvorschriften und BG-Regeln sowie des einschlägigen staatlichen Vorschriften- und Regelwerks in verständlicher Weise zu vermitteln."

Besichtigung des Unternehmens (§ 10)

(1) Der Unternehmer hat der Aufsichtsperson der Berufsgenossenschft die Besichtigung seines Unternehmens zu ermöglichen und sie auf ihre Verlangen zu begleiten oder durch einen geeigneten Vertreter begleiten zu lassen.

(2) Erlässt die Berufsgenossenschaft eine Anordnung und setzt sie hierbei eine Frist, innerhalb der die verlangten Maßnahmen zu treffen sind, so hat der Unternehmer nach Ablauf der Frist unverzüglich mitzuteilen, ob er die verlangten Maßnahmen getroffen hat.

(3) Der Unternehmer hat den Aufsichtspersonen der Berufsgenosssenschaft auf Verlangen die zur Durchführung ihrer Überwachungsaufgabe erforderlichen Auskünfte zu erteilen. Er hat die Aufsichtsperson zu unterstützen, soweit dieses zur Erfüllung ihrer Aufgabe erforderlich ist.

Maßnahmen bei Mängeln (§ 11)

Tritt bei einem Arbeitsmittel, einer Einrichtung, einem Arbeitsverfahren bzw. Arbeitsablauf ein Mangel auf, durch den für die Versicherten sonst nicht abzuwehrende Gefahren entstehen, hat der Unternehmer das Arbeitsmittel oder die Einrichtung der weiteren Benutzung zu entziehen oder stillzulegen bzw. das Arbeitsverfahren oder den Arbeitsablauf abzubrechen, bis der Mangel behoben ist.

Zurverfügungstellung von Vorschriften und Regeln (§ 12)

(1) „Der Unternehmer hat den Versicherten die für sein Unternehmen geltenden Unfallverhütungsvorschriften an geeigneter Stelle zugänglich zu machen.

(2) Der Unternehmer hat den mit der Durchführung von Maßnahmen nach § 2, Abs. 1 betrauten Personen die für ihren Zuständigkeitsbereich geltenden Vorschriften und Regeln zur Verfügung zu stellen."

Pflichtenübertragung (§ 13)

„Der Unternehmer kann zuverlässige und fachkundige Personen schriftlich damit beauftragen, ihm nach Unfallverhütungsvorschriften obliegende Aufgaben in eigener Verantwortung wahrzunehmen. Die Beauftragung muss den Verantwortungsbereich und Befugnisse festlegen und ist vom Beauftragten zu unterzeichnen. Eine Ausfertigung der Beauftragung ist ihm auszuhändigen."

3.2 Pflichten des Versicherten

Allgemeine Unterstützungspflicht (§ 15)

(1) „Die Versicherten sind verpflichtet, nach ihren Möglichkeiten sowie gemäß der Unterweisung des Unternehmers für ihre Sicherheit und Gesundheit bei der Arbeit sowie für Sicherheit und Gesundheitsschutz derjenigen zu sorgen, die von ihren Handlungen oder Unterlassungen betroffen sind.

Die Versicherten haben die Maßnahmen zur Verhütung von Arbeitsunfällen, Berufskrankheiten und arbeitsbedingten Gesundheitsgefahren sowie für eine wirksame Erste Hilfe zu unterstützen. Versicherte haben die entsprechenden Anweisungen des Unternehmers zu befolgen. Die Versicherten dürfen erkennbar gegen Sicherheit und Gesundheit gerichtete Weisungen nicht befolgen.

(2) „Versicherte dürfen sich durch den Konsum von Alkohol, Drogen oder anderen berauschenden Mitteln nicht in einen Zustand versetzen, durch den sie sich selbst oder andere gefährden können."

(3) „Abs. 2 gilt auch für die Einnahme von Medikamenten."

Besondere Unterstützungspflichten (§ 16)

(1) „Die Versicherten haben dem Unternehmer oder dem zuständigen Vorgesetzten jede von ihnen festgestellte unmittelbar erhebliche Gefahr für die Sicherheit und Gesundheit sowie jeden an den Schutzvorrichtungen und Schutzsystemen festgestellten Defekt unverzüglich zu melden. Unbeschadet dieser Pflicht sollen die Versicherten von ihnen festgestellte Gefahren für Sicherheit und Gesundheit und Mängel an den Schutzvorrichtungen und Schutzsystemen auch der Fachkraft für Arbeitssicherheit, dem Betriebsarzt oder dem Sicherheitsbeauftragten mitteilen."

(2) „Stellt ein Versicherter fest, dass im Hinblick auf die Verhütung von Arbeitsunfällen, Berufskrankheiten und arbeitsbedingten Gesundheitsgefahren

- ein Arbeitsmittel oder eine sonstige Einrichtung einen Mangel aufweist,
- Arbeitsstoffe nicht einwandfrei verpackt, gekennzeichnet ode beschaffen sind oder
- ein Arbeitsverfahren oder Arbeitsabläufe Mängel aufweisen

hat er, soweit dies zu seiner Arbeitsaufgabe gehört und er über die notwendige Befähigung verfügt, den festgestellten Mangel unverzüglich zu beseitigen. Andernfalls hat er den Mangel dem Vorgesetzten unverzüglich zu melden."

Benutzung von Einrichtungen, Arbeitsmitteln und Arbeitsstoffen (§ 17)

Versicherte haben Einrichtungen, Arbeitsmittel und Arbeitsstoffe sowie Schutzvorrichtungen bestimmungsgemäß und im Rahmen der ihnen übertragenen Arbeitsaufgaben zu benutzen."

3.3 Sicherheitsbeauftragte (§ 20)

(1) „Der Unternehmer hat Sicherheitsbeauftragte mindestens in der Anzahl nach Anlage 2 zu dieser Unfallverhütungsvorschrift zu bestellen."

(2) Die Sicherheitsbeauftragten haben den Unternehmer bei der Durchführung der Maßnahmen zur Verhütung von Arbeitsunfällen, Berufskrankheiten und arbeitsbedingten Gesundheitsgefahren zu unterstützen, insbesondere sich von dem Vorhandensein und der ordnungsgemäßen Benutzung der vorgeschriebenen Schutzeinrichtungen und persönlichen Schutzausrüstungen zu überzeugen und auf Unfall- und Gesundheitsgefahren für die Versicherten aufmerksam zu machen.

(3) Der Unternehmer hat den Sicherheitsbeauftragten Gelegenheit zu geben, ihre Aufgabe zu erfüllen, insbesondere in ihrem Bereich an den Betriebsbesichtigungen sowie den Untersuchungen von Unfällen und Berufskrankheiten durch die Aufsichtsperson der Berufsgenossenschaften teilzunehmen; den Sicherheitsbeauftragten sind die hierbei erzielten Ergebnisse zur Kenntnis zu geben.

(4) Der Unternehmer hat sicherzustellen, dass die Fachkräfte für Arbeitssicherheit und Betriebsärzte mit den Sicherheitsbeauftragten eng zusammenwirken.

(5) Die Sicherheitsbeauftragten dürfen wegen der Erfüllung der ihnen übertragenen Aufgaben nicht benachteiligt werden.

(6) Der Unternehmer hat den Sicherheitsbeauftragten Gelegenheit zu geben, an Aus- und Fortbildungsmaßnahmen der Berufsgenossenschaft teilzunehmen, soweit dies im Hinblick auf die Betriebsart und die damit für die Versicherten verbundenen Unfall- und Gesundheitsgefahren sowie unter Berücksichtigung betrieblicher Belange erforderlich ist.

3.4 Fachkräfte für Arbeitssicherheit

In Betrieben ab 31 vollbeschäftigten Mitarbeitern ist eine Fachkraft für Arbeitssicherheit vom Arbeitgeber schriftlich zu bestellen, bei mehr als 100 Beschäftigten ferner ein Betriebsarzt.

Fachkräfte für Arbeitssicherheit können sein: Ingenieure, Techniker, Meister. Ihr Aufgabenbereich ist gesetzlich wie folgt definiert:

- Beratung des Arbeitgebers (§ 6 Nr. 1 a–d),
- Überprüfung der Betriebsanlagen und technischen Arbeitsmittel,
- Überwachung der Durchführung des Arbeitsschutzes und der Unfallverhütung,
- Feststellung und Meldung von Mängeln,
- Vorschlag und Hinwirkung auf Durchführung von Maßnahmen zur Beseitigung dieser Mängel (§ 6 Nr. 3 a),
- Untersuchungen von Unfallursachen (§ 6 Nr. 3 a),
- Belehrung der im Betrieb Beschäftigten und Beeinflussung im Sinne einer Verbesserung des Arbeitsschutzes (§ 6 Nr. 4).

Teil 5: Arbeitsrechtliche Bestimmungen

1 Besondere Bestimmungen über die Arbeitszeit in Bäckereien und Konditoreien

Seit dem 1. November 1996 sind das „Gesetz über die Arbeitszeit in Bäckereien und Konditoreien“ sowie die „Durchführungsverordnung zum Bäckerarbeitszeitgesetz“ außer Kraft getreten. Es gelten seitdem die allgemeinen arbeitsrechtlichen Bestimmungen des Arbeitszeitgesetzes, Artikel 229 VO, ergänzt bzw. abgeändert durch das „Gesetz über den Ladenschluss“ vom 31.10.2006.

1.1 Begriffsbestimmung „Arbeitszeit“

Arbeitszeit
ist die Zeit vom Beginn bis zum Ende der Arbeit. Die Ruhepausen zählen nicht zur Arbeitszeit.

Tagesarbeitszeit
ist allgemein die Zeit zwischen 6.00 und 23.00 Uhr, in Bäckereien/Konditoreien von 5.00 bis 22.00 Uhr.

Nachtarbeitszeit
ist für Bäcker und Konditoren die Zeit zwischen 23.00 und 5.00 Uhr.

Als *Nachtarbeit* gilt jede Arbeit, die zu mehr als zwei Stunden in die Nachtarbeitszeit fällt, in Bäckereien also dann, wenn die Arbeit vor 3.00 Uhr beginnt.

1.2 Dauer der Arbeitszeit

- Die regelmäßige Arbeitszeit beträgt 8 Stunden täglich. Sie kann auf bis zu 10 Stunden verlängert werden, wenn
  - innerhalb von 6 Kalendermonaten oder
  - innerhalb von 24 Wochen die durchschnittliche Arbeitszeit von 8 Stunden pro Werktag nicht überschritten wird.
- Die Arbeit ist durch im voraus feststehende Ruhepausen von mindestens 30 Minuten, bei mehr als 6 bis zu 9 Stunden um 45 Minuten insgesamt zu unterbrechen.

1.3 Regelungen für Nachtarbeitnehmer

Begriffsbestimmung
Als Nachtarbeiter gelten Arbeitnehmer, die entweder

- normalerweise Nachtarbeit in Wechselschicht zu leisten haben oder
- an mindestens 48 Tagen im Kalenderjahr Nachtarbeit leisten.

Dauer der Arbeitszeit
Die werktägliche Arbeitszeit der Nachtarbeitnehmer darf 8 Stunden nicht überschreiten. Sie kann auf bis zu 10 Stunden verlängert werden, wenn

- innerhalb von einem Kalendermonat oder
- innerhalb von 4 Wochen im Durchschnitt 8 Stunden pro Werktag

nicht überschritten werden.

Ausgleich
Nachtarbeitnehmer haben einen Anspruch auf eine angemessene Zahl bezahlter freier Tage oder einen angemessenen Zuschlag für während der Nachtzeit geleistete Arbeitsstunden.

Gesundheitliche Überwachung
Nachtarbeitnehmer haben das Recht, sich vor Beginn der Beschäftigung und danach alle drei Jahre arbeitsmedizinisch untersuchen zu lassen. Nach Vollendung des 50. Lebensjahres verringert sich die Frist auf ein Jahr.

Umsetzung
Der Nachtarbeitnehmer hat das Recht, auf einen Tagesarbeitsplatz umgesetzt zu werden, wenn
- nach arbeitsmedizinischen Feststellungen die weitere Nachtarbeit des Arbeitnehmers ihn in seiner Gesundheit gefährdet oder
- im Haushalt des Arbeitnehmers ein Kind unter 12 Jahren lebt, das von einem anderen im Haushalt Lebenden nicht betreut werden kann oder
- der Nachtarbeitnehmer einen schwer pflegebedürftigen Angehörigen zu versorgen hat, der nicht von einem anderen im Haushalt Lebenden versorgt werden kann.

Die Umsetzung ist nicht erforderlich, wenn dieser dringende betriebliche Erfordernisse entgegenstehen.
Dazu ist der Betriebs- oder Personalrat zu hören. Dieser kann dem Arbeitgeber Vorschläge für eine Umsetzung unterbreiten.
Sofern keine trarifvertraglichen Ausgleichsregelungen bestehen, hat der Arbeitgeber dem Nachtarbeiter für die während der Nachtzeit geleisteten Arbeitsstunden eine angemessene Zahl bezahlter freier Tage oder einen angemessenen Zuschlag auf das hierfür zustehende Bruttoarbeitsentgelt zu gewähren.

Weiterbildung
Der Nachtarbeitnehmer hat ein Recht auf Zugang zur betrieblichen Weiterbildung und zu aufstiegsfördernden Maßnahmen, wie sie den übrigen Arbeitnehmern eingeräumt werden. Der Arbeitgeber hat die dafür erforderlichen Maßnahmen zu schaffen.

2 Besondere Bestimmungen über den Ladenschluss und über Sonntagsarbeit in Bäckereien und Konditoreien

2.1. Allgemeine Ladenschlusszeiten sowie solche für Bäckereien/Konditoreien

An Werktagen:

- Müssen Verkaufsstellen montags bis samstags bis 6 Uhr und ab 20 Uhr für den geschäftlichen Verkehr mit den Kunden geschlossen sein.
- Verkaufsstellen für Bäckerwaren dürfen den Beginn der Ladenöffnungszeiten an Werktagen auf 5.30 Uhr vorverlegen. Die beim Ladenschluss anwesenden Kunden dürfen noch bedient werden.
- Am 24. Dezember, wenn dieser Tag auf einen Werktag fällt, bis 6 Uhr und ab 14 Uhr.

An Sonn- und Feiertagen:

- Müssen Verkaufsstellen geschlossen sein.
- Dürfen Verkaufsstellen von Betrieben, die Bäcker- oder Konditorwaren herstellen, für die Dauer von drei Stunden, höchstens aber bis 14 Uhr geöffnet sein.
- Dürfen Verkaufsstellen aus Anlass von Märkten, Messen oder ähnlichen Veranstaltungen von der Landesregierung oder den von ihnen bestimmten Stellen an jährlich höchstens vier zu bestimmenden Sonn- und Feiertagen freigegeben werden.
- Dürfen solche Verkaufsstellen höchstens bis zu fünf zusammenhängende Stunden geöffnet sein und müssen spätestens um 18 Uhr schließen.
- Die Zahl dieser Tage darf 40 nicht übersteigen.
- Sonn- und Feiertage im Dezember dürfen nicht freigegeben werden.
- Am 2. Weihnachts-, Oster- und Pfingstfeiertag ist eine Öffnung der Verkaufsstellen nicht erlaubt.

2.2 Arbeitszeitregelung zum besonderen Schutz der Beschäftigten

An Sonn- und Feiertagen:

- Dürfen Arbeitnehmer nur während der ausnahmsweise zugelassenen Öffnungszeiten und, falls dies zur Erledigung von Vorbereitungs- und Abschlussarbeiten unerlässlich ist, während insgesamt weiterer 30 Minuten beschäftigt werden.
- Die Dauer der Beschäftigungszeit des einzelnen Arbeitnehmers an Sonn- und Feiertagen darf 8 Stunden nicht überschreiten.
- In Verkaufsstellen, die an Sonn- und Feiertagen geöffnet sein dürfen, dürfen Arbeitnehmer an jährlich höchstens 22 Sonn- und Feiertagen beschäftigt werden. Ihre Arbeitszeit an Sonn- und Feiertagen darf vier Stunden nicht überschreiten.
- Arbeitnehmer, die an Sonn- und Feiertagen beschäftigt werden, sind, wenn die Beschäftigung länger als drei Stunden dauert, an einem Werktag derselben Woche von der Arbeit ab 13 Uhr, wenn sie länger als sechs Stunden dauert, an einem ganzen Werktag derselben Woche von der Arbeit freizustellen;
- Mindestens jeder dritte Sonntag muss beschäftigungsfrei bleiben.
- Werden sie bis zu drei Stunden beschäftigt, so muss jeder zweite Sonntag oder in jeder zweiten Woche ein Nachmittag ab 13 Uhr oder am Sonnabend- oder am Montagvormittag bis 14 Uhr beschäftigungsfrei bleiben.
- Während der Zeiten, zu denen die Verkaufsstelle geschlossen sein muss, darf die Freizeit nicht gegeben werden.
- Arbeitnehmerinnen und Arbeitnehmer in Verkaufsstellen können verlangen, in jedem Kalendermonat an einem Samstag von der Beschäftigung freigestellt zu werden.

3 Besondere Bestimmungen über die Arbeitszeit für Jugendliche in Bäckereien und Konditoreien

Grundlage ist das „Gesetz zum Schutz der arbeitenden Jugend“ (Jugendarbeitsschutzgesetz). Es werden hier die den Bäcker/Konditor betreffenden Bestimmungen zitiert.

Nachtruhe

§ 14 (1) „Jugendliche dürfen nur in der Zeit von 7 bis 20 Uhr beschäftigt werden.“

(2) „Jugendliche ... dürfen, soweit es zur Erreichung ihres Ausbildungszieles erforderlich ist,

1. ...
2. in Bäckereien und Konditoreien ...
   unter 16 Jahren ab 6 Uhr,
   über 16 Jahren ab 5 Uhr,
   in Bäckereien: **über 17 Jahren ab 4 Uhr**

ausgebildet werden.“

Fünf-Tage-Woche

§ 15 „Jugendliche dürfen nur an fünf Tagen in der Woche beschäftigt werden.“

Samstagsruhe

§ 16 (2) „Zulässig ist die Beschäftigung Jugendlicher an Samstagen nur ...

2. in offenen Verkaufsstellen, in Betrieben mit offenen Verkaufsstellen in Bäckereien und Konditoreien,

...

8. bei außerbetrieblichen Ausbildungsmaßnahmen,

...

Mindestens zwei Samstage im Monat sollen beschäftigungsfrei bleiben.“

(3) „Werden Jugendliche am Samstag beschäftigt, ist ihnen die Fünf-Tage-Woche (§ 15) durch Freistellung an einem anderen berufsschulfreien Arbeitstag derselben Woche sicherzustellen. In Betrieben mit einem Betriebsruhetag in der Woche kann die Freistellung auch an diesem Tage erfolgen, wenn die Jugendlichen an diesem Tage keinen Berufsschulunterricht haben.“

4 Gesetz zum Schutz der erwerbstätigen Mutter

(Mutterschutzgesetz)

Die darin enthaltenen Bestimmungen werden hier in der Fassung des Gesetzes zur Änderung des Mutterschutzrechts vom 17.03.2009 dargestellt und zitiert.

Geltungsbereich (§ 1)

Das Gesetz gilt für werdende und stillende Mütter, die in einem Arbeitsverhältnis stehen (z. B. Bäckerin/Konditorin, Bäckereiverkäuferin/Konditoreiverkäuferin), ferner für in Heimarbeit Beschäftigte und ihnen Gleichgestellte.

Mitteilungspflicht, ärztliches Zeugnis (§ 5)

(1) Werdende Mütter sollen dem Arbeitgeber ihre Schwangerschaft und den mutmaßlichen Tag der Entbindung mitteilen, sobald ihnen ihr Zustand bekannt ist.
Auf Verlangen des Arbeitgebers sollen sie das Zeugnis eines Arztes oder einer Hebamme vorlegen. Der Arbeitgeber hat die Aufsichtsbehörde unverzüglich von der Mitteilung der werdenden Mutter zu benachrichtigen, die Mitteilung der Mutter aber nicht Dritten unbefugt bekannt geben.

(2) Das Zeugnis des Arztes oder der Hebamme ist maßgebend für die Berechnung der Zeiträume nach § 3, Absatz 2.
Die Kosten für die Zeugnisse trägt der Arbeitgeber.

Gestaltung des Arbeitsplatzes (§ 2)

Zum Schutz für Leben und Gesundheit sind für werdende und oder stillende Mütter am Arbeitsplatz besondere Vorkehrungen zu treffen, z. B.:

- Sitzgelegenheit zum kurzen Ausruhen bei sonst ständig stehender oder gehender Beschäftigung,
- Gelegenheit zu kurzen Unterbrechungen der Arbeit bei sonst ständig sitzender Beschäftigung,
- Liegeräume für diese Frauen oder für ihre zu stillenden Kinder einzurichten.

In Einzelfällen kann die Aufsichtsbehörde anordnen, welche Vorkehrungen und Maßnahmen zur Verbesserung der Sicherheit und des Gesundheitszustandes der betroffenen Arbeitnehmerinnen zu treffen sind.

Beschäftigungsverbote für werdende Mütter (§§ 3 und 4)

(1) Werdende Mütter dürfen nicht beschäftigt werden, soweit nach ärztlichem Zeugnis Leben oder Gesundheit von Mutter oder Kind bei Fortdauer der Beschäftigung gefährdet sind.

(2) Werdende Mütter dürfen in den letzten 6 Wochen vor der Entbindung nicht beschäftigt werden, es sei denn, dass sie sich zur Arbeitsleistung ausdrücklich bereit erklären; die Erklärung kann jederzeit widerrufen werden.

Weitere Beschäftigungsverbote

(1) Werdende Mütter dürfen nicht mit schweren körperlichen Arbeiten und nicht mit Arbeiten beschäftigt werden, bei denen sie schädlichen Einwirkungen von gesundheitsgefährdenden Stoffen oder Strahlen von Staub, Gasen oder Dämpfen, von Hitze, Kälte oder Nässe, von Erschütterungen oder Lärm ausgesetzt sind.

(2) Sie dürfen insbesondere nicht beschäftigt werden:

1. mit Arbeiten, bei denen regelmäßig Lasten von mehr als 5 kg Gewicht oder gelegentlich Lasten von mehr als 10 kg Gewicht oder mechanische Hilfsmittel von Hand gehoben, bewegt oder befördert werden,
2. nach Ablauf des fünften Monats der Schwangerschaft mit Arbeiten, bei denen sie ständig stehen müssen, soweit diese Beschäftigung täglich vier Stunden überschreitet,
3. mit Arbeiten, bei denen sie sich häufig erheblich strecken oder beugen oder bei denen sie dauernd hocken oder sich gebückt halten müssen,

4. mit der Bedienung von Geräten und Maschinen aller Art mit hoher Fußbeanspruchung,
5. mit dem Schälen von Holz,
6. mit Arbeiten, bei denen sie infolge ihrer Schwangerschaft in besonderem Maße der Gefahr, an einer Berufskrankheit zu erkranken, ausgesetzt sind oder bei denen durch das Risiko der Entstehung einer Berufskrankheit eine erhöhte Gefährdung für die werdende Mutter oder eine Gefahr für die Leibesfrucht besteht,
7. nach Ablauf des dritten Monats der Schwangerschaft mit Arbeiten, bei denen sie erhöhten Unfallgefahren, insbesondere der Gefahr auszugleiten, zu fallen oder abzustürzen ausgesetzt sind.

(3) Verboten ist die Beschäftigung von werdenden Müttern:

1. mit Akkordarbeit und sonstigen Arbeiten, bei denen durch ein gesteigertes Arbeitstempo ein höheres Entgelt erzielt werden kann,
2. mit Fließarbeit mit vorgeschriebenem Arbeitstempo. Die Aufsichtsbehörde kann jedoch Ausnahmen bewilligen, wenn die Art der Arbeit und das Arbeitstempo eine Beeinträchtigung der Gesundheit von Mutter oder Kind nicht befürchten lassen.

Beschäftigungsverbote nach der Entbindung (§ 6)

(1) Mütter dürfen bis zum Ablauf von acht Wochen, bei Früh- und Mehrlingsgeburten bis zum Ablauf von zwölf Wochen nach der Entbindung nicht beschäftigt werden.
Bei Frühgeburten und sonstigen vorzeitigen Entbindungen verlängert sich er Zeitraum der Schutzfrist.

(2) Frauen, die in den ersten Monaten nach der Entbindung nach ärztlichem Zeugnis nicht voll leistungsfähig sind, dürfen nicht zu Arbeiten herangezogen werden, die ihre Leistungsfähigkeit übersteigt.

(3) Für stillende Mütter gelten besondere Einschränkungen für die Beschäftigungsart (siehe § 4).

Stillzeit (§ 7)

(1) Stillenden Müttern ist auf ihr Verlangen die zum Stillen erforderliche Zeit, mindestens aber zweimal täglich eine halbe Stunde oder einmal täglich eine Stunde freizugeben.
Bei einer zusammenhängenden Arbeitszeit von mehr als acht Stunden soll auf Verlangen zweimal eine Stillzeit von mindestens 45 Minuten oder, wenn in der Nähe der Arbeitsstätte keine Stillgelegenheit vorhanden ist, einmal eine Stillzeit von mindestens 90 Minuten gewährt werden.
Die Arbeitszeit gilt als zusammenhängend, soweit sie nicht durch eine Ruhepause von mindestens zwei Stunden unterbrochen wird.

(2) Durch die Stillzeit darf weder ein Verdienstausfall eintreten, noch darf sie nachgearbeitet und auch nicht auf die festgesetzten Ruhepausen angerechnet werden.

Mehrarbeit, Nacht- und Sonntagsarbeit (§ 8)

(1) Werdende und stillende Mütter dürfen nicht mit Mehrarbeit, nicht in der Nacht zwischen 20 und 6 Uhr und nicht an Sonn- und Feiertagen beschäftigt werden.

(2) Mehrarbeit nach Absatz 1 ist jede Arbeit, die

1. von Frauen unter 18 Jahren über 8 Stunden täglich oder 80 Stunden in der Doppelwoche,
2. von sonstigen Frauen über 8 ½ Stunden täglich oder 90 Stunden in der Doppelwoche hinaus geleistet wird.

Kündigungsverbot (§ 9)

Die Kündigung gegenüber einer Frau während der Schwangerschaft und bis zum Ablauf von vier Monaten nach der Entbindung ist unzulässig, wenn dem Arbeitgeber zur Zeit der Kündigung die Schwangerschaft oder die Entbindung bekannt war oder innerhalb zweier Wochen nach Zugang der Kündigung mitgeteilt wird. Das Überschreiten dieser Frist ist unschädlich, wenn es auf einem von der Frau nicht zu vertretenen Grund beruht und die Mitteilung unverzüglich nachgeholt wird.

Erhaltung von Rechten (§ 10)

Eine Frau kann während der Schwangerschaft und während der Schutzfrist nach der Entbindung das Arbeitsverhältnis ohne Einhaltung einer Frist zum Ende der Schutzfrist nach der Entbindung kündigen.

Wird das Arbeitsverhältnis aufgelöst und wird die Frau innerhalb eines Jahres nach der Entbindung in ihrem bisherigen Betrieb wieder eingestellt, so gilt, soweit Rechte aus dem Arbeitsverhältnis von der Dauer der Beschäftigung- oder Dienstzeit abhängen, das Arbeitsverhältnis als nicht unterbrochen. Das gilt nicht, wenn die Frau in der Zeit von der Auflösung des Arbeitsverhältnisses bis zur Wiedereinstellung bei einem anderen Arbeitgeber beschäftigt war.

Mutterschaftsgeld (§13)

Frauen, die Mitglied einer gesetzlichen Krankenkasse sind, erhalten für die Zeit der Schutzfristen Mutterschaftsgeld nach den Vorschriften der Reichsversicherungsordnung.

Frauen, die nicht Mitglied einer gesetzlichen Krankenkasse sind, erhalten, wenn sie bei Beginn der Schutzfrist in einem Arbeitsverhältnis stehen, Mutterschaftsgeld zu Lasten des Bundes, höchstens jedoch insgesamt 210 Euro. Das Mutterschaftsgeld wird diesen Frauen auf Antrag vom Bundesversicherungsamt gezahlt.

Zuschuss zum Mutterschaftsgeld (§14)

Frauen, die Anspruch auf Mutterschaftsgeld haben, erhalten während ihres bestehenden Arbeitsverhältnisses für die Zeit der Schutzfristen von ihrem Arbeitgeber einen Zuschuss in Höhe des Unterschiedsbetrages zwischen 13 Euro und dem um die gesetzlichen Abzüge verringerten durchschnittlichen Arbeitsentgelt. Frauen, deren Arbeitsverhältnis während ihrer Schwangerschaft oder während der Schutzfrist aufgelöst worden ist, erhalten bis zum Ende dieser Schutzfrist den Zuschlag von der für die Zahlung des Mutterschaftsgeldes zuständigen Stelle.

Sonstige Leistungen bei Schwangerschaft und Mutterschaft (§ 15)

Frauen, die in der gesetzlichen Krankenversicherung versichert sind, erhalten auch die folgenden Leistungen bei Schwangerschaft und Mutterschaft:

1. ärztliche Betreuung und Hebammenhilfe,
2. Versorgung mit Arznei-, Verband- und Heilmitteln,
3. stationäre Entbindung,
4. häusliche Pflege,
5. Haushaltshilfe.

Freistellung für Untersuchungen (§ 16)

Der Arbeitgeber hat die Frau freizustellen, die zur Durchführung der Untersuchungen bei Schwangerschaft und Mutterschaft erforderlich ist.

5 Gesetz zum Elterngeld und zur Elternzeit (Bundeselterngeld- und Elternzeitgesetz)

Diese Bestimmungen haben seit dem 5. Dezember 2006 die bis dahin geltenden „Bestimmungen über die Gewährung von Erziehungsgeld und Elternzeit“ abgelöst. Sie werden hier in der Änderungsfassung vom 28. März 2009 dargestellt und zitiert.

5.1 Elterngeld

Berechtigte (§ 1)

Anspruch auf Elterngeld hat:

1. wer einen Wohnsitz oder seinen gewöhnlichen Aufenthalt in Deutschland hat,
2. wer mit seinem Kind in einem Haushalt lebt,
3. dieses Kind selbst betreut und erzieht,
4. keine oder keine volle Erwerbstätigkeit ausübt.

Eine Person ist nicht voll erwerbstätig, wenn ihre wöchentliche Arbeitszeit 30 Wochenstunden im Durchschnitt des Monats nicht übersteigt, ferner wenn sie eine Beschäftigung zur Berufsausbildung ausübt oder wenn sie eine geeignete Tagespflegeperson ist und nicht mehr als fünf Kinder in Tagespflege betreut.
Anspruch hat auch, wer mit einem Kind in einem Haushalt lebt, das er mit dem Ziel der Annahme als Kind oder aber als Kind des Ehe-/Lebenspartners in seinen Haushalt aufgenommen hat. Maßgeblich für den Anspruch ist in diesen Fällen nicht der Zeitpunkt der Geburt, sondern der Zeitpunkt der Aufnahme.

Im Falle der Verhinderung der Eltern zur Betreuung und Erziehung des Kindes (schwere Krankheit, Schwerbehinderung, Tod) haben Verwandte bis zum dritten Grad Anspruch auf Elterngeld, wenn sie das Kind im Haushalt aufnehmen und wenn das Elterngeld von keinem anderen Berechtigten in Anspruch genommen wird.

Höhe des Elterngeldes (§ 2)

Elterngeld wird in Höhe von 67 Prozent des in den zwölf Kalender Monaten vor dem Monat der Geburt des Kindes durchschnittlich erzielten Einkommens aus Erwerbstätigkeit bis zu einem Höchstbetrag von 1.800 Euro monatlich für volle Monate gezahlt, in denen die berechtigte Person kein Einkommen aus Erwerbstätigkeit erzielt.

Elterngeld wird mindestens in Höhe von 300 Euro gezahlt, auch wenn im maßgeblichen Zeitraum vor der Geburt kein Einkommen aus Erwerbstätigkeit erzielt worden ist.
Bei Mehrlingsgeburten erhöht sich das zustehende Elterngeld um je 300 Euro für jedes weitere Kind.

Anrechnung von anderen Leistungen (§ 3)

Die Höhe des Elterngeldes kann sich auch auf das zuvor bezogene Mutterschaftsgeld auswirken: es wird auf das zustehende Elterngeld angerechnet.

Bezugszeitraum (§ 4)

Elterngeld kann in der Zeit vom Tag der Geburt bis zur Vollendung des 14. Lebensjahres des Kindes bezogen werden. Für angenommene Kinder kann Elterngeld ab Aufnahme bei der berechtigten Person für die Dauer von bis zu 14 Monaten, längstens bis zur Vollendung des achten Lebensjahres des Kindes bezogen werden.
Elterngeld wird in Monatsbeträgen für Lebensmonate des Kindes gezahlt. Die Eltern haben insgesamt Anspruch auf zwölf Monatsbeträge. Sie haben Anspruch auf weitere zwei Monatsbeträge, wenn für zwei Monate eine Minderung des Einkommens aus Erwerbstätigkeit erfolgt. Die Eltern können die jeweiligen Monatsbeträge abwechselnd oder gleichzeitig beziehen.

Zusammentreffen von Leistungen (§ 5)

Erfüllen beide Elternteile die Anspruchsvoraussetzungen, bestimmen sie, wer von ihnen welche Monatsbeträge in Anspruch nimmt.
Bestimmen beide Elternteile zusammen mehr als die ihnen zustehenden zwölf oder 14 Mo-

natsbeiträge Elterngeld, besteht der Anspruch eines Elternteils, der nicht über die Hälfte der Monatsbeiträge hinausgeht, ungekürzt; der Anspruch des anderen Elternteils wird gekürzt auf die verbleibenden Monatsbeiträge.

Auszahlung und Verlängerungsmöglichkeit (§ 6)

Das Elterngeld wird im Laufe des Monats gezahlt, für den es bestimmt ist. Die einer Person zustehenden Monatsbeträge werden auf Antrag in jeweils zwei halben Monatsbeträgen ausgezahlt, so dass sich der Auszahlungszeitraum verdoppelt.

Antragstellung (§ 7)

Das Elterngeld ist schriftlich zu beantragen. Es wird rückwirkend nur für die letzten drei Monate vor Beginn des Monats geleistet, in dem der Antrag auf Elterngeld eingegangen ist.
In dem Antrag ist anzugeben, für welche Monate Elterngeld beantragt wird. Die im Antrag getroffene Entscheidung kann bis zum Ende des Bezugszeitraums ohne Angabe von Gründen einmal geändert werden, in besonderen Härtefällen ein zweites mal.

Auskunftspflicht (§ 8, 9)

Soweit im Antrag Angaben zum voraussichtlichen Einkommen aus Erwerbstätigkeit gemacht wurden, ist nach Ablauf des Bezugszeitraums seitens des Arbeitnehmers das in dieser Zeit tatsächlich erzielte Einkommen aus Erwerbstätigkeit nachzuweisen.
Der Arbeitgeber ist verpflichtet, der zuständigen Behörde das Arbeitsentgelt, die abgezogene Lohnsteuer und den Arbeitnehmeranteil der Sozialversicherungsbeiträge sowie die Arbeitszeit auf Verlangen zu bescheinigen.

5.2 Elternzeit

Anspruch auf Elternzeit (§ 15)

Anspruch auf Elternzeit haben Eltern, wenn sie
- mit ihrem Kind,
- oder mit einem Kind, für das sie die Anspruchsvoraussetzungen erfüllen,
- oder mit einem Kind, das sie in Vollzeitpflege aufgenommen haben, in einem Haushalt leben und dieses Kind selbst betreuen und erziehen.

Nicht sorgeberechtigte Elternteile bedürfen der Zustimmung des sorgeberechtigten Elternteils.

Anspruch auf Elternzeit haben Arbeitnehmer auch, wenn sie mit ihrem Enkelkind in einem Haushalt leben und dieses Kind selbst betreuen und erziehen und ein Elternteil des Kindes minderjährig ist oder sich im letzten oder vorletzten Jahr einer Ausbildung befindet, die vor Vollendung des 18. Lebensjahres begonnen wurde und die Arbeitskraft des Elternteils im Allgemeinen voll in Anspruch nimmt. Der Anspruch besteht nur für Zeiten, in denen keiner der Elternteile des Kindes selbst Elternzeit beansprucht.

Der Anspruch auf Elternzeit besteht bis zur Vollendung des dritten Lebensjahres eines Kindes.
Die Elternzeit kann auch anteilig von jedem Elternteil allein oder von beiden Elternteilen zusammen genommen werden.
Während der Elternzeit darf ein Arbeitnehmer nicht mehr als 30 Wochenstunden erwerbstätig sein.
Er/sie kann in dieser Zeit zweimal eine Verringerung seiner/ihrer Arbeitszeit beanspruchen, sofern

- sofern der Arbeitgeber mehr als 15 Arbeitnehmer beschäftigt,
- wenn das Arbeitsverhältnis in demselben Betrieb oder Unternehmen ohne Unterbrechung länger als sechs Monate besteht
- die vertraglich vereinbarte regelmäßige Arbeitszeit für mindestens zwei Monat auf einen Umfang zwischen 15 und 30 Wochenstunden verringert werden soll,
- dem Anspruch keine dringenden betrieblichen Gründe entgegen stehen und
- der Anspruch sieben Wochen vor Beginn der Tätigkeit schriftlich mitgeteilt wurde.

Inanspruchnahme der Elternzeit (§ 16)

Wer Elternzeit beanspruchen will, muss sie spätestens sieben Wochen vor Beginn schriftlich vom Arbeitgeber verlangen und gleichzeitig erklären, für welche Zeiten innerhalb von zwei Jahren Elternzeit genommen werden soll. Wird die Elternzeit im Abschluss an die Mutterschutzzeit oder den Mutterschaftsurlaub genommen werden, werden diese Zeiten entsprechend auf die Elternzeit angerechnet.

Die Elternzeit kann auf zwei Zeitabschnitte verteilt werden, eine weitere Verteilung ist nur mit der Zustimmung des Arbeitnehmers möglich.
Der Arbeitgeber hat dem Arbeitnehmer die Elternzeit zu bescheinigen.

Die Elternzeit kann vorzeitig beendet oder verlängert werden, wenn der Arbeitgeber zustimmt. Die vorzeitige Beendigung wegen der Geburt eines weiteren Kindes oder wegen eines besonderen Härtefalles kann der Arbeitgeber nur innerhalb von vier Wochen aus dringenden betrieblichen Gründen schriftlich ablehnen.
Stirbt das Kind während der Elternzeit, endet diese spätestens drei Wochen nach dem Tod des Kindes.

Urlaub (§ 17)
Der Arbeitgeber kann den Erholungsurlaub, der dem Arbeitnehmer für das Urlaubsjahr zusteht, für jeden vollen Kalendermonat der Elternzeit um ein Zwölftel kürzen.
Das gilt nicht bei Teilzeitarbeit während der während der Elternzeit bei seinem/ihrem Arbeitgeber.
Zustehenden Resturlaub vor Beginn der Elternzeit hat der Arbeitgeber im laufendenden oder im nächsten Urlaubsjahr zu gewähren.
Endet das Arbeitsverhältnis während der Elternzeit oder wird es im Anschluss daran nicht fortgesetzt, hat der Arbeitgeber den noch nicht gewährten Urlaub abzugelten.

Hat der Arbeitnehmer vor Beginn der Elternzeit mehr Urlaub erhalten als ihm/ihr zusteht, kann der Arbeitgeber den Urlaub, der dem Arbeitnehmer nach dem Ende der Elternzeit zusteht, um die zuviel gewährten Arbeitstage kürzen.

Kündigungsschutz (§ 18)
Der Arbeitgeber darf das Arbeitsverhältnis ab dem Zeitpunkt, von dem an Elternzeit verlangt worden ist, höchstens jedoch acht Wochen vor Beginn der Elternzeit und während der Elternzeit nicht kündigen.
In besonderen Fällen kann ausnahmsweise eine Kündigung für zulässig erklärt werden.

Kündigung zum Ende der Elternzeit (§ 19)
Der Arbeitnehmer kann das Arbeitsverhältnis zum Ende der Elternzeit nur unter Einhaltung einer Kündigungsfrist von drei Monaten kündigen.

Teil 6: Die Überwachung der Betriebe

Der Staat überwacht alle Betriebe, auch die Bäckereien und Konditoreien, damit die gesetzlichen Bestimmungen beachtet werden. Im Vordergrund steht dabei die Überwachung des Lebensmittelverkehrs, um die Verbraucherschaft vor Verfälschung, Irreführung, Übervorteilung und gesundheitlichem Schaden zu schützen. Die lebensmittelrechtliche Überwachung erfolgt nicht nur aufgrund von Beanstandungen oder Anzeigen durch den Verbraucher. Vielmehr führt die amtliche Lebensmittelkontrolle regelmäßig Routineuntersuchungen durch. Und zwar werden auf je 1000 Einwohner jährlich mindestens 5 Lebensmittelproben behördlich entnommen und in chemischen Untersuchungsämtern untersucht; in erster Linie auf ihre hygienische, also gesundheitlich unbedenkliche Beschaffenheit, aber auch auf ihre vorgeschriebenen Gütemerkmale. Ferner werden die Lebensmittel auf richtige Kennzeichnung, Deklaration und auf Einhaltung anderer Vorschriften, z. B. Gewichts- und Preisangaben, überprüft.

Die Überwachung der Betriebe erstreckt sich aber über die Lebensmittelkontrolle hinaus noch auf weitere Sachbereiche. Für die Durchführung der Kontrolle ist jeweils eine bestimmte Ordnungsinstanz zuständig:

(siehe Tabelle unten)

Wenn im Zusammenhang mit der öffentlichen Ordnung und Sicherheit Gefahr im Verzug ist, kann zu deren Abwehr auch die Sicherheitspolizei eingesetzt werden (z. B. zur Beschlagnahmung von Lagerbeständen).

zu kontrollierender Sachbereich	zuständige Ordnungsinstanz
Einhaltung der lebensmittelrechtlichen Vorschriften	**Lebensmittelpolizei** ist ein Organ der Verwaltungspolizei, entweder bei den Gemeinden, Großgemeinden (Bürgermeisterämtern) oder Landkreisen. Die beauftragten Kontrolleure sind Verwaltungsangehörige (Beamte, Angestellte) oder Sachverständige
Einhaltung der Vorschriften über die Einrichtung und den Betrieb von Bäckereien und Konditoreien	**Gewerbepolizei** (Gewerbeaufsichtsamt)
Gesundheitszustand der Beschäftigten	**Gesundheitsamt**

1 Die Lebensmittelkontrolle

1.1 Befugnisse der Kontrollorgane

Gesetzliche Grundlage: Lebensmittel- und Futtermittelgesetzbuch (Nr. 1)

§ 42 (1) Die Überwachung der Einhaltung dieses Gesetzes, der auf Grund dieses Gesetzes erlassenen Rechtsverordnungen und der unmittelbar geltenden Rechtsakte der Europäischen Gemeinschaft im Anwendungsbereich dieses Gesetzes ist durch fachlich ausgebildete Personen durchzuführen. Das Bundesministerium wird ermächtigt, durch Rechtsverordnung mit Zustimmung des Bundesrates

1. vorzuschreiben, dass bestimmte Überwachungsmaßnahmen einer wissenschaftlich ausgebildeten Person obliegen und dabei andere fachlich ausgebildete Personen nach Weisung der zuständigen Behörde und unter der fachlichen Aufsicht einer wissenschaftlich ausgebildeten Person eingesetzt werden können,

2. vorzuschreiben, dass abweichend von Satz 1 bestimmte Überwachungsmaßnahmen von sachkundigen Personen durchgeführt werden können,

3. Vorschriften über die

a) Anforderungen an die Sachkunde zu erlassen, die an die in Nummer 1 genannte wissenschaftlich ausgebildete Person und die in Nummer 2 genannten sachkundigen Personen,

b) fachlichen Anforderungen zu erlassen, die an die in Satz 1 genannten Personen

zu stellen sind, sowie das Verfahren des Nachweises der Sachkunde und der fachlichen Anforderungen zu regeln.

Die Landesregierungen werden ermächtigt, Rechtsverordnungen nach Satz 2 Nr. 3 zu erlassen, soweit das Bundesministerium von seiner Befugnis keinen Gebrauch macht. Die Landesregierungen sind befugt, die Ermächtigung durch Rechtsverordnung auf andere Behörden zu übertragen.

(2) Soweit es zur Überwachung der Einhaltung der Rechtsakte der Europäischen Gemeinschaft, dieses Gesetzes und der auf Grund dieses Gesetzes erlassenen Rechtsverordnungen erforderlich ist, sind die mit der Überwachung beauftragten Personen, bei Gefahr im Verzug auch alle Beamten der Polizei, befugt,

1. Grundstücke, Betriebsräume und Transportmittel, in oder auf denen
   a) Erzeugnisse gewerbsmäßig hergestellt, behandelt oder in den Verkehr gebracht werden,
   b) sich lebende Tiere im Sinne des § 4 Abs. 1 Nr. 1 befinden oder
   c) Futtermittel verfüttert werden, sowie die dazugehörigen Geschäftsräume während der üblichen Betriebs- oder Geschäftszeit zu betreten;
2. zur Verhütung dringender Gefahren für die öffentliche Sicherheit und Ordnung
   a) die in Nr. 1 bezeichneten Grundstücke, Betriebsräume und Räume auch außerhalb der dort genannten Zeiten,
   b) Wohnräume der nach Nummer 5 zur Auskunft Verpflichteten zu betreten; das Grundrecht der Unverletzlichkeit der Wohnung (Artikel 13 des Grundgesetzes) wird insoweit eingeschränkt;
3. alle geschäftlichen Schrift- und Datenträger, insbesondere Aufzeichnungen, Frachtbriefe, Herstellungsbeschreibungen und Unterlagen über die bei der Herstellung verwendeten Stoffe, einzusehen und hieraus Abschriften, Auszüge, Ausdrucke oder Kopien, auch von Datenträgern, anzufertigen oder Ausdrucke von elektronisch gespeicherten Daten zu verlangen sowie Mittel, Einrichtungen und Geräte zur Beförderung

von Erzeugnissen oder lebenden Tieren im Sinne des § 4 Abs. 1 Nr. 1 zu besichtigen und zu fotografieren;
4. von natürlichen und juristischen Personen und nicht rechtsfähigen Personenvereinigungen alle erforderlichen Auskünfte, insbesondere solche über die Herstellung, das Behandeln, die zur Verarbeitung gelangenden Stoffe und deren Herkunft, das Inverkehrbringen und das Verfüttern zu verlangen;
5. entsprechend § 43 Proben zu fordern oder zu entnehmen.

(3) Soweit es zur Durchführung von Vorschriften, die durch Rechtsakte der Europäischen Gemeinschaft, dieses Gesetz oder durch auf Grund dieses Gesetzes erlassene Rechtsverordnungen geregelt sind, erforderlich ist, sind auch die Sachverständigen der Mitgliedstaaten, der Kommission und der EFTA-Überwachungsbehörde in Begleitung der mit der Überwachung beauftragten Personen berechtigt, Befugnisse nach Absatz 2 Nr. 1, 3 und 4 wahrzunehmen und Proben nach Maßgabe des § 43 Abs. 1 Satz 1 und Abs. 4 zu entnehmen. Die Befugnisse nach Absatz 2 Nr. 1 und 3 gelten auch für diejenigen, die sich in der Ausbildung zu einer die Überwachung durchführenden Person befinden.

(4) Die Zollstellen können den Verdacht von Verstößen gegen Verbote und Beschränkungen dieses Gesetzes oder der nach diesem Gesetz erlassenen Rechtsverordnungen, der sich bei der Durchführung des Gesetzes über das Branntweinmonopol ergibt, den zuständigen Verwaltungsbehörden mitteilen.

§ 43 (1) Die mit der Überwachung beauftragten Personen und, bei Gefahr im Verzug, die Beamten der Polizei sind befugt, gegen Empfangsbescheinigung Proben nach ihrer Auswahl zum Zweck der Untersuchung zu fordern oder zu entnehmen. Soweit in Rechtsverordnungen nach diesem Gesetz nichts anderes bestimmt ist, ist ein Teil der Probe oder, sofern die Probe nicht oder ohne Gefährdung des Untersuchungszwecks nicht in Teile von gleicher Beschaffenheit teilbar ist, ein zweites Stück der gleichen Art und, soweit vorhanden aus demselben Los, und von demselben Hersteller wie das als Probe entnommene, zurückzulassen; der Hersteller kann auf die Zurücklassung einer Probe verzichten.

(2) Zurückzulassende Proben sind amtlich zu verschließen oder zu versiegeln. Sie sind mit dem Datum der Probenahme und dem Datum des Tages zu versehen, nach dessen Ablauf der Verschluss oder die Versiegelung als aufgehoben gelten.

(3) Derjenige, bei dem die Probe zurückgelassen worden ist und der nicht der Hersteller ist, hat die Probe sachgerecht zu lagern und aufzubewahren und sie auf Verlangen des Herstellers auf dessen Kosten und Gefahr einem vom Hersteller bestimmten, nach lebensmittelrechtlichen Vorschriften zugelassenen privaten Sachverständigen zur Untersuchung auszuhändigen.

(4) Für Proben, die im Rahmen der amtlichen Überwachung nach diesem Gesetz entnommen werden, wird grundsätzlich keine Entschädigung geleistet. Im Einzelfall ist eine Entschädigung bis zur Höhe des Verkaufspreises zu leisten, wenn andernfalls eine unbillige Härte eintreten würde.

1.2 Pflichten des Betriebsinhabers

§ 44(1) Die Inhaberinnen oder Inhaber der in § 42 Abs. 2 bezeichneten Grundstücke, Räume, Einrichtungen und Geräte und die von ihnen bestellten Vertreter sind verpflichtet, die Maßnahmen nach den §§ 41 bis 43 zu dulden und die in der Überwachung tätigen Personen bei der Erfüllung ihrer Aufgabe zu unterstützen, insbesondere ihnen auf Verlangen

1. die Räume und Geräte zu bezeichnen,
2. Räume und Behältnisse zu öffnen und
3. die Entnahme der Proben zu ermöglichen.

(2) Die in § 42 Abs. 2 Nr. 4 genannten Personen und Personenvereinigungen sind verpflichtet, den in der Überwachung tätigen Per-

sonen auf Verlangen unverzüglich die dort genannten Auskünfte zu erteilen. Vorbehaltlich des Absatzes 3 kann der zur Auskunft Verpflichtete die Auskunft auf solche Fragen verweigern, deren Beantwortung ihn selbst oder einen der in § 383 Abs. 1 Nr. 1 bis 3 der Zivilprozessordnung bezeichneten Angehörigen der Gefahr strafgerichtlicher Verfolgung oder eines Verfahrens nach dem Gesetz über Ordnungswidrigkeiten aussetzen würde.

(3) Ein Lebensmittelunternehmer oder ein Futtermittelunternehmer ist verpflichtet, den in der Überwachung tätigen Personen auf Verlangen Informationen, die

1. er auf Grund eines nach Artikel 18 Abs. 2 Unterabs. 2 der Verordnung (EG) Nr. 178/2002 eingerichteten Systems oder Verfahrens besitzt und

2. zur Rückverfolgbarkeit bestimmter Lebensmittel oder Futtermittel erforderlich sind,

zu übermitteln. Sind die in

1. Satz 1 oder

2. Artikel 18 Abs. 3 Satz 2 der Verordnung (EG) Nr. 178/2002

genannten Informationen in elektronischer Form verfügbar, sind sie elektronisch zu übermitteln.

(4) Eine

1. Unterrichtung nach Artikel 19 Abs. 1 oder 3 Satz 1 oder Artikel 20 Abs. 1 oder 3 Satz 1 der Verordnung (EG) Nr. 178/2002,

2. Übermittlung nach Absatz 3 Satz 1 oder nach Artikel 18 Abs. 3 Satz 2 der Verordnung (EG) Nr. 178/2002

darf nicht zur strafrechtlichen Verfolgung des Unterrichtenden oder Übermittelnden oder für ein Verfahren nach dem Gesetz über Ordnungswidrigkeiten gegen den Unterrichtenden oder Übermittelnden verwendet werden. Die durch eine Unterrichtung nach Artikel 19 Abs. 1 oder 3 Satz 1 oder Artikel 20 Abs. 1 oder 3 Satz 1 der Verordnung (EG) Nr. 178/2002 erlangten Informationen dürfen von der für die Überwachung zuständigen Behörde nur für Maßnahmen zur Erfüllung der in § 1 Abs. 1 Nr. 1 oder 4 Buchstabe a Doppelbuchstabe aa genannten Zwecke verwendet werden.

1.3 Die praktische Durchführung der Lebensmittelkontrolle

In Bäckereien und Konditoreien können Lebensmittelkontrollen unter folgenden Gesichtspunkten durchgeführt werden:

a) Untersuchungen von Lebensmitteln auf ihre **gesundheitliche Unbedenklichkeit;** das betrifft vor allem Speiseeis,

b) Untersuchungen von Lebensmitteln im Hinblick darauf, ob die in der *Bezeichnung* zum Ausdruck gebrachten **Gütemerkmale** auch vorhanden sind; das gilt z. B. für Butter-, Marzipanerzeugnisse, mit Kuvertüre hergestellte Erzeugnisse, Speiseeissorten und für bestimmte Brotsorten,

c) Überprüfung, ob bei bestimmten Erzeugnissen die vorgeschriebene **Gewichtsangabe** erfolgt ist, z. B. bei Brot und Schnittbrot,

d) **Gewichtsnachprüfung,** vor allem bei Brot,

e) Überprüfung, ob die vorgeschriebenen **Deklarationen** erfolgt sind; das gilt insbesondere für Erzeugnisse, denen Farbstoffe, Konservierungsstoffe oder Süßstoffe zugesetzt worden sind, sowie für die Verwendung von Fettglasur,

f) Überprüfung, ob die vorgeschriebene **Preisauszeichnung** erfolgt ist.

1.3.1 Die amtliche Probenahme

Die Lebensmittelpolizei oder die amtlich beauftragten Sachverständigen sind befugt, während der Arbeitszeit in die Verkaufs-, Herstellungs- oder Lagerräume einzutreten und dort Proben von Lebensmitteln zu entnehmen. Diese Lebensmittel werden daraufhin untersucht, ob sie gesundheitlich unbedenklich sind, ob sie die aufgrund ihrer Bezeichnung erforderlichen Qualitätsmerkmale tatsächlich aufweisen und ob sie über die erfolgte Deklaration hinaus keine weiteren deklarationspflichtigen Zusätze enthalten.

Solche Probenahmen geschehen routinemäßig bzw. planmäßig (mindestens 5 Probenahmen

Fehler-Hinweis zu

Rechtliche Vorschriften für den Bereich Bäckerei, Konditorei/Café und caféähnliche Betriebe

14. Auflage 2009
Fachbuchverlag Pfanneberg GmbH & Co. KG

Best.-Nr. 04313

Aufgrund eines technischen Versehens sind die Texte auf den Seiten 119 bis 125 nicht aktuell. Sie sind aus der Vorauflage übernommen und beziehen sich auf die alte Arbeitsstättenverordnung und die bisherigen Arbeitsstättenrichtlinien.

Auf den folgenden Seiten finden Sie

a) **die Seiten 119 bis 125 in neuer aktueller Fassung**. Die neue ArbStättV und alle aktuellen Arbeitsstättenrichtlinien sind eingearbeitet. Die Seiten können Sie z. B. ausdrucken und ins Buch einlegen.

b) eine Gegenüberstellung der alten und neuen Arbeitstättenverordnung
Quelle: Bayerisches Landesamt für Gesundheit und Lebensmittelsicherheit

c) den Original-Gesetzestext der „Verordnung über Arbeitsstätten – ArbStättV" vom 12.08.2004 (BGBl. I S. 2179), zuletzt geändert am 18.12.2008 (BGBl. I S. 2768)
Quelle: Bundesministerium der Justiz

PFANNEBERG

Fachbuchverlag Pfanneberg GmbH & Co. KG • 42781 Haan

1 Die baubehördlichen Bestimmungen

Hinweis: Die alten Arbeitsstätten-Richtlinien (ASR) gelten weiter fort, jedoch nicht länger als sechs Jahre nach Inkrafttreten der Arbeitsstättenverordnung (bis August 2010) und werden in dieser Zeit in zwangloser Folge durch Technische Regeln für Arbeitsstätten ersetzt. Bis dahin können die alten Arbeitsstätten-Richtlinien als Orientierung zur Konkretisierung der allgemeinen Schutzziele der Verordnung herangezogen werden.

Bedingt durch die veränderte Struktur der Arbeitsstättenverordnung ist jedoch der direkte Bezug zwischen Paragraph und alter Arbeitsstätten-Richtlinie nicht mehr gegeben. Die in den einzelnen Arbeitsstätten-Richtlinien aufgeführten Verweise beziehen sich ausschließlich auf die alte Arbeitsstättenverordnung. Darin enthaltene Bezüge zu Normen spiegeln den Stand zum Zeitpunkt ihrer Bekanntgabe wider.

Weitere Informationen und Texte sind zu finden unter:

http://www.baua.de/de/Themen-von-A-Z/Arbeitsstaetten/Informationen.html

1.1 Begriffsbestimmung „Arbeitsstätten" (§ 2 Abs. 1 bis 4)

(1) Arbeitsstätten sind:

1. Orte in Gebäuden oder im Freien, die sich auf dem Gelände eines Betriebes oder einer Baustelle befinden und die zur Nutzung für Arbeitsplätze vorgesehen sind,
2. andere Orte in Gebäuden oder im Freien, die sich auf dem Gelände eines Betriebes oder einer Baustelle befinden und zu denen Beschäftigte im Rahmen ihrer Arbeit Zugang haben.

(2) Arbeitsplätze sind Bereiche von Arbeitsstätten, in denen sich Beschäftigte bei der von ihnen auszuübenden Tätigkeit regelmäßig über einen längeren Zeitraum oder im Verlauf der täglichen Arbeitszeit nicht nur kurzfristig aufhalten müssen.

(3) Arbeitsräume sind die Räume, in denen Arbeitsplätze innerhalb von Gebäuden dauerhaft eingerichtet sind.

(4) Zur Arbeitsstätte gehören auch:

1. Verkehrswege, Fluchtwege, Notausgänge,
2. Lager-, Maschinen- und Nebenräume,
3. Sanitärräume (Umkleide-, Wasch- und Toilettenräume),
4. Pausen- und Bereitschaftsräume,
5. Erste-Hilfe-Räume,
6. Unterkünfte.

Zur Arbeitsstätte gehören auch Einrichtungen, soweit für diese in dieser Verordnung besondere Anforderungen gestellt werden und sie dem Betrieb der Arbeitsstätte dienen.

1.2 Allgemeine Auflagen für den Arbeitgeber

1.2.1 Sicherheit und Ausstattung des Arbeitsplatzes (§ 3)

(1) Der Arbeitgeber hat dafür zu sorgen, dass Arbeitsstätten den Vorschriften dieser Verordnung einschließlich ihres Anhanges entsprechend so eingerichtet und betrieben werden, dass von ihnen keine Gefährdungen für die Sicherheit und die Gesundheit der Beschäftigten ausgehen. Der Arbeitgeber hat die vom Bundesministerium für Arbeit und Soziales nach § 7 Abs. 4 bekannt gemachten Regeln und Erkenntnisse zu berücksichtigen. Bei Einhaltung der im Satz 2 genannten Regeln und Erkenntnisse ist davon auszugehen, dass die in der Verordnung gestellten Anforderungen diesbezüglich erfüllt sind. Wendet der Arbeitgeber die Regeln und Erkenntnisse nicht an, muss er durch andere Maßnahmen die gleiche Sicherheit und den gleichen Gesundheitsschutz der Beschäftigten erreichen.

(2) Beschäftigt der Arbeitgeber Menschen mit Behinderungen, hat er Arbeitsstätten so einzurichten und zu betreiben, dass die besonderen Belange dieser Beschäftigten im Hinblick auf

Sicherheit und Gesundheitsschutz berücksichtigt werden. Dies gilt insbesondere für die barrierefreie Gestaltung von Arbeitsplätzen sowie von zugehörigen Türen, Verkehrswegen, Fluchtwegen, Notausgängen, Treppen, Orientierungssystemen, Waschgelegenheiten und Toilettenräumen.

(3) Die zuständige Behörde kann auf schriftlichen Antrag des Arbeitgebers Ausnahmen von den Vorschriften dieser Verordnung einschließlich ihres Anhanges zulassen, wenn

1. der Arbeitgeber andere, ebenso wirksame Maßnahmen trifft oder
2. die Durchführung der Vorschrift im Einzelfall zu einer unverhältnismäßigen Härte führen würde und die Abweichung mit dem Schutz der Beschäftigten vereinbar ist. Bei der Beurteilung sind die Belange der kleineren Betriebe besonders zu berücksichtigen.

(4) Soweit in anderen Rechtsvorschriften, insbesondere dem Bauordnungsrecht der Länder, Anforderungen gestellt werden, bleiben diese Vorschriften unberührt.

1.2.2 Nichtraucherschutz (§ 5)

(1) Der Arbeitgeber hat die erforderlichen Maßnahmen zu treffen, damit die nicht rauchenden Beschäftigten in Arbeitsstätten wirksam vor den Gesundheitsgefahren durch Tabakrauch geschützt sind. Soweit erforderlich, hat der Arbeitgeber ein allgemeines oder auf einzelne Bereiche der Arbeitsstätte beschränktes Rauchverbot zu erlassen.

(2) In Arbeitsstätten mit Publikumsverkehr hat der Arbeitgeber Schutzmaßnahmen nach Absatz 1 nur insoweit zu treffen, als die Natur des Betriebes und die Art der Beschäftigung es zulassen.

1.3 Anforderungen an die Arbeitsräume

1.3.1 Allgemeine Anforderungen

Lüftung (§ 5)

(1) In umschlossenen Arbeitsräumen muss unter Berücksichtigung der Arbeitsverfahren, der körperlichen Beanspruchung und der Anzahl der Beschäftigten sowie der sonstigen anwesenden Personen ausreichend gesundheitlich zuträgliche Atemluft vorhanden sein.

(2) Ist für das Betreiben von Arbeitsstätten eine raumlufttechnische Anlage erforderlich, muss diese jederzeit funktionsfähig sein. Eine Störung muss durch eine selbsttätige Warneinrichtung angezeigt werden. Es müssen Vorkehrungen getroffen sein, durch die die Beschäftigten im Fall einer Störung gegen Gesundheitsgefahren geschützt sind.

(3) Werden Klimaanlagen oder mechanische Belüftungseinrichtungen verwendet, ist sicherzustellen, dass die Beschäftigten keinem störenden Luftzug ausgesetzt sind.

(4) Ablagerungen und Verunreinigungen in raumlufttechnischen Anlagen, die zu einer unmittelbaren Gesundheitsgefährdung durch die Raumluft führen können, müssen umgehend beseitigt werden.

Raumtemperatur (Anhang 3.5)

(1) In Arbeits-, Pausen-, Bereitschafts-, Sanitär-, Kantinen- und Erste-Hilfe-Räumen, in denen aus betriebstechnischer Sicht keine spezifischen Anforderungen an die Raumtemperatur gestellt werden, muss während der Arbeitszeit unter Berücksichtigung der Arbeitsverfahren, der körperlichen Beanspruchung der Beschäftigten und des spezifischen Nutzungszwecks des Raumes eine gesundheitlich zuträgliche Raumtemperatur bestehen.

(2) Fenster, Oberlichter und Glaswände müssen je nach Art der Arbeit und der Arbeitsstätte eine Abschirmung der Arbeitsstätten gegen übermäßige Sonneneinstrahlung ermöglichen.

Gemäß § 8 Abs. 2 Arbeitsstättenverordnung gilt mit Bekanntmachung der neuen Technischen Regel für Arbeitsstätten ASR A3.5 „Raumtemperatur" die alte Arbeitsstätten-Richtlinie (ASR) ASR 6 „Raumtemperaturen" nicht weiter fort.

Nach ASR A3.5 sollen die Mindestwerte der Lufttemperaturen in Arbeitsräumen betragen:

- +20 °C bei sitzender, leichter Tätigkeit; +19 °C bei sitzender, mittelschwerer Tätigkeit

- +19 °C bei nichtsitzender leichter Tätigkeit; +17 °C bei nichtsitzender, mittelschwerer Tätigkeit; +12 °C bei nichtsitzender, schwerer Tätigkeit.

In Pausen-, Bereitschafts-, Sanitär-, Kantinen- und Erste-Hilfe-Räumen muss während der Nutzungsdauer eine Lufttemperatur von mindestens +21 °C herrschen. In Toilettenräumen darf die Lufttemperatur durch Lüftungsvorgängen, die durch die Benutzer ausgelöst werden, kurzfristig unterschritten werden. In stationären Toilettenanlagen muss während der Nutzungsdauer eine Lufttemperatur von ebenfalls +21 °C erreicht werden. In Waschräumen, in denen Duschen installiert sind, soll die Lufttemperatur während der Nutzungsdauer mindestens +24 °C betragen.

Die Lufttemperatur in Arbeitsräumen sollte +26 °C nicht überschreiten. Bei Überschreitung der Raumlufttemperatur von +30 °C müssen wirksame Maßnahmen ergriffen werden, welche die Beanspruchung der Beschäftigten reduzieren. Wird die Raumlufttemperatur von +35 °C überschritten, so ist der Raum für die Zeit der Überschreitung ohne technische oder organisatorische Maßnahmen sowie ohne persönliche Schutzausrüstungen wie bei Hitzearbeit nicht als Arbeitsraum geeignet.

Beleuchtung (Anhang 3.4)

(1) Die Arbeitsstätten müssen möglichst ausreichend Tageslicht erhalten und mit Einrichtungen für eine der Sicherheit und dem Gesundheitsschutz der Beschäftigten angemessenen künstlichen Beleuchtung ausgestattet sein.

(2) Die Beleuchtungsanlagen sind so auszuwählen und anzuordnen, dass sich dadurch keine Unfall- oder Gesundheitsgefahren ergeben können.

(3) Arbeitsstätten, in denen die Beschäftigten bei Ausfall der Allgemeinbeleuchtung Unfallgefahren ausgesetzt sind, müssen eine ausreichende Sicherheitsbeleuchtung haben.

Sichtverbindung

Gemäß Arbeitsstätten-Richtlinie „Sichtverbindung nach außen" (ASR 7/1) muss die Sichtverbindung der Arbeits-, Pausen-, Bereitschafts-, Liege- und Sanitätsräume nach außen in Augenhöhe durch Fenster, durchsichtige Türen oder Wandflächen aus durchsichtigem Glas oder Werkstoff gewährleistet sein, so dass der Ausblick aus dem jeweiligen Raum ins Freie ermöglicht wird. Dabei soll die Unterkante der Fenster bzw. der durchsichtigen Fläche in Türen zwischen 0,85 m und 1,25 m über dem Raumfußboden liegen.

Dies gilt nicht, wenn statt der Fenster überwiegend aus Glas oder einem durchsichtigen Werkstoff bestehende Wände oder Türen als Sichtverbindung dienen.

Sicherheitsbeleuchtung, optische Sicherheitsleitsysteme

Gemäß § 8 Abs. 2 Arbeitsstättenverordnung gilt mit Bekanntmachung der neuen Technischen Regel für Arbeitsstätten ASR A3.4/3 „Sicherheitsbeleuchtung, optische Sicherheitsleitsysteme" die alte Arbeitsstätten-Richtlinie (ASR) ASR 7/4 „Sicherheitsbeleuchtung" nicht weiter fort.

Nach ASR A3.4/3 versteht man unter „Sicherheitsbeleuchtung" eine Beleuchtung, die dem gefahrlosen Verlassen der Arbeitsstätte und der Verhütung von Unfällen dient, die durch Ausfall der künstlichen Allgemeinbeleuchtung entstehen können.

„Optische Sicherheitsleitsysteme" sind durchgehende Leitsysteme, die mit Hilfe optischer Kennzeichnungen und Richtungsangaben einen sicheren Fluchtweg vorgeben.

1.3.2 Raumabmessungen

Der Arbeitgeber hat solche Arbeitsräume bereitzustellen, die eine ausreichende Grundfläche und Höhe sowie einen ausreichenden Luftraum aufweisen (§ 6 Abs. 1).

Fläche, Höhe und Luftraum (Anhang 1.2)

(1) Arbeitsräume müssen eine ausreichende Grundfläche und eine, in Abhängigkeit von der Größe der Grundfläche der Räume, ausreichende lichte Höhe aufweisen, so dass die Beschäftigten ohne Beeinträchtigung ihrer Sicherheit, ihrer Gesundheit oder ihres Wohlbefindens ihre Arbeit verrichten können.

(2) Die Abmessungen aller weiteren Räume richten sich nach der Art ihrer Nutzung.

(3) Die Größe des notwendigen Luftraumes ist in Abhängigkeit von der Art der körperlichen Beanspruchung und der Anzahl der Beschäftigten sowie der sonstigen anwesenden Personen zu bemessen.

Bewegungsfläche (Anhang 3.1)

(1) Die freie unverstellte Fläche am Arbeitsplatz muss so bemessen sein, dass sich die Beschäftigten bei ihrer Tätigkeit ungehindert bewegen können.

(2) Ist dies nicht möglich, muss den Beschäftigten in der Nähe des Arbeitsplatzes eine andere ausreichend große Bewegungsfläche zur Verfügung stehen.

1.3.3 Bauliche Beschaffenheit

Fußböden (Anhang 1.5)

(1) Die Oberflächen der Fußböden, Wände und Decken müssen so beschaffen sein, dass sie den Erfordernissen des Betreibens entsprechen und leicht zu reinigen sind. An Arbeitsplätzen müssen die Arbeitsstätten unter Berücksichtigung der Art des Betriebes und der körperlichen Tätigkeit eine ausreichende Dämmung gegen Wärme und Kälte sowie eine ausreichende Isolierung gegen Feuchtigkeit aufweisen.

(2) Die Fußböden der Räume dürfen keine Unebenheiten, Löcher, Stolperstellen oder gefährlichen Schrägen aufweisen. Sie müssen gegen Verrutschen gesichert, tragfähig, trittsicher und rutschhemmend sein.

Wände und Decken (Anhang 1.5)

(3) Durchsichtige oder lichtdurchlässige Wände, insbesondere Ganzglaswände im Bereich von Arbeitsplätzen oder Verkehrswegen, müssen deutlich gekennzeichnet sein und aus bruchsicherem Werkstoff bestehen oder so gegen die Arbeitsplätze und Verkehrswege abgeschirmt sein, dass die Beschäftigten nicht mit den Wänden in Berührung kommen und beim Zersplittern der Wände nicht verletzt werden können.

Dächer (Anhang 1.5)

(4) Dächer aus nicht durchtrittsicherem Material dürfen nur betreten werden, wenn Ausrüstungen vorhanden sind, die ein sicheres Arbeiten ermöglichen.

Fenster und Oberlichter (Anhang 1.5)

(1) Fenster, Oberlichter und Lüftungsvorrichtungen müssen sich von den Beschäftigten sicher öffnen, schließen, verstellen und arretieren lassen. Sie dürfen nicht so angeordnet sein, dass sie in geöffnetem Zustand eine Gefahr für die Beschäftigten darstellen.

(2) Fenster und Oberlichter müssen so ausgewählt oder ausgerüstet und eingebaut sein, dass sie ohne Gefährdung der Ausführenden und anderer Personen gereinigt werden können.

Türen und Tore (Anhang 1.7)

(1) Die Lage, Anzahl, Abmessungen und Ausführung insbesondere hinsichtlich der verwendeten Werkstoffe von Türen und Toren müssen sich nach der Art und Nutzung der Räume oder Bereiche richten.

(2) Durchsichtige Türen müssen in Augenhöhe gekennzeichnet sein.

(3) Pendeltüren und -tore müssen durchsichtig sein oder ein Sichtfenster haben.

(4) Bestehen durchsichtige oder lichtdurchlässige Flächen von Türen und Toren nicht aus bruchsicherem Werkstoff und ist zu befürchten, dass sich die Beschäftigten beim Zersplittern verletzen können, sind diese Flächen gegen Eindrücken zu schützen.

(5) Schiebetüren und -tore müssen gegen Ausheben und Herausfallen gesichert sein. Türen und Tore, die sich nach oben öffnen, müssen gegen Herabfallen gesichert sein.

(6) In unmittelbarer Nähe von Toren, die vorwiegend für den Fahrzeugverkehr bestimmt sind, müssen gut sichtbar gekennzeichnete, stets zugängliche Türen für Fußgänger vorhanden sein. Diese Türen sind nicht erforderlich, wenn der Durchgang durch die Tore für Fußgänger gefahrlos möglich ist.

(7) Kraftbetätigte Türen und Tore müssen sicher benutzbar sein. Dazu gehört, dass sie

a) ohne Gefährdung der Beschäftigten bewegt werden oder zum Stillstand kommen können,
b) mit selbsttätig wirkenden Sicherungen ausgestattet sind,
c) auch von Hand zu öffnen sind, sofern sie sich bei Stromausfall nicht automatisch öffnen.

(8) Besondere Anforderungen gelten für Türen im Verlauf von Fluchtwegen (Ziffer 2.3).

Gemäß § 8 Abs. 2 Arbeitsstättenverordnung gelten mit Bekanntmachung der neuen Technischen Regel für Arbeitsstätten ASR A1.7 „Türen und Tore" die alten Arbeitsstätten-Richtlinien (ASR) ASR 10/1 „Türen und Tore"; ASR 10/5 „Glastüren, Türen mit Glaseinsatz", ASR 10/6 „Schutz gegen Ausheben, Herausfallen und Herabfallen von Türen und Toren" und ASR 11/1-5 „Kraftbetätigte Türen und Tore" nicht weiter fort.

Die berufsgenossenschaftlichen Regeln für Sicherheit und Gesundheit bei der Arbeit (BGR 232) „Kraftbetätigte Fenster, Türen und Tore" gilt in Bezug auf kraftbetätigte Fenster weiter.

1.3.4 Sicherheitsvorkehrungen

Schutz gegen Brandgefahr (Anhang 2.2)

(1) Arbeitsstätten müssen je nach

a) Abmessung und Nutzung,
b) der Brandgefährdung vorhandener Einrichtungen und Materialien,
c) der größtmöglichen Anzahl anwesender Personen

mit einer ausreichenden Anzahl geeigneter Feuerlöscheinrichtungen und erforderlichenfalls Brandmeldern und Alarmanlagen ausgestattet sein.

(2) Nicht selbsttätige Feuerlöscheinrichtungen müssen als solche dauerhaft gekennzeichnet, leicht zu erreichen und zu handhaben sein.

(3) Selbsttätig wirkende Feuerlöscheinrichtungen müssen mit Warneinrichtungen ausgerüstet sein, wenn bei ihrem Einsatz Gefahren für die Beschäftigten auftreten können.

Schutz gegen Gase, Dämpfe, Stäube (Anhang 5.1)

Arbeitsplätze in nicht allseits umschlossenen Arbeitsstätten und im Freien sind so zu gestalten, dass sie von den Beschäftigten bei jeder Witterung sicher und ohne Gesundheitsgefährdung erreicht, benutzt und wieder verlassen werden können. Dazu gehört, dass Arbeitsplätze gegen Witterungseinflüsse geschützt sind oder den Beschäftigten geeignete persönliche Schutzausrüstungen zur Verfügung gestellt werden. Werden die Beschäftigten auf Arbeitsplätzen im Freien beschäftigt, so sind die Arbeitsplätze nach Möglichkeit so einzurichten, dass die Beschäftigten nicht schädlichen Wirkungen von außen (zum Beispiel Gasen, Dämpfen, Staub) ausgesetzt sind.

Mittel und Einrichtungen zur Ersten Hilfe (Anhang 4.3)

(1) Erste-Hilfe-Räume nach § 6 Abs. 4 müssen an ihren Zugängen als solche gekennzeichnet und für Personen mit Rettungstransportmitteln leicht zugänglich sein.

(2) Sie sind mit den erforderlichen Einrichtungen und Materialien zur ersten Hilfe auszustatten. An einer deutlich gekennzeichneten Stelle müssen Anschrift und Telefonnummer der örtlichen Rettungsdienste angegeben sein.

(3) Erste-Hilfe-Ausstattung ist darüber hinaus überall dort aufzubewahren, wo es die Arbeitsbedingungen erfordern. Sie muss leicht zugänglich und einsatzbereit sein. Die Aufbewahrungsstellen müssen als solche gekennzeichnet und gut erreichbar sein.

Gemäß ASR 39/1.3 sind Mittel zur Ersten Hilfe „Verbandstoffe, alle sonstigen Hilfsmittel und medizinischen Geräte sowie Arzneimittel, soweit sie der Ersten Hilfe dienen". So muss z. B. mindestens ein Verbandskasten nach DIN 13169 vorhanden sein.

1.4 Anforderungen an Umkleideräume und Kleiderablagen (§ 6 Abs. 2, Anhang 4.1)

§ 6 (2): Geeignete Umkleideräume sind zur Verfügung zu stellen, wenn die Beschäftigten bei ihrer Tätigkeit besondere Arbeitskleidung tragen müssen und es ihnen nicht zuzumuten ist, sich in einem anderen Raum umzukleiden. Umkleide-, Wasch- und Toilettenräume sind für Männer und Frauen getrennt einzurichten oder es ist eine getrennte Nutzung zu ermöglichen.

Anhang 4.1: (3) Umkleideräume nach § 6 Abs. 2 Satz 3 müssen

a) leicht zugänglich und von ausreichender Größe und sichtgeschützt eingerichtet werden; entsprechend der Anzahl gleichzeitiger Benutzer muss genügend freie Bodenfläche für ungehindertes Umkleiden vorhanden sein,
b) mit Sitzgelegenheiten sowie mit verschließbaren Einrichtungen ausgestattet sein, in denen jeder Beschäftigte seine Kleidung aufbewahren kann. Kleiderschränke für Arbeitskleidung und Schutzkleidung sind von Kleiderschränken für persönliche Kleidung und Gegenstände zu trennen, wenn Umstände dies erfordern.

(4) Wasch- und Umkleideräume, die voneinander räumlich getrennt sind, müssen untereinander leicht erreichbar sein.

Gemäß ASR 34/1-5 sind für die Aufbewahrung der Kleidung „abschließbare Schränke, Kleideraufzüge oder Haken oder Bügelgestelle ohne oder mit Ablagetisch ...“ zu verwenden. Abschließbare Schränke müssen „so unterteilt sein, dass eine getrennte Unterbringung von Arbeits- und Straßenbekleidung möglich ist. Die Schränke müssen mindestens 600 mm breit, 500 mm tief und 1800 mm hoch sein und ein Ablagefach haben.“

Beschäftigte müssen die Möglichkeit haben, Arbeitskleidung und Schutzkleidung außerhalb der Arbeitszeit zu lüften und zu trocknen.

ASR 34/1-5: „Für je vier Schrankeinheiten soll mindestens eine Sitzgelegenheit zur Verfügung stehen.“

ASR 34/1-5: Umkleideräume sind mit Abfallbehältern und mit Spiegeln auszustatten.

1.5 Anforderungen an Waschräume und Waschgelegenheiten
(§ 6 Abs. 2, Anhang 4.1)

Wenn es die Art der Tätigkeit oder gesundheitliche Gründe erfordern, sind Waschräume vorzusehen.
§ 6 (2): Waschräume nach § 6 Abs. 2 Satz 2 sind

a) in der Nähe des Arbeitsplatzes und sichtgeschützt einzurichten,
b) so zu bemessen, dass die Beschäftigten sich den hygienischen Erfordernissen entsprechend und ungehindert reinigen können; dazu muss fließendes warmes und kaltes Wasser, Mittel zum Reinigen und gegebenenfalls zum Desinfizieren sowie zum Abtrocknen der Hände vorhanden sein,
c) mit einer ausreichenden Anzahl geeigneter Duschen zur Verfügung zu stellen, wenn es die Art der Tätigkeit oder gesundheitliche Gründe erfordern.

Sind Waschräume nach § 6 Abs. 2 Satz 2 nicht erforderlich, müssen in der Nähe des Arbeitsplatzes und der Umkleideräume ausreichende und angemessene Waschgelegenheiten mit fließendem Wasser (erforderlichenfalls mit warmem Wasser), Mitteln zum Reinigen und zum Abtrocknen der Hände zur Verfügung stehen.

ASR 35/1-4: Für je vier Arbeitnehmer muss mindestens eine Waschstelle vorhanden sein. Die hygienisch erforderlichen Mittel zum Reinigen und Abtrocknen der Hände müssen zur Verfügung gestellt werden.

ASR 35/1-4: „Als hygienische Reinigungsmittel – erforderlichenfalls in Verbindung mit Desinfektionsmitteln – sind zulässig: Seifencremespender, Pulverseifenspender, Seifenmühle, Kippseifenspender oder Seifenstück, sofern es ausschließlich von einer Person benutzt wird. Zusätzlich kann Handwaschpaste erforderlich sein.“

ASR 35/1-4: Als „hygienische Mittel zum Trocknen der Hände sind nur Handtücher zulässig, die zur einmaligen Benutzung bestimmt sind (Einmal-Handtücher).“
Dazu zählen: „Papierhandtücher ..., „Textilhandtuchautomaten ...“.

Wasch- und Umkleideräume müssen einen unmittelbaren Zugang zueinander haben, aber räumlich voneinander getrennt sein.

1.6 Anforderungen an Toilettenräume (§ 6 Abs. 2, Anhang 4.1)

§ 6 (2): Der Arbeitgeber hat Toilettenräume bereitzustellen.

Anhang 4.1: (1) Toilettenräume sind mit verschließbaren Zugängen, einer ausreichenden Anzahl von Toilettenbecken und Handwaschgelegenheiten zur Verfügung zu stellen. Sie müssen sich sowohl in der Nähe der Arbeitsplätze als auch in der Nähe von Pausen- und Bereitschaftsräumen, Wasch- und Umkleideräumen befinden.

ASR 37/1: Es müssen vorhanden sein:

männliche Beschäftigte:

bis 5	1 Toilette
5 bis 10	1 Toilette + ein Bedürfnisstand
10 bis 25	2 Toiletten + 2 Bedürfnisstände

weibliche Beschäftigte:

bis 10	1 Toilette
10 bis 20	2 Toiletten

Die Toilettenräume bzw. Toiletten dürfen vom ständigen Arbeitsplatz „höchstens eine Geschosshöhe entfernt sein. Der Weg vom ständigen Arbeitsplatz in Gebäuden zu Toiletten soll nicht durchs Freie führen."

1.7 Anforderungen an Pausenräume (§ 6 Abs. 3 und Anhang 4.2)

§ 6 (3): Bei mehr als zehn Beschäftigten, oder wenn Sicherheits- oder Gesundheitsgründe dies erfordern, ist den Beschäftigten ein Pausenraum oder ein entsprechender Pausenbereich zur Verfügung zu stellen. Dies gilt nicht, wenn die Beschäftigten in Büroräumen oder vergleichbaren Arbeitsräumen beschäftigt sind und dort gleichwertige Voraussetzungen für eine Erholung während der Pause gegeben sind. Fallen in die Arbeitszeit regelmäßig und häufig Arbeitsbereitschaftszeiten oder Arbeitsunterbrechungen und sind keine Pausenräume vorhanden, so sind für die Beschäftigten Räume für Bereitschaftszeiten einzurichten.

Anhang 4.2: (1) Pausenräume oder entsprechende Pausenbereiche nach § 6 Abs. 3 Satz 1 sind

a) für die Beschäftigten leicht erreichbar an ungefährdeter Stelle und in ausreichender Größe bereitzustellen,
b) entsprechend der Anzahl der gleichzeitigen Benutzer mit leicht zu reinigenden Tischen und Sitzgelegenheiten mit Rückenlehne auszustatten,
c) als separate Räume zu gestalten, wenn die Beurteilung der Arbeitsbedingungen und der Arbeitsstätte dies erfordern.

(2) Bereitschaftsräume nach § 6 Abs. 3 Satz 3 und Pausenräume, die als Bereitschaftsräume genutzt werden, müssen dem Zweck entsprechend ausgestattet sein.

1.8 Liegeräume für werdende oder stillende Mütter (§ 6 Abs. 3)

Schwangere Frauen und stillende Mütter müssen sich während der Pausen und, soweit es erforderlich ist, auch während der Arbeitszeit unter geeigneten Bedingungen hinlegen und ausruhen können.

1.9 Anforderungen an nicht allseits umschlossene und im Freien liegende Arbeitsstätten (Anhang 5.1)

Arbeitsplätze in nicht allseits umschlossenen Arbeitsstätten und im Freien sind so zu gestalten, dass sie von den Beschäftigten bei jeder Witterung sicher und ohne Gesundheitsgefährdung erreicht, benutzt und wieder verlassen werden können. Dazu gehört, dass Arbeitsplätze gegen Witterungseinflüsse geschützt sind oder den Beschäftigten geeignete persönliche Schutzausrüstungen zur Verfügung gestellt werden. Werden die Beschäftigten auf Arbeitsplätzen im Freien beschäftigt, so sind die Arbeitsplätze nach Möglichkeit so einzurichten, dass die Beschäftigten nicht schädlichen Wirkungen von außen (zum Beispiel Gasen, Dämpfen, Staub) ausgesetzt sind.

pro Jahr auf je 1000 Einwohner). Sie können aber auch erfolgen, weil Beschwerden aus der Verbraucherschaft an die Lebensmittelaufsichtsbehörde herangetragen wurden.

Um zu vermeiden, dass der Betrieb diskriminiert wird, müssen Probenahmen und Betriebskontrollen besonders bei Anwesenheit von Kunden möglichst unauffällig vorgenommen werden.

Der kontrollierende Beamte entscheidet, welches Lebensmittel zur Probe entnommen wird. Die Probe wird versiegelt und gekennzeichnet nach Bezeichnung, Deklaration, Menge, Tag der Entnahme und Besitzer. Der Betriebsinhaber erhält eine Quittung über die entnommene Probe. Bei einer amtlichen Probenahme muss grundsätzlich auch eine Gegenprobe genommen werden. Sie wird beim Besitzer der Ware deponiert und gilt als eine amtlich in Beschlag genommene und versiegelte Sache.

Der Betriebsinhaber darf die Versiegelung nicht verletzen, jedoch kann er die Gegenprobe einem zugelassenen Sachverständigen zur Untersuchung innerhalb von 2 Wochen, bei leicht verderblichen Waren sofort übergeben. Er muss das aber der Lebensmittelaufsichtsbehörde schriftlich mitteilen. Der Sachverständige muss die Unverletztheit des Siegels bestätigen.

Ein Anspruch auf Entschädigung für die amtlich entnommene Probe und Gegenprobe besteht für Bäcker und Konditoren nicht. Im Einzelfall kann eine angemessene Entschädigung in Höhe des Verkaufspreises gezahlt werden. Zuerst muss aber das Ergebnis der Untersuchung abgewartet werden, denn im Falle einer Beanstandung hat der Verurteilte die Kosten für die Proben und die Untersuchung selber zu tragen.

1.3.2 Die Entnahme von Geheimproben

Neben der amtlichen Probenahme ist die Lebensmittelaufsicht auch berechtigt, so genannte Geheimproben zu entnehmen. Das geschieht durch unauffälligen Ankauf eines Lebensmittels durch einen – als solchen nicht zu erkennenden – Aufsichtsbeamten. In diesen Fällen kann natürlich keine Gegenprobe genommen werden.

Falls eine Geheimprobe zu Beanstandungen des Lebensmittels führt, wird normalerweise anschließend eine amtliche Probenahme vorgenommen. Unbedingt notwendig ist das aber nicht, denn auch Geheimproben können als Beweismittel in einem Strafprozess dienen.

1.3.3 Die Brotgewichtskontrolle

Das Gewicht sowohl der Ganzbrote wie der Schnittbrotpackungen muss angegeben werden (s. S. 92 f.). Bei der Gewichtskontrolle wird auf die Gewichtsangabe wie auf das Brotgewicht geachtet.

Die Vorschriften für die Gewichtsnachprüfung von Brot und anderen Backwaren sowie über die Berücksichtigung von Fehlerquellen sind in den Vorschriften des Eichgesetzes und seiner Ausführungsverordnung (z. B. Fertigpackungsverordnung, s. S. 52) enthalten.

Für die Gewichtsnachprüfung gilt danach das Mittelwertsprinzip, ergänzt durch die Pflicht zur Einhaltung festgelegter Toleranzen, d. h. höchstzulässiger Gewichtsabweichungen. Allerdings begrenzt das Eichgesetz diese Abweichungen nach unten (Mindestgewicht).

Der Bäcker ist verpflichtet, Fertigpackungen mit Backwaren regelmäßig mit geeigneten, d. h. geeichten Kontrollmessgeräten auf das vorgeschriebene Gewicht selber zu prüfen. Messgeräte für die Herstellung von unverpackten Backwaren sind von der Eichpflicht ausgenommen.

Ganzbrote

Brot kann in beliebigen Gewichten hergestellt werden. Das Gewicht muss angegeben werden, ferner der Preis für das jeweilige Brot, ggf. zusätzlich auch noch der Grundpreis (= Kilopreis).

Bei der Gewichtskontrolle durch die amtlich beauftragten Sachverständigen wird überprüft, ob das Gewicht des Brotes nicht um mehr als das Doppelte der zulässigen Minusabweichung leichter oder schwerer ist (vgl. S. 52).

Für die in Bäckereien üblichen Brotgewichte stellt sich der zulässige Spielraum für leichte

Unter- oder Übergewichte wie folgt dar:

Gewichtsgrenzen für Ganzbrote:

Sollgewicht	Mindestgewicht
500 g	470 g
750 g	720 g
1000 g	970 g
1250 g	1212 g
1500 g	1455 g
1750 g	1697 g
2000 g	1940 g

Schnittbrot

Gewichtsgrenzen für eine Packung (ohne Gewicht der Umhüllung)

Sollgewicht	Mindestgewicht
125 g	113 g
250 g	232 g
500 g	470 g

Kleingebäck

Beispiele:

Sollgewicht	Mindestgewicht
45 g	36,9 g
50 g	41 g
55 g	46 g

Es bestehen keine gesetzlichen Gewichtsvorschriften.

Falls Kleingebäcke, z. B. Brötchen, jedoch mit Gewichtsangabe angeboten werden, dürfen die Gewichtsabweichungen für Gebäck unter 50 g nicht mehr als 18 %, für Gebäck über 50 bis 100 g nicht mehr als 9 g betragen.

1.4 Worauf Bäcker und Konditoren bei der Lebensmittelkontrolle besonders zu achten haben

Die Lebensmittelkontrolle erstreckt sich auf alle Lebensmittel, die zum Verkauf gelangen, also auch auf solche, die nicht im eigenen Betrieb hergestellt wurden, sondern die lediglich weiterverkauft werden, wie Tafelschokolade, Dauerbackwaren, Marzipanartikel, Zuckerwaren usw. Im Fall einer Beanstandung solcher Lebensmittel ist weniger der Bäcker als vielmehr der Hersteller solcher Erzeugnisse zur Verantwortung zu ziehen, es sei denn, dass dem Bäcker ein Verschulden nachgewiesen wird, z. B. wegen falscher Behandlung, zu langer Lagerung, Verfälschung u. a.

Die volle Verantwortung jedoch trägt der Bäcker für seine eigenen Erzeugnisse:

- sie müssen den allgemeinen hygienischen Anforderungen genügen,
- sie müssen die Gütemerkmale aufweisen, die aufgrund der besonderen Bezeichnung zu fordern sind,
- sie müssen richtig deklariert sein.

In den folgenden Darstellungen sollen die Erzeugnisse der Bäckerei unter diesen Gesichtspunkten noch einmal zusammengestellt werden.

1.4.1 Die hygienische Beschaffenheit der Erzeugnisse

Alle Erzeugnisse, die zum Verkauf gelangen sollen, müssen so beschaffen sein, dass ihr Verzehr keine gesundheitlichen Schäden hervorruft, sei es durch giftige Wirkungen oder durch Ekelerregung. Bäckereierzeugnisse können verdorben werden, z. B. durch Verwendung verdorbener Rohstoffe und Zutaten. Deshalb erstreckt sich die Lebensmittelkontrolle auch auf die Lagerräume und Lagerbehälter (z. B. Kühlschränke, Froster), in denen Rohstoffe aufbewahrt werden.

Eine Gefahr für die hygienische Beschaffenheit der Bäckereierzeugnisse können ferner sein:

- der Zustand der Arbeits-, Lager- und Vertriebsräume,
- die Beschaffenheit der Gebrauchsgegenstände,
- der Gesundheitszustand der Beschäftigten,
- die Kleidung und das Verhalten der Beschäftigten in der Backstube,
- die unsachgemäße Behandlung der Erzeugnisse bei Aufbewahrung, Transport und Verkauf.

Leicht verderbliche Erzeugnisse (Sahne, Krems, Obst, Torten, Speiseeis) müssen durch entsprechend kühle Lagerung vor dem Verderben geschützt werden. Von einem bestimmten Grad der Einbuße des Frischezustandes an gelten sie als genussuntauglich oder gar als gesundheitsschädlich. Sie müssen dann beseitigt und dürfen nicht mehr für den menschlichen Genuss verwendet werden. Bei *Speiseeis* ist dieser Zustand der Genussuntauglichkeit erreicht, wenn je Kubikzentimeter mehr als 10 Kolibakterien und mehr als 100 000 Keime enthalten sind. Das kann vor allem dann eintreten, wenn geschmolzene Speiseeismasse wieder gefroren wird (vgl. S. 115 f.).

Brote gelten immer dann als genussuntauglich, wenn sie an Fadenziehen erkrankt sind. Die Erreger des Fadenziehens sind gesundheitsschädlich. Von Schimmel befallene Brote gelten ebenfalls als geeignet, die Gesundheit zu schädigen. Jedoch tritt der Schimmelbefall meist erst zutage, wenn das Brot sich beim Verbraucher befindet. Brot, besonders Schnittbrot, welches schon zum Zeitpunkt des Verkaufs Schimmelbefall aufweist, gilt als genussuntauglich.

1.4.2 Die Bezeichnung von Erzeugnissen und die damit geforderten Gütemerkmale

Durch besondere Bezeichnungen bestimmter Bäckerei- und Konditoreierzeugnisse soll zum Ausdruck gebracht werden, dass diese sich gegenüber anderen weniger hochwertigen Erzeugnissen durch besondere Qualitätsmerkmale auszeichnen. Nur wenn diese Qualität auch tatsächlich gegeben ist, darf das jeweilige Erzeugnis auch die entsprechende Güte-Bezeichnung tragen.

Die Lebensmittelkontrolle hat in diesem Zusammenhang die Aufgabe, zu überprüfen, ob ein Erzeugnis die erforderlichen Gütemerkmale auch tatsächlich aufweist. Im anderen Fall macht sich der Bäcker einer Verfälschung der Ware und einer Irreführung bzw. Übervorteilung des Verbrauchers schuldig und damit strafbar.

Bei der Bezeichnung der Erzeugnisse ist zu unterscheiden:

- ob auf bestimmte Rohstoffe und Zutaten hingewiesen wird,
  dann müssen die in der Bezeichnung benannten Stoffe in einer bestimmten Mindestmenge im Erzeugnis enthalten sein, z. B. „Butterstuten" muss mindestens 10 % Butter (auf Mehlmenge bezogen) enthalten, „Butterkuchen" sogar mindestens 30 % Butter.
- ob eine ganz bestimmte Qualitätsnamensgebung vorliegt,
  dann betrifft dies die Zusammensetzung und/oder die Herstellung des Erzeugnisses, z. B. „Frankfurter Kranz" (s. S. 104), „Feine Oblatenlebkuchen" (s. S. 109), „Holzofenbrot" (s. S. 96) u. a.

Zu diesen Gruppen von Erzeugnissen mit vorgeschriebenen Qualitätsmerkmalen zählen: (näher dargestellt auf den Seiten:)

- bestimmte Brotsorten und Kleingebäcke (S. 94 f.)
- die Dauerbackwaren (S. 108 f.)
- Feine Backwaren (S. 100 f.)
- Marzipan, Nugat, Persipan (S. 113 f.)
- die Speiseeissorten (S. 115 f.)

Ferner gelten Qualitätsauflagen für:

- Füllungen, z. B. „Marzipanfüllungen" u. a. (S. 102)
- Krems, z. B. „Sahnekrem" u. a. (S. 102)

1.4.3 Die erforderliche Deklaration

„Deklaration" ist etwas anderes als „Bezeichnung".

Unter *Bezeichnung* versteht man die besondere Namensgebung für ein Erzeugnis. Eine *Deklaration* sagt dagegen etwas Zusätzliches über ein Erzeugnis aus; und zwar darüber, ob das Erzeugnis solche Stoffe enthält, auf die der Verbraucher gemäß Lebensmittelkennzeichnungs-Verordnung ausdrücklich hingewiesen werden muss, oder weil weniger hochwertige Rohstoffe (Fettglasur) verwendet worden sind.

Fettglasur

Weil Fettglasur (s. S. 67, 101) mit Schokoladenüberzugsmasse verwechselbar ist, darf sie wegen ihres Gehaltes an Fremdfetten für solche Erzeugnisse, an die besondere Güteerwartungen gestellt werden, erst gar nicht verwendet werden.

Die Verwendung von Fettglasur ist für folgende Erzeugnisse *nicht üblich:*

Domino-Desserts, Florentiner, Gütemarzipan, Oblatenlebkuchen (Elisen-, Nuss-, weiße Lebkuchen), Krokant, Makronen, Mandelhörnchen, Mandelmakronen, Mandellebkuchen, Marzipan, Nugat, Nussmakronen, Printen, Spitzkuchen. Ferner werden auch besondere Torten wie Baumkuchen, Herren-, Sachertorten nicht mit Fettglasur überzogen.

Die Verwendung von mit Kakaoerzeugnissen verwechselbaren Fettglasuren wird ausreichend kenntlich gemacht, z. B. „mit kakaohaltiger Fettglasur".

Farbstoffe

Jede Verwendung von Farbstoffen muss deklariert werden, auch wenn die verwendete Farbstoffmenge noch so gering ist. Zu den Farbstoffen (= Zusatzstoffe) zählen jedoch nicht stark färbende Lebensmittel wie Kakaopulver oder Eigelb.

Farbstoffe können bereits in bestimmten Rohstoffen enthalten sein (s. S. 39 f.). Der Farbstoffgehalt ist dann auf der Verpackung angegeben.

Falls der Bäcker/Konditor gefärbte Rohstoffe verwendet, muss er das genauso deklarieren, als wenn er die Farbstoffe selber zusetzt (z. B. beim Schminken von Marzipanfrüchten).

Die Farbstoffmenge, die einem Erzeugnis zugesetzt werden darf, ist begrenzt (s. S. 39).

Brot darf nicht gefärbt werden, mit Ausnahme einer englischen Spezialität: Malt Bread.

Konservierungsstoffgehalt	vorgeschriebene Deklaration
a) ein Erzeugnis, z. B. Kaffeeteilchen, wird mit konservierungsstoffhaltiger Füllung (Persipan, Marmelade u. a.) hergestellt.	„mit Konservierungsstoff“
b) eine Torte ist mit einer konservierungsstoffhaltigen Marzipandecke überzogen.	„Marzipandecke mit Konservierungsstoff
c) für eine Apfeltorte werden geschwefelte Apfelstücke verwendet	„Apfelstücke geschwefelt“

Farbstoffe können enthalten sein in Füllungen (Obstmark, Krems, fetthaltigen Füllungen), Überzügen (Zuckerüberzügen aller Art) oder Belägen (Obstkonserven, kandierten Früchten, Geleeartikeln) von Konditoreiwaren, ferner in Marzipanartikeln und Speiseeis.

Die Deklaration muss durch die Angabe *„mit Farbstoff“* erfolgen. Falls nur Teile eines Erzeugnisses gefärbt und diese als besondere Bestandteile deutlich erkennbar sind, darf sich die Deklaration auf diese Teile beschränken, z. B. durch die Angabe *„Kirschen mit Farbstoff“*.

Bei unverpackten Erzeugnissen ist die Deklaration auf Schildern (z. B. Preisschildern) an oder neben der Ware vorzunehmen. Das gilt auch für die Erzeugnisse, die in Packungen, Behältnissen oder Umhüllungen (z. B. in Folie) ohne Inhaltsangabe angeboten werden.

Die Deklaration auf Schildern kann entfallen, wenn in einem Aushang oder einer schriftlichen Aufzeichnung, die dem Endverbraucher unmittelbar zugänglich sein muss, alle bei der Herstellung des Lebensmittels verwendeten Zusatzstoffe angegeben werden.

Bei verpackten Erzeugnissen muss die Deklaration im Zutatenverzeichnis erfolgen. Einer zusätzlichen Kenntlichmachung („mit Farbstoff“) bedarf es dann nicht.

Künstliche Aromastoffe

Die meisten der verwendeten Aromen enthalten als aromatisierende Komponenten entweder Aromaextrakte, natürliche Aromastoffe oder naturidentische Aromastoffe. Ihre Verwendung braucht vom Bäcker/Konditor bei losen Erzeugnissen nicht deklariert werden.

Die Aromen mit künstlichen Aromastoffen unterliegen besonderen Verwendungsvorschriften. Eine bestimmte Kenntlichmachung bei losen aromatisierten Backwaren ist nicht vorgeschrieben, es sollte aber bedacht werden, dass eine Irreführung oder Täuschung des Verbrauchers vermieden werden muss, z. B. durch den Hinweis „mit …geschmack“.

Ob ein Aroma, das der Bäcker/Konditor bezieht, auch künstliche Aromastoffe enthält, ist seiner Kennzeichnung zu entnehmen. Im Übrigen wird verwiesen auf S. 40 ff.

Konservierungsstoffe

Dazu zählen die nach der Zusatzstoff-Zulassungs-Verordnung (s. S. 36 f.) zugelassenen Stoffe, z. B. Sorbinsäure, Benzoesäure, PHB-Ester, Diphenyl, Orthophenylphenol; ferner Schwefeldioxid (s. S. 36) und bestimmte Antioxidantien (s. S. 39 f.).

Im weiteren Sinne zählen zu den Konservierungsstoffen auch bestimmte „beschränkt zugelassene Zusatzstoffe“ (s. S. 35 ff.), z. B. Wachse.

Solche Konservierungsstoffe können in bestimmten Rohstoffen und Zutaten enthalten sein oder ihnen äußerlich anhaften. Man kann das an der vorgeschriebenen Kenntlichmachung auf der Verpackung (Zutatenverzeichnis) erkennen.

Falls Erzeugnisse der Bäckerei und Konditorei Konservierungsstoffe enthalten, braucht das nicht in jedem Fall deklariert zu werden. Dies ist z. B. dann nicht erforderlich, wenn der Zusatzstoff in dem Lebensmittel keine technologische Wirkung mehr ausübt, z. B., wenn eine konservierte Margarine in einer Backware eingesetzt wird.

Es gibt folgende Fälle, in denen eine Deklaration erforderlich wird (siehe Tabelle Seite 152):

Süßstoffe

Nach der Zusatzstoff-Zulassungs-Verordnung sind folgende Süßstoffe erlaubt:

- Saccharin
- Cyclamat
- Aspartam
- Acesulfam
- Aspartam-Acesulfam-Salz
- Sucralose
- Thaumatin
- Neohesperidin DC
- Thaumatin

Süßstoffe werden vorwiegend brennwertverminderten Erzeugnissen oder Diätgebäcken zugesetzt. Der Gehalt der verwendeten Süßstoffe muss ausnahmslos kenntlich gemacht werden, und zwar durch die Angabe „mit Süßungsmittel" in Verbindung mit der Verkehrsbezeichnung des Lebensmittels.

1.4.4 Die Preisauszeichnung

(Siehe die Bestimmungen zur Regelung der Preisangaben S. 50 f.).

2 Die Betriebskontrolle

Die bisher dargestellten Kontrollmaßnahmen in Bäckereien und Konditoreien beziehen sich auf die Erzeugnisse. Die Kontrolle darüber ist Aufgabe der Lebensmittelpolizei.

Über die reine Lebensmittelkontrolle hinaus werden aber noch weitere Kontrollen durchgeführt. Diese liegen vorwiegend in den Händen der Gewerbepolizei (Gewerbeaufsichtsamt) sowie beim Gesundheitsamt.

2.1 Die baubehördliche Überwachung

Arbeitsräume, Fenster, Fußböden, Wände und Decken, ferner der Backofen und die sanitären Anlagen müssen ganz bestimmten Größenabmessungen entsprechen bzw., es werden für ihre Beschaffenheit ganz bestimmte Auflagen erhoben. Wie das im Einzelnen vorgeschrieben ist, geht aus der Arbeitsstättenverordnung hervor (s. S. 119 ff.).

2.2 Die hygienische Überwachung der Räume, Einrichtungen sowie der Beschäftigten

Die Lebensmittel-Hygieneverordnung enthält Vorschriften über die hygienische Beschaffenheit von Arbeits-, Lager-, Vertriebsräumen und der von Gebrauchsgegenständen sowie deren Wartung und Pflege, ferner über die Kleidung und das Verhalten der Beschäftigten während der Arbeitszeit (s. S. 126 ff.).

2.3 Die Überprüfung der vorgeschriebenen Aushänge

In jeder Bäckerei und Konditorei müssen folgende Aushänge so deutlich sichtbar angebracht werden, dass sie von den Beschäftigten während der Arbeitszeit oder in den Pausen eingesehen werden können:

- die Lebensmittel-Hygieneverordnung (s. S. 126 ff.)
- *Arbeitszeitgesetz* (s. S. 137 ff.)
- der jeweils gültige *Lohn- und Gehaltstarifvertrag,*
- der jeweils gültige *Manteltarifvertrag,*
- das Gesetz über den Ladenschluss (s. S. 139),
- das Gesetz zum Schutz der erwerbstätigen Mutter – *Mutterschutzgesetz* (sofern regelmäßig mehr als 3 Frauen beschäftigt werden) (s. S. 141 ff.),
- die *Unfallverhütungsvorschriften* (s. S. 133),
- eine *Raumtafel* (s. S. 134),
- das *Jugendarbeitsschutzgesetz* (wenn mindestens ein Jugendlicher regelmäßig beschäftigt wird) (s. S. 140),
- ein *Aushang über Arbeitszeit und Pausen* nach dem Jugendarbeitsschutzgesetz (wenn

mindestens drei Jugendliche regelmäßig beschäftigt sind).

2.4 Die Eichkontrolle

Alle Wiege- und Messgeräte müssen einer regelmäßigen Überprüfung durch das Eichamt zugeführt werden. Die Überprüfung wird durch den Eichstempel bescheinigt (s. S. 51). Die Gewerbeaufsicht kontrolliert die vorhandenen Wiege- und Messgeräte daraufhin, ob die vorgeschriebene Eichung erfolgt ist.

2.5 Die Gesundheitsuntersuchungen der Beschäftigten

Die Beschäftigung von Personen in Bäckereien und Konditoreien ist an besondere gesundheitliche Voraussetzungen geknüpft (s. S. 53, 128 f.). Personen mit bestimmten Krankheiten dürfen nicht beschäftigt werden. Das Auftreten der genannten Krankheiten ist meldepflichtig. Das Gesundheitsamt untersagt dem Betriebsleiter die Weiterbeschäftigung der erkrankten Personen solange, bis die Krankheit abgeklungen ist und keine Ansteckungsgefahr mehr besteht. In Betrieben, wo Speiseeis hergestellt und/oder Sahne in loser Form verkauft wird, sind für die mit der Herstellung und dem Verkauf beschäftigten Personen Belehrungen vorgeschrieben. Jede untersuchte Person erhält ein Zeugnis über ihren Gesundheitszustand, das dem Betriebsinhaber auszuhändigen ist und nicht älter als ein Jahr sein darf (s. S. 53).

Teil 7: Bestimmungen für Cafés und caféähnliche Betriebe

Kaffeehäuser – ursprünglich Orte, an denen Kaufleute zusammenkamen, um über Geschäfte, Politik, Kunst und Literatur zu reden – haben nicht nur im Orient, sondern auch in Europa eine lange Tradition. 1645 wurde das erste europäische Kaffeehaus in Venedig eröffnet, Hamburg folgte 1677 als erste deutsche Stadt mit einem Kaffeehaus und schließlich im Jahre 1683 Wien, die bis heute klassische Kaffeehaus-Stadt.
Im 18. und 19. Jahrhundert kamen zu der Funktion als Geschäfts- und Informationszentrum Geselligkeit, Kontaktpflege und Zerstreuung hinzu. Frauen durften nun ein Kaffeehaus betreten, von dem sie vorher ausgeschlossen waren. Neue Kaffeehaustypen entwickelten sich, wie z. B. das Konditorei-Café mit dem typischen Angebot an heißen Aufgussgetränken und Leckereien der Patisserie und Confiserie. Literarische Cafés und Kaffeegärtchen sind weitere Kaffeehaustypen, die im 19. Jahrhundert entstanden. In den achtziger Jahren des 20. Jahrhunderts verändert sich die Kaffeehauslandschaft gewaltig. Das klassische Konditorei-Café bietet seinen Gästen nun nicht mehr nur „Kaffee und Kuchen" an, sondern eine mehr oder weniger reichhaltige, gastronomische Palette vom Frühstück bis zum Abendessen. Da das Ladenangebot (Konditorei) mit dem Verzehrsangebot (Café) nicht mehr übereinstimmt, müssen neue Räumlichkeiten für die Zubereitung kleiner Speisen eingerichtet, neue Geräte und Maschinen angeschafft und neben lebensmittelrechtlichen und gewerberechtlichen Bestimmungen für den Ladenverkauf zusätzlich noch rechtliche Bestimmungen des Bürgerlichen Gesetzbuches (BGB), des Handelsgesetzbuches (HGB) und des Gaststättengesetzes beachtet werden.

1 Bestimmungen über Errichtung und Betreiben von Cafés und caféähnlichen Betrieben

Durch veränderte Lebensgewohnheiten der Konsumenten (z. B. die Einnahme verschiedener Mahlzeiten bis hin zum Frühstück außer Haus) erhält die Tagesgastronomie eine immer größere Bedeutung. Wenn der Cafetier sein Café zu jeder Tageszeit (vom Frühstück bis zum Abendessen) und nicht nur am Nachmittag auslasten will, muss er neue Formen der Tagesgastronomie berücksichtigen, wie z. B. Frühstücksrestaurant, Bistro, Bar-Eatery, Italienische Dinner-Houses, Gourmet-Take-Away oder auch nur ein erweitertes Angebot mit Delikatess-Sandwiches, Light-Food und das Backen an Ort und Stelle u. ä.

Wird im folgenden Text der Oberbegriff Café verwendet, so beinhaltet er sowohl das klassische Konditorei-Café als auch caféähnliche Betriebstypen, d. h. die so genannten Mischformen von Betriebsarten laut Gaststättengesetz. Das Stehcafé, das eine Sonderstellung einnimmt, ist hiervon ausgeschlossen.

1.1 Errichtung

1.1.1 Betriebsarten

Rechtliche Grundlagen:
Gaststättengesetz (Nr. 30); sowie Ausführungsbestimmungen zum Gaststättengesetz

Das Gaststättengesetz unterscheidet neben dem Beherbergungs- und Reisegewerbe folgende Gruppen von Betriebsarten (§ 1 GastG, AA GastG 1):

Schankwirtschaften:
Verabreichen von alkoholischen und alkoholfreien Getränken an Ort und Stelle

Speisewirtschaften:
Verabreichen von zubereiteten Speisen an Ort und Stelle

Mischformen:
z. B. Schankwirtschaften mit beschränktem Speisebetrieb (z. B. Konditorei-Café)

Ladengeschäfte des Handels und des Handwerks:
Ladengeschäft und Verzehrsort bilden eine Einheit, z. B. Stehcafé[1].

Diese Betriebsarten können in unterschiedlichen Formen bzw. Typen vorkommen, z. B. als Betriebstyp der:

- Top-Gastronomie, z. B. Gourmet-Stehbar
- Mittelfeldgastronomie, z. B. getränkebezogene Gaststätten, Café, Bistro
- Systemgastronomie, z. B. Fastfood-Restaurants, Handelsgastronomie
- Gastronomie mit Monoprofilstruktur, z. B. Pizzeria, Crèperia
- Gastronomie mit Leitmotivsortimentsprofil, z. B. Biokost, Vollwertkost, vegetarische Kost
- Gastronomie mit Gruppensortimentsprofil, z. B. Salatrestaurants, Pasta-, Kartoffelspezialist

Weitere Betriebstypen sind die neuen Formen der Tagesgastronomie sowie das klassische Konditorei-Café.

1.1.2 Unternehmensformen

Der selbständige Cafetier muss sich als Unternehmer für eine Unternehmensform entscheiden:

Einzelfirma
die der Cafetier allein oder mit seinen Angestellten betreibt und für die er mit seinem gesamten geschäftlichen und privaten Vermögen haftet. Dem Cafetier obliegen alle Rechte und Pflichten, die mit der Firma verbunden sind.

Gesellschaft bürgerlichen Rechts
in der mehrere Personen zusammen ein Gewerbe betreiben, alle Gesellschafter gleichberechtigt sind und jeder Gesellschafter als Selbstschuldner mit seinem Privatvermögen und den Gesellschaftsanteilen haftet.

GmbH (Gesellschaft mit beschränkter Haftung) die allein oder mit mehreren Personen zusammen gegründet werden kann. Das Haftungsrisiko ist auf ein gesetzlich festgelegtes Mindestmaß festgelegt. Meist muss darüber hinaus noch eine persönliche Haftungserklärung abgegeben werden, z. B. beim Abschluss von Pachtverträgen.

OHG (Offene Handelsgesellschaft)
in der mehrere Gesellschafter ihre Kapitalanteile per Gesellschaftsvertrag einbringen und persönlich als Gesamtschuldner mit ihrem Geschäfts- und Privatvermögen für die Verbindlichkeiten der Gesellschaft haften.

KG (Kommanditgesellschaft)
bei der mehrere Gesellschafter, meist Familienmitglieder, auftreten, und zwar entweder als:

- Komplementäre (Vollhafter); diese sind zur Geschäftsführung und Vertretung der Gesellschaft berechtigt und haften persönlich als Gesamtschuldner mit ihrem Geschäfts- und Privatvermögen; oder als
- Kommanditisten (Teilhafter); sie sind nur Anteilseigner und haften lediglich mit ihrer Einlage. Sie haben kein Geschäftsführungsrecht.

---

[1] „Sind besondere Einrichtungen für den alsbaldigen Verzehr vorhanden, z. B. Abstell- oder Sitzgelegenheiten, oder werden Becher bereitgestellt, ist stets von einem Verzehr an Ort und Stelle auszugehen" (AA GastG 1).

1.1.3 Konzession

Rechtliche Grundlagen: Grundgesetz; Gewerbeordnung; Gaststättengesetz (Nr. 30)

Voraussetzungen

Grundsätzlich sind Errichtung und Betreiben eines Gewerbes laut Grundgesetz (Art. 12) und Gewerbeordnung (§ 1) jedermann gestattet. Zum Betreiben eines Gaststättengewerbes (Speisewirtschaften, Schankwirtschaften und Mischformen), z. B. eines Konditorei-Cafés oder caféähnlichen Betriebstyps, bedarf es jedoch einer besonderen Erlaubnis (Konzession).

Keine Erlaubnis ist erforderlich, wenn alkoholfreie Getränke, unentgeltliche Kostproben, zubereitete Speisen oder in Verbindung mit einem Beherbergungsbetrieb Getränke und zubereitete Speisen an Hausgäste verabreicht werden (§ 2 Abs. 2 Gast G). Das Angebot von Sitzangelegenheiten ist für die Erlaubnispflicht nun nicht mehr von Bedeutung.

Eine Erlaubnis wird dann erteilt, wenn folgende Voraussetzungen gegeben sind:

Persönliche Voraussetzungen

- persönliche Zuverlässigkeit (§ 4, Abs. 1 Nr. 1 GastG);
- Unterrichtungsnachweis:
  Den Unterrichtungsnachweis erhält der angehende Cafetier nach einer Unterrichtung über wesentliche lebensmittelrechtliche Vorschriften bei der Industrie- und Handelskammer (IHK). Berufsbezogene Fachkenntnisse werden hierbei nicht erworben und es findet auch keine Prüfung statt.

Sachliche Voraussetzungen

- Eignung der Räume (Bau-Verordnungen);
- keine Beeinträchtigung des öffentlichen Interesses.
  Der Gesetzgeber versteht hierunter z. B.:
  - den Schutz vor schädlichen Umwelteinwirkungen (wie Lärm oder Luftverschmutzung),
  - den Schutz der Gesundheit, insbesondere Schutz vor Gefahren des Alkoholmissbrauchs,
  - den Schutz vor Ausbeutung und den Schutz vor Benachteiligung aufgrund von Unerfahrenheit. Dies gilt für die Allgemeinheit, für die Familie und insbesondere für Jugendliche.

Konzessionsarten

Rechtliche Grundlagen:
Gaststättengesetz (Nr. 30) sowie Ausführungsbestimmungen zum Gaststättengesetz

Das Betreiben von Stehcafés und anderen Betriebstypen, in denen Ladengeschäft und Verzehrsort eine Einheit bilden, sowie von Konditorei-Cafés (Schankwirtschaften mit beschränktem Speisebetrieb) oder caféähnlichen Betriebstypen (Schankwirtschaften, Speisewirtschaften und Mischformen) bedürfen einer Erlaubnis der zuständigen Aufsichtsbehörde nur dann, wenn alkoholische Getränke abgegeben werden. Dabei sind zu unterscheiden:

Dauererlaubnis

Dafür müssen die vier genannten Voraussetzungen (Zuverlässigkeit, Unterrichtungsnachweis, Eignung der Räume, keine Beeinträchtigung des öffentlichen Interesses) erfüllt sein.

Vorläufige Erlaubnis

In diesem Falle wird auf die Vorlage des Unterrichtungsnachweises für drei Monate verzichtet; die übrigen drei Voraussetzungen müssen erfüllt sein.

Stellvertretererlaubnis

Für den Fall, dass der Inhaber den Betrieb nicht selbst führt, wird die persönliche Zuverlässigkeit des Stellvertreters überprüft und der Unterrichtungsnachweis muss vorgelegt werden.

Persönliche Zuverlässigkeit

Für eine Gestattung (§ 12 GastG), wie sie für Straßenfeste, Kirmes u. Ä. in Frage kommt, muss lediglich die persönliche Zuverlässigkeit gewährleistet sein.

Konzessionserteilung und Konzessionsentzug

Rechtliche Grundlage:
Gaststättengesetz (Nr. 30) sowie Verordnung zur Ausführung des Gaststättengesetzes und Verordnung über den Bau und Betrieb von Gaststätten

Antragsverfahren

Der Antrag auf Konzession ist persönlich beim Amt für öffentliche Ordnung der Städte oder Gemeinden zu stellen. Nach Überprüfung von Antrag und Anlagen sowie Anhörung der beteiligten Behörden (örtliche Ordnungsbehörde, Bauaufsichtsbehörde, Staatliches Gewerbeamt, Kreisordnungsbehörde) erhält der Antragsteller den Erlaubnis- und Gebührenbescheid.

Zu den Antragsunterlagen gehören u. a.: Bauunterlagen, Unterrichtungsnachweis, Führungszeugnis Typ B Belegart O, Auskunft aus dem Gewerbezentralregister, ein rechtsverbindlicher Pachtvertrag im Falle von Verpachtung sowie eine steuerliche Unbedenklichkeitsbescheinigung. Bei den Bauunterlagen müssen die Mindestanforderungen an die Räume nach der Verordnung zur Ausführung des Gaststättengesetzes und der Landesverordnung über den Bau und Betrieb von Gaststätten beachtet werden.

Konzessionsentzug

Wenn der Betrieb ein Jahr nach Erlaubniserteilung nicht begonnen oder ein Jahr nicht ausgeübt wurde, liegt es im Ermessen der Behörden, die Konzession zu entziehen. Bei Nichtvorliegen der persönlichen Zuverlässigkeit wird keine Konzession erteilt. Bei Verletzung der anderen drei Voraussetzungen kann die Konzession auch nachträglich entzogen werden.

1.1.4 Spezielle Vorschriften

Rechtliche Grundlagen:
Gewerbeordnung; Handelsgesetzbuch

Anmeldung

Zusätzlich zu der Beantragung der Konzession muss das Gewerbe bei dem zuständigen Finanzamt angemeldet werden. Die im Betrieb beschäftigten Personen müssen bei der Berufsgenossenschaft gegen Unfälle und Berufskrankheiten versichert werden.

Anzeigepflicht

Wer mit dem selbständigen Betreiben eines stehenden Gewerbes beginnt, ist verpflichtet, der zuständigen Behörde, die für den betreffenden Ort nach Landesrecht zuständig ist (z. B. Amt für öffentliche Ordnung), unverzüglich Anzeige zu erstatten.

Namensgebung

Personen, die selbständig im Erwerbsleben tätig sind, deren Unternehmen aber kein vollkaufmännisches Gewerbe darstellt und die deshalb auch nicht ins Handelsregister eingetragen werden können, dürfen keinen Handelsnamen, der von ihrem bürgerlichen Namen abweicht, führen (§ 37 HGB). An der Außenseite des Geschäftslokals oder am Eingang muss der Familienname mit mindestens einem ausgeschriebenen Vornamen angebracht sein (§ 15a GewO).

1.1.5 Sonderbestimmungen

Rechtliche Grundlagen:
Gaststättengesetz (Nr. 30); Ladenschlussgesetz; Gesetz zur Einführung des Dienstleistungsabends

Der Cafetier ist ferner je nach den Gegebenheiten zu Folgendem verpflichtet:

- Anmeldung bei der GEMA (Gesellschaft für musikalische Aufführungs- und mechanische Vervielfältigungsrechte) für die Aufstellung von Rundfunk- und/oder Fernsehgeräten sowie anderen Musik-Wiedergabegeräten;
- eventuelle Einholung einer Genehmigung für die Aufstellung von Spielautomaten; hierbei muss der Cafetier die Bestimmungen des Gesetzes zum Schutz der Jugend in der Öffentlichkeit beachten;
- Beachtung der Sperrzeiten und Sperrzeiten-Auflagen: Die allgemeine *Sperrzeit* ist die Zeit, in der der Gaststättenbetrieb geschlossen sein muss; eine bundeseinheitliche Regelung gibt es nicht.

Weitere Informationen erteilen die Berufsgenossenschaft Nahrungsmittel und Gaststätten sowie die Dokumentationsstelle des Deutschen Hotel- und Gaststättenverbandes.

1.2 Betreiben

Ist die Konzession für ein Café erteilt, muss der Cafetier für die Bewirtung seiner Gäste nicht nur das Lebensmittelrecht, sondern auch Bestimmungen des BGB, HGB und des Gewerberechts beachten.

1.2.1 Kaufvertrag / Bewirtungsvertrag

Rechtliche Grundlagen: Bürgerliches Gesetzbuch; Handelsgesetzbuch

Der Verkauf von Waren erfolgt im Ladengeschäft (Konditorei) über die Theke (Bedienungsverkauf) und teilweise in Selbstbedienung (Selbstbedienungsverkauf). In den Räumen des Cafés werden Speisen und Getränke am Tisch verkauft (Bewirtungsvertrag). Sowohl für den Bedienungs- und Selbstbedienungsverkauf als auch für den Bewirtungsvertrag gelten die gesetzlichen Regelungen des Kaufvertrages (§§ 433 ff. BGB).

Der *Bewirtungsvertrag* ist im Gesetz nirgendwo ausdrücklich geregelt, sondern er stellt, je nach Angebot und Leistung, eine Mischung aus mehreren Vertragsarten (Kaufvertrag §§ 433 ff. BGB, Werkvertrag §§ 631 ff. BGB, Dienstvertrag u. a.) dar.

Durch Anbringen von Preisschildern, Aushang von Preistafeln oder Auslage der Speise- und Getränkekarte wird der Gast/Käufer über das Warenangebot und die zu erwartenden Kosten informiert. Die Preise auf Speisekarten, Preistafeln und Preisschildern sind kein verbindliches Angebot im rechtlichen Sinne, sondern sie gelten lediglich als eine Aufforderung zur Annahme des Angebots (der Gast hat also keinen Anspruch auf den abgedruckten Preis).

Vertragsabschluss

Zu einem *Vertragsabschluss* kommt es in einem Ladengeschäft und in einem Café auf zweierlei Weise:

- Der Käufer/Gast stellt einen Antrag (er „bestellt“), und der Vertrag gilt rechtlich als abgeschlossen, wenn der Verkäufer/Cafetier diesen Antrag widerspruchslos entgegengenommen hat (Bestellungsannahme).
- Der Verkäufer/Cafetier stellt einen Antrag (verbindliches Angebot) und der Vertrag gilt rechtlich als abgeschlossen, wenn der Käufer/Gast diesen Antrag widerspruchslos entgegengenommen hat (Bestellung).

Folgen aus dem Vertragsabschluss

Aus dem abgeschlossenen Vertrag ergeben sich dann folgende Pflichten/Rechte:

Pflichten des Verkäufers/Cafetiers; Rechte des Käufers/Gastes

- Die bestellten Waren müssen in einwandfreier Qualität und in angemessener Zeit geliefert/serviert werden; mangelhafte Waren dürfen vom Käufer/Gast zurückgewiesen werden; der Käufer/Gast hat das Recht auf „Wandlung“, „Minderung“, „Ersatzlieferung“ oder „Erfüllungsanspruch“. Weigert sich der Cafetier, Speisen oder Getränke zurückzunehmen, braucht der Gast die Ware nicht zu bezahlen, selbst wenn er davon gekostet hat; darüber hinaus hat der Gast das Recht, ein unzureichend gefülltes Trinkgefäß zurückzuweisen (Eichgesetz) oder bei einer Warenunterschiebung (Beispiel: Kaffee statt coffeinfreier Kaffee) keine Zahlung zu leisten (LFGB);
- der Verkäufer/Cafetier ist verpflichtet, das Eigentum zu übertragen;
- der Verkäufer/Cafetier muss die Zahlung annehmen.

Pflichten des Käufers/Gastes; Rechte des Verkäufers/Cafetiers

- Der Käufer/Gast muss den vereinbarten Preis bezahlen;
- der Käufer/Gast muss die bestellte Ware annehmen; der Gast kann die servierten Getränke und Speisen mit nach Hause nehmen; Getränke und Speisen, die stehen bleiben, sind Eigentum des Cafetiers und nicht des Servicepersonals; es gilt als Zechprellerei, wenn der Gast sich vor seiner Zahlung drückt, in bestimmten Fällen handelt es sich um Betrug; falls der Gast bei Zechprellerei oder Betrug sich weigert, seine Personalien preiszugeben, empfiehlt es sich, die Polizei zu rufen; ein Pfandrecht, d. h. das Recht, die

eingebrachten Sachen des Gastes einzubehalten, hat der Cafetier nicht.

- Ähnliche Regelungen gelten für den Werkvertrag, z. B. für die Bestellung eines Essens zu einem Jubiläum. Ob die Bestellung eines Essens, die telefonische Reservierung eines Tisches, die Absprache über die Überlassung eines Raumes einen rechtsgültig zustande gekommenen Vertrag oder lediglich ein *„Gefälligkeitsverhältnis“* (ohne jegliche Rechtsfolgen) darstellt, hängt davon ab, ob im Einzelfall von einem Rechtsbindungswillen der Vertragspartner ausgegangen werden kann.

1.2.2 Preisauszeichnung

Rechtliche Grundlagen: Eichgesetz (Nr. 9); Verordnung zur Regelung der Preisangaben (Nr. 8); Fertigpackungsverordnung (Nr. 11); Rabattgesetz

Für alle Waren sowohl beim Bedienungsverkauf als auch beim Selbstbedienungsverkauf und für Waren in Dekorations- und Verkaufsschaufenstern besteht eine umfassende Preisauszeichnungspflicht (s. S. 50). Die Preisauszeichnung kann erfolgen durch:

- Anbringung von Preisschildern an oder neben den Waren;
- Beschriftung der Behältnisse oder Regale, in denen sich die Waren befinden;
- Aushängen einer Preistafel im Verkaufsraum und/oder Stehcafé;
- Aushängen eines Preisverzeichnisses neben der Eingangstür des Cafés;
- Auslegen einer Speise-/Getränkekarte auf den Tischen des Cafés.

Die Preisangaben müssen leicht erkennbar und deutlich lesbar sein. In Verbindung mit der Preisangabe muss auch die Verkaufs- oder Leistungseinheit (1 Stück Torte, 500 g Brot) sowie die Gütebezeichnung (Schwarzwälder Kirschtorte, Roggenmischbrot) angegeben werden. Im Allgemeinen ist bei Gewichtsangaben von 100 g bzw. 1 kg auszugehen (Grundpreisangabe).

1.2.3 Speisen- und Getränkeangebot

Rechtliche Grundlagen: Verordnung zur Regelung der Preisangaben (Nr. 8); Eichgesetz (Nr. 9); Lebensmittelkennzeichnungsverordnung (Nr. 6); Fertigpackungsverordnung (Nr. 11); Gesetz gegen den unlauteren Wettbewerb, Gaststättengesetz (Nr. 30)

Art und Form des Angebots

Das Angebot von Speisen und Getränken muss in schriftlicher Form erfolgen, und zwar sowohl in Form von Preisverzeichnissen neben der Eingangstür von Cafés als auch durch Speise-/Getränkekarten, die auf den Tischen ausgelegt oder dem Gast vor Aufnahme der Bestellung bzw. auf Verlangen bei der Abrechnung vorgelegt werden.

Im Einzelnen sind dabei Vorschriften über die Art und Weise des Angebots (siehe Verordnung zur Regelung der Preisangaben, s. S. 50) und über die Lebensmittelkennzeichnung zu beachten.

Darstellung des Angebots

Preisverzeichnisse neben der Eingangstür. Daraus muss für den Gast Folgendes ersichtlich sein:

- die wesentlichen Getränke,
- bei regelmäßigem Angebot warmer Speisen die Tagesgerichte und evtl. die Tagesmenüs,
- das Preis- und Qualitätsniveau.

Für sonstige kleinere Speisen wie z. B. Suppen und Desserts, kalte Speisen, warme Snacks oder für gelegentliche Angebote besteht keine Verpflichtung für ein Preisverzeichnis neben dem Eingang.

Speise- und Getränkekarte. Der Gast muss sich daraus über das Angebot informieren können. Speise- und Getränkekarten müssen sämtliche Angebote des jeweiligen Betriebes inklusive Preisangaben enthalten. Ferner muss daraus ersichtlich sein, dass z. B. bestimmte Speisen nicht mehr angeboten werden können, dass u. U. auf der Gartenterrasse Sonderkonditionen gelten (etwa nur Angebot von Kännchen Kaffee).

Preise sind als Endpreise zu verstehen, in denen das Bedienungsgeld, die Mehrwertsteuer sowie sonstige Zuschläge (z. B. für Musikdarbietungen) enthalten sein müssen.

Soweit es der allgemeinen Verkehrsauffassung entspricht, sind auch die Verkaufs- oder Leistungseinheit und die Gütebezeichnung anzugeben. Preisangaben wie „zirca“, „von ... bis“, „ab“ oder „nach Gewicht“ sind unzulässig.

Bei Getränken (alkoholhaltigen und alkoholfreien) muss in Verbindung mit dem Preis die Abgabemenge angegeben werden, bei Erfrischungsgetränken und alkoholhaltigen Getränken die Abgabemenge in der Maßeinheit Liter nach dem Dezimalsystem.

Ist der Ausschank alkoholischer Getränke gestattet, so sind auf Verlangen auch alkoholfreie Getränke anzubieten. Davon ist mindestens ein alkoholfreies Getränk nicht teurer zu verabreichen als das billigste alkoholische Getränk.

Für Gaststätten, die Teil eines Handelsbetriebes sind, genügt ein Preisverzeichnis am Eingang der Gaststätte. „Neben dem Eingang“ bedeutet eine Entfernung von höchstens vier Metern zur Eingangstür.

Betriebstypen wie das Stehcafé müssen lediglich im Innenraum eine Übersichtstafel anbringen, aus der die angebotenen Speisen und Getränke ersichtlich sind.

Kennzeichnung

Die gesetzlich vorgeschriebene Deklaration muss auch auf die Speise- und Getränkekarten übernommen werden. Um eine Irreführung zu vermeiden, wird empfohlen, die auf den jeweiligen Fertigpackungen oder Etiketten enthaltenen Angaben und Bezeichnungen zu übernehmen. Irreführende Bezeichnungen sind diejenigen, die nach Sprachgebrauch, Lebenserfahrung und Verkehrsauffassung geeignet sind, bei Verbrauchern eine falsche Vorstellung über die tatsächlichen Verhältnisse hervorzurufen (§ 11 Abs. 2 LFGB).

1.2.4 Zusätzliche Einrichtungen

Rechtliche Grundlagen: Eichgesetz (Nr. 9); Eichordnung (Nr. 10); Technische Regeln für Getränkeschankanlagen

Schankgefäße

Schankgefäße sind laut Eichgesetz Gefäße, die zum gewerbsmäßigen Ausschank von Getränken gegen Entgelt bestimmt sind und erst bei Bedarf gefüllt werden. Sie müssen geeicht sein, d. h. die angegebene Markierung muss genau der bezeichneten Füllmenge entsprechen (z. B. Tassen für Kaffee, Tee, Kakao, Gläser und Karaffen für Getränke). Folgende Nenn-Volumina sind zulässig: 0,01 l; 0,02 l; 0,04 l; 0,05 l; 0,1 l; 0,2 l; 0,25 l ; 0,3 l; 0,4 l; 0,5 l; 1 l; 1,5 l; 2 l; 3 l; 4 l; 5 l. Die Gefäße müssen mit einem waagrecht verlaufenden, mindestens 10 mm langen Eichstrich, der Volumenangabe und dem Herstellerzeichen versehen sein.

Schankanlagen

Die Getränkeschankanlagen-Verordnung wurde zum 1. Juli 2005 aufgehoben. Die Pflichten des Betreibers von Getränkeschankanlagen ergeben sich nun aus folgenden Vorschriften:

- EU-Lebensmittelhygieneverordnung 852/2004 (s. S. 126)
- EU-Basisverordnung 178/2002 (s. S. 30) Lebensmittel- und Futtermittelgesetzbuch - LFGB (s. S. 24)
- Technische Regeln für Getränkeschankanlagen (TRSK/DIN-Normen)
    - TRSK 411: Errichtung von Getränkelagerräumen
    - TRSK 412: Anforderungen an Schanktheke, Zapfstelle, Spüleinrichtung
    - TRSK 500: hygienisch einwandfreier Betrieb
    - TRSK 501: Reinigung von Getränkeschankanlagen
- DIN 6650: Anforderung an Reinigung und Desinfektion
- Geräte- und Produktsicherheitsgesetz
- Arbeitsschutzgesetz
- Betriebssicherheitsverordnung
- Unfallverhütungsvorschriften

Die Hauptverantwortung (technische und hygienische Sicherheit) liegt beim Betreiber der Schankanlage. Die Sicherheit der Lebensmittel (gezapfte Getränke) ist auf allen Stufen zu gewährleisten, ebenso die Kühlkette. HACCP-Grundsätze und Leitlinien für eine gute Verfahrenspraxis sind anzuwenden.

Getränkeschankanlagen sind regelmäßig nach spezifischem Bedarf zu reinigen. In der DIN

6650 (zu beziehen über den Beuth Verlag, Berlin) ist festgelegt, dass sich die regelmäßige Reinigung entsprechend Verschmutzungszustand an bestimmten Intervallen zu orientieren hat, z.B. bei Ausschank von Fruchtsaft, Fruchtnektar und Fruchtsaftgetränken tägliche Reinigung, bei Ausschank von stillem Wasser und alkoholfreiem Bier alle 1 – 7 Tage.

Darüber hinaus sind Getränkeschankanlagen mindestens zu reinigen:

- Unmittelbar vor der ersten Inbetriebnahme
- Nach den Reinigungs- und Desinfektionsintervallen gemäß DIN 6650
- Unmittelbar vor und nach einer Unterbrechung des Betriebes nach einer Woche
- Nach jedem Wechsel der Getränkeart
- Mit Getränk und Luft in Berührung kommenden Teile täglich
- Leitungsanschlussteile (z. B. Zapfkopf) vor jedem Behälteranschluss.

Gemäß der Technischen Regeln Betriebssicherheit (TRBS) 1203 – Befähigte Personen ist der Betreiber von Schankanlagen verpflichtet, befähigte Personen mit der ersten Prüfung von Getränkeschankanlagen

- Nach Montage
- Vor Inbetriebnahme
- Nach jeder Montage an neuem Standort und mit wiederkehrenden Prüfungen zu beauftragen.

Die befähigten Personen müssen folgende Anforderungen erfüllen:

- Berufsausbildung
- Nachweis abgeschlossener Berufsausbildung (Kenntnisse nachvollziehbar feststellbar), Feststellung beruht auf Berufsabschlüssen/vergleichbaren Nachweisen
- Berufserfahrung
- Nachweisbare Zeit des praktischen Umgangs mit Arbeitsmitteln (z. B. Getränkeschankanlagen)
- Kenntnis von prüfungsbezogenen Anlässen (z. B. Ergebnisse aus Gefährdungsbeurteilungen, CO_2-Austritte aus Anlagen, Installationen von Getränkeschankanlagen)
- Zeitnahe berufliche Tätigkeit
- Erfahrung mit der Durchführung entsprechender Prüfungen
- Kenntnisse über den Stand der Technik bei Getränkeschankanlagen und damit zusammenhängenden Gefährdungen
- Weisungsfreiheit
- Bei Prüfungen unterliegt befähigte Person keinen fachlichen Weisungen
- Keine Benachteiligung durch Ausübung der Prüftätigkeit.

Es ist weder eine Anzeige an die zuständige Behörde noch eine hygienische Überprüfung der Getränkeschankanlage durch den Sachkundigen erforderlich. Grundsätzlich gilt: Der Betreiber ist sowohl für die Sicherheit als auch für die Hygiene seiner Anlage alleine verantwortlich.

1.2.5 Geschäftspraktiken

Rechtliche Grundlagen: Gesetz zur Regelung der allgemeinen Geschäftsbedingungen; Gesetz gegen den unlauteren Wettbewerb; Warenzeichengesetz; Lebensmittel- und Futtermittelgesetzbuch (Nr. 1)

Allgemeine Geschäftspraktiken

Aus dem Grundrecht der Vertragsfreiheit ergibt sich die Zulässigkeit der allgemeinen Geschäftsbedingungen (AGB), die zu den privaten Rechtsordnungen zählen. Das bestehende Gesetzesrecht kann damit in beschränktem Umfang abgeändert oder ergänzt werden. In den meisten Fällen soll dadurch die gesetzlich vorgesehene Haftung oder Gewährleistung ausgeschlossen oder begrenzt werden. Im Umgang mit Lieferanten sollte der Cafetier daher beachten:

- Vor Vertragsabschluss sollte ausdrücklich und unmissverständlich auf die AGB hingewiesen und vertraglich vereinbart werden, wann die AGB gelten sollen;
- ein Abdruck der AGB auf der Rückseite der Rechnung, des Lieferscheins oder der Auftragsbestätigung ist nach geltender Rechtsauffassung kein Vertragsbestandteil, es sei denn, dass ausdrücklich auf der Vorderseite darauf hingewiesen wird;
- alle Regelungen der AGB müssen dem Gesetz zur Regelung der allgemeinen Geschäftsbedingungen entsprechen.

Unzulässige Geschäftspraktiken

Unzulässige Geschäftspraktiken sind Handlungen eines Cafetiers, die andere Betriebe oder Kunden schädigen oder übervorteilen. Entsprechend den Gesetzen kann es sich dabei um unlauteren Wettbewerb, Irreführung, Täuschung, Warenunterschiebung oder Missbrauch von Warenzeichen handeln.

1.2.6 Haftung für Garderobe und Fundsachen

Rechtliche Grundlage: Bürgerliches Gesetzbuch

Schäden können sowohl durch den Cafetier als auch durch den Gast verursacht werden. Den Anspruch auf Schadenersatz regelt das Zivilrecht, z. B. in der Form, dass der Schädiger dem Geschädigten eine entsprechende Geldsumme zahlt bzw. die Schadenskosten über seine Versicherung regulieren lässt. Den Schadensersatzanspruch muss der Geschädigte selbst geltend machen.

Garderobenhaftung

Der Cafetier haftet grundsätzlich nicht für die Garderobe des Gastes. Ein Schild „Für Garderobe keine Haftung" weist nur auf die Rechtslage hin. Eine Haftungspflicht ergibt sich jedoch dann:

- wenn der Cafetier den Gast zwingt, seine Garderobe außerhalb des Gastraumes abzulegen, sodass der Gast keine Möglichkeit hat, auf seine Garderobe zu achten;
- wenn eine Garderobenablage durch Personal bewacht wird (so genannter Verwahrungsvertrag).

Fundsachen

Es kommt vor, dass Gäste etwas zurücklassen. In einem Café wird es sich in den meisten Fällen um liegen gelassene Sachen handeln. Der Cafetier hat folgende Pflichten:

Verwahrungspflicht d. h., der Cafetier muss die liegen gelassenen Sachen unentgeltlich aufbewahren und aushändigen;

Herausgabepflicht d. h., der Cafetier muss die liegen gelassenen Sachen an den Eigentümer (Gast) herausgeben; ist der Gast unbekannt oder meldet er sich nicht, kann der Cafetier die Sachen nach sechs Monaten Verwahrung an die Polizeibehörde übergeben.

2 Bestimmungen über Lebensmittel

Den Cafetier werden vor allem lebensmittelrechtliche Bestimmungen interessieren, die beim Einkauf und bei der Lagerung von Lebensmitteln, bei der Vor- und Zubereitung kleiner Speisen, bei der Erstellung von Speise- und Getränkekarten und beim Servieren von Speisen und Getränken relevant sind. Ferner sollen die Bestimmungen des Lebensmittelrechts berücksichtigt werden, die zwar unmittelbar nur den Hersteller von industriell hergestellten Lebensmittelprodukten angehen, durch die der Cafetier aber wichtige Hinweise über Herkunft, Sorte, Alter, Güteklasse und Verarbeitungsmodalitäten erhalten kann.

Als Rechtsgrundlagen dienen dabei in erster Linie die vom Gesetz- und Verordnungsgeber (Legislative) geschaffenen Bestimmungen:

die **Gesetze**
Beispiele: Lebensmittel- und Futtermittelgesetzbuch; Gesetz zur Regelung der Preisangaben; Bürgerliches Gesetzbuch u. a. (s. S. 13)

die **Verordnungen**
Beispiele: Butterverordnung, Aromenverordnung, Verordnung über Speiseeis u. a. (s. S. 14 ff.)

Daneben gibt es Rechtsfestlegungen, die nicht vom Gesetzgeber, sondern von anderen kompetenten Gremien formuliert werden.

Diese stellen gutachtliche Äußerungen dar, die zwar nicht rechtsverbindlich sind, jedoch als wesentliche Beurteilungsgrundlage für den Verkehr mit Lebensmitteln angesehen werden. Bei gerichtlichen Auseinandersetzungen dienen sie der Urteilsfindung.

Zu diesen Rechtsgrundlagen zählen z. B.:

die **Leitsätze** des Deutschen Lebensmittelbuches. Das zuständige Gremium, die Deutsche Lebensmittelbuchkommission (DLBK), setzt sich zusammen aus Vertretern der betroffenen Ministerien, aus Fachleuten der Wissenschaft, der Lebensmittelüberwachung, der Lebensmittelwirtschaft und der Verbraucher. Beispiele: Leitsätze für Feine Backwaren (weitere s. S. 17)

die **Richtlinien**
des Bundes für Lebensmittelrecht und Lebensmittelkunde (BLL), die von Gremien der deutschen Lebensmittelwirtschaft auf der Grundlage der bestehenden Verkehrsauffassung erstellt werden.
Beispiele: Richtlinien für Backmittel (weitere s. S. 17)

Darüber hinaus gibt es rechtswirksame Festlegungen, die auf der Grundlage des Gewohnheitsrechts formuliert wurden (hierzu zählen Begriffe wie „Verkehrsauffassung", „Handelsbrauch", „Handelsüblichkeit", „Verbrauchererwartung").

Zu diesen Rechtsgrundlagen zählen:

Begriffsbestimmungen
Beispiel: Begriffsbestimmungen für Spirituosen

Qualitätsnormen
Beispiel: Qualitätsnormen und Deklarationsvorschriften für verarbeitetes Obst und Gemüse

Prüfbestimmungen
Beispiel: DLG-Prüfbestimmungen für Brot und Feine Backwaren

Diese Festlegungen mit Rechtscharakter werden von Gremien der Wirtschaft getroffen, z. B. der DLG (= Deutsche Landwirtschaftsgesellschaft).

Sofern aus den o. a. Rechtsquellen keine eindeutige Verkehrsauffassung abgeleitet werden kann, können die Gerichte auf der Grundlage von Sachverständigengutachten und Verbraucherbefragungen Urteile fällen, die dann ebenfalls als Grundlage dienen.

Gerichtsurteile
Beispiel: Anerkennung des Begriffes „Lübecker Marzipan" als Herkunftsbezeichnung

Seit Einführung der Europäischen Gemeinschaft (EG) bzw. Europäischen Union (EU) zeigt sich über das nationale Recht hinaus ein Trend zu *übernationalen Normen,* insbesondere zur Harmonisierung des Lebensmittelrechts.

Insofern Verordnungen oder Richtlinien auf der Ebene der EG Rechtskraft erlangt haben, sind sie in diesem Buch berücksichtigt. Z. Zt. unterscheidet man innerhalb der EG noch Verordnungen, die bereits in allen Mitgliedsstaaten Rechtskraft besitzen und für alle EG-Länder verbindlich sind, sowie Richtlinien, die innerhalb einer bestimmten Zeitspanne in die bestehenden Rechtsvorschriften der Mitgliedsländer, z. B. durch entsprechende Verordnungen, integriert werden.[1]

2.1 Aufgussgetränke

Dazu zählen: Kaffee, Kakao und Tee sowie Getränke mit Anteilen davon. Zur Kennzeichnung von Aufgussgetränken auf der *Getränkekarte* sind folgende Angaben vorgeschrieben:

- Verkehrsbezeichnung,
- Abgabemenge, bei Erfrischungsgetränken und alkoholhaltigen Getränken in der Maßeinheit Liter nach dem Dezimalsystem,
- Preis.

2.1.1 Kaffee und Kaffeegetränke

Rechtliche Grundlagen: Kaffee-Verordnung (Nr. 63)

Begriffsbestimmungen

Rohkaffee
ist der von der Frucht- und Samenschale befreite ungeröstete Samen von Pflanzen der Gattung Coffea.

Röstkaffee bzw. Kaffee
ist gerösteter Rohkaffee – gemahlen (Kaffeemehl) oder ungemahlen – mit einem Wassergehalt von maximal 50 g in einem Kilogramm.

Kaffee-Extrakt (löslicher Kaffee, Instantkaffee, löslicher Kaffee-Extrakt) ist ein festes Erzeugnis in Form von Pulver, Körnern, Flocken, Tabletten oder anderer fester Form, das mindestens 950 g Kaffee-Extrakt-Trockenmasse in einem Kilogramm enthält.

Kaffee-Extrakt in Pastenform (Kaffee-Extrakt-Paste) ist ein konzentriertes pastenförmiges Erzeugnis, das 700 bis 850 g Kaffee-Extrakt-Trockenmasse in einem Kilogramm enthält.

Flüssiger Kaffee-Extrakt (Kaffee-Extrakt in flüssiger Form) ist ein konzentriertes flüssiges Erzeugnis, das 150 bis 550 g Kaffee-Extrakttrockenmasse in einem Kilogramm enthält.

Alle Kaffee-Extrakte werden durch Extraktion von geröstetem Kaffee unter ausschließlicher Verwendung von Wasser als Extraktionsmittel gewonnen und durch den Entzug von Wasser konzentriert. Neben unlöslichen Stoffen, die technisch nicht zu vermeiden sind, und aus dem Kaffee stammenden unlöslichen Ölen dürfen sie nur die löslichen und aromatischen Bestandteile des Kaffees enthalten.

Zichorien-Extrakt (lösliche Zichorie, Instant-Zichorie) ist ein konzentriertes Erzeugnis, das mindestens 950 g Zichorien-Extrakt-Trockenmasse in einem Kilogramm enthält. Der Gehalt an nicht der Zichorie entstammender Trockenmasse darf 10 g in einem Kilogramm nicht überschreiten.

Zichorien-Extrakt in Pastenform (Zichorien-Extrakt-Paste) ist ein konzentriertes pastenförmiges Erzeugnis, das 700 bis 850 g Zichorien-Extrakt-Trockenmasse in einem Kilogramm enthält. Der Gehalt an nicht der Zichorie entstammender Trockenmasse darf 10 g in einem Kilogramm nicht überschreiten.

Flüssiger Zichorien-Extrakt (Zichorien-Extrakt in flüssiger Form) ist ein konzentriertes flüssiges Erzeugnis, das 250 bis 550 g Kaffee-Extrakt-Trockenmasse in einem Kilogramm enthält. Es darf außerdem bis zu 350 g ungebrannte oder gebrannte Zuckerarten in einem Kilogramm enthalten.

Alle Zichorien-Extrakte werden durch Extraktion von gerösteter Zichorie (Cichorium intybus L.), die zum Trocknen und Rösten einwandfrei gereinigt ist und nicht für die Her-

[1] Das EG-Recht unterscheidet dabei horizontale (Harmonisierung bestimmter Tatbestände, die für sämtliche Lebensmittel oder für eine Gruppe von Lebensmitteln gelten, z. B. Lebensmittelkennzeichnung) und vertikale Richtlinien (Harmonisierung einzelstaatlicher Vorschriften für einen eng umgrenzten Produktbereich bzw. für einzelne Lebensmittel, z. B. Fruchtsäfte).

stellung der Zichorie Witloof verwendet wird, unter ausschließlicher Verwendung von Wasser als Extraktionslösungsmittel gewonnen und durch den Entzug von Wasser konzentriert.

Zubereitung des Kaffeegetränks aus Kaffeemehl

Es gibt verschiedene Verfahren der Kaffeezubereitung:

Aufgussverfahren: herkömmliche Methode, türkischer Mokka;

Filtrationsverfahren ohne Druck: deutscher Kaffee, deutscher Mokka;

Filtrationsverfahren mit Druck: Espresso, Cappuccino, Schümli.

Für das *Filtrationsverfahren ohne Druck* sind nach geltender Verbrauchererwartung erforderlich für:

eine Tasse Kaffee	6–8 g Kaffeemehl
ein Kännchen Kaffee	15 g Kaffeemehl
1 Liter Kaffee	50 g Kaffeemehl
eine Tasse Mokka	14–16 g Kaffeemehl
ein Kännchen Mokka	30 g Kaffeemehl

Spezielle Kaffeegetränke

- *Zichorien-Getränke:* (s. S. 168);
- *aromatisierte Kaffeegetränke* enthalten einen Zusatz von natürlichen oder naturidentischen Aromen (z. B. Zimt, Schokolade, Vanille, Amaretto u. a.);
- *Kaffeegetränke mit Schuss* sind Kaffee- oder Mokkagetränke, denen Spirituosen und teilweise andere Zusätze wie Sahne, Kandis usw. hinzugefügt werden;
- *Kaffeegetränke mit Eis* (Eiskaffee) sind Kaffee- oder Mokkagetränke, denen Speiseeis und Sahne hinzugefügt werden.
- *Caffè ristretto* ist der kleinste Vertreter aus der Espresso-Familie. Er wird mit der gleichen Portion gemahlenem Espressokaffee aufgebrüht wie der klassische Espresso, hat aber nur die halbe Flüssigkeitsmenge. Das Getränk ist besonders stark, sehr geschmackvoll und aromatisch.
- *Caffè corto* entspricht dem Ristretto in Geschmack und Flüssigkeitsmenge.
- *Espresso* wird aus etwa 7 g feingemahlenem Espressokaffee erzeugt. 50 bis 60 ml Flüssigkeit sind optimal. Serviert wird er am besten in einer kleinen konischen Tasse aus dickem Porzellan. Markenzeichen des Espresso ist die goldfarbige, feinmelierte Crema, die das Getränk krönt. Nach Belieben wird Zucker auf die Crema gefüllt.
- *Caffè lungo* ist ein Espresso, der mit mehr Wasser zubereitet wird und damit etwas weniger kräftig ist.
- *Caffè macchiato* ist ein Espresso, auf den ein Schuss heiße/geschäumte Milch gegeben wird. Das leicht gefleckte Aussehen des Getränks ist der Grund für die Bezeichnung "macchiato". Der kleine Kräftige mit dem Tupfer Milch wird in einer Espresso-Tasse oder in einem kleinen Glas serviert.
- *Espresso con panna* wird mit einer Haube von geschlagener Sahne serviert.
- *Caffè doppio* ist ein doppelter Espresso, der in einer entsprechend größeren Tasse serviert wird.
- *Caffè corretto* ist ein Espresso, der mit einem Schuss Grappa, Weinbrand oder Likör "korrigiert" wird.
- *Cappuccino* besteht aus Espresso, heißer Milch und Milchschaum. Er wird in einer großen konischen Tasse ausgeschenkt und besteht aus einer Getränkemenge von 120 bis 200 ml. Häufig wird etwas Kakaopulver auf die Milchschaumhaube gestäubt.
- *Caffè latte* besteht ursprünglich aus einem kräftigen Espresso, zumeist doppelter Menge, der mit einer größeren Portion heißer Milch mit wenig oder keinem Schaum verlängert wird. Angeboten wird er in einem hohen Glas oder in einer großen Tasse. In der amerikanischen Version wird er mit deutlich mehr Milchschaum serviert und gern mit auch mit Sirupen verschiedenster Geschmacksrichtungen wie Haselnuss, Vanille oder Karamell verfeinert.
- *Latte macchiato:* Eine größere Menge er-

hitzte und geschäumte Milch wird in einen Becher gefüllt und mit einem kleinen Schuss Espresso ergänzt.

- *Café au lait:* Hergestellt wird er entweder mit einem verlängerten Espresso, einem doppelten Espresso oder Filterkaffee und mit viel heißer, manchmal auch geschäumter Milch. Serviert wird Café au lait im typischen Bol, einem voluminösen konischen Trinkgefäß ohne Henkelgriff.
- *Kapuziner* ist ein Cappuccino auf Wiener Art. Er besteht aus Espresso, erhitzter Milch und Sahne (Schlagobers) als Haube.
- *Café cortado* besteht aus einem kleinen starken Kaffee/Espresso und wird mit ganz wenig heißer Milch, auch gesüßt, aufgefüllt. Angeboten wird er in einer kleinen Espressotasse oder auch in einem kleinen Glas.
- *Caffè mocca* (mocha, moca): In einem hohen Glas oder einem großen Becher wird ein Getränk aus einem Drittel Espresso, einem Drittel Kakao oder ein bis zwei Esslöffeln Schokoladensirup, sowie einem Drittel heißer, geschäumter Milch zubereitet. Etwas Schlagsahne als Häubchen ist erlaubt.
- *Espresso granitá/Café granitée* ist Espressokaffee, verrührt mit etwas Zucker, wird im Tiefkühler gefroren. Das gefrostete Getränk wird zerstoßen und zerkleinert und in einem Parfait-Glas mit geschlagener Sahne serviert.
- *Iced Espresso* ist doppelter Espresso, der über grob gestoßenes Eis gefüllt und serviert wird.
- *Eiskaffee:* Ein bis zwei Kugeln Vanilleeis werden in ein schlankes Glas gefüllt. Kalter Espressokaffee wird darüber geschüttet. Abschließend wird der Eiskaffee mit geschlagener Sahne und Schokoraspeln dekoriert.
- *Café Crème /Schümli* wird aus Bohnenkaffee hergestellt. Der Röstkaffee ist deutlich heller als beim Espresso. Für jede Tasse wird der Kaffee frisch gemahlen und einzeln unter Druck gebrüht. Durch diese Art der Zubereitung hat jede Tasse eine gleichmäßige Crème, daher auch die Bezeichnung "Schümli" (kleiner Schaum).

Daneben gibt es noch viele weitere Kaffeespezialitäten mit fantasievollen Bezeichnungen, und so manches Heißgetränk kann auch in einer sog. "freeze"-Version angeboten werden. "Coffee to go" bestellte Kaffeegetränke sind Getränke im verschließbaren Papp- oder Styropor-Becher mit Strohhalm zum Mitnehmen.

Zusatzstoffe

Als Zusatzstoffe sind u. a. zugelassen für:

- Kaffeebohnen (als Überzugsmittel): Bienenwachs, Carnaubawachs, Candellilawachs und Schellack (quantum satis);
- Zichorie, Kaffee-Ersatz und Kaffeezusätze: Natrium- und Kaliumkarbonat.

Spezielle rechtliche Vorschriften

- Die Angabe *„entkoffeiniert“* darf bei Rohkaffee und Röstkaffee verwendet werden, wenn maximal 1 g Koffein in 1 kg Kaffeetrockenmasse (0,1 %) enthalten ist;
- die Angabe *„entkoffeiniert“* darf bei Kaffee-Extrakt in festem, pastenförmigem oder flüssigem Zustand verwendet werden, wenn maximal 3 g Koffein in 1 kg Kaffee-Extrakt-Trockenmasse (0,3 %) enthalten sind;
- bei Kaffeegetränken mit Eis müssen die Leitsätze für Speiseeis (s. S. 115 f.) beachtet werden;
- für die Zugabe von Sahne gelten die Vorschriften der Verordnung über Milcherzeugnisse.

Kennzeichnung

Kaffee, Kaffee-Extrakte und Zichorien-Extrakte müssen nach den Vorgaben der Lebensmittel-Kennzeichnungsverordnung gekennzeichnet werden (Angabe des Herstellers, der Verkehrsbezeichnung, des Mindesthaltbarkeitsdatums, ggf. Angabe der Zutaten). Darüber hinaus sind folgende Hinweise möglich:

- ggf. „entkoffeiniert“
- Mindestgehalt an Kaffee-Extrakt-Trockenmasse in % bei pastenförmigem und flüssigem Kaffee-Extrakt
- Mindestgehalt an Zichorien-Extrakt-Trockenmasse in % bei pastenförmigem und flüssigem Zichorien-Extrakt
- „kandiert“ bei Röstkaffee, der mit Zuckerarten oder Honig überzogen ist

- „mit Zucker geröstet“ bei flüssigem Kaffee-Extrakt und flüssigem Zichorien-Extrakt, wenn der Extrakt aus mit Zucker gebrannter Rohware gewonnen worden ist
- „mit Zucker“ oder „mit Zuckerzusatz“ oder „mit Zucker haltbar gemacht“ bei flüssigem Kaffee-Extrakt und flüssigem Zichorien-Extrakt, wenn dem Extrakt nach dem Rösten der Rohware Zucker zugesetzt worden ist.

Werden andere Zuckerarten als Saccharose verwendet, ist anstelle des Wortes „Zucker“ die betreffende Zuckerart anzugeben.

Auf *Speise- und Getränkekarten:*

- es muss kenntlich gemacht werden, ob es sich um löslichen oder Röstkaffee und/oder entkoffeinierten Kaffee handelt;
- bei der Auflistung von Kaffeegetränken mit Schuss muss gewährleistet sein, dass die genauen Rezepturen eingehalten wurden; die Angabe „mit Alkohol“ ist bei diesen Kaffeeaufgussgetränken vorgeschrieben.

2.1.2 Kakao und Schokoladengetränke

Rechtliche Grundlage: Verordnung über Kakao und Kakaoerzeugnisse (Nr. 49)

Begriffsbestimmungen

Kakaobohnen sind fermentierte und getrocknete Samen des Kakaobaumes (Theobroma cacao).

Begriffsbestimmungen zu Kakaopulver-, Schokoladenpulverarten und kakaohaltigem Getränkepulver s. S. 69 ff.

Zubereitung von Kakao und Schokolade

Das Kakaopulver wird nach Wunsch mit Zucker in kaltem Wasser oder kalter Milch angerührt und mit kochendem Wasser oder kochender Milch aufgegossen. Bei einem Instant-Kakao entfällt das Anrühren. Echte Kakaogenießer bereiten ihre „heiße Schokolade“ nicht aus kakaohaltigem Getränkepulver, sondern aus Kakaopulver mit einem weit höheren Kakaoanteil zu.

Je nach Kakaoart sind erforderlich für:

1 Tasse Kakao	6 g Kakaopulver
1 Kännchen Kakao (2 Tassen)	12 g Kakaopulver
1 Liter Kakao	40 g Kakaopulver
1 Tasse Schokolade	20 g Schokolade
1 Kännchen Schokolade (2 Tassen)	40 g Schokolade
1 Liter Schokolade	150 g Schokolade

Kakaogetränke können auch mit Zusatz von Spirituosen oder Eis wie Kaffeegetränke zubereitet werden.

Kennzeichnung

Kennzeichnung von Fertigpackungen s. S. 71.

2.1.3 Tee und Teegetränke

Rechtliche Grundlagen: Leitsätze für Tee, teeähnliche Erzeugnisse, deren Extrakte und Zubereitungen (Nr. 114)

Begriffsbestimmung

- *Tee* stammt ausschließlich aus Blättern, Blattknospen und zarten Stielen des Teestrauches, die nach den üblichen Verfahren wie Welken, Rollen, Fermentieren, Zerkleinern, Trocknen bearbeitet sind;
- *teeähnliche Erzeugnisse* bestehen aus Pflanzenteilen, die nicht vom Teestrauch stammen und die dazu bestimmt sind, in der Art wie Tee verwendet zu werden, ferner Mischungen von teeähnlichen Erzeugnissen mit Tee, die nicht unter den Begriff „aromatisierter Tee“ fallen;
- *aromatisierter Tee* ist Schwarzer Tee, dem zur Aromatisierung geruchs- und/oder geschmacksgebende Stoffe zugesetzt sind (z. B. Orangenschalen);
- eine *Teemischung* enthält verschiedene Teesorten;
- *Tee-Extrakte* (Instant-Tees) sind wässrige Auszüge aus Tee, denen Wasser entzogen ist.

Teearten

Tee (schwarzer Tee):

Grüner Tee (keine Fermentation)

Schwarzer Tee (Fermentation)
Oolong-Tee (Teil-Fermentation)

Teesorten

nach dem Alter der Teeblätter (Qualitätsstufen in absteigender Reihenfolge):

Flowery Orange Pekoe (zarte Knospen, flaumig behaart)
Orange Pekoe (erste, zarte Blätter)
Pekoe (zweite, gröbere Blätter)

nach Beschaffenheit der Teeblätter (Qualitätsstufen in absteigender Reihenfolge):

Blatt-Tee (ganze Blätter)
Broken Tee („zerbrochene" Blätter)
Fannings und Dust (kleine Blattstücke, vorwiegend für Teebeutel)

Zubereitung von Tee

Man berechnet pro Tasse Tee etwa einen Teelöffel Teeblätter. Die Teeblätter werden in einer erwärmten Teekanne oder in einem Teegefäß, die nicht für andere Getränke benutzt werden und deren Patina nicht entfernt wird, mit kochend heißem, aber nicht abgekochtem Wasser überbrüht und ziehen gelassen. Dabei wirkt ein Tee, der 1 bis 3 Minuten zieht, anregend auf Gehirn und zentrales Nervensystem. Ein Tee, der 3 bis 5 Minuten zieht, wirkt beruhigend auf Magen und Darm.

Rechtliche Vorschriften für teeähnliche Erzeugnisse

- Sie werden mit der Art der verwendeten Pflanzen oder Pflanzenteile, auch in Verbindung mit dem Wort „Tee" bezeichnet, z. B. „Pfefferminztee" oder „Hagebutte mit Hibiskus";
- sie werden bei Herstellung aus mehreren Pflanzenarten auch als „Kräutertee", „Früchtetee" oder „teeähnliches Erzeugnis" bezeichnet;
- wird auf die Mitverwendung von Tee hingewiesen, so wird der Gehalt an Tee in Prozent des Erzeugnisses angegeben;
- sie unterliegen dem Arzneimittelgesetz, wenn sie vorwiegend medizinischen Zwecken dienen.

Kennzeichnung von Tee und teeähnlichen Erzeugnissen

Auf Fertigpackungen:

- Bei entkoffeinierten Tees muss auf Entkoffeinierung hingewiesen werden;
- bei Tee-Extrakten ggf. der Hinweis „kalt wasserlöslich".

2.2 Erfrischungsgetränke

Begriffsbestimmung

Lebensmittelrechtlich zählen zu den Erfrischungsgetränken Fruchtsaftgetränke, Fruchtschorlen, Limonaden und Brausen. An dieser Stelle soll der Oberbegriff zusätzlich Milchmixgetränke umfassen.

Kennzeichnung auf Getränkekarten

Erfrischungsgetränke müssen laut Gesetz zur Regelung der Preisangaben auf der Getränkekarte folgendermaßen gekennzeichnet werden:

- Verkehrsbezeichnung,
- Marke,
- Abgabemenge in der Maßeinheit Liter nach dem Dezimalsystem,
- Preis.

2.2.1 Mineralwässer

Rechtliche Grundlagen: Mineral- und Tafelwasser-Verordnung (Nr. 64)

Begriffsbestimmung

Dazu zählen natürliche Mineralwässer, Quellwässer und Tafelwässer.

Natürliche Mineralwässer
werden aus einer oder mehreren unterirdischen Quellen, die natürlich oder künstlich erschlossen werden, gewonnen. Sie dürfen nur in den Handel kommen, wenn sie amtlich anerkannt sind;

Quellwässer
werden wie natürliche Mineralwässer gewonnen. Ein Zusatz von Kohlensäure ist erlaubt;

Tafelwässer
bestehen aus Trinkwasser oder natürlichem Mineralwasser und weiteren zugelassenen Zu-

sätzen wie Mineralsalzen, Meerwasser, Zusatzstoffen und Kohlensäure.

Spezielle rechtliche Vorschriften

– *Natürliche Mineralwässer* und *Quellwässer* müssen am Quellort abgefüllt werden. Die zur Abfüllung verwendeten Fertigpackungen müssen mit einem Verschluss versehen sein, der geeignet ist, Verfälschungen und Verunreinigungen zu vermeiden.

Kennzeichnung (auf der Fertigpackung)

Natürliche Mineralwässer

- Die Vorgaben der Lebensmittelkennzeichnungsverordnung (Herstellerangabe, Verkehrsbezeichnung, Mindesthaltbarkeitsdatum, ggf. Zutatenliste) sind zu beachten.
- Verkehrsbezeichnungen sind „natürliches Mineralwasser“, ggf. „natürliches kohlensäurehaltiges Mineralwasser“ oder „natürliches Mineralwasser mit eigener Quellkohlensäure versetzt“ oder „natürliches Mineralwasser mit Kohlensäure versetzt“.
- ggf. zusätzlich „Säuerling“ oder „Sauerbrunnen“ oder gleichsinnig, wenn es aus einer natürlichen oder künstlich erschlossenen Quelle stammt, einen natürlichen Kohlendioxidgehalt von mehr als 250 mg in einem Liter Mineralwasser aufweist und, abgesehen von einem etwaigen weiteren Zusatz an Kohlendioxid, keine willkürliche Veränderung erfahren hat.
- ggf. zusätzlich „Sprudel“ für Säuerlinge, die aus einer natürlichen oder künstlich erschlossenen Quelle im Wesentlichen unter natürlichem Kohlensäuredruck hervorsprudeln. Zusätzlich als „Sprudel“ darf auch unter Kohlendioxidzusatz abgefülltes Mineralwasser bezeichnet werden.
- Ort der Quellnutzung und Namen der Quelle
- Angabe der analytischen Zusammensetzung unter Nennung der chemischen Bestandteile (Analysenauszug)
- ggf. „enteisent“ oder „entschwefelt“
- ggf. „Kohlensäure ganz entzogen“ oder „Kohlensäure teilweise entzogen“
- ggf. „fluoridhaltig“ bei mehr als 1,5 mg Fluorid in 1 Liter. Übersteigt der Fluoridgehalt 5 mg pro Liter, muss ein Warnhinweis erfolgen, dass das Mineralwasser nur in begrenzten Mengen verzehrt werden darf.

Die Angabe von Kohlendioxid im Zutatenverzeichnis bei natürlichem Mineralwasser, das mit Kohlensäure versetzt worden ist, kann entfallen, wenn auf die zugesetzte Kohlensäure in der Verkehrsbezeichnung hingewiesen wird.

Quellwässer

- Die Vorgaben der Lebensmittelkennzeichnungsverordnung (Herstellerangabe, Verkehrsbezeichnung, Mindesthaltbarkeitsdatum, ggf. Zutatenliste) sind zu beachten.
- Verkehrsbezeichnung ist „Quellwasser“, ggf. ergänzt um einen Hinweis auf zugesetzte Kohlensäure
- Ort der Quellnutzung und Namen der Quelle
- ggf. „enteisent“ oder „entschwefelt“

Die Angabe von Kohlendioxid im Zutatenverzeichnis bei Quellwasser, das mit Kohlensäure versetzt worden ist, kann entfallen, wenn auf die zugesetzte Kohlensäure in der Verkehrsbezeichnung hingewiesen wird.

Tafelwässer

- Die Vorgaben der Lebensmittelkennzeichnungsverordnung (Herstellerangabe, Verkehrsbezeichnung, Mindesthaltbarkeitsdatum, ggf. Zutatenliste) sind zu beachten.
- Verkehrsbezeichnung ist „Tafelwasser“ ggf. ergänzt um einen Hinweis auf zugesetzte Kohlensäure. Die Bezeichnung „Tafelwasser“ kann durch „Sodawasser“ ersetzt werden, wenn Tafelwasser mindestens 570 mg Natriumhydrogencarbonat in 1 Liter sowie Kohlendioxid enthält.

Die Angabe von Kohlendioxid im Zutatenverzeichnis bei Tafelwasser, das mit Kohlensäure versetzt worden ist, kann entfallen, wenn auf die zugesetzte Kohlensäure in der Verkehrsbezeichnung hingewiesen wird.

2.2.2 Fruchtgetränke

Rechtliche Grundlagen: Fruchtsaft-Verordnung (Nr. 65); Leitsätze für Fruchtsäfte (Nr. 115); Leitsätze für Erfrischungsgetränke (Nr. 116)

Begriffsbestimmung

Der Begriff Fruchtgetränke ist im Lebensmittelrecht nicht verankert. An dieser Stelle wird er aber als Oberbegriff für Fruchtsäfte, Fruchtnektare und Fruchtsaftgetränke genannt. Fruchtgetränke können als gärfähige, unvergorene Säfte, die ohne Konservierungsstoffe haltbar gemacht werden, definiert werden. Sie unterscheiden sich durch den Gehalt an Fruchtsaft, Fruchtmark, Zucker und Wasser. Die Fruchtsaft-Verordnung beinhaltet darüber hinaus Beurteilungsmaßstäbe für Säfte, die ausschließlich der Weiterverarbeitung dienen, und für konzentrierten und getrockneten Fruchtsaft.

Arten und Zusammensetzung

Fruchtsäfte

Fruchtsaft wird zu 100 % aus gesunden und reifen Früchten (frisch oder durch Kälte haltbar gemacht) hergestellt. Dabei gibt es Fruchtsäfte aus einer Fruchtart, aus zwei Fruchtarten oder aus drei und mehr Fruchtarten.

Fruchtsaft aus Fruchtsaftkonzentrat wird durch Rückverdünnung von konzentriertem Fruchtsaft mit den gleichen Eigenschaften wie der durch Auspressen gewonnene Fruchtsaft hergestellt.

Zugelassene Höchstmengen an Zucker:

Fruchtart	Zucker pro Liter Fruchtsaft
Birnen, Weintrauben	0 g
Sonstige Früchte zur Korrektur des sauren Geschmacks	Höchstens 15 g
Sonstige Früchte zur Erzielung eines süßen Geschmacks	Höchstens 150 g

Kennzeichnung

auf der Fertigpackung

- die Verkehrsbezeichnung (Fruchtsaft oder Fruchtsaft aus Fruchtsaftkonzentrat); bei Herstellung aus einer Fruchtart z. B. „Apfelsaft" oder „Apfelsaft aus Fruchtsaftkonzentrat", bei Herstellung aus zwei oder mehr Früchten zuerst diejenige mit dem höchsten Anteil und diejenige mit dem niedrigsten Anteil an letzter Stelle, z. B. „Apfel-Orangensaft" oder „Apfel-Orangensaft aus Fruchtsaftkonzentraten". Bei Verwendung von drei und mehr Früchten kann auch die Bezeichnung „Mehrfruchtsaft" oder „Mehrfruchtsaft aus Fruchtsaftkonzentraten" oder die Angabe der Zahl der verwendeten Früchte, z. B. „X-(Zahl)Fruchtsaft" oder „X-(Zahl)-Fruchtsaft aus X-(Zahl)Fruchtsaftkonzentraten", verwendet werden. Bei Mischungen von Fruchtsaft und Fruchtsaft aus Fruchtsaftkonzentrat ist der Hinweis „teilweise aus Fruchtsaftkonzentrat(en)" erforderlich.
- Angabe „gezuckert" oder „mit Zuckerzusatz", gefolgt von der Angabe der höchstens zugesetzten Zuckermenge, wenn Zucker zur Erzielung eines süßen Geschmacks zugesetzt wurde. Der Hinweis „ohne Zuckerzusatz" ist grundsätzlich zulässig, sofern nicht gezuckert wurde. Bei Birnen- und Traubensatz ist „laut Gesetz" oder ein ähnlicher Hinweis erforderlich.
- Im übrigen sind die Vorgaben der Lebensmittelkennzeichnungs-Verordnung zu beachten (Herstellerangabe, Zutatenverzeichnis, Mindesthaltbarkeitsdatum).

Außerdem gelten folgende Verbrauchererwartungen bei Fruchtsäften:

- die Angaben „Vitamin-C-haltig" und „reich an Vitamin C" werden nur dann verwendet, wenn das Vitamin C (Ascorbinsäure) aus der verarbeiteten Frucht stammt,
- der Mindestgehalt an Ascorbinsäure beträgt bei der Angabe „Vitamin-C-haltig" 200 mg/l, bei der Angabe „reich an Vitamin C" 300 mg/l,
- „fruchtfleischhaltig" bei Fruchtsäften mit Fruchtbestandteilen,
- ggf. „klar" oder „naturtrüb",

„Fruchtgehalt 100 %" bei Fruchtsäften ohne Zusatz von Genusssäuren, Zuckerarten (einschließlich Fruchtzucker) und zugelassenen Zusatzstoffen mit Ausnahme von Ascorbinsäure,

- ggf. „mild.

Unter Kirschsaft wird in der Regel ein aus Sauerkirschen hergestellter Fruchtsaft verstanden.

Fruchtnektar

Wird aus Fruchtsaft, Fruchtsaft aus Fruchtsaftkonzentrat, Fruchtsaftkonzentrat, Fruchtsaftpulver oder Fruchtmark, Wasser und Zucker oder Honig hergestellt. Der Zusatz von Zuckerarten oder Honig ist bis zu höchstens 20 % des Gesamtgewichts des fertigen Erzeugnisses zulässig. Der Mindestgehalt an Fruchtsaft oder Fruchtmark liegt zwischen 25 und 50 %, bezogen auf das fertige Erzeugnis.

Kennzeichnung

auf der Fertigpackung

- die Verkehrsbezeichnung (Fruchtnektar); bei Herstellung aus einer Fruchtart z. B. „Orangennektar", bei Herstellung aus Fruchtsaftkonzentrat muss hierauf ein Hinweis erfolgen, bei Herstellung aus zwei oder mehr Früchten zuerst diejenige mit dem höchsten Anteil und diejenige mit dem niedrigsten Anteil an letzter Stelle, z. B. „Apfel-Orangen Fruchtnektar". Bei Verwendung von drei und mehr Früchten kann auch die Bezeichnung „Mehrfruchtnektar" oder die Angabe der Zahl der verwendeten Früchte, z. B. „X-(Zahl)Fruchtnektar" verwendet werden.
- Angabe „gezuckert" oder „mit Zuckerzusatz", gefolgt von der Angabe der höchstens zugesetzten Zuckermenge, wenn Zucker zur Erzielung eines süßen Geschmacks zugesetzt wurde. Der Hinweis „ohne Zuckerzusatz" ist grundsätzlich zulässig, sofern nicht gezuckert wurde. Bei Birnen- und Traubensatz ist „laut Gesetz" oder ein ähnlicher Hinweis erforderlich.
- Angabe des Fruchtgehalts (Fruchtsaft oder Fruchtmark) durch „Fruchtgehalt: mindestens x %"
- Im übrigen sind die Vorgaben der Lebensmittelkennzeichnungs-Verordnung zu beachten (Herstellerangabe, Zutatenverzeichnis, Mindesthaltbarkeitsdatum).

Fruchtsaftgetränke

werden aus Fruchtsaft, Fruchtsaftkonzentrat, Fruchtmark, Fruchtmarkkonzentrat, Zuckerarten, Trinkwasser, Mineral-, Quell- oder Tafelwasser hergestellt. Sie enthalten auch natürliche Aromastoffe oder Aromaextrakte.

Verkehrsüblicher Anteil an Frucht in Fruchtsaftgetränken:

Fruchtart	Fruchtanteil in %
Trauben und Kernobst	30
Zitrusfrüchte	6
Andere Obstarten	10

Kennzeichnung

auf der Fertigpackung:

- die Verkehrsbezeichnung ist „Fruchtsaftgetränk". Sie wird durch die Bezeichnung der geschmackgebenden Frucht oder Früchte ergänzt, z.B. „Apfel-Fruchtsaftgetränk".
- „Fruchtgehalt x %"
- Im übrigen sind die Vorgaben der Lebensmittelkennzeichnungs-Verordnung zu beachten (Herstellerangabe, Zutatenverzeichnis, Mindesthaltbarkeitsdatum).

2.2.3 Fruchtschorlen

Rechtliche Grundlage: Leitsätze für Erfrischungsgetränke (Nr. 116);

Zusammensetzung

Fruchtschorlen enthalten Fruchtsaft, Fruchtsaftkonzentrat, Fruchtmark, auch konzentriert, oder Mischungen daraus, Trinkwasser, natürliches Mineralwasser, Quellwasser und/oder Tafelwasser, Kohlensäure sowie ggf. die für Fruchtsäfte zugelassenen Zusatzstoffe. Der Fruchtgehalt entspricht den in der Fruchtsaftverordnung genannten Mindestgehalten. Fruchtschorlen werden auch mit natürlichen Aromen aromatisiert. Fruchtschorlen aus Früchten mit saurem, zum unmittelbaren Genuss nicht geeignetem Saft, werden auch mit Zuckerarten gesüßt. Eine Trübung stammt nur aus den verwendeten Fruchtbestandteilen.

Kennzeichnung

auf der Fertigpackung:

- Die Verkehrsbezeichnung wird durch die geschmackgebende Frucht bestimmt, z. B.

„Apfelschorle“, „Apfel-Schorle“, „Apfelsaftschorle“ oder „Apfelsaft-Schorle“. Besteht eine Fruchtschorle aus mehr als zwei Früchten, so wird sie auch als „Mehrfruchtschorle“ bezeichnet. Wir auf eine bestimmte Geschmacksrichtung hingewiesen, werden alle verwendeten Fruchtarten angegeben.

- "Fruchtgehalt x %;
- Im Übrigen sind die Vorgaben der Lebensmittelkennzeichnungsverordnung zu beachten (Herstellerangabe, Zutatenverzeichnis, Mindesthaltbarkeitsdatum).

2.2.4 Limonaden

Rechtliche Grundlagen: Leitsätze für Erfrischungsgetränke (Nr. 116); Verordnung über koffeinhaltige Erfrischungsgetränke (Nr. 67)

Zusammensetzung

Limonaden enthalten Fruchtsaft, Fruchtmark, auch konzentriert, oder Mischungen daraus, Trinkwasser, natürliches Mineralwasser, Quellwasser und/oder Tafelwasser, Kohlensäure. Der Fruchtgehalt entspricht mindestens der Hälfte der bei Fruchtsaftgetränken üblichen Fruchtgehalte. Limonaden werden auch mit Aromaextrakten und/oder natürlichen Aromastoffen aromatisiert. Sie weisen einen Gesamtzuckergehalt von mindestens 7 % auf, der bei brennwertverminderten Limonaden ganz oder teilweise durch Süßstoffe ersetzt ist.

Verkehrsüblicher Fruchtgehalt in Limonaden:

Fruchtart	Fruchtanteil
Trauben und Kernobst	15 %
Zitrusfrüchte	3 %
alle anderen Früchte	5 %

Kennzeichnung

auf der Fertigpackung:

- Die Verkehrsbezeichnung ist Limonade. Sie wird auch durch die Bezeichnung der geschmackgebenden Frucht oder Früchte ergänzt, z. B. „Apfel-Limonade“. Als Hinweis auf den Geschmack werden auch Bezeichnungen wie „Limonade mit Apfel-Geschmack“, „Limonade mit Apfel-Aroma“ verwendet. Bei Limonaden mit Pflanzenauszügen (z. B. Gewürze, Kräuter, Süßholz) wird auch eine Bezeichnung wie „Limonade mit ...-Auszug“ verwendet. Bei Limonaden ohne Kohlensäure wird die Verkehrsbezeichnung durch eine entsprechende Angabe ergänzt.
- ggf. „koffeinhaltig“
- ggf. „chininhaltig“
- ggf. Gehalt an Fruchtsaft oder Fruchtbestandteilen
- Im Übrigen sind die Vorgaben der Lebensmittelkennzeichnungsverordnung zu beachten (Herstellerangabe, Zutatenverzeichnis, Mindesthaltbarkeitsdatum).

Auf Getränkekarten oder Getränkeautomaten sind bei Zusätzen von Chinin oder Koffein die Angaben "chininhaltig" oder "koffeinhaltig" vorgeschrieben.

2.2.5 Brausen

Rechtliche Grundlagen: siehe Limonaden

Begriffsbestimmung

Brausen unterscheiden sich von anderen Erfrischungsgetränken durch die Verwendung von:

- Süßstoffen (ganz oder teilweise) anstelle von Rohr-/Rübenzucker,
- naturidentischen oder künstlichen Aromastoffen (ganz oder teilweise) anstelle von natürlichen Aromastoffen,
- Farbstoffen anstelle von färbenden Lebensmitteln.

Kennzeichnung

auf der Fertigpackung:

- Die Verkehrsbezeichnung ist „Brause“. sie wird auch durch Angaben wie „Waldmeister-Brause“, „mit Waldmeister-Geschmack“, „mit Waldmeister-Aroma“ ergänzt,
- Im Übrigen sind die Vorgaben der LMKV zu beachten.

2.2.6 Säfte und Trunke aus Gemüse

Rechtliche Grundlagen: AIJN Code of Practice. Allgemeine, physikalische, chemische und mikrobiologische Beurteilungskriterien für

Frucht- und Gemüsesäfte und -nektare in der EG; Leitsätze für Gemüsesäfte und Gemüsetrunke (Nr. 117)

Arten und Begriffsbestimmung

- Gemüsesäfte sind unverdünnte, gärfähige, unvergorene oder mildsauervergorene, flüssige Erzeugnisse aus Gemüse, die zum unmittelbaren Verzehr bestimmt sind;
- Gemüsetrunke sind verdünnte Zubereitungen aus Gemüsesaft, Gemüsemark, konzentriertem Gemüsesaft und konzentriertem Gemüsemark.

Kennzeichnung

auf der Fertigpackung:
- ggf. Zusatz von Vitaminen.

2.2.7 Milchmixgetränke

Rechtliche Grundlagen: Milch-Verordnung (Nr. 53); Leitsätze Speiseeis (Nr. 113); Eier- und Eiprodukte-Verordnung (Nr. 45)

Arten und Zusammensetzung

Milchshakes

bestehen aus pürierten Fruchtbestandteilen, Milch, Zucker oder Honig, Roheis, ggf. Zitronensaft und Sahne. Alle Zutaten werden im Shaker zubereitet;

Milchfrappés

haben die gleiche Zusammensetzung wie Milchshakes, nur anstelle des Roheises wird Speiseeis hinzugefügt;

Joghurtmischgetränke

haben die gleiche Zusammensetzung wie Milchshakes ohne Zugabe von Sahne und Zitronensaft. Die Milch wird durch Joghurt oder Sauermilchprodukte im gleichen Mengenverhältnis ersetzt;

Milchflips

haben die gleiche Zusammensetzung wie Milchshakes und zusätzlich Eigelb als wertbestimmende Zutat; zusätzlich können Spirituosen enthalten sein.

Spezielle rechtliche Vorschriften

- Wird Speiseeis oder Eiscreme, egal in welcher Form, verwendet oder angeboten, müssen die Leitsätze für Speiseeis und die Lebensmittelhygiene-Verordnung beachtet werden (s. S. 115 f., 126 f.).
- Für Milch und Milchprodukte sind die auf den Seiten 76 ff. genannten rechtlichen Grundlagen zu beachten.
- Für Eier ist die Eier- und Eiprodukte-Verordnung zu beachten; es ist verboten, Eiprodukte (Vollei, Eigelb und Eiklar in flüssigem, getrocknetem oder tiefgefrorenem Zustand) ohne ausreichende Vorbehandlung bei der gewerbsmäßigen Herstellung oder Zubereitung anderer Lebensmittel zu verwenden.

2.2.8 Diätetische Erfrischungsgetränke

Rechtliche Grundlage: Diät-Verordnung (Nr. 28)

Begriffsbestimmung und Zusammensetzung

Diätetische Erfrischungsgetränke sind Fruchtnektare, Fruchtsaftgetränke, Limonaden, deren Kalorien- bzw. Joulegehalt reduziert ist und die mit zugelassenen Süßstoffen oder mit Zuckeraustauschstoffen anstelle von Rohr-/Rübenzucker gesüßt werden.

Kennzeichnung

auf *Fertigpackungen:*
- Energiegehalt in kJ oder kcal,
- Angabe des verwendeten Süßstoffes oder des verwendeten Zuckeraustauschstoffes;

auf *Getränkekarten:*
- Angabe „diätetisches Lebensmittel mit Süßungsmittel(n)“ (bei Verwendung von zugelassenen Süßstoffen und/oder Zuckeraustauschstoffen; vgl. S. 88 f.).

2.3 Alkoholhaltige Getränke

2.3.1 Bier

Rechtliche Grundlagen: Vorläufiges Biergesetz (Nr. 68); Bier-Verordnung (Nr. 69);

Verordnung zur Durchführung des Vorläufigen Biergesetzes (Nr. 70); Diät-Verordnung (Nr. 28); Nährwertkennzeichnungs-Verordnung (Nr. 14); Zusatzstoff-Zulassungs-Verordnung (Nr. 3)

Arten

Bier wird nach der verwendeten Hefe und der angewendeten Gärmethode in zwei Arten klassifiziert:

untergäriges Bier

Vergären der Bierwürze bei Temperaturen von unter +10 °C; untergärige Heferasse setzt sich auf dem Boden („unten") ab.

Für untergäriges Bier darf nur Gerstenmalz, Hopfen, Hefe und Wasser verwendet werden.

obergäriges Bier

Vergären der Bierwürze bei Temperaturen zwischen +15 °C und +20 °C; obergärige Heferasse setzt sich an der Oberfläche („oben") ab und wird abgeschöpft; für obergäriges Bier dürfen außer den o. g. Ausgangsstoffen auch andere Malzarten, Rohr-/Rübenzucker oder Invertzucker und Farbmittel aus Zucker oder Stärkezucker verwendet werden. Süßstoff ist nicht zulässig.

Gattungen

Im Biergesetz wird das Bier nach dem Stammwürzegehalt eingeteilt, also nach dem Prozentanteil von gelösten und vergärbaren Stoffen, vor allem Malzzucker und Eiweißstoffen. Der Gehalt an Stammwürze ist für den Alkoholgehalt entscheidend.

Gesetzliche Gattungen nach Biergesetz (Übersicht siehe unten):

Spezielle rechtliche Vorschriften

für *Biere:*

Biere dürfen weder untereinander vermischt noch darf dem Bier etwas zugesetzt werden; auf ausdrücklichen Wunsch des Gastes ist es jedoch erlaubt, unmittelbar vor dem Verbrauch Biere in offenen Gefäßen zu vermischen; die gleiche Erlaubnis gilt für Mischungen von Bier mit Limonaden, Mineralwasser und Malzbier; auf den Getränkekarten und Preistafeln sind diese Getränke als Mischgetränke zu kennzeichnen.

für *Diätbiere:*

- Der Gehalt an Alkohol in Diätbieren darf nicht höher als der in vergleichbaren Bieren sein;
- der Kohlenhydratgehalt in Diätbieren darf 0,75 g in 100 ml Bier nicht überschreiten;
- Energiegehalt: mindestens 40 % unter den Werten der üblichen Biersorten;

für *Leichtbiere:*

Die Bestimmungen der Nährwertkennzeichnungs-Verordnung müssen beachtet werden.

Kennzeichnung

auf dem **Etikett** der Gebinde:

- Verkehrsbezeichnung,
- Name und Ort der Brauerei,
- Füllmenge in Volumen (Liter, Milliliter),
- Mindesthaltbarkeitsdatum,
- Zutatenverzeichnis;

auf dem **Etikett** der Flasche:
wie oben; zusätzlich der Alkoholgehalt.

Biergattung	Stammwürze
Bier mit niedrigem Stammwürzegehalt	unter 7 %
Schankbier	7,0 – 11 %
Starkbier, Bockbier	mehr als 16 %
Exportbier	mindestens 12,5 % (Verkehrsauffassung)

2.3.2 Wein

Rechtliche Grundlagen: Weingesetz (Nr. 71); Wein-Verordnung (Nr. 72); Wein-Überwachungs-Verordnung (Nr. 73); EG-Verordnung 479/2008 über die Gemeinsame Marktorganisation für Wein (Nr. 74); EG-Verordnung 555/2008 mit Durchführungsbestimmungen zur EG-VO 479/2008 (Nr. 75)

Ferner: VO (EWG) Nr.1601/91 zur Festlegung der allgemeinen Regeln für die Begriffsbestimmung, Bezeichnung und Aufmachung aromatisierten Weines, aromatisierter weinhaltiger Getränke und aromatisierter weinhaltiger Cocktails (Nr. 81); Loskennzeichnungs-Verordnung.

Begriffsbestimmung

- *Wein* ist das Erzeugnis, das ausschließlich durch vollständige oder teilweise alkoholische Gärung der frischen, auch eingemaischten Weintrauben oder des Traubenmostes gewonnen wird.
- *Jungwein* ist der Wein, dessen alkoholische Gärung noch nicht abgeschlossen ist.
- *Weinhaltige Getränke* sind nichtaromatisierte alkoholische Getränke, die unter Verwendung von Erzeugnissen des Weinbaus hergestellt werden. Der Anteil der Erzeugnisse im fertigen Getränk muss über 50 % liegen und bei der Herstellung darf keine Gärung stattgefunden haben.

Arten

(bezieht sich auf die Farbe des Weines oder auf die Art der Produktion)

Weißwein

wird aus Weißweintrauben gewonnen.

Rotwein

wird aus rotgekeltertem Most von Rotweintrauben gewonnen.

Roséwein

aus Rotweintrauben hergestellter Wein mit blass- bis hellroter Farbe; dazu zählt u. a. der

Weißherbst, ein Qualitätswein b. A., der aus hellgekeltertem Most von Rotweintrauben einer einzigen Rebsorte hergestellt wird.

Rotling

wird aus einem Verschnitt von Weißwein- und Rotweintrauben und deren Maischen hergestellt; er hat eine rötlich schillernde Farbe. Dazu zählen die Qualitätsweine b. A.:

Schillerwein aus dem bestimmten Anbaugebiet Württemberg,

Badisch Rotgold, eine Spezialität aus Baden, die durch eine Mischung von Ruländer/Grauburgunder und Blauem Spätburgunder entsteht und “Schieler” aus dem bestimmten Anbaugebiet Sachsen und “Schieler” aus dem bestimmtem Anbaugebiet Sachsen.

Rebsorten

Mehr als 8 000 verschiedene Rebsorten sind heute in der Welt bekannt. Von den rund 50 in Deutschland angebauten Rebsorten haben Silvaner, Kerner, Müller-Thurgau und Riesling eine große Bedeutung.

Qualitätsgruppen

(hier vorwiegend für deutsche Weine)

Nach der Weingesetzreform werden auf EU-Ebene nur noch 2 Hauptqualitätsgruppen unterschieden: Tafelwein und Qualitätswein

1. Tafelwein

- ausschließlich aus im Inland geernteten Kelterweintrauben;
- ausschließlich aus zugelassenen Rebsorten;
- natürlicher Mindestalkoholgehalt 5 % vol in der Zone A und 6 % vol in der Zone B (außer Baden, das zur Zone B gehört, fallen alle deutschen weinbautreibenden Bundesländer in die Zone A);
- vorhandener Alkoholgehalt mind. 8,5 % vol = 67 g/l in den Zonen A und B;
- Gesamtsäuregehalt, ausgedrückt in Weinsäure mind. 3,5 g/l;

Landwein

- qualitativ gehobener Tafelwein mit gebietstypischem Charakter aller weinbautreibenden Bundesländer;
- aus Weintrauben, die in dem umschriebenen Gebiet geerntet wurden (19 festgelegte Gebietsnamen);

- Geschmacksrichtung: „trocken“ oder „halbtrocken“
- kein Zusatz von konzentriertem Traubenmost;
- natürlicher Mindestalkoholgehalt um mindestens 0,5 % höher als bei Tafelwein.

2. Qualitätswein b. A. (bestimmter Anbaugebiete)/Qualitätswein

Inländischer Wein darf als „Qualitätswein b. A.“ oder „Qualitätswein“ nur gekennzeichnet werden, wenn für ihn auf Antrag eine Prüfungsnummer zugeteilt worden ist.

Voraussetzung für die Zuteilung der Prüfungsnummer ist, dass

- die verwendeten Weintrauben ausschließlich aus zugelassenen Rebsorten der Art *„Vitis vinifera“* stammen,
- die verwendeten Weintrauben in einem einzigen „bestimmten Anbaugebiet“ geerntet und grundsätzlich in dem bestimmten Anbaugebiet zu Qualitätswein verarbeitet worden sind,
- der aus den verwendeten Weintrauben gewonnene Most im gärfähig befüllten Behältnis mindestens den von den weinbautreibenden Ländern für jedes bestimmte Anbaugebiet und für jede Rebsorte festgesetzten **natürlichen Mindestalkoholgehalt** aufgewiesen hat,
- der **vorhandene Alkoholgehalt** mindestens 7 % vol = 56 g/l beträgt und der Wein einen **Mindestgesamtalkoholgehalt** von 9 % vol = 71 g/l aufweist,
- **konzentrierter Traubenmost** nicht zugesetzt und eine Konzentrierung nicht vorgenommen worden ist,
- der Wein in Aussehen, Geruch und Geschmack frei von Fehlern und für die angegebene Herkunft und bei Angabe einer Rebsorte für diese Rebsorte typisch ist,
- der Wein im Übrigen den weinrechtlichen Bestimmungen entspricht.

Qualitätswein mit Prädikat

Inländischer Wein darf als „Qualitätswein mit Prädikat“ in Verbindung mit einem Prädikat nur gekennzeichnet werden, wenn ihm das Prädikat auf Antrag unter Zuteilung einer Prüfungsnummer zuerkannt worden ist.

- Als Prädikat **(Prädikatsstufen)** sind zugelassen: *Kabinett, Spätlese, Auslese, Beerenauslese, Trockenbeerenauslese, Eiswein.*

Für die einzelnen Prädikatsstufen sind unterschiedliche Ausgangsmostgewichte und Mindestalkoholgehalte vorgeschrieben:

Prädikatsstufen	Mindestalkoholgehalt
Kabinett	7 % vol
Spätlese	7 % vol
Auslese	7 % vol
Beerenauslese	5,5 % vol
Trockenbeerenauslese	5,5 % vol
Eiswein	5,5 % vol

Außer dem Mindestalkoholgehalt müssen für die Zuerkennung von Prädikatsstufen bestimmte Voraussetzungen erfüllt sein:

(siehe Tabelle auf S. 182)

Für alle „Qualitätsweine mit Prädikat“ in Verbindung mit den Prädikatsstufen Spätlese, Auslese, Beerenauslese, Trockenbeerenauslese, Eiswein, gilt folgende Regelung: Abgabe der Weine an den Verbraucher darf nicht vor dem auf die Ernte der verwendeten Trauben folgenden 1. März erfolgen.

Geschmacksrichtungen

(siehe Übersicht auf S. 182)

Gehalt an Behandlungsstoffen

Gesamtschwefeldioxidgehalt pro Liter Wein (siehe Übersicht auf S. 182)

Weitere Zutaten, die in veränderter oder unveränderter Form im Wein zurückbleiben:

- Zucker zur Anreicherung (siehe nächste Seite)
- Sorbinsäure zur Konservierung (wenig verwendet)

- Ascorbinsäure zur Konservierung (sehr wenig verwendet)
- Weinsäure und Zitronensäure (in südlichen Weinbauzonen zur Säuerung, siehe unten)

Behandlungsmethoden

Beschreibung der Methoden:

Anreicherung

Maßnahmen zur Erhöhung des Alkoholgehaltes. Vor der Vergärung können Rohr-/Rübenzucker, Mostkonzentrat oder rektifiziertes Traubenmostkonzentrat zugesetzt werden.

Süßung

Zusatz von süßenden Stoffen (kein Zucker) nach der Vergärung zu Alkohol. Wird der im Most vorhandene Frucht- und Traubenzucker der Keltertrauben nicht vollständig vergärt (in Alkohol umgewandelt), so verbleibt er als deutlich spürbare Süße, sog. Restsüße im Wein. Einen hohen Gehalt an natürlicher Restsüße haben deutsche Qualitätsweine mit Prädikat in Verbindung mit der Prädikatsstufe Beeren- und Trockenbeerenauslese.

Säuerung/Entsäuerung

Verfahren, die dem Wein einen entsprechenden Grad an Säure verleihen (Geschmacksrichtung und keimabtötende Wirkung); der Säuregrad der Keltertrauben ist abhängig von Witterungsbedingungen und Klima.

Anwendung der Methoden

Anreicherung

In allen Weinbauzonen der Gemeinschaft kann eine Anreicherung für Tafelwein, Landwein und Qualitätswein zugelassen werden, wenn es die Witterungsbedingungen erfordern, sofern der natürliche Mindestalkoholgehalt erreicht ist.

- In Zone A bei allen Rebsorten und Weinarten um höchstens 3,5 % vol =
  28 Gramm Alkohol pro Liter,
- in Zone B bei allen Rebsorten und Weinarten um höchstens 2,5 % vol =
  20 Gramm Alkohol pro Liter.

Nur in den Jahren mit außergewöhnlich ungünstigen Witterungsbedingungen kann die EU eine Erhöhung des Alkoholgehalts in der Zone A um 4,5 % und in der Zone B um 3,5 % vol gestatten. Die Anreicherungshöchstgrenzen dürfen jedoch nicht überschritten werden. Die sog. Nassverbesserung (Zusatz von Wasser) ist seit 1985 verboten.

Süßung bei

- **Qualitätswein b. A. aus Deutschland**
  mit Traubenmost (Süßreserve),
- **Tafel- und Landwein**
  mit Traubenmost (Süßreserve), konzentriertem Traubenmostkonzentrat oder rektifiziertem Traubenmostkonzentrat, wenn der Gesamtalkoholgehalt um nicht mehr als 2 % vol (16 g/l) erhöht wird,
- **angereichertem Tafel- und Landwein**
  ausschließlich mit Traubenmost, der max. den gleichen Gesamtalkoholgehalt wie der zu süßende Wein ergibt.

Säuerung oder Entsäuerung bei

frischen Kelterweintrauben, Traubenmost, Jungwein und Wein je nach Weinbauzone (Feinentsäuerung von Wein bis 1 g/l).

Erhöhung des Alkoholgehalts

- **in der Weinbauzone A bei:**
  Rotwein bis max. 12,0 % vol Gesamtalkoholgehalt,
  anderem Wein bis max. 11,5 % vol Gesamtalkoholgehalt,
- **in der Weinbauzone B bei:**
  Rotwein bis max. 12,5 % vol Gesamtalkoholgehalt,
  anderem Wein bis max. 12 % vol Gesamtalkoholgehalt.

Nicht erlaubt sind

Süßung
von Landwein mit konzentriertem Traubenmost; von Wein mit Rohr-/Rübenzucker nach der Vergärung (grundsätzlich);

Verschnitt
von Rotwein- und Weißweinkeltertrauben, außer Rotling.

Kennzeichnung

- muss auf dem Flaschenetikett leicht lesbar und im gleichen Sichtbereich erfolgen.
- Deutsche Weine müssen auf dem Etikett eine der o. a. Qualitätsbezeichnungen tragen

Bestimmte Voraussetzungen für die Zuerkennung von Prädikatsstufen

Prädikatsstufen	Voraussetzungen
Kabinett:	– verwendete Kelterweintrauben ausschließlich aus zugelassenen Rebsorten der Art „Vitis vinifera“; – Ernte der verwendeten Kelterweintrauben aus einem „einzigen“ Bereich und Verarbeitung in dem bestimmten Anbaugebiet, zu dem der Bereich gehört; – keine Erhöhung des Mindestalkoholgehaltes; – frei von Fehlern bezüglich des Aussehens, des Geruchs und Geschmacks; – typischer Wein bezüglich der angegebenen Herkunft oder angegebenen Rebsorte; – entspricht den weinrechtlichen Bestimmungen; – keine Abgabe vor dem auf die Ernte der verwendeten Trauben folgenden 1. Januar.
Spätlese:	– Ernte zu einer späten Lese und Verwendung von vollreifen Kelterweintrauben.
Auslese:	– Verwendung von vollreifen oder „edelfaulen“ Kelterweintrauben; – Landesregierungen können Handlese vorschreiben.
Beerenauslese:	– von edelfaulen oder wenigstens überreifen Kelterweintrauben; – keine Maschinenernte.
Trockenbeeren-auslese:	– Verwendung von eingeschrumpften, edelfaulen Kelterweintrauben; ist keine Edelfäule eingetreten, genügen eingeschrumpfte überreife Kelterweintrauben; – keine Maschinenernte.
Eiswein:	– Lese und Keltern von gefrorenen Kelterweintrauben; – natürlicher Mindestalkoholgehalt, der für das jeweilige Anbaugebiet für Beerenauslese festgelegt wurde; – Landesregierungen können Handlese vorschreiben.

Geschmacksrichtungen (Übersicht)

Geschmacks-richtungen	Restzucker pro Liter Wein	Gesamtsäuregehalt pro Liter Wein
trocken	4–9 g	2 g niedriger als Restzucker
halbtrocken	12–18 g	10 g niedriger als Restzucker
lieblich	max. 45 g	
süß	mind. 45 g	

Gehalt an Behandlungsstoffen

Gesamtschwefeldioxidgehalt pro Liter Wein (Übersicht):

Weinart	Gehalt an Schwefeldioxid
Rot-, Weiß- und Roséweine unter 5 g/l Restzucker	160–210 mg
Rot-, Weiß- und Roséweine ab 5 g/l Restzucker	210–260 mg
Spätlese, viele französische und spanische AOC-Weine	300 mg
Auslese, rumänische Weine	350 mg
Beeren- und Trockenbeerenauslese, Eiswein und viele vergleichbare EU-Weine	400 mg

(Tafelwein, Landwein, Qualitätswein b. A., Qualitätswein, Qualitätswein mit Prädikat).

1. Tafelwein aus Deutschland

- Qualitätsbezeichnung, z. B. „Deutscher Tafelwein", die Angabe „Weißwein", oder „Rotwein", sofern keine nähere Herkunftsangabe als „deutsch" gewählt ist,
- vorhandener Alkoholgehalt in % vol,
- Nennvolumen (Flascheninhalt),
- Name (Firma) des Abfüllers sowie Mitgliedstaat, Gemeinde (Ortsteil) seines Hauptwohnsitzes, bzw. Angabe des tatsächlichen Abfüllungsortes,
- Angabe des Erzeugermitgliedstaates (bei Versand oder Abfüllung in ein(em) anderes/n EU-Mitgliedstaat oder Export in Drittländer),
- bei Verschnitt von Erzeugnissen mit Ursprung in mehreren Mitgliedstaaten der EU die Angabe „Verschnitt von Weinen aus mehreren Ländern der Europäischen Gemeinschaft",
- bei Weinbereitung in einem Mitgliedstaat, in dem die Trauben nicht geerntet wurden, die Angabe „In (z. B. Deutschland) aus in (z. B. Frankreich) geernteten Trauben hergestellter Wein",
- Loskennzeichnung.

Zusätzlich darf die geografische Herkunft angegeben werden, z. B. „Weinbaugebiet" bzw. „Untergebiet" bei Tafelwein, der nicht „Landwein" ist, oder „Gebiet" bei „Landwein". (Weitere zusätzlich zugelassene Angaben siehe unten bei Qualitätsweine b. A.)

2. Qualitätswein b. A. aus Deutschland

- Angabe des bestimmten Anbaugebietes (festgelegte Namen),
- „Qualitätswein" oder „Qualitätswein b. A." oder
- Angabe der Prädikatsstufe bei Qualitätsweinen mit Prädikat in Verbindung mit einem Prädikat (z. B. „Kabinett"),
- vorhandener Alkoholgehalt,
- Nennvolumen (Flascheninhalt),
- Name (Firma) des Abfüllers sowie Mitgliedstaat, Gemeinde (Ortsteil) seines Hauptsitzes bzw. Angabe des tatsächlichen Abfüllungsortes, bei Versand in andere Mitgliedstaaten oder Export in Drittländer der Name des Erzeugermitgliedstaates,
- zugeteilte amtliche Prüfungsnummer (A. P. Nr.) bei Qualitätsweinen b. A; als Loskennzeichnung gilt hier i. d. R. die amtliche Prüfungsnummer.

Zusätzlich zugelassene Angaben (auf gleichem Etikett oder Zusatzetikett):

- engere geografische Herkunftsangaben,
- eine oder höchstens zwei Rebsorten, wenn 85 % dieser Rebsorten zur Weinherstellung verwendet wurden,
- Jahrgang, wenn 85 % der Trauben in dem Jahr geerntet wurden,
- Weingut, Erzeugerabfüllung, Gutsabfüllung, Weinhändler, Winzer, Importeur, Burg, Domäne, Kloster, Schloss, Stift,
- Geschmacksangaben: „trocken", „halbtrocken", „lieblich", „süß",
- charakterisierende Eigenschaften,
- Verbraucherempfehlungen,
- geschichtliche Angaben,
- Angaben zu Weinbaubedingungen,
- Reifeangaben (durch Lagerung),
- Angabe von Auszeichnungen, soweit ausdrücklich zugelassen,
- EU-Verpackungszeichen „e",
- ggf. Angabe von Auszeichnungen (z. B. Deutsches Gütesiegel), wenn von offizieller Stelle anerkannt.

Die Kennzeichnung muss auch auf der **Getränkekarte** erfolgen. Dabei müssen folgende Angaben vom Etikett übernommen werden:

- Weinart (z. B. Weißwein, Rotwein u. a.),
- geografische Herkunft,
- Qualitätsbezeichnung,
- Abgabemenge in der Maßeinheit Liter nach dem Dezimalsystem,
- Rebsorte,
- Jahrgang,
- Preis pro Abgabemenge,
- ggf. Angaben über die Zusammensetzung, sofern solche Angaben in den Durchführungsbestimmungen geregelt sind.

Weitere zulässige Angaben

- Aussehen, Geruch, Geschmack,
- Informationen zur Geschichte des Weinbaus,

- spezielle Anbau- und Ausbaumethoden,
- Angaben über rebsortenspezifische und regionaltypische Merkmale,
- Trinkempfehlungen.

Weitere Angaben bei Wein

Im Barrique gereift

Ein Teil des Weines oder der zu seiner Herstellung verwendeten Erzeugnisse ist in einem Barrique-Fass mit einem Fassungsvermögen von nicht mehr als 350 Litern gelagert. Zum Zeitpunkt der Zuteilung einer amtlichen Prüfungsnummer muss der Wein die für die Reifung im Barrique-Fass typischen sensorischen Merkmale aufweisen.

Im Holzfass gereift

Mindestens 75 % des Weines oder der zu seiner Herstellung verwendeten Erzeugnisse müssen mindestens 6 Monate (Rotwein) bzw. 4 Monate (andere Weine als Rotwein) im Holzfass gelagert worden sein.

Classic

- Angabe einer einzigen Rebsorte, die in Verbindung mit dem Hinweis „Classic" angegeben wird
- Ausschließlich aus Weintrauben von gebietstypischen klassischen Rebsorten mit Ausnahme der zur Süßung verwendeten Erzeugnisse
- Der zur Herstellung verwendete Most muss einen natürlichen Mindestalkoholgehalt aufweisen, der mindestens 1 % vol über dem liegt, der für das bestimmte Anbaugebiet vorgeschrieben ist
- Der Gesamtalkoholgehalt beträgt mindestens 11,5 % vol, bei Weintrauben aus dem Anbaugebiet Mosel-Saar-Ruwer bzw. 12 % vol bei anderen Weinen
- Angabe von Herkunft und Jahrgang
- Restzuckergehalt nicht mehr als 15 Gramm je Liter
- Keine Geschmacksangabe.

Selection

- Angabe einer einzigen Rebsorte
- Ausschließlich aus Weintrauben von gebietstypischen klassischen Rebsorten mit Ausnahme der zur Süßung verwendeten Erzeugnisse
- Natürlicher Mindestalkoholgehalt von mindestens 12,2 % vol
- Die zur Herstellung verwendeten Weintrauben müssen von Rebflächen stammen, deren Ertrag 60 Hektoliter pro Hektar an Wein nicht überschritten hat
- Die zur Herstellung verwendeten Weintrauben sind von Hand gelesen
- Angabe der Einzellage und des Jahrgangs
- Restzuckergehalt nicht mehr als 12 g je Liter (bei Riesling), bei anderen 4 bis 9 g je Liter
- Keine Geschmacksangabe.

Liebfrau(en)milch

- weißer Qualitätswein der bestimmten Anbaugebiete Nahe, Pfalz, Rheingau und Rheinhessen
- mindestens 70 % aus Weintrauben der Rebsorten Riesling, Silvaner, Müller-Thurgau oder Kerner
- Restzuckergehalt höchstens 45 g je Liter.

Moseltaler

- weißer Qualitätswein der bestimmten Anbaugebiete Mosel-Saar-Ruwer
- ausschließlich aus Trauben der Rebsorten Riesling, Müller-Thurgau, Elbling oder Kerner
- Restzuckergehalt zwischen 15 und 30 g je Liter
- Gesamtsäuregehalt von mindestens 7 g je Liter.

Hock

- weißer Tafelwein des Untergebietes Rhein des Weinbaugebietes Rhein-Mosel, aus Weintrauben weißer Rebsorten und Restzuckergehalt höchstens 45 g je Liter

oder

- weißer Qualitätswein b. A. der bestimmten Anbaugebiete Ahr, Hessische Bergstraße, Mittelrhein, Nahe, Rheingau, Rheinhessen oder Pfalz, aus Weintrauben weißer Rebsorten und Restzuckergehalt höchstens 45 g je Liter.

Riesling-Hochgewächs

- ausschließlich aus Weintrauben der Sorte Riesling
- der zur Herstellung verwendete Most hat einen natürlichen Alkoholgehalt, der mindestens 1,5 % vol über dem liegt, der für das bestimmte Anbaugebiet vorgeschrieben ist
- Qualitätszahl von mindestens 3,0 bei der amtlichen Qualitätsprüfung.

Der Neue

- Landwein ausschließlich aus Trauben eines Erntejahres bei Angabe des Erntejahres
- Darf nicht vor dem 1. November des Erntejahres an Verbraucher abgegeben werden.

Primeur

- ein in Frankreich geernteter Qualitätswein b. A. des bestimmten Anbaugebietes Beaujolais
- darf nicht vor dem dritten Donnerstag des Monats November des Erntejahres an Endverbraucher abgegeben werden.

Spezielle Kennzeichnungsvorschriften

Die Lebensmittel-Kennzeichnungsverordnung (§ 3 Abs. 1 Nr. 5 LMKV) schreibt vor, dass bei Getränken mit mehr als 1,2 %vol der vorhandene Alkoholgehalt in Volumenprozenten bis auf höchstens eine Dezimalstelle anzugeben ist. Dieser Angabe ist das Symbol „% vol" anzufügen. Der Angabe kann das Wort „Alkohol" oder die Abkürzung „alc." vorangestellt werden.

Ferner bestimmt die LMKV (§ 6 Abs. 6 Satz 2), dass Getränke mit mehr als 1,2 Volumenprozent Alkohol einen Hinweis auf allergene Zutaten tragen müssen durch die Angabe „enthält ...", sofern nicht die Verkehrsbezeichnung bereits Hinweise zu solchen Zutaten gibt.

Die EU-Kommission hat eine Liste von 14 Hauptallergenen aufgestellt, die in Anlage 3 der Lebensmittel-Kennzeichnungsverordnung aufgenommen wurden:

- Glutenhaltiges Getreide (d. h. Weizen, Roggen, Gerste, Hafer, Dinkel, Kamut oder Hybridstämme davon)
- Krebstiere
- Eier
- Fisch
- Erdnüsse
- Soja
- Milch
- Schalenfrüchte, d. h. Mandel (Amygdalus communis L.), Haselnuss (Corylus avellana), Walnuss (Juglans reglia), Kaschunuss (Anacardium occidentale), Pecannuss (Carya illinoiesis (Wangenh.) K. Koch), Paranuss (Bertholettia excelsa), Pistazie (Pistacia vera), Macadamianuss und Queenslandnuss (Macadamia ternifolia)
- Sellerie
- Senf
- Sesamsamen
- Lupinen
- Weichtiere

jeweils einschließlich der daraus hergestellten Erzeugnisse

sowie

- Schwefeldioxid und Sulfite in einer Konzentration von mehr als 10 mg/kg oder 10 ml/l, als SO_2 angegeben.

Es gibt bei den Verarbeitungserzeugnissen nur wenige Ausnahmen, die von der Kennzeichnungspflicht befreit sind, z. B. bestimmte Klärhilfsmittel wie Fischgelatine oder Hausenblase. Bei Verwendung solcher Zutaten muss nicht ausdrücklich auf den jeweiligen Rohstoff hingewiesen werden.

Für lose (unverpackte) Ware gilt die Allergenkennzeichnung bisher nicht.

Weitere Kennzeichnungshinweise siehe folgende Tabelle:

Wein bzw. weinhaltige Getränke	Besonderheit	Spezielle Kennzeichnung
Alkoholfreier Wein	Weniger als 0,5 Volumenprozent Alkohol	
Alkoholfreier Wein	Mindestens 0,5 und weniger als 4 Volumenprozent Alkohol	Angabe des Alkoholgehalts bei mehr als 1,2 % vol
Schorle	Mischung aus Wein, Perlwein. Perlwein mit zugesetzter Kohlensäure und kohlensäurehaltigem Wasser. Anteil an Wein und/oder Perlwein über 50 %	Bezeichnung „Schorle" nur zulässig bei entsprechendem Mischungsverhältnis, bei alleiniger Verwendung von "Weinschorle" Angabe des Alkoholgehalts
Wein-Aperitif	Anteil an Wein und/oder Schaumwein mindestens 70 %	Angabe des Alkoholgehalts
Aromatisierter weinhaltiger Cocktail	enthält mindestens 50 % Traubenmost; Alkoholgehalt weniger als 7 % vol. Der gesamte Alkohol muss dem Weinanteil entstammen. Aroma kann durch natürliche und/oder naturidentische Aromastoffe erzeugt werden	Angabe des Alkoholgehalts
Weincocktail	Enthält höchstens 10 % konzentrierten Traubenmost. Invertzuckergehalt höchstens 80 g/l	Angabe des Alkoholgehalts
Weihaltige Getränke, aromatisierter Wein, aromatisierte weinhaltige Getränke, aromatisierte weinhaltige Cocktails	Alkoholgehalt > 1,2 % vol	Angabe des Alkoholgehalts, ggf. Hinweis auf Süßungsmittel, ggf. Allergenkennzeichnung ("enthält ...")

2.3.3 Schäumende Weine

Rechtliche Grundlagen: Weingesetz (Nr. 71), Wein-Verordnung (Nr. 72), Verordnung über die gemeinsame Marktorganisation für Wein (EG) Nr. 479/2008 (Nr. 74); Wein-Überwachungs-Verordnung (Nr. 73); Verordnung (EG) Nr. 555/2008 (Nr. 75)

Begriffsbestimmungen

Schäumende Weine

So werden alle kohlensäurehaltigen Weiß-, Rosé- und Rotweine sowie Obstweine bezeichnet. Sie entstehen durch eine erste und meistens auch eine zweite Gärung von Grundweinen. Wird nur eine erste Gärung vorgenommen, handelt es sich um sog. Stillweine (Begriff kommt in den gesetzlichen Regelungen der EU nicht vor), zu denen einige der Spumantesorten und der „Vino frizzante" (Perlwein), beide aus Italien, gehören.

Die Bezeichnung "Sekt" ist – obwohl umgangssprachlich im Ausdruck für Schaumwein jeglicher Art – nur den höherwertigen Erzeugnissen vorbehalten. "Champagner" ist eine geschützte Herkunftsbezeichnung für Schaumwein aus der Champagne.

Herstellung von Schaumwein

Durch Vergärung wird der Most zum Wein. Um aus Wein Schaumwein zu bereiten, ist eine zweite Gärung erforderlich: Nach Zugabe von in Wein gelöstem Zucker und Reinzuchthefe, der Fachmann spricht vom Zusatz der Fülldosage, gelangen die zur Cuvée verschnittenen Weine in Flaschen beziehungsweise drucksicheren Fässern zur zweiten Gärung. Bei der zweiten Gärung spaltet die Hefe den mit der Fülldosage zugegebenen Zucker in Alkohol und Kohlensäure auf. Nun kommt die Versanddosage dazu, um dem Schaumwein den gewünschten Süßegrad zu verleihen.

Man unterscheidet im Wesentlichen drei Herstellungsverfahren:

1. Traditionelle oder klassische Flaschengärung: Der gesamte Gärvorgang erfolgt in der Flasche, mit Enthefung über den Flaschenhals (Degorgieren). Die einzelnen Flaschen werden gerüttelt und entheft.
2. Die Flaschengärung im Transvasierverfahren: Zunächst vergärt der Most in der Flasche, dann gelangt das Getränk frühestens nach zwei Monaten unter Gegendruck in ein anderes Gefäß und wird dabei gefiltert. Nach der Filterenthefung und dem Zusatz der Versanddosage kommt der Schaumwein wieder in Flaschen.
3. Die Vergärung in modernen Großraumbehältern (Tankgärverfahren oder Charmat-Methode): In großen, druckfesten Stahlbehältern wird die Fülldosage der Cuvée beigemischt, und in drei bis vier Wochen ist die zweite Gärung beendet. Nach der Reifelagerung wird die Versanddosage hinzugefügt, langsam abgekühlt (–4 bis –5 °C) und unter Gegendruck in Flaschen abgefüllt. Hier entstehen größere einheitliche Mengen Schaumweine. So arbeitet heute die Mehrzahl der Sektkellereien.

Außerdem gibt es noch das Imprägnierverfahren. Dabei wird dem fertigem, ausgegorenem Wein die Gärungskohlensäure auf technischem Wege ganz oder teilweise zugesetzt. Dann wird die Fülldosage zugegeben und unter Gegendruck in Flaschen abgefüllt. Mit diesem Verfahren werden Perlweine mit zugesetzter Kohlensäure und Obstschaumweine hergestellt. Das charakteristische, langanhaltende „Perlen“ der Schaumweine bleibt dabei aus. Dieses Verfahren ist bei Qualitätsschaumwein nicht erlaubt. Schaumwein mit zugesetzter Kohlensäure ist entsprechend zu kennzeichnen.

Arten von „Schäumenden Weinen“

- **Schaumweine** unterschiedlicher Qualitätsstufen, wie z. B. Deutscher Sekt (= Qualitätsschaumwein), Deutscher Sekt b. A., Champagner (= Qualitätsschaumweine b. A.)
- **Schaumweine mit zugesetzter Kohlensäure**
- **Aromatische Schaumweine** unterschiedlicher Qualitätstufen, wie z. B. Sorten von „Spumante“, und „Prosecco“, beide aus Italien
- **Perlweine** (z. B. „vino frizzante“ aus Italien)
- **Perlweine mit zugesetzter Kohlensäure**
- **Diätschaumweine**

Qualitätsstufen

Schaumwein

Die Bezeichnung „Schaumwein“ setzt voraus, dass bei seiner Herstellung eine erste und eine zweite Gärung stattgefunden haben und eine Fülldosage, Cuvée und Versanddosage, deren Inhaltsstoffe festgelegt sind, eingesetzt wurden.

Deutscher Sekt ist ein „Qualitätsschaumwein“, dessen Grundwein aus in Deutschland angebauten Reben besteht.

„Qualitätsschaumwein b. A.“ (bestimmter Anbaugebiete) darf ausschließlich aus Qualitätswein des angegebenen bestimmten Anbaugebietes hergestellt sein. Zusätzlich muss er amtlich geprüft und mit der zugeteilten amtlichen Prüfnummer (A. P.-Nr.) versehen sein.

„Winzersekt“ ist ein Qualitätsschaumwein b. A., der nach dem klassischen (traditionellen) Flaschengärverfahren hergestellt wird. Er muss aus selbst erzeugten Grundweinen des Weinbaubetriebes stammen und auch von diesem vermarktet werden, das heißt, er entspricht der Erzeugerabfüllung.

„Champagner“ ist ein Qualitätsschaumwein,

der ausschließlich nach dem klassischen (traditionellen) Flaschengärverfahren aus Weinen der französischen Provinz Champagne hergestellt wird.

„Cava“ ist ein spanischer Qualitätsschaumwein, für den es vergleichbare Vorschriften wie für Champagner gibt.

„Crémant“ ist ein sanft moussierender Qualitätsschaumwein, der vor allem im Elsass, an der Loire und im Burgund produziert wird.

„Asti Spumante“ ist der älteste Schaumwein Italiens. Er wird aus der weißen Muskatellertraube (Moscato) gekeltert. Nur diese Traube ist für die Produktion von Asti Spumante zugelassen. Der Most wird nur einmal vergoren. Deshalb enthält Asti Spumante weniger Kohlensäure und dafür mehr Traubenzucker.

„Prosecco“ wird aus der gleichnamigen weißen Rebsorte gewonnen. Prosecco „Frizzante“ ist ein Perlwein mit geringerem Kohlensäuregehalt, nur Prosecco „Spumante“ darf als Schaumwein oder Sekt bezeichnet werden.

„Perlwein“ ist Wein mit einem Überschuss an Kohlensäure (mindestens 1 bar bis höchstens 2,5 bar), die im Glas sichtbar perlt, aber nicht aufschäumt. Im Gegensatz zu Sekt darf Perlwein keine zweite Gärung durchlaufen.

Aromatischer Schaumwein

Die Herstellung erfolgt entweder durch eine erste und zweite Gärung oder durch nur eine Gärung.

- „Aromatischer Qualitätsschaumwein“
- „Aromatischer Qualitätsschaumwein b. A.“ (bestimmter Anbaugebiete). Bei aromatischen Qualitätsschaumweinen muss die Etikettierung entweder den Namen der Rebsorte oder die Angabe „aus Trauben aromatischer Sorten hergestellt“ enthalten.

Qualitätsanforderungen für Schaumweine

	Schaumwein (einfache Qualität)	**Qualitätsschaumwein (schäumende Qualitätsweine (gehobene Qualität)**	**Qualitätsschaumwein b. A.[1] (schäumende Qualitätsweine b. A.)**
Mindestalkohol	9,5 %	10 %	10 %
Mindestalkohol der Cuvée	8,5 %	9 %	9,5 % (Weinbauzonen III) 9 % (übrige Weinbauzonen) 8,5 % wenn Cuvée aus nur einer Rebsorte stammt
Kohlensäuredruck	3 bar	3,5 bar in geschlossenen Behältnissen 3 bar in solchen unter 0,25 l	
Herkunft der Kohlensäure	– darf nur aus der alkoholischen Gärung der Cuvée stammen; kein Zusatz von Kohlensäure erlaubt – Bei Zusatz Bezeichnung „Schaumwein mit zugesetzter Kohlensäure“		
zulässiger Gehalt an Schwefeldioxid	185 mg/l; sofern kein Versand in ein anderes EG-Land erfolgt, ist eine Erhöhung um maximal 40 mg/l zulässig (nach Maßgabe des betreffenden EG-Landes)		
zulässige Gärverfahren	Flaschengärung oder Großraumgärung		
Gärungsdauer	–	90 Tage; 30 Tage in Behältnissen mit Rührvorrichtung	
Herstellungsdauer (mind. insgesamt)	–	6 Monate in Cuvéefässern 9 Monate in Flaschen	
			Zur Verbesserung der Qualität Verlängerung der Herstellung empfohlen
Säuerung/ Entsäurerung	erlaubt	nicht erlaubt	

[1] Qualitätsschaumwein b. A. aus Deutschland darf als „Deutscher Sekt b. A.“ bezeichnet werden, sofern er aus Trauben der zugelassenen Rebsorten (EG-VO 1493/1999) stammt, die innerhalb eines bestimmten Anbaugebietes geerntet wurden. Auch die Verarbeitung der Trauben zu Most und des Mostes zu Wein muss innerhalb des bestimmten Anbaugebietes erfolgen. Einige EG-Staaten erlassen jedoch Ausnahmen von dieser Bestimmung.

Für alle Schaumweine gilt:
- die Inhaltsstoffe der Cuvée, der Füll- und Versanddosage sind festgelegt,
- jede Anreicherung der Cuvée ist verboten,
- die Herstellung wird amtlich kontrolliert.

Qualitätsanforderungen für Aromatische Qualitätsschaumweine

Zu unterscheiden sind „Aromatische Qualitätsschaumweine" und „Aromatische Qualitätsschaumweine b. A."

Für beide gelten folgende Anforderungen:
- Die Cuvée darf nur aus Traubenmost oder aus teilweise gegorenem Traubenmost von zugelassenen Rebsorten stammen,
- Der Zusatz von Versanddosagen ist verboten,
- Herstellungsdauer mindestens 1 Monat,
- Gesamtalkoholgehalt mindestens 10 % vol,
- Kohlensäuredruck mindestens 3 bar,
- Steuerung des Gärprozesses durch Kühlung.

Bei aromatischem Qualitätsschaumwein b. A. müssen die für die Schaumweinherstellung verwendeten Rebsorten den Anforderungen von Qualitätsweinen b. A. entsprechen und aus dem bestimmten Anbaugebiet stammen, dessen Name der Qualitätsschaumwein b. A. trägt.

Flaschengrößen und -verschlüsse bei Schäumenden Weinen

Schäumende Weine müssen in Glasflaschen, die sich von Weinflaschen unterscheiden, abgefüllt werden und mit einem pilzförmigen Verschluss aus Kork oder sonstigem lt. Lebensmittel- und Futtermittelgesetzbuch zulässigem

Mindest-Gesamtalkoholgehalt (Übersicht)

Arten	Alkoholgehalt
Schaumwein	9,5 % vol
Qualitätsschaumwein	9 % vol
Qualitätsschaumwein b. A.	10 % vol
Aromatischer Qualitätsschaumwein	10 % vol
Aromatischer Qualitätsschaumwein b. A.	10 % vol
Perlwein	9 % vol
Perlwein mit zugesetzter Kohlensäure	9 % vol
Obstschaumweine	1,2 % vol

Geschmacksrichtungen (Übersicht)

Geschmacksrichtung	Restzucker/l Schaumwein
naturherb, brut nature	unter 3 g
extra herb, extra brut	unter 6 g
herb, brut	unter 15 g
extra trocken, extra dry	12 bis 20 g
trocken, dry, sec, secco, seco	17 bis 35 g
halbtrocken, medium dry, demi-sec, semi-secco, meio seco	33 bis 50 g
mild, sweet, doux, dolce, doce	über 50 g

Material verschlossen sein; zusätzliche Verschlüsse aus Blei sind nicht mehr erlaubt. Zulässige Flaschengrößen bei Schaumweinen sind, die Flaschen tragen spezifische Namen:

Schaumwein – Flaschengrößen

- Pikkolo – 1/4-Flasche (0,2 l; etwa 2 Gläser)
- Halbe Flasche – 1/2-Flasche (0,375 l; etwa 4 Gläser)
- Standardflasche – 1/1-Flasche (0,75 l; etwa 8 Gläser)
- Magnum – 2/1-Flasche (1,5 l; etwa 16 Gläser)
- Doppelmagnum oder Jeroboam – 4/1-Flasche (3,0 l; etwa 32 Gläser)

Darüber hinaus gibt es weitere Größen, die jedoch eher die Ausnahme bilden:

- Rehoboam – 4,5 Liter = 6 Flaschen
- Impériale oder Methusalem – 6 Liter = 8 Flaschen
- Salmanasar – 9 Liter = 12 Flaschen
- Balthasar – 12 Liter = 16 Flaschen
- Nebukadnezar – 15 Liter = 20 Flaschen.

Lagerung

Grundsätzlich verlässt Schaumwein trinkfertig, das heißt auf dem Höhepunkt seiner Reife, die Kellerei. Er wird nicht besser, wenn die Flaschen noch mehrere Jahre lagern, außer bei einigen, ganz wenigen Spitzenprodukten. Es beginnt ein natürlicher Alterungsprozess, der nach zwei bis drei Jahren einen Alterston hervorbringt. Schaumwein verliert nach langer Lagerung außerdem seine Perlen.

Grundsätzlich sollten die Flaschen kühl, ruhig und dunkel lagern. Eine Lagerung im Stehen ist einer im Liegen vorzuziehen, da die Wahrscheinlichkeit von Korkschmeckern und Druckverlusten sinkt.

Kennzeichnung

auf dem **Flaschenetikett:**

- Verkehrsbezeichnung, evtl. mit Hinweis auf Drittland,
- Nennvolumen (Füllmenge),
- Geschmacksrichtung,
- Name und Anschrift des Herstellers, bzw. Abfüllers und ggf. Importeurs,
- Name des Anbaugebietes bei Qualitätsschaumweinen b. A. auch auf dem Stopfen,
- Rebsorte,
- Alkoholgehalt in % vol,
- Angabe des Gärverfahrens,
- Jahrgang, wenn 85 % aus Trauben des betreffenden Jahres stammen,
- Herkunftsland, wenn Trauben ausschließlich aus diesem stammen,
- ggf. Bezeichnung für Preise oder Auszeichnungen, sofern diese von offizieller oder offiziell anerkannter Stelle verliehen wurden,
- ggf. „durch Zusatz von Kohlensäure hergestellt“ bei Schaumweinen mit zugesetzter Kohlensäure;

auf der **Getränkekarte**

- Verkehrsbezeichnung,
- Herkunftsland,
- Nennvolumen (Füllmenge),
- Geschmacksrichtung,
- Preis,
- Trinkempfehlungen,
- ggf. Hinweise auf Herstellungsverfahren, Standort, Reifung, Klima.

Weitere Angaben bei Schaumwein und schaumweinähnlichen Getränken

„Schiller“

- bei Qualitätsschaumwein b. A. oder Qualitätsperlwein b. A. nur dann, wenn diese aus „Schillerwein“ hergestellt worden sind.

„Badisch-Rotgold“

- bei Qualitätsschaumwein b. A. oder Qualitätsperlwein b. A. nur dann, wenn diese aus „Badisch Rotgold“-Wein hergestellt worden sind.

Rotling

- inländischer Schaumwein, Perlwein oder Perlwein mit zugesetzter Kohlensäure, wenn er aus Wein hergestellt wurde, der die Bezeichnung „Rotling“ führen darf.

Weißherbst

- Qualitätsschaumwein b. A. oder Qualitätsperlwein b. A., wenn er aus Wein hergestellt wurde, der die Bezeichnung „Rotling“ führen darf.

2.3.4 Alkoholfreie und alkoholreduzierte Weine, weinhaltige Getränke

Rechtliche Grundlage: Weinverordnung (Nr. 72)

Alkoholfreier Wein enthält weniger als 0,5 % vol Alkohol, alkoholreduzierter Wein zwischen 0,5 und 4 vol % Alkohol.

Schäumende Getränke, die durch Vergärung aus alkoholfreiem Wein und unter Zusatz von Kohlensäure hergestellt werden, dürfen als „Schäumendes Getränk aus alkoholfreiem Wein“ bezeichnet werden. Der Alkoholgehalt liegt unter 0,5 % vol. Schäumende Getränke, die durch Vergärung und unter Zusatz von Kohlensäure aus alkoholreduziertem Wein hergestellt werden, dürfen als „Schäumendes Getränk aus alkoholreduziertem Wein“ bezeichnet werden. Der Alkoholgehalt liegt zwischen 0,5 und 4 vol % Alkohol.

2.3.5 Für Diabetiker geeignete Erzeugnisse

Wein ist als zum Verzehr für Diabetiker geeignet anzusehen, wenn er in einem Liter

- höchstens 4 g Glukose
- höchstens 20 g Gesamtzucker
- höchstens 150 mg gesamte schweflige Säure

und einen vorhandenen Alkoholgehalt von höchstens 12 % vol aufweist.

Schaumwein und Schaumwein mit zugesetzter Kohlensäure ist für Diabetiker geeignet, wenn er in einem Liter

- höchstens 4 g Glukose und keine Saccharose
- höchstens 40 g Fruktose
- höchstens 185 mg gesamte schweflige Säure

und einen vorhandenen Alkoholgehalt von höchstens 12 % vol aufweist.

Bei Diabetiker-Weinen und Diabetiker-Schaumweinen sind anzugeben:

- der Gehalt an Gesamtzucker, als Invertzucker berechnet, in Gramm je Liter und sofern dieser 4 g/l übersteigt, der Gehalt an Glukose und Fruktose in Gramm
- der Brennwert des Alkohols und der physiologische Gesamtbrennwert je Liter.

2.3.6 Likörweine

Rechtliche Grundlagen: Weingesetz (Nr. 71); Weinüberwachungs-Verordnung (Nr. 73); Verordnung (EG) Nr. 1493/1999 (Nr. 74)

Begriffsbestimmung

Likörwein ist ein Erzeugnis,

- das in der Gemeinschaft hergestellt wird;
- das einen vorhandenen Alkoholgehalt (Volumeneinheiten reinen Alkohols) von 14 bis 22 % vol und einen Gesamtalkoholgehalt (Summe des vorhandenen und potenziellen Alkoholgehalts) von mindestens 17,5 % vol aufweist,
- das aus gärendem Traubenmost und/oder Wein gewonnen wird,
- dem während der Erzeugung bestimmte Zusätze (siehe Tabelle S. 189) zugefügt werden.

Für die Herstellung von Qualitätslikörwein b. A. müssen die verwendeten Weintrauben, der konzentrierte Traubenmost und der teilweise gegorene Traubenmost aus eingetrockneten Weintrauben aus dem bestimmten Anbaugebiet stammen, dessen Namen der betreffende Qualitätslikörwein trägt. Die Herkunft des Alkohols oder des Destillats ist nicht an das bestimmte Anbaugebiet gebunden. Bekannte Likörweine b. A. in Europa sind zum Beispiel Sherry, Portwein, Malaga, Madeira.

Sherry, die bekannte spanische Spezialität gibt es in drei Qualitäten: Die sehr hellen Finos sind meist trocken, schmecken würzig nach Salzmandeln und Rauch und bewegen sich an der unteren Alkoholgrenze. Die bernsteinfarbenen, süßen Olorosos sowie halbtrockenen Amontillados enthalten mehr Alkohol. Cream ist rötlich-braun, mild und lieblich, er wird vor der Fertigstellung mit süßem Wein der Rebsorte “Pedro-Ximénez” (PX) gemischt.

Portwein, der Likörwein aus Portugal wird aus bis zu 40 verschiedenen Trauben erzeugt. Die meisten Ports sind rot, einige weiß. Tawny auf dem Flaschenetikett weist auf den Bernsteinton des Getränkes hin. Die Holzfassreife umfaßt oft 50 bis 60 Jahre, manchmal länger. Ein Vintage ist ein hochwertiger Jahrgangswein, der schon nach zwei Jahren abgefüllt wird und in der Flasche weiterreift. Ein Ruby ist eine einfache, zwei Jahre alte Qualität.

Madeira, der bernsteingelbe bis melassebraune Wein wird meist als halbtrockener Verdelho oder auch als vollsüßer Malmsey angeboten. Als Sercial ist er trocken, als Bual halbsüß.

Malaga ist ein gehaltvoller Dessertwein aus Spanien. Klassischer Malagawein reift mindestens zwei Jahre in Fässern und zeigt am Ende eine Geschmacksnuance von Nüssen, Gewürzen und Karamell.

Marsala ist ein aromatischer Dessertwein aus Sizilien. Er ist bernsteinfarben und trocken oder süß im Geschmack.

Arten

Likörweine werden nach den bei der Herstellung verwendeten Zusätzen in 6 Gruppen eingeteilt (siehe Tabelle unten).

Alkoholgehalt einiger ausgewählter Likörweine

Handelsname	Alkoholgehalt
Portwein	19–22 %
Sherry	15–17 %
Wermut	16–18 %

Likörweinarten	Zusätze
Sherry, Portwein, Madeira, Samos, Mavrodaphne	Alkohol, Most
Marsala, Malaga	Alkohol, Wein, Most, Mostkonzentrate
Tokajer	Rosinen, Most
Refosko, Refosco	Alkohol, Zucker
Wermut	Alkohol, Zucker, Kräuterauszüge
Quinquinas = Sammelbegriff für Likörweine, deren Gemeinsamkeit die Beigabe von Chinarinde ist	Alkohol, Traubensaft, Chinarinde und Aromaten

Kennzeichnung

auf der **Getränkekarte:**

- Angabe „Likörwein“ oder üblicher Name (z. B. Sherry),
- Herstellerland,
- Importeur bzw. Abfüller,
- Abgabemenge in der Maßeinheit Liter nach dem Dezimalsystem,
- Preis.

2.3.7 Spirituosen

Rechtliche Grundlagen: Weingesetz (Nr. 71); Verordnung (EG) Nr. 110/2008 über Spirituosen (Nr. 76); Richtlinien für Spirituosen (Nr. 128)

Begriffsbestimmung

Als Spirituose gilt eine zum menschlichen Verbrauch bestimmte, alkoholische Flüssigkeit mit besonderen geschmackseigenen Eigenschaften, die einen Mindestalkoholgehalt von 15 % vol aufweist (Ausnahme: Eierlikör mit 14 % vol). Der Alkohol muss durch Gärung und nachfolgende Destillation aus landwirtschaftlichen Rohstoffen gewonnen sein (Äthylalkohol, Destillat, Brand). Aromastoffe gemäß VO dürfen verwendet werden.

Mischungen von Spirituosen, anderen alkoholischen Getränken oder alkoholfreien Getränken, zählen zu den Spirituosen, sofern der Mindestalkoholgehalt (15 % vol) eingehalten wird.

Arten

Spirituosen werden nach dem für die Herstellung verwendeten Ausgangsrohstoff klassifiziert.

(Siehe Tabelle unten.)

Für alle übrigen Spirituosen gilt ein Mindestalkoholgehalt von 15 % vol; ausgenommen sind bisher Spirituosen mit Wacholder.

Für Spirituosen mit geschützter Herkunftsbezeichnung können national höhere Mindestalkoholgehalte festgelegt werden. „Dry", „sec" (= trocken) bezeichnen bei Spirituosen einen relativ hohen Alkoholgehalt, z. B. Dry Gin.

Herkunftsangaben

Da der Verbraucher mit der Herkunft aus bestimmten Regionen eine besondere Qualitätsvorstellung verbindet (z. B. Scotch Whisky, Schwarzwälder Kirschwasser), wurden Abkommen getroffen, die Herkunftsangaben, Ursprungsbezeichnungen und andere geografische Bezeichnungen zu schützen. In Anhang III der VO (EG) Nr. 110/2008 sind geografische Angaben aufgelistet, die nur dann verwendet werden dürfen, wenn die Produktionsphase, in der das Erzeugnis seinen Charakter und seine endgültige Eigenschaft erhalten hat, in dem genannten geografischen Gebiet stattgefunden hat. Steinhäger, Deutscher Weinbrand, Grappa, Ouzo sind Herkunftsbezeichnungen.

Rohstoff	daraus hergestellte Spirituosen
Wein	Branntweine, Cognac, Armagnac, Weinbrand, Brandy, Tresterbrand, Grappa
Getreide	Getreidespirituose, Getreidebrand (nur aus Roggen, Weizen, Gerste, Hafer, Buchweizen), z. B. Korn, Whisky
Obst	Obstbrand, Brand aus Apfel- oder Birnenwein, z. B. Calvados, Korinthenbrand, Brand aus Obsttrester
Agraralkohol	Wodka, Gin, Genever, Steinhäger, Kümmel, Aquavit, Ouzo, Pastis, Bitter, Anis
sonst. Rohstoffe	Rum, Rum-Verschnitt, Enzian
sonst. Rohstoffe	Liköre, Likörkrem, Eierlikör

Mindestalkoholgehalt (Übersicht)

Spirituosen	Mindestalkoholgehalt
Whisky, Pastis	40,0 %
Rum, Rum-Verschnitt, Branntwein, Tresterbrand, Brand aus Obsttrester, Korinthenbrand, Obstbrand, Brand aus Apfel- und Birnenwein, Enzian, Gin/destillierter Gin, Aquavit, Wodka, Grappa, Ouzo, Kornbrand	37,5 %
Brandy/Weinbrand	36,0 %
Getreidebrand/Getreidespirituose, Anis	35,0 %
Korn	32,0 %
Spirituose mit Kümmel/Kümmel	30,0 %
Obstspirituose	25,0 %
Spirituose mit Anis	15,0 %
Eierlikör/Advokat/Advocaat/Avocat	14,0 %

Spezielle rechtliche Vorschriften

- Im Inland darf **Trinkbranntwein** nur unter Angabe des Alkoholgehalts in den Verkehr gebracht werden (Prozent-Volumengehalt);
- bei Behältnissen bis zu einem Liter muss der Alkoholgehalt auf dem Flaschenetikett, bei Behältnissen von mehr als einem Liter auf der Rechnung angegeben werden;
- bei verkaufsfertig zubereitetem Branntwein muss in einer Wortverbindung auf den Zusatz von Tafelwasser hingewiesen werden, z. B. Whisky-Soda;
- Trinkbranntweine müssen je nachdem ob sie im Inland oder Ausland fertiggestellt wurden, als „Deutsches Erzeugnis“ oder „Ausländisches Erzeugnis“ bezeichnet werden (Fertigstellung ist die letzte Handlung, die die Zusammensetzung des Trinkbranntweins beeinflusst);
- Hinweise auf heilende oder diätetische Wirkung sind unzulässig;
- als **„Cognac“** oder „Kognak“ darf nur ein Erzeugnis bezeichnet werden, das aus der Gegend Charente in Frankreich stammt; er darf nur in Flaschen abgefüllt nach Deutschland exportiert werden;
- die Bezeichnung **„Weinbrand“** ist nicht mehr allein deutschen Erzeugnissen vorbehalten;
- **Cocktails** sind Getränke, die unmittelbar vor dem Genuss aus oder unter wesentlicher Mitverwendung von Spirituosen gemischt werden. In diesem Fall gelten nicht die Vorschriften über Zusammensetzung (Mindestalkoholgehalt) und Kennzeichnung von Spirituosen.

Kennzeichnung

auf dem **Etikett:**

der Alkoholgehalt in % vol (bei bis zu einem Liter auf dem Flaschenschild, bei Behältern mit mehr als einem Liter auf der Rechnung);

auf der **Getränkekarte:**

- Verkehrsbezeichnung,
- Marke,
- Nennvolumen in der Maßeinheit Liter nach dem Dezimalsystem,
- Preis.

2.3.8 Weinähnliche und schaumweinähnliche Getränke

Rechtliche Grundlage: Leitsätze für weinähnliche und schaumweinähnliche Getränke (Nr. 118); Alkoholhaltige Getränke-VO (Nr. 46)

Weinähnliche Getränke sind zum unmittelbaren Verzehr geeignete alkoholische Getränke, die durch teilweise oder vollständige alkoholische Gärung aus Fruchtsaft oder Fruchtmark, jeweils auch in konzentrierter Form, oder aus der Maische von frischen oder mit Kälte haltbar gemachten Früchten, ausgenommen Weintrauben, auch in Mischung untereinander, oder aus frischen oder mit Kälte haltbar gemachten Rhabarberstängeln oder aus Honig hergestellt werden. Der vorhandene Alkoholgehalt liegt zwischen 4 und 12 % vol.

Perlweinähnliche Getränke sind alkohol- und kohlensäurehaltige Getränke aus weinähnlichen Getränken in Flaschen mit einem Überdruck von mindestens 1 bar und höchstens 2,5 bar.

Schaumweinähnliche Getränke sind alkohol- und kohlensäurehaltige Getränke aus weinähnlichen Getränken in Flaschen mit einem Überdruck von mindestens 3 bar.

Weiterverarbeitete weinähnliche, perlweinähnliche und schaumweinähnliche Getränke sind alkohol- und kohlensäurehaltige Getränke aus wein-, perlwein- und schaumweinähnlichen Getränken mit weiteren Zutaten.

Arten

- Apfelwein, Birnenwein
- Schwäbischer Most, Württemberger Most, Badischer Most, Most aus ...
- Apfelwein teilvergoren, teilvergorener Apfelwein, Apfel-Cidre, Birnenwein teilvergoren, teilvergorener Birnenwein, Birnen-Cidre
- Apfeltischwein, Birnentischwein
- Apfeldessertwein, Birnendessertwein
- Apfelperlwein, Birnenperlwein
- Apfelperlwein teilvergoren, teilvergorener Apfelperlwein, Apfel-Cidre moussierend, Apfel-Cidre perlend, Birnenperlwein teilvergoren, teilvergorener Birnenperlwein, Birnen-Cidre moussierend, Birnen-Cidre perlend
- Apfelschaumwein, Birnenschaumwein
- Apfelschaum teilvergoren, teilvergorener Apfelschaumwein, Birnenschaumwein teilvergoren, teilvergorener Birnenschaumwein
- Fruchtwein
- Fruchtdessertwein
- Fruchtperlwein
- Fruchtschaumwein
- Rhabarberwein
- Apfel-/Birnenwermutwein, Fruchtwermutwein
- Apfel-/Birnenglühwein
- Fruchtglühwein, Fruchtglühwein aus ..., Fruchtweinpunsch aus ...
- Gespritzter aus ...-wein
- Kalte Ente aus ...-wein
- Bowle aus ...-wein, ...-wein-Bowle
- Apfel-/Birnenapéritif, Fruchtweinapéritif, ...-wein-Apéritif
- Schorle aus ...-wein, ...-wein-Schorle, Apfel-/Birnenweinhaltiges Getränk aus ..., fruchtweinhaltiges Getränk aus ..., ...-weinhaltiger Cocktail, ...-wein-Cocktail
- ...-wein-Mischgetränk
- Honigwein, Met
- Honigschaumwein
- Honigfruchtwein
- Honigfruchtschaumwein
- Honigwein mit Fruchtsaft
- Honigfruchtschaumwein mit Fruchtsaft.

Herstellung

- Früchte sind in geeignetem Reifezustand geerntet, unverdorben, nicht chemisch konserviert
- Verwendung von Hefe, die nicht unter Verwendung von Traubenmost oder Wein vermehrt wurde
- Zuckerarten
- Bestimmte Zusatzstoffe
- Kohlendioxid.

Für einzelne Fruchtweinarten sind noch weitere Zusätze möglich. Für die Herstellung von weiterverarbeiteten Erzeugnissen werden zusätzlich verwendet:

- natürliche aromatische und würzende Stoffe wie Kräuter, Ingwer, Zimt, Nelken, Zitrusfrüchte und/Aromen
- andere Getränke
- Zusatzstoffe.

Kennzeichnung des Restzuckergehalts

- brut, herb bei weniger als 15 g/l Restzucker
- trocken, sec, secco bei 35 g/l Restzucker
- halbtrocken, demi-sec, semi-secco bei 33 bis 50 g/l Restzucker
- mild, doux, sweet bei mehr als 50 g / l Restzucker.

Weitere Angaben

Bei alkoholreduzierten Erzeugnissen wird die Verkehrsbezeichnung je nach dem noch vorhandenen Alkoholgehalt durch die Angaben „alkoholreduziert“ oder „alkoholfrei“ ergänzt. Üblich sind zusätzlich auch „leicht“ oder „light“ für alkoholreduzierte Erzeugnisse.

Der zusätzliche Geschmackshinweis „Speierling“ deutet auf einen gerbstoff- und säurebetonten Apfelwein hin.

Weiterverarbeitete Erzeugnisse, die unter Verwendung von Aromen hergestellt sind, tragen einen Hinweis darauf.

2.3.9 Alkoholhaltige Mischgetränke

Dazu zählen Erzeugnisse, die aus einer Mischung von alkoholhaltigen Getränken (Bier, Spirituosen, Sekt) mit alkoholfreien Getränken (Erfrischungsgetränken, Fruchtsäften, Fruchtnektaren, Grundstoffen) und weiteren Zutaten, z. B. Aromen, bestehen („Alcopops“). Die jeweiligen Zutaten müssen den entsprechenden lebensmittelrechtlichen Bestimmungen genügen.

2.4 Nahrungsmittelrohprodukte für kleine Speisen

Ein Gast, der ein Konditorei-Café, Café-Bistro, Theater-Café, Café-Restaurant oder ähnliche Lokale besucht, möchte in gemütlicher Atmosphäre etwas trinken und unter Umständen auch eine Kleinigkeit essen.

„Kleine Speisen“ sind keine ausgewählten Gerichte oder komplette Menüs wie etwa im Speiserestaurant, sondern im Wesentlichen Tellergerichte für den „kleinen Hunger zwischendurch“, wie z. B. Suppen und andere Vorspeisen, Eintopfgerichte, Sandwiches und andere Snacks, Salate und Desserts. Diese Speisen können frisch zubereitet oder es können Convenience-Produkte unterschiedlicher Vorfertigungsgrade verwendet werden.

Beim Vorbereiten, Zubereiten und Servieren dieser Speisen müssen vor allem lebensmittelrechtliche Bestimmungen beachtet werden. In vielen Fällen werden zwar deklarationspflichtige Zusatzstoffe nicht in der Küche zugesetzt, aber jedes Produkt, das Zusatzstoffe enthält, muss entsprechend deklariert werden. Darüber hinaus müssen Handelsklassen oder Güteklassen und andere Merkmale (Fettgehalt, Wassergehalt, Fleischanteil) angegeben werden.

Da es sich bei Cafés meist um Schankwirtschaften mit beschränktem Speisebetrieb handelt, wird hier eine begrenzte Auswahl von Nahrungsmittelrohprodukten getroffen, aus denen kleine Speisen zubereitet werden können.

Nahrungsmittelrohprodukte sind Lebensmittel in roher oder verzehrsfertiger Form, die für die Speisenzubereitung verwendet werden. Die hier getroffene Auswahl erhebt keinen Anspruch auf Vollständigkeit. Erzeugnisse, die in Bäckereien und Konditoreien hergestellt werden, sind auf den Seiten 90 bis 115 beschrieben.

Grundsätzlich gelten folgende rechtliche Vorschriften:

- *Lose in den Verkehr gebrachte Waren* müssen mit der Grundpreisangabe ausgezeichnet werden;
- *Fertigpackungen* müssen mit den fünf vorgeschriebenen Angaben der LMKV und Fertigpackungsverordnung gekennzeichnet wer-

den und den Vorschriften des Gesetzes zur Regelung der Preisangaben entsprechen;
- *Speisekarten* müssen die vorgeschriebenen Angaben des Gesetzes zur Regelung der Preisangaben enthalten.

Darüber hinaus werden alle Hersteller laut EU-Basis VO (Nr. 2) zu folgenden Maßnahmen verpflichtet:
- Das Produkt oder die Produktgruppe muss so gekennzeichnet sein, dass eine spätere Identifizierung möglich ist;
- Produkte werden regelmäßig oder in Stichproben im Hinblick auf Sicherheitseigenschaften kontrolliert;
- Beschwerden über ein Produkt oder die Gründe für die Rückgabe eines Produkts werden systematisch geprüft und ausgewertet;
- es werden geeignete Vereinbarungen mit Lieferanten, gewerblichen Abnehmern und Berufsverbänden im Hinblick auf einen regelmäßigen Informationsaustausch über Sicherheitsfragen getroffen.

2.4.1 Gemüse

Rechtliche Grundlagen: VO (EG) Nr. 1580/2007 (Nr. 56); Leitsätze für verarbeitetes Gemüse (Nr. 119); Verordnung über EG-Normen für Obst und Gemüse (Nr. 58); EG-Verordnung über eine gemeinsame Marktorganisation für Obst und Gemüse (Nr. 57)

Handelsklassen (EG-weit)

Klasse Extra:	hervorragende Qualität, keinerlei Mängel
Klasse I:	gute Qualität, sehr geringe Fehler
Klasse II:	marktfähige Qualität, geringfügige Fehler in Farbe und Form
Klasse III:	marktfähige Qualität, gröbere Abweichungen in Farbe und Form

Für Klasse III sind nur bestimmte Gemüsearten zugelassen.

Besondere Auflagen

- Auf die richtige Bezeichnung ist zu achten, Sortierungsgrößen sind in den Qualitätsnormen verzeichnet;
- für tiefgefrorene Gemüse gelten die Bestimmungen der Verordnung über tiefgefrorene Lebensmittel und die Leitsätze für tiefgefrorenes Gemüse.

Kennzeichnung

Angaben bei lose in den Verkehr gebrachten Waren:
- Ursprungsland oder Anbaugebiet,
- Gemüseart,
- Handelsklasse.

2.4.2 Salate, Salatbüfetts, Salattheke

Rechtliche Grundlagen: wie bei Gemüse; ferner Lebensmittel- und Futtermittelgesetzbuch (Nr. 1); Lebensmittelhygiene-Verordnung (s. S. 126 f.); Leitsätze für Mayonnaise (Nr. 120)

Für die Präsentation bzw. das Angebot von Salatbüfetts oder Salattheken gelten folgende Auflagen:
- Eine Abschirmung aus Glas oder Plexiglas muss vorhanden sein;
- alle leicht verderblichen Speisen des Büfetts oder der Theke müssen ausreichend kühl gehalten werden;
- Schüsseln müssen so angeordnet sein, dass eine Berührung der Lebensmittel durch den Gast bei der Entnahme vermieden wird;
- das Entnahme-Besteck muss so lang sein, dass es nicht in die Schüssel fallen kann;
- Geräte aus Holz sind ungeeignet;
- Lebensmittel, die bei Betriebsschluss noch vorhanden sind, sollen am nächsten Tag nicht noch einmal angeboten werden;
- ein Betriebsangehöriger muss für die saubere Wartung und sachgemäße Entnahme verantwortlich sein.

2.4.3 Salatdressings

Rechtliche Grundlagen: Wie Salate; ferner Richtlinie zur Beurteilung von Suppen und Saucen (Nr. 121); Empfehlungen des Bundesverbandes der Deutschen Feinkostindustrie e. V.

Arten (Übersicht)

Salatdressings	Bestandteile / Merkmale
Klare Salatdressings	
Italian-Dressing	Öl-Essig-Marinade mit Kräutern und Gewürzen, Varianten auch unter der Bezeichnung Vinaigrette (enthält zusätzlich Senf) oder Kräuter-Dressing
Gebundene, würzige Dressings	
French-Dressing	Wasser, Pflanzenöl, Branntweinessig, Eigelb, Zitronensäure, Tomatenmark, Zucker; leicht süßer, fruchtiger Geschmack
American-Dressing	Mayonnaise oder Joghurt, Piementos, Chilisauce oder Tomatenmarkkonzentrat, Schnittlauch und andere Kräuter
Thousand-Island-Dressing	wie American-Dressing, zusätzlich fein gehackte Zutaten, wie Oliven, Relishgurken, hart gekochte Eier
Gebundene, milde Dressings	
Catalina-Dressing	Joghurt, Zitronensaft, Pflanzenöl (Fettgehalt 21 %)
Buttermilch-Dressing	Buttermilch (bis 40 %), Pflanzenöl, Zucker, Essig, Eigelb und je nach Variante Kräuter, Knoblauch und andere Würzmittel

Spezielle rechtliche Vorschriften

Leichte Salatdressings müssen 30 % weniger Kalorien als das herkömmliche Produkt enthalten.

Kennzeichnung

auf der **Fertigpackung:** Mindesthaltbarkeit mit der Angabe Monat und Jahr.

2.4.4 Feinkostsalate

Rechtliche Grundlage: Leitsätze für Feinkostsalate (Nr. 122)

Begriffsbestimmung

Zu den Feinkostsalaten gehören alle verzehrsfertigen Zubereitungen von Fleisch- und Fischteilen, Ei, ferner Gemüse, Pilz- und Obstzubereitungen einschließlich Kartoffelsalat. Diese Salate können aus festen, flüssigen und/oder pastösen Bestandteilen zusammengesetzt sein. Sie werden mit Mayonnaise, Salatmayonnaise oder einer anderen würzenden Sauce oder mit Öl und/oder Essig und würzenden Zutaten wie Wein, Sahne, Speisesenf angemacht.

Arten

- Fleischsalate, einschließlich Heringssalat, Matjessalat,
- Salate aus dem Fleisch von Krusten-, Schalen- oder Weichtieren,
- Salate auf Gemüse-, Pilz- oder Obstgrundlage,
- sonstige Salate mit einem Zusatz von Fleisch von Krusten-, Schalen- oder Weichtieren.

Zusammensetzung

In den Leitsätzen sind vor allem die Grundbestandteile der wichtigsten Feinkostsalate mengenmäßig festgelegt (siehe folgende Tabelle):

Bezeichnung	Mindest-Fleischgrundlage	Salatsauce	Würzgrundlage
Fleischsalat	25 % Rind-, Schweinefleisch oder Fleischbrät	Mayonnaise oder Salatmayonnaise	max. 25 % Gewürze oder Würzstoffe
Feiner Fleischsalat Delikatess-Fleischsalat	33,3 % Rind-, Schweinefleisch oder Fleischbrät	Mayonnaise oder Salatmayonnaise, mit mind. 65 % Fettgehalt	max. 16,6 % Gurken oder Würzstoffe
Italienischer Salat	25 % Rind-, Schweinefleisch oder Fleischbrät	Mayonnaise oder Salatmayonnaise, mit mind. 65 % Fettgehalt	max. 25 % auch Äpfel, Gemüse (keine Kartoffeln)
Rindfleischsalat	20 % geschnittenes Rindfleisch	Mayonnaise oder Würzsauce oder Essig/Öl	Würzstoffe
Ochsenmaulsalat	50 % gepökeltes Rindfleisch	Essig/Öl	Würzstoffe
Geflügelsalat	25 % Geflügelfleisch mit anhaftender Haut	Mayonnaise oder Würzsauce oder Essig/Öl	Würzstoffe, Ei, Pilze, Obst, Gemüse
Delikatess-Geflügelsalat	30 % Geflügelfleisch, ggf. mit anhaftender Haut	Mayonnaise oder Würzsauce oder Essig/Öl	Würzstoffe, Ei, Pilze, Obst, Gemüse

Mindestanforderungen für weitere Feinkostsalate

Bezeichnung	Hauptbestandteil (Grundlage)
Heringssalat	mind. 20 % mariniertes oder gesalzenes Heringsfilet
Delikatess-Heringssalat	mind. 25 % mariniertes oder gesalzenes Heringsfilet
Andere Fischsalate	mind. 20 % Fischfleisch
Matjessalat	mind. 50 % Matjesfilet oder matjesartig mild gesalzene Heringsfilets
Krabbensalat	mind. 40 % Krabbenfleisch
Salate auf Gemüse-, Pilz- oder Obstgrundlage	mind. 40 % feste Bestandteile
Krautsalat	mind. 20 % Weißkraut

Alle Angaben über Mengen und Prozentsätze beziehen sich auf die Zeit der Herstellung.

Spezielle rechtliche Vorschriften

- Die genannten Feinkostsalate müssen die vorgegebenen Bestandteile enthalten;
- bei anderen als den in den Leitsätzen genannten Feinkostsalaten werden die Bestandteile nur insoweit aufgeführt, als dies zur Abgrenzung der einzelnen Arten erforderlich ist;
- Fantasiebezeichnungen mit erläuternden Hinweisen sind möglich;
- enthält ein Feinkostsalat besondere Zutaten, wie z. B. Teigwaren oder Spezialgewürze, die sensorisch erkennbar, aber nicht verkehrsüblich sind, so muss dies ausreichend kenntlich gemacht werden;
- wird in der Bezeichnung auf einen Bestandteil besonders hingewiesen, so muss dieser geschmacklich festzustellen und in ausreichender Menge enthalten sein;
- die Bezeichnung „echt" in Verbindung mit der Kennzeichnung ist nicht handelsüblich;
- bestimmte zugelassene Konservierungsstoffe dürfen zugesetzt werden.

Hygienische Anforderungen

Bei Mischsalaten (Halbfertigerzeugnisse aus einer oder verschiedenen Sorten von Gemüse) wird aus hygienischen Gründen Folgendes empfohlen:

- bei maximal 6 °C lagern,
- Mindesthaltbarkeitsdatum nicht länger als 6 Tage.

Kennzeichnung

auf **Fertigpackungen:**
bei Fleisch- und Fischsalaten der gewichtsmäßige Anteil an Fleisch oder Fisch;

bei **lose** in den Verkehr gebrachten Waren:
Kenntlichmachung von zugelassenen Konservierungsstoffen auf einem Schild neben der Ware;

auf **Speisekarten:**
Kenntlichmachung von zugelassenen Konservierungsstoffen auf der Speisekarte.

2.4.5 Mayonnaise und Remoulade

Rechtliche Grundlage: Leitsätze für Mayonnaise, Salatmayonnaise und Remoulade (Nr. 120)

Begriffsbestimmung

Mayonnaise ist eine Emulsion (feinste Verteilung von Fett-Tröpfchen in Wasser) aus pflanzlichen Speiseölen, Essig und Hühnereigelb sowie Geschmacksstoffen.

Mayonnaisearten (Übersicht)

Als Würzstoffe sind Kochsalz, Zuckerarten, Gewürze, Senf, Essig, Genuss-Säuren, Gewürze wie Paprika und Curcuma zugelassen. Paprika und Curcuma dürfen nicht zur Färbung zugesetzt werden.

Kennzeichnung

auf der **Fertigpackung:**
der Fettgehalt (vorgeschrieben je nach Erzeugnis);

bei **lose** in den Verkehr gebrachter Ware:
die zugelassenen Konservierungsstoffe und Farbstoffe sind auf einem Schild neben der Ware anzugeben, und zwar in Verbindung mit der Verkehrsbezeichnung.

2.4.6 Feinkost- und Würzsaucen

Rechtliche Grundlage: Leitsätze für Mayonnaise, Salatmayonnaise und Remoulade (Nr. 120)

Begriffsbestimmung

Feinkost- und Würzsaucen sind Lebensmittelzubereitungen, die zum Würzen von Speisen bestimmt sind. Sie werden als tisch- oder verzehrsfertige Saucen oder als kochfertige Saucenpulver angeboten.

Mayonnaisearten (Übersicht)

Mayonnaisearten	Bestandteile	Mind.-Fettgehalt
Mayonnaise	Hühnereigelb: mind. 5% des Fettgehaltes, Speiseöl, Würzstoffe	70%
Salatmayonnaise	Eigelb: mind. 7,5% des Fettgehaltes, Speiseöl, Hühner-, Milch- und Pflanzeneiweiß, Würzstoffe	50%
Salatkrem	wie Salatmayonnaise, anstelle von Eigelb Verdickungsmittel	50%
Remoulade	1. Qualität: wie Mayonnaise oder Salatmayonnaise und Kräuter und/oder würzende Pflanzenteile (Relish-Mix)	80%
	2. Qualität: wie 1. Qualität	50%

Zusammensetzung

Als Grundlage für ihre Rezepturen wählen die Hersteller häufig traditionelle, länderspezifische Rezepte, wie z. B. die englische Cumberlandsauce, die indische Curry- oder Mangosauce, die mexikanische Chilisauce und den griechischen Tsatziki. Feste Vorgaben für die Zutaten und deren Mindestanteil gibt es nicht. Zusammensetzung und Mengenverhältnis der einzelnen Zutaten bleiben jedem Hersteller überlassen.

Kennzeichnung

auf der **Fertigpackung:**
- bei emulgierten Saucen der Fettgehalt,
- Mindesthaltbarkeit mit der Angabe Monat und Jahr.

2.5 Erzeugnisse aus Getreide

2.5.1 Reis

Rechtliche Grundlagen: Richtlinien für die Herstellung und das Inverkehrbringen von Reis (Nr. 123)

Herstellung

Reis gehört zur Gruppe der Nährmittel. Reiskörner werden enthülst (entspelzt), gereinigt, sortiert, geschliffen und teilweise poliert (Silberhäutchen entfernt).

Qualitätsstufen

Reisqualität	Anteile an gebrochenen Reiskörnern
Spitzenreis	bis max. 5 % Bruch
Standardreis	bis max. 15 % Bruch
Haushaltsreis	bis max. 25 % Bruch
Haushaltsreis mit erhöhtem Bruchanteil	über 25–40 % Bruch
Bruchreis	mehr als 40 % Bruch

Verbrauchsmengen

- Suppeneinlagen: 20–30 g
- Beilagen: 60 g
- Hauptgerichte: 100 g

Kennzeichnung

auf der **Fertigpackung:**
Die Angabe der Qualitätsstufe wird empfohlen; sofern das Produkt nur aus einer Zutat besteht, entfällt das Zutatenverzeichnis.

2.5.2 Teigwaren

Rechtliche Grundlagen: Leitsätze für Teigwaren (Nr. 124)

Begriffsbestimmung

Teigwaren sind kochfertige Erzeugnisse, die aus Hartweizengrieß oder Weizengrieß und Wasser oder aus Vollkornweizen- oder -roggenmehl durch Einteigen ohne Gär- und Backverfahren hergestellt werden. Durch Mitverarbeitung von Eiern erhält man Eierteigwaren.

Italienische Teigwaren „Cannelloni" und „Lasagne" sind keine Fleischerzeugnisse im Sinne von § 4 Fleisch-Verordnung (LRE 23, Nr. 21, 94 [1989]).

Die Verwendung von Zusatzstoffen richtet sich nach den Vorschriften der Zusatzstoff-Zulassungsverordnung

Qualitätsstufen (Übersicht)

Teigwarenart	Qualitätsstufe
Eier-Teigwaren	100 g Vollei/kg Getreidemahlerzeugnisse
Eier-Teigwaren mit hohem Eigehalt	200 g Vollei/kg Getreidemahlerzeugnisse
Eier-Teigwaren mit besonders hohem Eigehalt	300 g Vollei/kg Getreidemahlerzeugnisse
Gemüse-/Kräuter-Teigwaren	Gemüse/Kräuter bestimmen Farbe und Geschmack
Vollkorn-Teigwaren	Vollkornmahlerzeugnisse
Mehrkorn-Teigwaren	mind. 3 verschiedene Mahlerzeugnisse, jedes mind. 5 %
Hartweizen-/Weichweizen-/ Dinkel-, Roggen-Teigwaren	ausschließlich namengebende Getreideart
Soja-Teigwaren	100 g Sojaerzeugnisse/kg Getreidemahlerzeugnisse

2.6 Erzeugnisse aus Milch

2.6.1 Käse

Rechtliche Grundlagen: Käse-Verordnung (Nr. 77); EG-Verordnung der gemeinsamen Marktorganisation für Milch und Milcherzeugnisse (Nr. 52)

Begriffsbestimmung

Käse sind frische oder in verschiedenen Stadien der Reife befindliche Erzeugnisse, die aus dickgelegter Käsereimilch hergestellt werden. Käsereimilch ist die zur Herstellung von Käse bestimmte Milch, auch unter Mitverwendung von Buttermilcherzeugnissen, Sahneerzeugnissen, Süßmolke und Molkensahne. Käse aus Schaf-, Ziegen- oder Büffelmilch muss entsprechend gekennzeichnet werden.

Unterscheidungsmerkmale

nach dem **Fettgehalt** in der Trockenmasse:

Magerfettstufe	unter 10 % Fett i. Tr.
Viertelfettstufe	mind. 10 % Fett i. Tr.
Halbfettstufe	mind. 20 % Fett i. Tr.
Fettstufe	mind. 40 % Fett i. Tr.
Vollfettstufe	mind. 45 % Fett i. Tr.
Rahmstufe	mind. 50 % Fett i. Tr.
Doppelrahmstufe	60–85 % Fett i. Tr.

nach dem **Wassergehalt** in der fettfreien Käsemasse:

Käsegruppen	
Hartkäse	bis 38 % Wasser
Schnittkäse	bis 51 % Wasser
halbfester Schnittkäse	bis 56 % Wasser
Weichkäse	bis 65 % Wasser
Frischkäse	bis 80 % Wasser

Spezielle rechtliche Vorschriften

- Herstellung, Beschaffenheit und Eigenschaften der Standardsorten sind gesetzlich festgelegt;
- nichtstandardisierte so genannte „freie" Käsesorten müssen den vorgeschriebenen Käsegruppen und Fettgehaltsstufen zugeordnet werden können.

Kennzeichnung

auf der **Fertigpackung:**

- Name oder Firma und Anschrift des Herstellers, Verpackers oder eines in der EG niedergelassenen Verkäufers,
- Verkehrsbezeichnung,
- Zutatenverzeichnis,
- Mindesthaltbarkeitsdatum bei Käse und Käsezubereitungen, deren Weiterreifung beendet worden ist, sowie bei Frischkäse, -zubereitungen und Käsekombinationen,
- Füllmenge nach Gewicht,
- zusätzlich Fettgehaltsstufe oder Fettgehalt mit „... % Fett i. Tr.",
- zusätzlich bei Hart- und Schnittkäse mit behandelter Rinde ggf. „Kunststoffüberzug nicht zum Verzehr geeignet", ggf. Hinweis auf Konservierungsstoffe oder Farbstoffe;

bei **lose** in den Verkehr gebrachter Ware:

- Fettgehaltsstufe oder Fettgehalt,
- Mindesthaltbarkeitsdatum bei Frischkäse und Erzeugnissen aus Frischkäse durch „gekühlt mindestens haltbar bis ..." mit Angabe von Tag und Monat;

auf der **Speisekarte:**

- ggf. Hinweis auf Konservierungsstoffe oder Farbstoffe.

2.7 Erzeugnisse aus Fleisch

Rechtliche Grundlagen: Fleisch-Verordnung (Nr. 78); VO (EG) Nr. 853/2004 (Nr. 47); Fleischhygiene-Verordnung (Nr. 80); Leitsätze für Fleisch und Fleischerzeugnisse (Nr. 125); Richtlinien für Fleischerzeugnisse (Nr. 126)

2.7.1 Fleisch, einschließlich Hackfleisch

Begriffsbestimmung

„Fleisch"
sind die essbaren Körperteile von Rindern, Schweinen, Kälbern und Schafen.

Fleisch von Hausgeflügel, Wild, Wildgeflügel, Pferd und Fisch muss als solches bezeichnet werden (LFGB).

Frisches Fleisch oder Frischfleisch
Als solches gilt ebenso tiefgefrorenes, gefrorenes, angesalzenes, in Essig eingelegtes oder angeräuchertes Fleisch. Fleisch, das durch Braten, Kochen, Brühen, Pökeln, Räuchern die Eigenschaften von frischem Fleisch verloren hat, gilt nicht als frisches Fleisch.

Hackfleischprodukte
sind Erzeugnisse aus zerkleinertem Fleisch von geschlachteten oder erlegten warmblütigen Tieren, sofern sich diese Erzeugnisse ganz oder teilweise in rohem Zustand befinden. Dazu gehören vor allem:

- zerkleinertes Fleisch wie **Hackfleisch, Schabefleisch,** auch zubereitet, **geschnetzeltes Fleisch;**
- Erzeugnisse aus zerkleinertem Fleisch wie **Fleischklöße, Fleischklopse, Frikadellen, Buletten, Fleischfüllungen;**
- **Bratwürste** sowie zur Abgabe an den Verbraucher bestimmte **Rohwurst-** und **Brühwursthalbfabrikate** und **Fleischbräte;**
- Fleischzuschnitte wie **Steaks, Filets, Schnitzel,** die mit Mürbeschneidern (Stea-

kern) oder Geräten ähnlicher Wirkung behandelt wurden;
- **Schaschlik** und in ähnlicher Weise hergestellte Erzeugnisse aus Fleisch oder Innereien, in Stücke geschnitten und auf Spieße gesteckt;
- Erzeugnisse, die ganz oder teilweise rohe Erzeugnisse der oben genannten Erzeugnisse als Anteile enthalten.

Räumliche Voraussetzungen für die Abgabe von Hackfleisch

Hackfleisch und Hackfleisch-Erzeugnisse dürfen hergestellt und behandelt werden, wenn der Betrieb über einen Gastraum und eine räumlich abgetrennte, dem Publikumsverkehr nicht zugängliche Kochküche verfügt, deren Einrichtung eine sachgerechte Behandlung des Fleisches gewährleistet. Die Produkte müssen dem Gast als verzehrsfertig hergerichtete Speisen angeboten werden.

In Betrieben ohne Gastraum oder eine räumlich abgetrennte Kochküche dürfen Fleischklopse, Buletten, Frikadellen, Bratwürste, Steaks, Filets, Schnitzel, Schaschlik und in ähnlicher Weise hergestellte Erzeugnisse aus gestückeltem Fleisch oder gestückelten Innereien auf Spießen behandelt und an Gäste abgegeben werden, wenn sie vorher durcherhitzt wurden. Diese Erzeugnisse müssen bezogen worden sein von Fleischereibetrieben, Fleischwarenfabriken, Einzelhandelsbetrieben oder anderen Filialen.

Spezielle rechtliche Vorschriften

- Bei frischem Fleisch sind jegliche Zusätze verboten mit Ausnahme von Nitritpökelsalz zum Pökeln und Umröten; Hackfleisch und Hackfleisch-Erzeugnissen darf kein Nitritpökelsalz zugesetzt werden.
- Hackfleisch-Erzeugnisse dürfen nur am Tag ihrer Herstellung in den Verkehr gebracht werden, Bratwurst, Schaschlik und in ähnlicher Weise hergestellte Erzeugnisse aus gestückeltem Fleisch oder Innereien auf Spießen auch am folgenden Tag. Für Gaststätten mit einer über 24 Uhr hinausgehenden Geschäftszeit enden diese Fristen mit dem Ablauf der Geschäftszeit. Danach müssen die Erzeugnisse durcherhitzt, gepökelt oder für den menschlichen Genuss unbrauchbar gemacht werden. Der Cafetier darf diese Produkte für die Abgabe an Gäste nicht selbst einfrieren.
- Für die hygienischen Anforderungen bei der Behandlung und Zubereitung sowie für das Inverkehrbringen von frischem Fleisch gilt die Lebensmittelhygiene-Verordnung.
- Geflügel- und Wildfleisch sollte wegen der Salmonellengefahr von anderen Fleischarten getrennt aufbewahrt und gelagert werden.

Kennzeichnung

auf der **Fertigpackung:**
- Bei eingeführtem Fleisch aus Nicht-EG-Ländern muss zusätzlich das Herkunftsland angegeben werden;
- bei Hackfleisch-Erzeugnissen muss anstelle des Mindesthaltbarkeitsdatums das „Verbrauchsdatum“ angegeben werden, und zwar:
  - bei frischen Erzeugnissen durch die Aufschrift „verbrauchen bis spätestens …“ (Angabe Tag und Monat),
  - bei tiefgefrorenen Erzeugnissen muss zusätzlich das Jahr angegeben werden;
- für Lebensmittel, die in Einrichtungen zur Gemeinschaftsverpflegung oder in Transportverpackungen für Wiederverkäufer in den Verkehr gebracht werden, genügt die Kennzeichnung im Begleitpapier;
- Angaben können auch in einer anderen leicht verständlichen Sprache erfolgen, wenn dadurch der Informationswert für den Verbraucher nicht beeinträchtigt wird.

2.7.2 Fleisch-Erzeugnisse (Fleischwaren)

Begriffsbestimmung

Fleisch-Erzeugnisse

sind solche, die aus Fleisch oder unter Verwendung von Fleisch so zubereitet worden sind, dass im Kern keine Merkmale von frischem Fleisch vorhanden sind. Sie werden als Halbdauerwaren (Präserven) oder als Volldauerwaren (Konserven) hergestellt; unter anderem zählen dazu auch küchenfertig vorbereitete oder tafelfertig zubereitete Fleisch-Erzeugnisse wie z. B. **Fleischklopse, Küchenpasteten, Frikassee, Fleischrouladen, Gulasch** oder **Cornedbeef** mit Gelee.

Fleischzubereitungen
hingegen sind Erzeugnisse, denen Würzstoffe, Zusatzstoffe oder Lebensmittel zugefügt worden sind und die weder dem Begriff „frisches Fleisch“ noch einem „Fleisch-Erzeugnis“ zugeordnet werden können.

Wurstwaren
zählen ebenfalls zu den Fleisch-Erzeugnissen; sie werden in einem gesonderten Kapitel behandelt (siehe unten).

Spezielle rechtliche Vorschriften

- Wird in der Bezeichnung nicht auf eine besondere Tierart hingewiesen, sind Fleisch-Erzeugnisse aus Teilen von Rindern und/oder Schweinen hergestellt.
- Die ausschließliche oder teilweise Verwendung von Teilen anderer Tiere als vom Rind (einschließlich Kalb) und Schwein wird in der Verkehrsbezeichnung angegeben (z. B. geräucherte Gänsebrust).
- In Aspikwaren dürfen nur die zugelassenen Konservierungsstoffe verwendet werden, die auch auf der Speisekarte vermerkt werden müssen.
- Als „Gulasch“ bezeichnete Konserven enthalten nur Rindfleisch. Die nur teilweise Verwendung von Fleisch anderer Tierarten muss gekennzeichnet werden, z. B. als „Schweinegulasch“, „Hirschgulasch“ u. a., oder durch Bezeichnungen wie z. B. „Szegediner Gulasch“; dieser darf auch Schweinefleisch enthalten.
- Kennzeichnungen mit hervorhebenden Hinweisen, wie z. B. „prima“, „extra“, „spezial“, „fein“, „Feinkost-“, „Gold-“, „Delikatess“ bedeuten bei Fleisch-Erzeugnissen, dass sie aus besonders ausgewähltem Material hergestellt wurden.
- Die Verwendung von Zusätzen muss geschmacklich und/oder technologisch begründet sein.

Kennzeichnung

auf der **Fertigpackung:**

- Angabe der Füllmenge (= Nettoinhalt) zum Zeitpunkt des Abfüllens,
- Zutatenverzeichnis getrennt nach:
  - fleischeigenen Rohstoffen, die nach Tierarten getrennt aufgeführt werden, wie z. B. Fleisch, Speck, Innereien, Blut, essbare Hüllen, Bindegewebe,
  - fleischfremden Lebensmitteln wie z. B. Wasser, Salz, Zucker, Gewürze, Kräuter, Milch,
  - Zusatzstoffen wie z. B. Phosphate, Kutterhilfsmittel, Pökelstoffe, GDL, Rauch u. a.,
- Hinweis auf Knochen nur dann, wenn der Knochenanteil nicht klar erkennbar ist;

bei **lose** in den Verkehr gebrachten Waren:
Folgende Zutaten und Zusatzstoffe müssen nicht kenntlich gemacht werden: Speisegelatine, aufgeschlossenes Milcheiweiß oder Stärke, Flüssigei, flüssiges Eigelb, Gefriervollei, Gefriereigelb, Trocken-Blutplasma, Blutplasma und spezielle Zutaten;

auf der **Speisekarte:**

- ggf. Hinweis „mit Phosphat“, wenn Phosphate als Kutterhilfsmittel verwendet wurden,
- ggf. Angabe der Art der Einlagen,
- ggf. Hinweis „mit Nitritpökelsalz“, „mit Nitrat“ oder „mit Nitritpökelsalz und Nitrat“.

2.7.3 Wurstwaren

Begriffsbestimmung

Wurstwaren sind bestimmte, unter Verwendung von geschmacksgebenden und/oder technologisch begründeten Zutaten zubereitete Gemenge aus zerkleinertem Fleisch, Fettgewebe sowie sortenbezogen teilweise auch anderen zum menschlichen Genuss bestimmten Tierkörperteilen.

Fleisch-Erzeugnisse sind nur dann Wurstwaren im Sinne der Leitsätze, wenn sie den Merkmalen von Brühwürsten oder Kochwürsten entsprechen.

Qualitätsstufen

Als Maßstab für die Qualität von Wurstwaren gilt der Eiweißanteil aus schierem Fleisch, der sog. BEFFE-Gehalt (= bindegewebseiweißfreies Fleischeiweiß). In den Leitsätzen wird für jede Wurstsorte der Mindest-BEFFE-Gehalt in Prozent angegeben.

Spitzenqualität
sehnenarmes Muskelfleisch, entschwarteter Speck; hervorhebende Hinweise und Bezeichnungen wie Extra, Feinkost, Beste, Spezial, FF (fino finissimo = sehr fein), Delikatess, Prima, Fein, Ia sind erlaubt.

Mittlere Qualität
Fleisch wie gewachsen, entschwarteter Speck, Flomen und Gewürze, bei Blut- und Leberwurst zusätzlich Innereien und Schwarten; hervorhebende Hinweise und Bezeichnungen sind nicht zulässig.

Einfache Qualität
Rohstoffe wie mittlere Qualität, zusätzlich zerkleinerte Schwarten und Sehnen; bei Kochwurst, Leberwurst und Blutwurst auch Innereien bis zu 10 %; das Wort „Einfach“ muss in der gleichen Schriftgröße wie die Verkehrsbezeichnung ausgewiesen werden.

Arten

Rohwürste
umgerötete, in der Regel roh zum Verzehr gelangende Wurstwaren, die streichfähig oder nach einer Reifung schnittfähig geworden sind. Sie sind im Allgemeinen ungekühlt (über 10 °C) lagerfähig.

Kochwürste
hitzebehandelte Wurstwaren, die vorwiegend aus gekochtem Ausgangsmaterial hergestellt werden. Man unterscheidet Kochstreichwürste und schnittfeste Kochwürste.

Brühwürste
Wurstwaren, die vorwiegend aus rohem Fleisch hergestellt und anschließend gebrüht, teilweise auch heiß geräuchert werden.

Bezeichnungen / besondere Angaben

- Wurstwaren mit Herkunftsbezeichnungen müssen mindestens der mittleren Qualitätsstufe entsprechen.
- Trägt eine Wurstsorte im Namen neben dem regionalen Hinweis noch den Zusatz „Original“ oder „Echt“, so muss sie in der jeweils angegebenen Region hergestellt worden sein.
- Zusätze und Bezeichnungen wie „Land“, „Bauern“ und „Hausmacher“ sind bei einfacher Qualität nicht erlaubt.

Kennzeichnung

(siehe „Fleischerzeugnisse“ S. 204 f.)

Sachwortverzeichnis

Q

R

S